Adolph Goetze

Feldzug 1870-71

Adolph Goetze

Feldzug 1870-71

ISBN/EAN: 9783743304611

Hergestellt in Europa, USA, Kanada, Australien, Japan

Cover: Foto ©ninafisch / pixelio.de

Manufactured and distributed by brebook publishing software
(www.brebook.com)

Adolph Goetze

Feldzug 1870-71

Feldzug 1870–71.

Die

Thätigkeit der deutschen Ingenieure

und

technischen Truppen

im deutsch=französischen Kriege 1870—71.

Auf höhere Veranlassung und mit Benutzung der amtlichen Quellen dargestellt

von

Adolph Goetze,

Hauptmann im Ingenieur=Komité und Lehrer an der Kriegs=Akademie.

Zweiter Theil.

Mit 7 Karten und 2 Beilagen.

Berlin 1873.
Ernst Siegfried Mittler und Sohn
Königliche Hofbuchhandlung.
Kochstraße 69.

Vorwort.

Bei der Bearbeitung der nachfolgenden Darstellungen haben dem Verfasser außer den Operationsakten der betreffenden Armeen rc. die Tagebücher und Berichte der betheiligten Ingenieur- und Artillerie-Offiziere zur Verfügung gestanden, welche Quellen soweit benutzt worden sind, als es der im Vorwort zum I. Theil dieses Werkes bezeichnete Zweck erheischte.

Dem Verfasser sind bezüglich der gewählten Darstellungsweise von den verschiedensten Seiten Wünsche mitgetheilt, deren Erfüllung derselbe sich leider versagen mußte.

Während nämlich einerseits eine genauere Beschreibung der technischen Details als wünschenswerth bezeichnet wurde, hielt man andererseits im Interesse der Armee eine eingehendere Erörterung der in ingenieurwissenschaftlicher Beziehung mit so vielen Opfern erkauften Kriegserfahrungen für nothwendig. — Die Berücksichtigung dieser Wünsche würde jedoch sowohl den ohnehin schon bedeutenden Umfang dieses Werkes erheblich vermehren und die Beigabe einer großen Zahl von Detailplänen erforderlich machen, als auch den Charakter der ganzen Arbeit verändern, was bei einem auf höhere Veranlassung geschriebenen Werke aus naheliegenden Gründen nicht ausführbar erschien.

Berlin im Januar 1873.

Inhalts-Verzeichniß.

Zweiter Theil.

———◆———

Berichtigung.

Die 3. Feld-Pionier-Comp. IX. Armee-Corps befestigte am 29. November die Dörfer Es-crennes, Laas und Ascour, sowie bei dem Angriff auf Orleans die Ortschaften Dambron, Artenay, Auvilliers und Creuzy 2c. Die auf Seite 247 und 249 gemachten Angaben würden bementsprechend zu berichtigen sein.

Vierter Abschnitt.

Cernirung und Belagerung von Paris.

1. Kapitel.

Allgemeine Lage und fortificatorische Verhältnisse.

A. Allgemeine Lage.

Unmittelbar unterhalb des Zusammenflusses der Marne mit der Seine, inmitten einer reich angebauten Ebene, überall von Reben-Hügeln und Wald-Gebirgen umgeben, liegt Paris, in militairischer und politischer Beziehung nicht mit Unrecht das Herz Frankreichs genannt, das natür= liche Operations=Object der deutschen Heere im National=Kampfe mit ihrem Erbfeinde.

Die Metropole Frankreichs, die in ihrem Weichbilde gegen 2 Millionen Einwohner — „die Blüthe der europäischen Civilisation, gleichzeitig aber den Abschaum aller Revolutionen" birgt, — muß schon an und für sich das Ziel einer Occupations=Armee bilden, da die letztere die für den Krieg so unentbehrlichen Hülfs=Quellen in reichstem Maaße in jeder Hauptstadt eines großen Reichs, also auch in Paris findet. Das großartige Communications=System, welches von den entlegensten Punkten Frankreichs ausgehend, sich strahlenförmig in Paris concentrirt, die zahllosen Eisenbahnen, Straßen und die mit der schiffbaren Seine und Marne in Verbindung stehenden Canäle, geben Paris eine strategische Bedeutung, wie solche wohl keine Stadt der Welt in gleichem Maaße besitzt.

Der Gedanke mußte nahe liegen, einen solchen Central=Punkt von dem wechselnden Kriegs=Glück möglichst unabhängig zu machen. Schon im Feldzuge des Jahres 1706, als Frankreichs Gränzen durch die alliirten Armeen bedroht waren,*) wollte König Ludwig XIV. Paris und die Seine=Linie aufgeben und sich hinter der Loire concentriren. Der Marschall Vauban (bekanntlich einer der größten Geister Frankreichs) bewies aber, daß man Paris behaupten könne, und daß keine feindliche Armee der damaligen Zeit im Stande wäre, die in großartiger Weise zu befestigende Hauptstadt zu cerniren, geschweige denn mittelst regel= mäßigen Angriffs zu nehmen. Das von dem Marschall kurz vor seinem Tode bearbeitete Befestigungs=Project kam indessen nicht zur Ausführung.

Die Feldzüge der Jahre 1814 und 1815 haben ergeben, daß die Hauptstadt nach verhältnißmäßig leichten Kämpfen den alliirten Armeen in die Hände fiel.

Wäre Paris zu damaliger Zeit nach den Vauban'schen Ideen befestigt gewesen, so hätte wenigstens im Jahre 1814 der Sturz Napoleons wohl nicht so leicht gelingen können. Erst im Jahre 1841 entschloß sich die französische Regierung, das Versäumte nachzuholen und die Hauptstadt durch ausgedehnte Vertheidigungs=Anlagen gegen einen regelmäßigen Angriff zu sichern.

Die Conception dieser Anlagen ist für die damalige Zeit im Ganzen genommen als eine großartige zu bezeichnen und überragt in vielen Punkten die kleinlichen Principien, wie sie zu dieser und späterer Zeit in vielen anderen Ländern angewendet worden sind. Wie alle in noch weit späteren Perioden erbauten Festungen heutigen Tages eines vollständigen Umbaues resp. einer bedeutenden Erweiterung be= dürfen, so war es seit einem Decennium auch mit Paris der Fall und trifft daher Frankreich, welches für die Ehre seiner Waffen in allen Welttheilen Ströme Blutes vergossen und Milliarden nutzlos geopfert hat, jedenfalls der Vorwurf, nicht rechtzeitig diejenigen pecuniären Opfer für die Erweiterung seines Landes=Vertheidigungs=Systems ge= bracht zu haben, die jede große Nation für ihre Sicherheit und die Ehre ihrer Waffen aufzuwenden verpflichtet ist.

---

*) Vergl. das Memoire Vaubans „De l'importance dont Paris est à la France."

B. Französische Befestigungen und Kriegs-Arbeiten.*)

Die Befestigungen von Paris bestehen aus einer etwa 4½ Meilen langen bastionirten Enceinte, vor welche auf Entfernungen von 2500 bis 3700 Schritt 15 Forts geschoben sind, die unter sich einen Abstand von etwa 3000 Schritt haben (wenn man von der Westfront absieht).

Es sind dieses im Norden die Forts: de la Briche, Double Couronne, l'Est und Aubervilliers; im Osten die Forts: Romainville, Noisy, Rosny und Nogent; im Süden die Forts: Charenton, Jvry, Bicêtre, Montrouge, Vanvres und Jssy; endlich im Westen das Fort: Mont Valerien. Zwischen einzelnen dieser Forts liegen die 6 Redouten Gravelle, Faisanderie, Fontenay, Boissière, Montreuil sowie Noisy; außer diesen noch einige kleinere Werke am Ourcq=Canal und bei St. Denis.

I. Die Nord=Fronten.

Die Vertheidigungslinie erstreckt sich von der Seine bis zu den nordwestlichen Ausläufern der Höhen von Romainville und durch= schneidet die Ebenen von St. Denis, Aubervilliers und Pantin.

Die Forts Briche, Double Couronne und l'Est, die durch kleine Zwischenposten verbunden und theilweise durch die Jnundation des Croulb=Baches gedeckt sind, bilden um St. Denis eine zusammen= hängende Enceinte, welche sich mit ihrem linken Flügel an die Seine, mit dem rechten an den Canal von St. Denis lehnt. Das Fort Aubervilliers schließt die Lücke zwischen dem Canal und dem Fort Romainville.

Nach Eintreffen der Nachrichten von den ersten Niederlagen der französischen Armeen wurde dieses Vertheidigungs=System nach Westen durch Anlage der Redoute Villeneuve (an der nördlichen Grenze der Halbinsel) vervollständigt; außerdem wurde der Bau der großen Redoute Gennevilliers begonnen, welche die Höhen von Argenteuil und Orgemont unter Feuer nehmen sollte, sowie eines Werkes auf dem Mont Pincon (nördlich von St. Denis). Die erstgenannten

---

*) Anmerkung. Um Wiederholungen zu vermeiden, sind die einzelnen Terrain=Abschnitte im Kap. 4. im Zusammenhang mit den speciellen Cerni= rungs=Arbeiten charakterisirt, während die französischen Kriegs=Arbeiten im Anschluß an die Festungswerke skizzirt worden sind. Von den französischen Quellen hat besonders benutzt werden können: „La Marine au siége de Paris par die vice-amiral de la Roncière."

beiden Redouten waren indessen nicht rechtzeitig fertig geworden, und hatte der Bau des auf dem Mont Pincon anzulegenden Werkes erst Mitte September begonnen.

Die Position von St. Ouen, von welcher aus die Halbinsel Gennevilliers sowie der Lauf der Seine beherrscht wird, wurde mit 16 im Park von Legentil placirten Marine-Geschützen (in 3 Batterien) armirt. Die Häuser und Gärten der Insel St. Denis, die nach der Seine-Halbinsel Front machten, waren zur Vertheidigung eingerichtet.

Oestlich der Inundation waren außer den am Canal angelegten Werken die Forts Est und Aubervilliers unter sich durch crenelirte Mauern und Schützengräben verbunden, die der Nordfront der Dörfer Crevecoeur und Aubervilliers folgten.

Nach Südosten war die Vertheidigungs-Linie bis zu den Hängen von Romainville verlängert und zwar durch Verschanzungen, welche die Liller-Straße, die Straßburger Eisenbahn und den Canal b'Ourcq durchschnitten.

Endlich waren auf den Höhen des Montmartre 2 mit Marine-Geschützen armirte Batterien errichtet, welche das ganze Vorterrain unter Feuer nehmen konnten.

Seit Ende September wurde die Halbinsel Gennevilliers französischer Seits wieder vollständig besetzt. Nach Norden hin nahmen die feindlichen Vorposten (welche sich am 19. September auf die Linie der Forts zurückgezogen hatten) eine Stellung ein, welche sich mit ihrem linken Flügel vorwärts des Forts Briche an die Seine lehnte und über Temps perdu, Chateau Villetaneuse, sowie Moulin de Stains bis an die Inundation lief. Diese Dörfer 2c., die Anfangs nur vereinzelt befestigt waren, wurden später durch fortlaufende Tranchéen miteinander verbunden und bis zum Beginn der Beschießung (Mitte Januar) auch behauptet.

Ebenso wurde östlich der Inundation das Dorf Courneuve in Besitz genommen und wurde letzteres auf seiner Nordfront durch crenelirte Mauern und Schützengräben befestigt. Eine mit 6 Marine-Geschützen armirte Batterie links der nach Dugny führenden Straße, sowie eine Batterie (für 8 Geschütze) im Inneren des Dorfes erbaut, vervollständigten die Vertheidigung. Ein längst der Straße angelegter Schützen-Graben verband Courneuve mit Croix de Flandre (an der Liller-Straße), woselbst Verschanzungen für Infanterie- und Artillerie-Vertheidigung errichtet wurden, während die Vorposten bis zur vor-

liegenden Fabrik vorgeschoben waren. Croix be Flandre wurde seiner=
seits mit Bobigny und den Werken der Ostfront durch Trancheen ver=
bunden, welche sich bis zur Eisenbahn=Station von Bondy erstreckten.
Erst nach dem Ausfall vom 21. Dezember wurden die aus=
gedehnten und mit einer großen Anzahl von Geschützen armirten
Trancheen begonnen.

II. Die Ost=Fronten.

Dieselben umfassen den Terrain=Abschnitt vom Fort Romainville
bis zum Fort Charenton.

Der erste Theil dieses Abschnitts wird durch den Canal b'Ourcq,
sowie die Marne und den östlichen Rand des Plateaus von Belleville
begrenzt, dessen vorspringende Punkte durch die Forts Romainville,
Noisy, Rosny und Nogent gesichert werden. Die Werke von Pantin,
die Redouten Noisy, Montreuil, Boissière und Fontenay vertheidigen
das zwischen den Forts liegende Terrain.

Der zweite Theil des Abschnitts, der durch die Marne und
Seine gedeckt ist, wird durch die Linie der Redouten Faisanderie und
Gravelle vertheidigt. Hinter dieser Linie liegt das befestigte Schloß von
Vincennes, in welchem sich das Haupt=Arsenal von Paris befindet.

Das auf den letzten Ausläufern der Höhen von Montmesly er=
baute Fort Charenton vervollständigt dieses Vertheidigungs=System.

Vorwärts der Höhen von Rosny bildet das Plateau von Avron
eine vorgeschobene Position, welche das Thal der Marne vollständig
beherrscht. Dieses Plateau wurde erst in den Bereich der Vertheidigung
gezogen, als französischer Seits die Offensive gegen Villiers und
Champigny beabsichtigt war. Dasselbe konnte indessen nur kurze
Zeit behauptet werden und blieb später wiederum neutrales Terrain.

Die Höhen von Montmesly bilden eine ganz ähnliche Position,
die jedoch von dem Vertheidiger von Paris nicht occupirt wurde,
weil sie letzterem zu exponirt erschien.

Die Vertheidigungs=Linie folgte daher im Allgemeinen den Forts
und Redouten, sowie dem Lauf der Marne bis Port Creteil, von
welchem Ort sich dieselbe nach der Süd=Seite von Maisons=Alfort
und von hier aus nach Port à Anglais (an der Seine) wandte.

Die französischen Kriegs=Arbeiten erstreckten sich auf eine Ver=
bindung der Forts und Redouten durch Lauf= und Schützengräben,
so daß zwischen dem Ourcq=Kanal und der Marne eine zusammen=

hängende Vertheidigungs-Linie gebildet wurde. Vorwärts dieser Linie waren die Bahnhöfe von Noisy le Sec und Bondy zu vorgeschobenen Posten eingerichtet, auch das Dorf Noisy le Sec in vollständigen Vertheidigungs-Zustand gesetzt. Vorwärts des Forts Charenton beschränkten sich die Arbeiten auf eine Befestigung der Linie Port-Creteil, Port à Anglais, die nach und nach durch Geschütz- Emplacements verstärkt wurde, durch welche das Dorf Creteil sowie die nach Carrefour Pompadour führende Straße unter Feuer genommen werden konnte. Erst gegen Ende November und vor Beginn der Operation an der Marne wurden noch weiter vorgeschobene Werke angelegt.

Das Plateau Avron wurde in den Bereich der Vertheidigung gezogen und mit zahlreichen Geschützen armirt, die den Auftrag erhielten, Raincy, das Marne-Thal, Gournay und das Plateau von Noisy le Grand unter Feuer zu nehmen.

Jede Batterie wurde durch starke Brustwehren gedeckt; zahlreiche Laufgräben durchschnitten das Plateau nach allen Richtungen und sicherten dasselbe gegen jede Ueberraschung. Gleichzeitig wurden rechts und links der Redoute von Fontenay zwischen den Forts Rosny und Nogent Batterien erbaut, ebenso vorwärts der Brücke von Joinville zwei Vertheidigungslinien errichtet, von denen die eine die zum Uebergang der Truppen geschlagenen Schiffsbrücken decken sollte, während die zweite die ganze Halbinsel in der Höhe der Ferme Poulanges durchschnitt und auf diese Weise einen großen Brückenkopf bildete. Vor dieser Linie waren noch Geschütz-Emplacements sowie Laufgräben und zwar am rond point von Joinville errichtet, von welchem Punkt aus zwei über Tremblay nach dem Marne-Viaduct resp. nach den ersten Häusern von Champigny geführte Approchen die rückwärtige Verbindung sicherten.

Südlich der Linie Gravelle-Faisanderie bestanden die Vertheidigungs-Einrichtungen aus einem hinter dem Verbindungs-Kanal liegenden Epaulement sowie einer großen geschlossenen Redoute; endlich in Geschütz-Emplacements längs der Marne (östlich der eben genannten Redoute), von denen aus Champigny unter Feuer gehalten werden konnte.

Diese Arbeiten wurden noch durch 2 Batterien vervollständigt, die bei der Kirche von Varennes sowie am Bois des Corneilles lagen, und die specielle Aufgabe hatten, Montmesly und das Thal von Bonneuil zu beherrschen.

Gegen Ende November wurden auch die starken Werke erbaut, die sich von der Marne bis zur Seine ausdehnten und das Dorf Creteil sowie die Ferme de Mèches umschlossen. Die in dieser Linie angelegten zahlreichen Batterien sollten die deutschen Stellungen auf dem Montmesly bekämpfen.

Der Ende November unternommene große Ausfall und die Be= schießung der Forts Noisy und Rosny veranlaßten die Ausführung neuer Arbeiten.

Die Einnahme des Dorfes Bondy, die Erbauung zahlreicher Batterien nördlich und östlich dieses Dorfes und die Aushebung der Laufgräben zwischen der Mühlhausener und Straßburger Eisenbahn, die mit dem Dorfe Bondy in Verbindung gesetzt wurden, gingen dem großen Ausfall=Versuche voran.

Noch später und zwar in den ersten Tagen des Januar wurden zwischen den Forts Noisy und Rosny hinter der Redoute de la Voissière mit schweren Geschützen armirte Batterien angelegt, welche die auf dem Plateau von Raincy erbauten deutschen Batterien unter Feuer nehmen sollten.

III. Die Süd=Fronten.

Die sich von der Seine bis zum Thal von Sèvres erstreckenden Südfronten werden auf ihrer ganzen Ausdehnung von einem Höhen= kranz umschlossen, der nur vom Bièvre-Thal, sowie vom Thal von Meudon durchschnitten wird. Die fünf Forts Ivry, Bicêtre, Montrouge, Vanvres und Issy sind auf den nördlichen Ausläufern dieser Höhen= züge erbaut.

Zwischen der Seine und der Bièvre liegt das Plateau von Villejuif, als dessen höchste Punkte Hautes Bruyères und Moulin d'Argent blanc hervortreten. Das Plateau ist nach Westen und Osten durch ziemlich steile Hänge begränzt. Auf der Nordseite scheiden sich zwei Höhen von geringerer Erhebung ab, auf denen die Forts Ivry und Bicêtre liegen. Nach Süden zu hat das Plateau nur sanfte Abhänge aufzuweisen.

Auf den nördlichen Ausläufern des Plateaus von Chatillon (oder Villacoublay), welches sich zwischen der Bièvre und dem Thal von Sèvres erstreckt, liegen die Forts Montrouge, Vanvres und Issy. Die Höhen fallen bei Meudon und Bellevue nach der Seine zu steil ab.

Da die genannten 5 Forts überall auf wirksamste Schußweite von den südlichen Höhen dominirt wurden, so begannen die Verthei=diger von Paris bereits im Anfang August mit der Herstellung einer größeren Anzahl Werke auf dieser ganzen Front.

Die Forts Ivry und Bicêtre, welche vom Plateau von Villejuif eingesehen wurden, sollten durch die Redouten Moulin=Saquet und Hautes Bruyères gedeckt werden, welche die Thäler der Seine und Bièvre und besonders das ausgedehnte Plateau von Villejuif unter Feuer nehmen konnten.

Alle Anstrengungen wurden auf die Befestigung des Plateaus von Chatillon concentrirt, woselbst eine große Redoute zur Beherrschung des Plateaus und der östlich nach der Bièvre abfallenden Thäler erbaut werden sollte. Ein bei Bagneux projectirtes Werk, welches durch die Redouten von Hautes=Bruyères und Chatillon unterstützt worden wäre, erhielt die Aufgabe, die Thäler von Sceaux und Fontenay zu beherrschen. Dasselbe wurde aber erst unmittelbar vor der Ein=schließung begonnen, ebenso auch die Redoute Moulin de Pierre (Notre dame de Clamart), welche das Vertheidigungs=System vervoll=ständigen sollte.

In dem Terrain=Abschnitt zwischen dem Thal von Meudon und Sèvres wurden in der Nähe des Schlosses Meudon zwei Werke begonnen, sowie eine Redoute auf den Höhen der Capsulerie, von welcher aus das Thal von Sèvres beherrscht werden konnte. Endlich erhielt der (Brimborion) Berg, der dieses Seiten=Thal der Seine begränzt, eine das Plateau umschließende unregelmäßige Vertheidigungs=Linie, die indessen von den bewaldeten umliegenden Höhen dominirt wurde.

Keines dieser Werke konnte vollständig beendigt werden, nur die Werke Moulin=Saquet, Hautes=Bruyères und Chatillon waren in Vertheidigungs=Zustand gesetzt. Aber unvollständig armirt, wurden diese Redouten am 19. September gleichzeitig mit allen vor=geschobenen Posten geräumt, so daß bei Beginn der Cernirung im Allgemeinen die Linie der Südforts die Vertheidigungs=Linie bildete. Vom 30. September ab wurden die Werke Moulin=Saquet, Villejuif, und Hautes Bruyères französischer Seits wieder besetzt und eine Vertheidigungs=Linie gebildet, die sich von Port à Anglais bis zu den Redouten Saquet und Hautes Bruyères erstreckte.

Zwischen der Seine und Vitry wurde eine mit 6 Geschützen armirte Batterie, und zwar südlich von Port à Anglais erbaut, das genannte Dorf zur Vertheidigung eingerichtet und mit der Seine durch eine Tranchee verbunden. Die Redoute Saquet erhielt gleichfalls eine Verbindung mit Hautes Bruyères und zwar mittelst einer fortlaufenden, die Süd-Lisière von Villejuif umschließenden soliden Vertheidigungs-Linie. Endlich wurden noch südlich der letzteren Schützengräben vorgeschoben.

Im Laufe des Monats November dehnten sich die französischen Stellungen noch weiter nach Süden aus. Die große Pepinière südlich von Vitry wurde in eine starke, mit Positions-Artillerie armirte Batterie verwandelt, die sich nach Osten hin mittelst Schützengräben an die Seine schloß. In westlicher Richtung wurde diese Vertheidigungs-Linie bis zu den vor die Redoute Saquet geschobenen Werken verlängert. Vorwärts Hautes-Bruyères wurden Approchen bis auf 200 M. an l'Hay vorgetrieben. Da die Redoute von Chatillon nicht wieder erobert werden konnte, so blieb die südwestliche Vertheidigungs-Zone im Allgemeinen durch die Linie der Forts bestimmt. Südlich des Forts Montrouge wurde indessen die Vertheidigungs-Linie bis an die nach Sceaux führende Eisenbahn vorgeschoben.

Zwischen der Bahn und der Orleans'er Straße ward der Bau von 2 starken Batterien angeordnet, die eine gesicherte rückwärtige Verbindung erhielten und mit dem Dorfe Cachan durch Tranchéen verbunden waren.

Die Forts Vanvres, Montrouge und Issy wurden gleichfalls durch gedeckte Communicationen verbunden. Das letztgenannte Fort, das in der Front durch den zur Vertheidigung eingerichteten Eisenbahn-Einschnitt und das Thal von Meudon gesichert war, schob seine Vorposten nach Westen zu bis an den Kirchhof und die Steinbrüche vor, auf seiner Nordfront bis in den Schloß-Park und an die Insel von Billancourt.

Als die deutschen Geschütze ihr Feuer gegen die Süd-Forts eröffneten, wurden neben den Forts Batterien erbaut, die mit schweren Belagerungs- und Marine-Geschützen armirt waren, um dadurch das Feuer der Angriffs-Batterien zu zersplittern und zwar eine Batterie zu 4 Geschützen westlich Hautes-Bruyères, eine Batterie zu 6 Geschützen westlich Montrouge, sowie je 1 Batterie rechts und links des

Forts Vanvres. Endlich wurden noch zwei Batterien neben Fort d'Jssy erbaut (zusammen für 12 Geschütze).

Das mit 6 schweren Geschützen armirte Bastion 73 der Stadt-Enceinte sowie das Bastion Point du jour, in welchem die Kanonen der besarmirten Flotille eine Aufstellung gefunden hatten, richteten ihr Feuer hauptsächlich gegen diejenigen deutschen Batterien, welche das Fort Jssy bekämpfen sollten.

IV. Die Westfronten.

Auf der Westfront bilden die Seinebogen vorwärts der Enceinte zwei natürliche Vertheidigungslinien, welche sich südlich an die Höhen von Montretout, nördlich an St. Denis lehnen, und zwischen denen die Halbinsel Gennevilliers liegt.

Die auf einem isolirten Bergkegel erbaute Veste „Mont Valerien" deckte allein diese ausgedehnte Front. Trotz der großen Stärke dieser Veste war dieselbe bei der eigenthümlichen Formation des Vorterrains nicht im Stande, dasselbe überall auf größere Entfernungen zu beherrschen. Es wurden daher die Redouten von Montretout und Gennevilliers erbaut.

Das erstgenannte Werk, welches auf dem Gipfel des St. Cloud beherrschenden Hügels lag, sollte, gedeckt durch Mont Valerien, point du jour und Fort Jssy, sowie im Verein mit den Werken von Brim-borion, die Thäler von Sèvres und St. Cloud beherrschen, während die Redoute Gennevilliers, unterstützt durch das Fort Briche, die Aufgabe erhielt, den nördlichen Theil der Halbinsel zu vertheidigen; der große Zwischenraum, welcher diese letzte Redoute vom Mont Valerien trennte, sollte durch kleinere Werke geschlossen werden.

Die Redoute Montretout wurde am 19. September geräumt.

Da die Redoute Gennevilliers noch nicht vollendet war, so wurde dieselbe nicht armirt und die Vertheidigungslinie demgemäß im Allgemeinen hinter die Seine zurückgezogen.

Die ersten Kriegs-Arbeiten beschränkten sich auf eine Befestigung dieser Linie, die später bis nahe an Bezons und Argenteuil vorge-schoben wurde.

Außerhalb der Enceinte wurde zunächst eine neue Vertheidigungs-linie in dem Terrain-Abschnitt zwischen Billancourt und Boulogne errichtet, für welche das Terrain die natürlichen Stützpunkte darbot. In dieser Linie wurden 8 Batterien erbaut (im Ganzen für 22 Geſchütze). Außerdem ſollte eine mit 6 ſchweren Marine-Geſchützen armirte und bei Montmartre angelegte Batterie die Höhen von St. Cloud unter Feuer nehmen.

Später wurde dieſe Linie bis zur Seine ausgedehnt. Die auf der Halbinſel erbauten Werke beſtanden außer der Batterie Moulin d'Herode aus zwei gegen Reuil und Nanterre gerichteten Werken, Moulin de Rueil und Moulin des Gibets.

Dieſe beiden Werke beſtanden aus 2 ſtarken nach vorwärts durch vorgeſchobene Schützengräben gedeckte Batterien. Die hinter dem Eiſen= bahndamm erbaute und mit 10 ſchweren Geſchützen armirte Batterie beherrſchte die Ebene bis zur Brücke von Bezons. Die Batterien de la Folie und Charlebourg, ſowie die Redoute Colombes deckten das Centrum der Halbinſel. Vorwärts dieſer Redouten erſtreckte ſich längſt der Seine eine durchlaufende Linie, und zwar von Petit Colombes bis zur Spitze der Inſel St. Denis.

Der linke Flügel dieſer ausgedehnten Linie war durch eine Flügel= Redoute und eine Batterie gedeckt; 3 baſtionsartige Vorſprünge in der Front beſtrichen den Deich mit Geſchützen, rückwärtige Approchen ſicherten die Verbindung mit Colombes.

V. Allgemeine Charakteriſtik der Feſtungswerke.

Was die Stadt=Enceinte anbetrifft, ſo iſt dieſelbe im Allgemeinen ziemlich ſtark profilirt. Die Escarpen ſind revetirt, und haben eine Höhe von ca. 8 M. Auf den Oſtfronten und an ſolchen Stellen, an denen ein regelmäßiger Angriff unwahrſcheinlich iſt, findet man ſtatt der Bruſtwehren nur Brüſtungs=Mauern; die Contreescarpen ſind nicht revetirt. Wenngleich ſämmtliches Mauerwerk ſchon aus der Ferne breſchirt werden kann, ſo muß doch ein regelmäßiger Angriff gegen die Enceinte aus dem Grunde große Schwierigkeiten darbieten, weil die ausgedehnten, gradlinigten Fronten ein außerordentlich kräftiges Frontal=Feuer und häufig wechſelnde Geſchützaufſtellungen geſtatten.

Die Forts bilden 4= oder 5ſeitige nach dem Baſtionär=Tracé conſtruirte Werke, und haben durchſchnittlich etwa 1500 Meter Feuer= linie. Die Werke ſind ſämmtlich ſtark profilirt und vollſtändig ſturm= frei, haben etwa 8—9 M. hohe nicht gedeckte Escarpen und 4—5 M. hohe gemauerte Contreescarpen.

Da es an genügenden Unterkunfts=Räumen fehlt, so sind große mehrstöckige Casematten in den Forts erbaut. Die Pulver=Magazine sind nicht mit Erde beschüttet.

Die großen an und für sich starken Werke sind bei dem heutigen Standpunkte der Artillerie wie überhaupt wohl alle Forts für Durchführung einer hartnäckigen Geschütz=Vertheidigung nicht geeignet, da bei der großen Tiefe derselben jedes aus wirksamer Schußweite ab= gefeuerte Geschoß mit unfehlbarer Sicherheit im Innern des Forts crepiren und ein Verweilen auf den Wällen auf die Dauer unmöglich machen muß. Die Franzosen hatten dieses während der Belagerung auch richtig erkannt und durch Erbauung von Annex=Batterien die Vertheidigung außerordentlich verstärkt.

Das Fort Valerien machte bezüglich der Größe 2c. eine Aus= nahme; dasselbe mußte bei seiner das nähere Vorterrain vollständig beherrschenden Lage einem regelmäßigen Angriff sehr große Schwierig= keiten darbieten.

VI. Armirung der Werke.

Als die französische Armee sich gegen den Rhein in Bewegung setzte, wurden keine Maßregeln zur Vertheidigungs=Instandsetzung der Hauptstadt getroffen. Nach den für die französischen Waffen unglück= lichen Tagen von Weißenburg, Wörth und Spichern entwickelte jedoch das Vertheidigungs=Comité vom 7. August ab die fieberhafteste Thätig= keit, um das Versäumte nachzuholen.

Nach der Capitulation von Sedan erschien die Belagerung un= mittelbar bevorstehend, man berechnete die Ankunft der deutschen Armeen nur nach Stunden. In den ersten Tagen des September hatte sich das Gouvernement dafür entschieden, im Allgemeinen nur die Linie der Forts zu behaupten.

Was die zur Vertheidigung disponiblen personellen und materiellen Mittel anbetrifft, so ist nach den darüber bisher ver= öffentlichten französischen Quellen folgendes zu bemerken.

Bei Beginn der Cernirung soll die reguläre Armee 60,000 Mann betragen haben, worunter das den Kern der ganzen Besatzung bildende Marine=Personal (dem außer den wichtigsten Commando=Stellen die Vertheidigung der Forts Romainville, Noisy, Rosny, Jvry, Bicêtre, Montrouge anvertraut war) allein 13,427 Köpfe zählte.

Jedes der Forts war durchschnittlich mit etwa 70 Geschützen armirt*), so daß die sämmtlichen, sich gegenseitig unterstützenden Werke gegen einen Handstreich mehr wie gesichert erscheinen mußten, und ein solcher nicht die geringsten Chancen haben konnte. Außerdem operirten auf der Seine 27 schwimmende Batterien und Kanonenboote (mit Maschinen von zusammen etwa 465 Pferde= kraft, armirt mit 33 Stück 14 Cm. bis 24 Cm. Geschützen sowie mit 8 Bergkanonen).

Am 11. October wird bereits von französischer Seite die Stärke der Nationalgarde im Ganzem auf 345,455 Mann angegeben, so daß demnach die bewaffnete Macht die Ziffer von 400,000 Mann**) überschreiten mußte. Nach den betreffenden Schlacht=Dispositionen sollten Ende November 130,000 Mann an der Marne operiren, unterstützt durch 400 Geschütze, während gleichzeitig nach Norden und Süden große Demonstrationen vorgesehen waren. Bei St. Denis sollten allein 26,000 Mann den großen Durchbruchs=Versuch unter= stützen. Es ergiebt sich daraus, daß von französischer Seite schon Ende November mindestens 200,000 Mann als zum Kampf im freien Felde geeignet erachtet wurden. Die Cernirungs=Armeen, die zur Deckung ihres Rückens nach Süden, Westen und Norden ganz erhebliche Streit= kräfte hatten detachiren müssen, besaßen zu dieser Zeit keinenfalls eine größere Effectiv=Stärke.

---

*) Anmerkung. Nach „de la Roncière" hatte am 15. September:

Fort	Romainville	71	Geschütze	mit etwa 233,000 Geschossen also pro Geschütz durchschnittlich über 500 Schuß.
„	Noisy	74	„	
„	Rosny	91	„	
„	Ivry	94	„	
„	Bicêtre	86	„	
„	Montrouge	56	„	

Summa 472 Geschütze.

Ferner am 12. November:

Fort	Briche	77	Geschütze,
„	double Couronne	66	„
„	de l'Est	56	„
„	Aubervilliers	73	„

Nach Vinoy (Siége de Paris) betrug die Gesammtstärke der bewaffneten Macht Ende November 388,000 Mann.

**) Anmerkung. Nach der vom großen Hauptquartier am 24. December 1870 aufgestellten Ordre de bataille wurde angenommen, daß in Paris etwa 450,000 Mann unter den Waffen ständen, wovon 250,000 Mann auf die

Die Anzahl der Geschütze, die gegen Ende der Belagerung der Vertheidigung zu Gebote stand, hat sich bisher noch nicht mit Bestimmtheit ermitteln lassen, dieselbe kann indessen im Ganzen wohl auf 3000 Festungs= und Feld=Geschütze*) geschätzt werden.

VII. Sonstige Vertheidigungs=Vorkehrungen.

1. Flotille. Besonderes Gewicht wurde Seitens des Vertheidigungs=Comités von Paris auf die Mitwirkung der Flotille gelegt, die zum Theil bereits am 23. August auf den Eisenbahnen resp. der Seine in Paris eintrafen. Die schwimmenden Batterien waren vollständig zerlegt. Jede derselben bedurfte eines Eisenbahn=Zuges von 32 Wagen.

Die Hauptaufgabe der Flotille war die Sicherung der Seine= quais 2c. gegen Brander und schwimmende Minen 2c., sowie Unterstützung der activen Vertheidigung. Die unüberlegte Zerstörung der unmittelbar unter dem wirksamsten Feuer der Festungs=Geschütze liegenden Seine=Brücken verhinderte häufig die Verwendung der Flotille, da die Trümmer der zerstörten Brücken das Fahrwasser vielfach sperrten, wobei bemerkt wird, daß die Kanonen=Boote und schwimmenden Batterien einen Wasserstand von mindestens 1,10 bis 1,50 M. erforderten.

Im Laufe der Belagerung wurden die Schiffe größtentheils desarmirt, da der Eisgang eine Verwendung derselben unmöglich machte.

Nationalgarde, 80,000 auf Mobilgarde und Frei=Corps, sowie 120,000 Mann auf die regulären Truppen der Land= und See=Armee gerechnet waren. Man kannte auch die Eintheilung dieser Armeen, die folgende Aufgaben zu erfüllen hatten:

Die Erste Armee (Garde nationale de la Seine), 266 Bat. 1. Cav. Legion, 1. Art. Legion sollte die in 9 Sectoren eingetheilte Haupt=Enceinte und innere Stadt besetzen. — Theile der Nationalgarde (die Marsch=Bataillone und Regimenter) sollten auch außerhalb der Enceinte zur Besetzung der Forts verwendet werden.

Die Zweite Armee (Ducrot), 6 Inf.=Divisionen und 1 Cav.=Division stark, sollten den beabsichtigten Durchbruch der Cernirungs=Linien versuchen.

Die Dritte Armee (Vinoy). 7 Inf.=Divisionen sowie das Armee= Corps von St. Denis war zur Vertheidigung der Forts und übrigen Außenwerke bestimmt.

---

*) Anmerkung. Nach Cap. V. wurden von den Franzosen 1857 Festungs= Geschütze und 602 Feld=Geschütze abgeliefert; die große Zahl der in der Haupt=Enceinte placirten Geschütze blieb in den Händen des Feindes.

2. **Gepanzerte Eisenbahn-Wagen.** Anfangs October wurden Eisenbahnwagen mit Panzerungen versehen und hinter denselben 14 Cm. und 16 Cm. Geschütze aufgestellt. Zur Fortbewegung dieser Wagen dienten Locomobilen, die auf 2 hinter der Panzer-Batterie befind= lichen Güter-Wagen standen und mittelst Ketten ohne Ende diese Wagen (mit etwa 1 Meile Geschwindigkeit pro Stunde) fortbewegen konnten. Die Locomobilen wurden sodann gleichfalls gepanzert (mit Eisen-Platten von 5 bis 6 Cm. Stärke), die auf etwa 28 Cm. starken Holzblöcken befestigt waren.*) Das Gewicht eines Panzerwagens mit 1 Geschütz betrug etwa 850 Centner, das einer gepanzerten Locomobile mit Aus= rüstung ꝛc. 907 Centner, welche Gewichte im Allgemeinen den zulässigen Maximal-Belastungen der Eisenbahn-Brücken entsprechen.

3. **Torpedos.** Zur Vertheidigung der Forts wurden zahlreiche Land-Torpedos (oder vertikale Stein=Fougassen) in dem Vorterrain angelegt; vor der Enceinte des linken Seine-Ufers allein drei Treffen, die zusammen mit 360 Centner Pulver geladen waren. Die Zündung sollte mittelst electrischer Leitung erfolgen. Die Versuche mit Contact= Zündern ergaben ungenügende Resultate, weshalb von der Anwendung solcher, nicht gefahrloser Zünder Abstand genommen wurde.

4. **Telegraphen.** Die Forts waren unter sich und mit der Hauptstadt, durch electrische Telegraphen verbunden, die theilweise eine unterirdische Leitung besaßen.

Außerdem wurden von der Marine an verschiedenen Punkten optische See=Telegraphen errichtet. Für die Nacht=Signale bediente man sich des Systems Gobard (Laternen mit starken Reflectoren und beweglichen farbigen Lichtschirmen).

5. **Electrische Beleuchtung.** Zur Beleuchtung des Vorterrains mittelst electrischen Lichtes wurden die umfassendsten Vorkehrungen getroffen und die Stärken des Lichtes so bemessen, daß man auf die Entfernung von 500 Schritten noch einen einzelnen Mann erkennen konnte. Von diesem Licht wurde im Lauf der Belagerung die vielseitigste Anwendung gemacht.

6. **Luft=Ballons.** Dieselben haben während der Belagerung eine große Rolle gespielt, hauptsächlich aber zur Verbindung der Haupt=

---

*) **Anmerkung.** Diese Panzerung sicherte nur gegen Feld= und leichte Festungs=Geschütze. Unsere 15 Cm. Belagerungs=Geschütze konnten den Panzer nebst Holzwand durchschlagen.

ſtabt mit den Provinzen. Die zu Recognoscirungszwecken mehrfach
angewendeten Ballons captifs hatten indeſſen nur ſehr ungenügende
Reſultate aufzuweiſen, obgleich die berühmten Luftſchiffer Godard und
Nadar ſämmtliche Anordnungen unternommen hatten. Die Beobach=
tungen wurden theils wegen des heftigen Windes, theils wegen des
vielfachen Nebels unmöglich; außerdem nahm der Ballon faſt ſtets
eine kreiſende Bewegung an, ſo daß die Beobachtung ſehr erſchwert
reſp. unmöglich wurde.

7. Andere Verſuche und Vorſchläge. Zur Verbindung
der Hauptſtadt mit dem Außen=Terrain unternahmen Taucher der
Marine Verſuche, auf der Sohle des Fluß=Bettes der Seine in das
nicht von den Deutſchen bewachte Terrain zu gelangen. Dieſe Verſuche
verſprachen Anfangs ein gutes Reſultat zu geben, ſpäter hatte das
Waſſer jedoch einen ſolchen Kältegrad erreicht, daß man auf die An=
wendung dieſes Communicationsſyſtems Verzicht leiſten mußte.

Ferner wurden Petroleum=Spritzen conſtruirt, die ihren Strahl
180 Schritt weit ſchleudern konnten und eine Flamme erzeugten, deren
Löſchung unmöglich erſcheinen mußte. Mittelſt dieſer Spritzen beab=
ſichtigte man die deutſchen Sturm=Colonnen zurückzutreiben.

Endlich wurden Verſuche mit Bomben gemacht, die mit 1 Pfund
Petroleum, außerdem mit einer kleinen Sprengladung gefüllt waren
und aus kleinen Mörſern geworfen wurden. Die bei der Exploſion
erzeugte Flamme war ſehr bedeutend. Der Gouverneur befahl indeſſen,
daß dieſe Verſuche nicht fortgeſetzt werden ſollten, damit die deutſchen
Armeen nicht veranlaßt würden, ähnliche Zerſtörungsmittel anzuwenden,
die dem Vertheidiger von Paris doch eventl. ſehr unbequem hätten
werden können.

Die Verſuche hatten nur das Reſultat, daß die Mitglieder der
ſpäteren Commune auf die Wirkſamkeit derartiger Zerſtörungsmittel
aufmerkſam gemacht wurden.

Die Thätigkeit, welche die Vertheidiger von Paris nach allen
Richtungen zu entwickeln wußten, iſt, wenn dieſelbe auch manchmal
exaltirt erſcheinen muß, doch in hohem Grade beachtungswerth und
erinnert an die berühmteſten Feſtungs=Vertheidigungen aller Zeiten.
Im Verlauf der nachfolgenden Darſtellungen werden wir vielfach ſehen,
daß es hauptſächlich die mangelhafte Organiſation der zuſammenge=
rafften Truppen war, die alle Anſtrengungen, den eiſernen Gürtel der

Cernirungs=Armee zu durchbrechen, scheitern lassen mußte. Lediglich
der Hunger konnte Paris besiegen; zur vollständigen Durchführung
eines regelmäßigen Angriffs gegen diese Riesen=Festung hätten weder
die Belagerungs=Mittel, noch die personellen Kräfte, die
den deutschen Armeen im Feldzuge 1870/71 zu Gebote
standen, ausgereicht.

2. Kapitel.

Allgemeine Darstellung der Cernirung.

Erste Periode.
(Bis Mitte Oktober 1870.)

Das große Hauptquartier erließ am 15. September von Chateau=
Thierry aus folgende, den Vormarsch auf Paris betreffenden Befehle:
„Der weitere Vormarsch gegen Paris hat zunächst den
„Zweck, jede Verbindung dieser Hauptstadt nach Außen abzu=
„schneiden und Zufuhr= wie Entsatz=Versuche zu hindern.
„Im Allgemeinen sind daher die Truppen dem Geschützfeuer
„der Werke nicht auszusetzen, jedoch zur Verkürzung der Cer=
„nirungs=Linie sonahe als möglich an jene heranzuführen.
„Die Maas=Armee ist gegen die Nordseite von Paris derartig
„zu dirigiren, daß das 4., Garde= und 12. Corps am 19.
„September, die Cavallerie dieser Corps schon am 18. September
„in dem Terrain auf dem rechten Seine= und Marne=Ufer die
„Einschließung vollziehen, wobei Argenteuil stark zu besetzen ist.
„Die 5. und 6. Cavallerie=Division haben die Seine unterhalb
„Paris möglichst schon am 18. September zu überschreiten und
„demnächst von der Seine bei Poissy bis in die Gegend von
„Chevreuse die Verbindung mit der Cavallerie der III. Armee
„zu suchen. Letztere Armee hat auf dem linken Ufer der Marne
„und Seine vorzurücken und nach Maßgabe des Eintreffens
„der noch rückwärts befindlichen Corps den linken Flügel
„auszudehnen. Wenigstens ein Armee=Corps ist zwischen Marne
„und Seine zu belassen.

„Da eine Offensive aus Paris außer┊Wahrscheinlichkeit liegt,
„so kann das Vorgehen der III. Armee schon jetzt unabhängig
„von dem Eintreffen der Maas-Armee erfolgen. Die Cavallerie
„der III. Armee ist so schnell als möglich zur Verbindung mit
„der V. und VI. Cavallerie-Division, sowie zur Aufklärung
„gegen die Loire, hinter welchem Fluß der Feind eine Reserve-
„Armee zu bilden bestrebt sein soll, vorzuschieben.┊

„Sämmtliche von Paris fortführende Eisenbahnen sind
„unfahrbar zu machen, jedoch nur durch Ausheben von Schienen
„und Weichen an zu besetzenden Punkten. Ebenso sind die
„Telegraphen-Leitungen an einzelnen Punkten zu unterbrechen.

„Zur Verbindung der Armeen untereinander sind oberhalb
„Paris über die Marne und Seine zahlreiche Uebergänge sicher
„zu stellen und heranführende Colonnenwege zu ermitteln.

„Es ist ferner Aufgabe der Einschließungs-Truppen, sich in
„der vordersten Linie fortificatorisch zu verstärken und die Ver-
„theidigungs-Mittel des Feindes genau zu recognosciren.

„Sollten von der Loire her Entsatz-Versuche stattfinden, so
„muß die Einschließung der Stadt einstweilen schwächeren
„Abtheilungen überlassen bleiben und wird die III. Armee mit
„ihren Hauptkräften dem anrückenden Feinde aber höchstens
„auf 1 oder 2 Märsche entgegengehen, um diesen zu schlagen
„und dann die enge und sichere Einschließung wieder aufzunehmen.“

Der Vormarsch der beiden Armeen, sowie die Cernirung von Paris
wurde im Allgemeinen diesen Befehlen entsprechend durchgeführt, insofern
nicht besondere Umstände eine Abweichung von denselben erforderlich
machten.

A. Die Maas-Armee.

Was zunächst die M a a s - A r m e e betrifft, so waren am 18. September
Abends bei dem Obercommando verschiedene Meldungen der Vorposten-
Commandeure eingelaufen, wonach Montmagny und Pierrefitte (nördlich
von St. Denis) von feindlicher regulärer Infanterie stark besetzt sei,
welche auch auf den dortigen Höhen neue Werke errichtet habe; ebenso
waren gegen die diesseitigen Vorposten gerichtete feindliche Truppen-
Bewegungen gemeldet worden.

Unter diesen Umständen erschienen dem Obercommando (im Einklang
mit den oben mitgetheilten Befehlen) die für den 19. September dispo-

nirten Aufstellungen nur möglich, wenn der Feind vorher in die Werke von St. Denis zurückgeworfen war. Demgemäß wurden dem IV. Armee=Corps am späten Abend des 18. September die erforderlichen Befehle zugefertigt. Das Garde=Corps wurde auf Gonesse dirigirt und dem=selben befohlen, den Angriff des IV. Armee=Corps von Sarcelles gegen die Höhen von Montmagny seinerseits durch ein Vorgehen über Arnouville und Bonneuse zu unterstützen. Eine Division des XII. Armee=Corps wurde nach Sevran zur weiteren eventuellen Unterstützung dirigirt.

Das IV. Armee=Corps hatte am 19. September mit seinem Gros erst gegen 9 Uhr Morgens Thillay und Souttainville erreichen können; um 12 Uhr Mittags war die 7. Infanterie=Division bei Sarcelles und Graulay eingetroffen, während die 8. Division sich mit der ihr über=wiesenen Garde=Cavallerie=Brigade noch auf dem Marsch nach Deuil befand. Das Corps nahm auf Befehl des Ober=Commandos die Höhen von Montmagny und Pierrefitte, sowie die auf einer der Höhen liegende unvollendete Schanze in Besitz und warf die dort stehenden schwachen feindlichen Truppen in die Werke von St. Denis zurück.

Die Corps nahmen am 20. September die im Nachstehenden näher bezeichneten Aufstellungen ein.

Das IV. Armee=Corps hatte seine Vorposten vorläufig in der Linie von der Station der Nord=Eisenbahn bei Deuil über la Chevrette, die Süd=Lisière von Montmagny, sodann über den Höhenzug östlich des letzgenannten Ortes in der Richtung auf Pierrefitte ausgesetzt. Der Anschluß dieser Vorposten nach rechts an die Seine wurde durch die Vorposten der 2. Garde=Cavallerie=Brigade aufgenommen, die zwischen dem Etang de Montmorency und Argenteuil standen.

Außerdem hatte die 2. Garde=Cavallerie=Brigade die Verbindung mit den bei Poissy über die Seine gegangenen Cavallerie=Divisionen aufzusuchen und diesen Fluß unterhalb Argenteuil zu beobachten. Von einer Detachirung einer Brigade nach Argenteuil wurde vorläufig Abstand genommen, dagegen dieser Ort von einem Bataillon besetzt und die Bewachung der Seine bei Bezons und Chatou gleichfalls einem Bataillon übertragen.

Das Garde = Corps stand zwischen den beiden Eisenbahnen mit seinen Vorposten in der Linie von Stains längst des Molette=Baches über le Bourget in der Richtung auf die Eisenbahn und längst der=selben bis südlich Aulnay, wo das XII. Corps mit seinen Vorposten

2*

anſchloß. Die Garde-Cavallerie-Diviſion lag hinter dem linken Flügel des Corps bei Mitry. Das Corps hatte den Weiſungen des großen Hauptquartiers gemäß mit der Ableitung des Ourcq-Kanals bereits begonnen*), und das Waſſer deſſelben zur Anſtauung des Morée-Baches verwendet. Das XII. Corps hatte mit der 23. Diviſion die Linie zwiſchen der Eiſenbahn ſüdlich Aulnay bis an die Marne bei b'Evrart beſetzt; als Stützpunkte der Vertheidigungs-Linie richtete dieſe Diviſion die Ortſchaften Sevran, Livry, Clichy, Montfermeil und Chelles zur Vertheidigung ein. Die Beobachtungs-Linie folgte der Weſt-Seite des Forêt de Bondy, ging quer über die Metzer Straße nach le Village, lief an dem Plateau-Rande des Parks von Raincy hin bis nach Gagny und nahm dann über Maiſon blanche die Rich-tung auf Ville b'Evrart.

Die 24. Infanterie-Diviſion ſowie die Sächſiſche Cavallerie-Diviſion und die Corps-Artillerie lagen hinter der 23. Diviſion. — Von den Pionieren des XII. Corps wurden endlich bei Pomponne und Lagny unter Benutzung des leichten Feldbrücken-Trains, ſowie mittelſt requi-rirter Schiffe Uebergänge über die Marne hergeſtellt; außerdem ſollte die bei Lagny liegende, vom Feinde geſprengte Brücke bereits am 22. September für Infanterie und einzelne Reiter practicabel gemacht werden.

Sämmtliche Marne-Brücken im Rayon des XII. Armee-Corps waren zerſtört; die Würtembergiſche Diviſion hatte daher bei Lagny mit Hülfe ihres Brücken-Trains einen Uebergang herſtellen laſſen; dieſe Brücke wurde indeſſen abgebrochen und am 21. September bei Gournay wieder aufgeſchlagen, ſo daß damit im Ganzen 4 Uebergänge über die Marne hergeſtellt waren.

---

*) Anmerkung. Der betreffende vom großen Hauptquartier d. d. Meaux den 17. September erlaſſene Befehl lautete (im Auszuge):

„Es iſt nothwendig, um der Stadt gutes Waſſer zu entziehen, auch „den Ourcq-Kanal abzuleiten. Es wird anheimgeſtellt, dieſes in der „Gegend von Bondy zu thun und an Ort und Stelle zu erwägen, ob „damit nicht eine die Einſchließung erleichternde Inundation gegen „le Bourget hin durch Verdämmung an der dortigen Chauſſee bewirkt „werden kann. Falls eine Ableitung bei Bondy nicht zweckmäßig, „würde eine ſolche bei Trilport zu erfolgen haben. Die Ableitung iſt „jedenfalls ſo ins Werk zu ſetzen, daß die Oeffnung leicht wieder zuge-„ſetzt werden kann, ſobald wir das Waſſer ſelbſt bedürfen."

Die im Vorstehenden mitgetheilten Dislocationen wurden in den nächsten Tagen insofern verändert, als die Garde=Division am 22. September in die Gegend von Villepinte und dagegen die 12. Ca= vallerie=Division nach Mitry verlegt wurde, so daß die beiden Divi= sionen in der Ebene vor Mitry und St. Denis zur Verfügung standen.

Es erübrigt noch einen Blick auf die Operationen der beiden der Maas=Armee zugetheilten Cavallerie=Divisionen zu werfen.

Da sämmtliche Seine=Brücken unterhalb Paris mit Ausnahme der 4 übrigens zur Sprengung vorbereiteten Eisenbahn=Uebergänge bei Bezons, Chatou, le Pecq und Sartrouville zerstört waren, des= gleichen sämmtliche Brücken der unteren Oise, so hatte die 6. Caval= lerie=Division den Uebergang auf der von der Pontonier=Compagnie des IV. Armee=Corps bei Pontoise geschlagenen Brücke erst bis zum Abend des 18. September bewerkstelligen können und überschritt die Queue der 5. Cavallerie=Division gegen Mittag des 19. Septem= ber den genannten Fluß.

Eine Recognoscirung des Laufes der Seine hatte ergeben, daß die der Cavallerie=Division zur Disposition gestellten Brücken=Trains zur Herstellung eines Ueberganges bei Poissy nicht ausreichen würden, der Uebergang müßte daher 1 Meile unterhalb bei Triel vorgenom= men werden, woselbst der Strom eine geringere Breite besaß. Zuvor mußte indessen die Brücke bei Pontoise abgebrochen werden und gelang es der Pontonier=Compagnie nach außerordentlichen Anstrengungen, die Brücke bei Triel bis zum 20. September Morgens herzustellen, so daß die Cavallerie=Divisionen die ihnen ertheilte Aufgabe im Laufe dieses Tages erfüllen konnten.

An demselben Tage hatte, wie wir später sehen werden, das V. Armee=Corps eine Ponton=Brücke bei les Tanneries geschlagen, so daß zur Verbindung der Seine=Ufer unterhalb Paris zur Ver= fügung standen:

1) die Brücke bei Triel,
2) die Eisenbahnbrücke bei Sartrouville,
3)   „   „   „   le Pecq,
4) die Ponton=Brücke bei les Tanneries (südlich le Pecq), während die Brücken bei Chatou und Bezons vom V. resp. IV. Ar= mee=Corps (Vergl. 4. Cap.) gesprengt wurden, weil eine Behauptung und Benutzung derselben unter dem wirksamen Feuer des Fort Va= lerien nicht möglich erschien.

Die Brücke bei Triel wurde am 21. September wieder abgebrochen, um für den bei Argenteuil in Aussicht genommenen Seine = Uebergang in Bereitschaft gehalten zu werden. (Vergl. 4. Cap.)

Vorposten = Gefechte am 23. September.

Am 23. September unternahm der Feind einen Ausfall gegen die Fronten des IV. Corps; demonstrirte dabei gleichzeitig gegen das Garde = Corps.*)

Am späten Nachmittage griff der Feind mit starken Infanterie= Colonnen, sowie einer Ausfall = Batterie die Dörfer Pierrefitte und Montmagny an, nahm den größten Theil von Pierrefitte in Besitz, wurde aber gegen Abend von dem zur Hülfe herbeigeeilten Gros der Vorposten des IV. Armee = Corps zurückgeworfen, so daß die Stellung Abends wieder eingenommen werden konnte. Gleichzeitig unternahmen 1 Bataillon Marine = Truppen und 2 Bataillone Eclaireurs eine Re= cognoscirung gegen. Stains und le Bourget. Als die vor der Front des Garde = Corps hergestellte Inundation Ende September wirksam zu werden begann, verfügte das große Hauptquartier, daß der rechte Flügel der Maas=Armee sich weiter nach rechts ausdehnen solle und wurde gleichzeitig eine Festsetzung in dem Terrain bei Colombes und Gennevilliers als sehr wünschenswerth bezeichnet. Durch diese Dis= locirung sollte auch eine bessere Verbindung mit dem linken Flügel der III. Armee hergestellt, und die demnächst durch einen Theil der Belagerungs = Geschütze vorzunehmende umfassende Beschießung der Werke von St. Denis wirksam vorbereitet werden.

In Folge dessen wurde die Halbinsel in der Nacht vom 3./4. October eingehend von verschiedenen Ingenieur = Offizieren recognoscirt (Vergl. 4. Cap.), und ergab sich, daß dieses Terrain im Allgemeinen nur von schwachen Kräften besetzt war, so daß die erforderlichen Vor= bereitungen zum Uebergange alsbald getroffen werden konnten. Ferner wurde die Besatzung von Argenteuil verstärkt, so daß jetzt daselbst 2 Bataillone, 2 Batterien und 1 Pionier = Compagnie standen; auch auf höheren Befehl die Vorpostenlinie über Epinay vorgeschoben.

---

*) Anmerkung. Die Annahme eines ernstlichen Gefechtes in der Vor= posten = Stellung entsprach zu dieser Zeit nicht den Intentionen des IV. Ar= mee = Corps, welches den Hauptkampf in der Stellung Granlay = Sarcelles durchführen wollte.

Die angeordnete Rechtsschiebung fand am 11. October statt. Das 12. Corps dehnte seinen rechten Flügel bis Aulnay aus; das Garde-Corps, welches bestimmt war, die gegen St. Denis vorzunehmenden Belagerungs-Operationen zu decken, stand auf der Linie Le Blanc Mesnil Montmagny; die 8. Infanterie-Division sollte den Seine-Uebergang bei Argenteuil vornehmen, die 7. Infanterie-Division als Reserve dienen.

Sicherung der Cernirungslinie.

Für die Befestigung der von der Maas-Armee eingenommenen Cernirungs-Linie erließ das Ober-Commando auf Vorschlag des stellvertretenden ersten Ingenieur-Officiers, Oberstlieutenant Bogun von Wangenheim, am 19. September nachfolgende Befehle:

1. Die Linie, welche fortificatorisch zu verstärken, ergiebt im Allgemeinen die ausgegebene Disposition. Ein ängstliches Festhalten an dieser Linie, da wo das Terrain eine Ausnahme bedingt, ist selbstredend nicht erforderlich.

2. In der betreffenden Stellung soll sich die Armee schlagen. Die Vorposten müssen daher über diese Linie entsprechend vorgeschoben werden und für die Feldwachen sind in erster Linie Schützengräben anzulegen. Unter dem Schutze der Vorposten erfolgt demnächst die Ausführung der Arbeiten.

3. Die fortificatorische Verstärkung ist in der Art zu bewirken, daß sie vorzugsweise die Defensive begünstigt, die Offensive aber nicht ausschließt.

4. Als Hauptstützpunkte für die Vertheidigung sind die Dörfer und Wälder zu benutzen und demgemäß einzurichten.

5. Wo ein Festsetzen erforderlich, Dörfer und Wälder aber nicht vorhanden, sind Schanzen für je 1 Infanterie-Compagnie (7 Fuß Feuerhöhe, 12 Fuß Brustwehrstärke, möglichst 9 Fuß Grabentiefe, Banket, Gräben im Innern) zur Ausführung zu bringen.

6. Geschütze werden nicht in den Schanzen und Dörfern, sondern an geeigneten, von der Artillerie auszuwählenden Punkten seitwärts und rückwärts der Dörfer resp. Schanzen in Geschütz-Emplacements aufgestellt.

7. Diese Emplacements sind für je 2—6 Geschütze $1\frac{1}{2}$ Fuß tief einzuschneiden, $1\frac{1}{2}$ Fuß hoch anzuschütten mit Seitengräben neben den

Geschützen für die Bedienungsmannschaften zu versehen und so aus=
zuführen, daß sie sich möglichst wenig im Terrain markiren.

8. Schützengräben sind zwischen den Hauptstützpunkten an ge=
eigneten Stellen in ausreichender Länge auszuheben.

9. Für die Soutiens der Vorposten sind da, wo eine geeignete
Unterkunft fehlt, Hütten resp. Barracken zu erbauen.

10. Wo Hindernisse von Wasserläufen geschaffen werden können,
ist solches nicht zu unterlassen. Für die Sicherung der Stau=Dämme
muß genügend Sorge getragen werden.

11. Das Garde=Corps hat, um der Stadt Paris einen Theil
des guten Wassers zu entziehen, den Ourcq=Canal bei Sevran über
Aulnay les Bondy und le Blanc Mesnil baldigst abzuleiten und das
Wasser zur Anstauung des Morée=Baches zu verwenden. Diese Ab=
leitung ist so zu bewirken, daß die Oeffnung leicht wieder zugesetzt
werden kann, wenn wir das Wasser selbst bedürfen.

12. Wo nicht ausreichende Wege vorhanden, sind Gefechts=Colonnen=
wege abzustecken und einzurichten. Namentlich müssen solche Wege
mit Rücksicht auf eine schleunige Concentration nach der Gefechtslinie
ausgewählt werden.

13. Die Wegweiser sind zu ergänzen resp. neu anzufertigen und
aufzustellen.

14. Observations=Posten sind auf hochgelegenen Punkten zu
etabliren, mit Fernröhren auszurüsten und mit Officieren zu besetzen.

15. Allarmsignale für die Nacht sind aufzustellen.

Die Herstellung der Befestigungen der Cernirungsstellungen wurde
alsbald nach näherer Anweisung der ersten Ingenieur=Officiere von
den Pionir=Compagnien, unterstützt durch Infanterie=Hülfsarbeiter, auf
der ganzen Linie in Angriff genommen und sind die Befestigungs=
Arbeiten im 4. Cap. den Terrain=Abschnitten entsprechend im Zusammen=
hange dargestellt.

B. Die dritte Armee.

Die Cernirung im Süden von Paris wurde bis zum 19.
September durchgeführt.

Die 2. Cavallerie=Division überschritt die Seine am 17. September
Nachmittags auf der von der Pontonier=Compagnie des V. Corps dicht
oberhalb Villeneuve geschlagenen Ponton=Brücke, die in 1½ Stunden
vollendet war.

Der Brückenschlag wurde in directer Weise von dem Feinde nur durch schwache Patrouillen belästigt, in Folge dessen der Ponton-Colonne einige Verluste verursacht wurden. Zum Schutz des Brückenschlages waren die Höhen von Limeil in der Richtung auf Boissy-St.-Leger durch 1 Infanterie-Brigade, 2 Escadrons und 2 Batterien besetzt worden. Nach 2 Uhr griff der Feind den Wald von Chateau Brevannes mit mehr als 6 Bataillonen sowie 2 Batterien an, wurde aber von den 5 Compagnien, welche den Wald besetzt hatten, sowie der diesseitigen Artillerie zurückgeschlagen.

Auf Wunsch des VI. Armee-Corps blieb die Ponton-Brücke so lange stehen, bis die Avantgarde desselben übergegangen und eine neue Ponton-Brücke Seitens des VI. Corps hergestellt war. Der Brücken-bau wurde von der 3. Feld-Pionier-Compagnie im Laufe des 18. September ausgeführt.

Das 2. Bayerische Corps hatte am 17. September den Uebergang der Seine bei Corbeil vollzogen und zwar auf der von der 2. Feld-Genie-Division hergestellten Ponton-Brücke, so daß mithin im Ganzen 3 Seine-Uebergänge zur Disposition standen.

Das V. Corps war am 19. September am frühen Morgen aufgebrochen, um seine Cernirungsstellung einzunehmen, als die 9. Infanterie-Division vor Petit Bicêtre von starken feindlichen Kräften angegriffen wurde. Nachdem die Division den Angriff abgeschlagen hatte und im Begriff war, auf Versailles vorzurücken, griff der Feind mit solcher Heftigkeit die Têten der 3. Bayerischen Division, die zur Unterstützung des V. Corps herbeigeeilt war, an, daß die 9. Infanterie-Division wieder Front machen mußte. Das Gefecht wurde so heftig, daß auch die 10. Division und die Corps-Artillerie vorgezogen wurde. Der Feind wich sodann auf Chatillon zurück und setzte das V. Corps nach 11 Uhr seinen Vormarsch auf Versailles fort.

Die 3. Bayerische Division hatte inzwischen eine Brigade gegen Sceaux entsandt, und wurde dieser Ort nach lebhaftem Kampf genommen; eine andere Brigade der 4. Division besetzte Bourg la Reine, während der Rest des Corps bei Croix de Bernis stehen blieb.

Der Feind hatte die stark profilirte große Schanze bei Moulin la Tour, sowie den Plateaurand bis über den Thaleinschnitt bei Plessis Piquet hinaus besetzt. Der steile Abhang wurde durch etagenförmig angelegte Schützengräben sowie durch 6 Batterien vertheidigt. Nach heftigem Kampf räumte der Feind freiwillig die sehr feste Position und wurde die Schanze Nachmittags 3 Uhr von den Bayern besetzt.

Das VI. Corps hatte nach leichten Gefechten die ihm überwiesene Cernirungsstellung eingenommen und die feindlichen Offensiv-Stöße zurückgewiesen. Ebenso hatte die Würtembergische Division, die, wie wir vorhin gesehen haben, zur event. Unterstützung der Maas-Armee herangezogen war, den Terrain-Abschnitt zwischen Seine und Marne besetzt, so daß die ganze Cernirungs-Linie, vom westlichen Vorterrain abgesehen, am Abend des 19. September geschlossen war.

Die Dislocation der Cernirungs-Truppen wurde am 21. September insoweit verändert, als das inzwischen von Sedan eingetroffene XI. Corps die Besetzung des Abschnitts zwischen der Seine und Marne, und zwar von Chevisy bis Ormesson übernahm.

Zur ferneren Verstärkung der III. Armee wurde am 29. September noch die 17. Infanterie-Division sowie die Garde-Landwehr-Division herangezogen, welche Truppentheile indessen erst im Laufe des Monat October eintreffen konnten.

Gleichzeitig wurde die Herbeischaffung eines Belagerungs-Parkes angeordnet, der zum Angriff gegen die Süd-Fronten bestimmt war, zum Theil auch vor den Nordfronten Verwendung finden sollte. (Vergl. 4. Cap.)

Von maßgebender Seite war die Schwäche des linken Flügels der III. Armee schon Ende September anerkannt und daher eine Verstärkung desselben durch das XI. Armee-Corps in Aussicht genommen. Das große Hauptquartier ging dabei von der Ansicht aus, daß im nicht wahrscheinlichen Falle eines überlegenen Vorstoßes des Feindes zwischen Seine und Marne die Würtembergische Division (welche, wie wir gesehen haben, diesen Abschnitt besetzt hatte), ausweichen könnte, insofern nicht die Sicherung des Transportes des Belagerungs-Parks ein Festhalten der Cernirungs-Stellungen unter allen Umständen erfordern würde.

Ausfall vom 30. September gegen die Stellungen des VI. Armee-Corps.

Der Feind, der seit dem 24. September an der Vollendung und Armirung der Festungswerke angestrengt gearbeitet hatte, bewarf am 30. September am frühen Morgen die diesseitigen Stellungen mit Granaten und begann um 6 Uhr Morgens mit Infanterie und Feld-Artillerie den Angriff gegen die Dörfer Chevilly, Thiais und Choisy.

Der Angriff auf Chevilly und den Straßen-Knotenpunkt wurde durch 4 Infanterie-Bataillone der 12. Division, unterstützt durch die gut eingreifende Artillerie des linken Flügels abgewiesen; das gleiche Schicksal hatte der Angriff auf Choisy und Thiais; zu dem Erfolge trugen auch hier die auf dem rechten Flügel postirten Batterien in hervorragender Weise bei.

Um 8 Morgens erfolgte ein Angriff nordwestlich von l'Hay im Bièvre-Thal, der gegen die Stellungen des 2. Bayerischen Armee-Corps gerichtet war, aber gleichfalls abgewiesen wurde.

Nach einer einstündigen außerordentlich heftigen Kanonade griff der Feind abermals mit starken Schützenschwärmen das Dorf Chevilly an. Während der Feind in der Front beschäftigt wurde, faßten ihn die zur Unterstützung herbeigeeilten Infanterie-Bataillone und Batterien in der Flanke und nöthigten denselben binnen Kurzem zum Rückzuge.

Anfangs October ergriff auch der Feind auf den anderen südlichen Fronten mehrfach die Offensive, indem er besonders am 5. October die Vorpostenstellungen der 9. Infanterie-Division bei Bellevue und St. Cloud mit zahlreichen Granaten bewarf, namentlich vom Fort Valerien sowie den Kanonen-Booten aus.

Als das 1. Bayerische Corps sowie die 22. Infanterie-Division aus der Cernirungs-Linie abrückten, wurde gleichzeitig eine Verstärkung des linken Flügels der III. Armee dadurch bewirkt, daß sich das XI. Corps (excl. 22. Infanterie-Division) zwischen das 2. Bayerische und V. Corps schob und am 10. October den Abschnitt von St. Cloud bis zu den Höhen von Clamart übernahm.

Die nach dem Fall von Toul disponibel gewordene 17. Infanterie-Division übernahm dagegen die Stellung des XI. Corps zwischen Seine und Marne, und wurde dem General-Commando des XIII. Armee-Corps gleichzeitig die Würtembergische Feld-Division unterstellt.

Ausfall vom 13. October gegen die Stellungen des 2. Bayerischen Corps.

Am 13. October unternahm der Feind, nachdem er zuvor von den Forts aus (unterstützt durch Feld-Batterien) ein heftiges Feuer gegen die Bayerischen Stellungen eröffnet hatte, einen Angriff gegen Chatillon und Bagneux unter gleichzeitigen Demonstrationen gegen Bourg la Reine und Clamart, drang zum Theil in die genannten Dörfer ein, wurde aber am Nachmittag von den herbeigeeilten Reserden mit beträchtlichen Verlusten wieder zurückgeworfen. Alle diese feindlichen Unternehmungen hatten indessen offenbar keinen anderen Zweck, als die Truppen zu aguerriren, indem die Haupt=Operationen in Verbindung mit den Entsatz=Versuchen der Loire=Armee stattfinden sollten. Der Feind schadete sich insofern durch diese kleinen, aber blutigen Vorposten=Gefechte, als die Cernirungs=Truppen von da ab eine größere Thätigkeit in der Befestigung der ihnen überwiesenen Terrain= Abschnitte entfalteten.

Außerdem ist noch zu bemerken, daß das große Hauptquartier auf das Vorhandensein von einer größeren Anzahl Kanonenboote auf= merksam machte, die nach den eingegangenen Nachrichten zur Zerstörung der Kriegs=Brücken benutzt werden sollten. Ebenso wurde der III. Armee anheimgestellt, alle diejenigen Maßregeln zu treffen, durch welche die Lage der eingeschlossenen Stadt verschlechtert werden könnte, namentlich wurde auf die Zerstörung der Wasserleitungen hingewiesen, sowie auf Vorkehrungen zum Unterwassersetzen der Vorstadt Auteil.

In Folge dieser Weisungen wurde am 23. September die Wasser= leitung bei Croix de Berny von einem Detachement der 2. Pionier= Compagnie des VI. Armee=Corps zerstört.

Was das Project zur Unterwassersetzung der Vorstadt Auteil be= trifft, so erhielt der Hauptmann Heyde am 25. September den Auf= trag, in Gemeinschaft mit einem Generalstabsofficier festzustellen, ob es möglich sei, von dem Bergkegel nördlich von Sèvres durch Herab= rollen von Baumstämmen, Wasser=Faschinen und ähnlichem Material eine Sperrung des Flusses in gefahrloser Weise zu bewirken. Im Ver= neinungsfalle sollte alsdann ermittelt werden, ob überhaupt und mit welchen Mitteln eine Abdämmung des Flusses auszuführen sei, was durch dieselbe erreicht werde und ob die voraussichtlich für die Aus= führung erforderlichen Mittel an Zeit, Arbeitskraft und Menschenleben dem zu erhoffenden Zwecke entsprechen würden.

Als Resultat der alsbald vorgenommenen genauen Recognoscirun= gen ergab sich, daß:

1) eine Sperrung der Seine bei Sèvres von dem erwähnten Bergkegel unmöglich war, weil sich am Fuß desselben ein 200—400 Schritt breiter mit Häusern bebauter Terrainstreifen befand, welcher den Berg von der Seine trennte;

2) daß eine Stauung sich möglicherweise bewerkstelligen ließe, sobald außer dem einem bereits gesprengten Strompfeiler der Brücke

bei Sèvres die übrigen sechs Pfeiler in einiger Höhe über dem Was=
serspiegel breschirt würden.

Da der Feind die am rechten Seine=Ufer belegenen Gärten von
Billancourt zur Vertheidigung eingerichtet hatte, so konnte derselbe
das linke Seine=Ufer vollständig beherrschen. Ebenso konnte die hin=
ter Billancourt erbaute Batterie, desgleichen das Fort Issy, die Brücke
von Sèvres unter Feuer nehmen und die Arbeiten, wenn auch nicht
ganz verhindern, so doch in hohem Grade stören.

Die genannten Officiere erklärten daher in Uebereinstimmung mit
dem Commandeur der Ingenieure der III. Armee, daß eine Stauung
der Seine außerordentliche Schwierigkeiten verursachen müßte und daß
die erforderlichen Opfer an Zeit, Arbeitskräften und Menschenleben
dem zu erwartenden Erfolge nicht entsprechen würden.

Das Project wurde daher definitiv aufgegeben, ebenso später ein
anderes Project eines mit den Pariser Verhältnissen genau bekannten
Architekten, der die Seine=Brücken und Quais durch mit Petroleum
und Pulver beladenen Flöße bedrohen wollte. Ein gleiches Schicksal
hatte ein Project, welches darauf hinausging, den Mont Valerien in
die Luft zu sprengen.

Endlich ist noch zu bemerken, daß in der oberen und unteren
Seine Telegraphen=Kabel von den Pionieren aufgefunden wurden, so
daß mit Hülfe eines eingeschalteten Telegraphen=Apparates die De=
peschen aufgefangen werden konnten. — Da die wichtigeren Telegramme
indessen chiffrirt waren, so wurden die Leitungen nach einigen Tagen
auf Befehl des großen Hauptquartiers zerstört.

C. Sicherung der Cernirungs=Armee gegen feindliche
Entsatz=Versuche.

Die Sicherung des Rückens der Cernirungs=Armee nach Norden
wurde während dieser Periode der durch 3 Bataillone und 3 Batterien
verstärkten Sächsischen Cavallerie=Division übertragen, deren rechter
Flügel nach der am 16. October erfolgten Einnahme der Festung
Soissons sehr gesichert erscheinen mußte.

Als fernere Stützpunkte dienten die Städte Compiègne, Clermont,
Beauvais und Gisors, während schwächere Abtheilungen bis Breteuil
und Gournay vorpoussirt wurden. Da die geringen disponiblen
Streitkräfte eine Operation gegen Rouen und Amiens nicht zuließen,
so hielt das Obercommando der Maas=Armee es nicht für zweckmäßig,

die Vortruppen der Division noch weiter gegen diese Städte vorzuschieben, um nicht durch überlegene feindliche Kräfte zum Rückzuge gezwungen zu werden.

Die Deckung in nordwestlicher Richtung wurde im Speciellen durch das Detachement Prinz Albrecht Sohn (3 Bataillone, 8 Escadrons, 3 Batterien) bewerkstelligt, welches den Terrain-Abschnitt zwischen Oise und Seine besetzte und sich mit seinem linken Flügel an die Seine bei Vernon lehnte.

Die größte Gefahr drohte der Cernirungs-Armee von Süden, indem der Feind hinter der Loire eine große Armee sammelte. Zur Beobachtung des Feindes wurde zunächst die durch Infanterie verstärkte 4. Cavallerie-Division bestimmt, die Anfangs October bis Artenay (2 Meilen nördlich von Orleans) vordrang, indessen am 7. Oktober sich vor den überlegenen feindlichen Kräften bis in die Höhe von Etampes zurückziehen mußte. Ein Gleiches mußte ein Theil der 6. Cavallerie-Division thun, die in der Richtung auf Chartres vorgegangen war.

Im Anfang des Monats Oktober wurde eine besondere Armee-Abtheilung formirt, welche die Aufgabe erhielt, die Cernirungs-Armeen gegen Süden und Südwesten zu sichern.

Diese Armee-Abtheilung, aus dem I. Bayerischen Corps, der 22. Infanterie-Division sowie der 2. und 4. Cavallerie-Division bestehend, trieb den Feind überall nach heftigen Kämpfen zurück und besetzte am 11. Oktober Orleans. Die 6. Cavallerie-Division hielt die Verbindung mit der Armee-Abtheilung in westlicher Richtung aufrecht und mußte also im Verein mit der 5. Cavallerie-Division die Sicherung des Rückens der Cernirungs-Armee bis zur unteren Seine übernehmen. (Vergl. Abschnitt 5.)

So sehen wir also Mitte Oktober die den Cernirungs-Armeen drohenden Gefahren einstweilen glücklich beseitigt und die vom großen Hauptquartier befohlene Belagerung resp. Beschießung der nördlichen und südlichen Forts von Paris konnte ernstlicher in das Auge gefaßt werden. Damit beginnt eine neue Periode der Cernirung, indem die Vorbereitungen zur Belagerung sowie die zur Verstärkung der Cernirungs-Armee eingetroffenen Truppentheile vielfache Dislocationen und neue Vertheidigungs-Vorkehrungen erforderlich machten.

Zweite Periode.
Von Mitte Oktober 1870 bis Anfang Januar 1871.
A. Maas=Armee.

Die Vertheidiger von Paris, anscheinend von dem unsererseits beabsichtigten Seine=Uebergang unterrichtet, wurden in der Mitte des Monat October auf der Halbinsel Genevilliers sehr thätig, richteten besonders gegen Argenteuil mehrfach ein heftiges Granatfeuer, so daß die Forsetzung der Brücken=Arbeiten daselbst unmöglich wurde. Namentlich eröffnete der Feind am 18. October aus 24—30 Feld= und Festungs= Geschützen ein heftiges Feuer und zwang die diesseitigen Feld=Batterien zum Abfahren. Von da ab wurde unsererseits auf die Fortsetzung des Geschütz=Kampfes Verzicht geleistet. Auch gegen die Stellung des XII. Corps fand am 14. October ein Ausfall mehrerer Bataillone statt, der sich abermals gegen die Waldecke östlich Bondy an der Metzer Straße und gegen Gagny richtete, jedoch durch die Feldwachen und einige Geschütze bald abgewiesen wurde. Bei dieser Gelegenheit wurde constatirt, daß Villemomble sowie der Mont Avron vom Feinde nicht besetzt war.

Am 18. October versuchte der Feind, in Verbindung mit den eben erwähnten Demonstrationen, gegen das IV. Corps, einen Angriff auf Stains, nachdem er dieses Dorf zuvor heftig beschossen hatte. Ein Angriff mit Infanterie wurde durch das Schnellfeuer der Besatzung zurückgewiesen.

Gefechte bei Le Bourget.

Am 28. October Morgens 5 Uhr war die in le Bourget auf Vorposten stehende Infanterie=Compagnie des Garde=Corps von Drancy aus überraschend angegriffen worden. Dieselbe mußte sich zunächst nach der nördlichen Hälfte des lang gestreckten Dorfes zurückziehen und räumte dasselbe, als der Feind bedeutende Verstärkungen herangezogen hatte. Ein Versuch, mit den um 11 Uhr Morgens herbeigeeilten Batterien den Feind zurückzutreiben, mißlang, indem derselbe sich hinter der sehr starken Nord=Lisière festgesetzt hatte.

Der am Abend von der 2. Garde-Infanterie=Division gemachte Versuch, le Bourget wieder zu erobern, gelang abermals nicht, weil der Feind mit großer Schnelligkeit das Dorf zur Vertheidigung eingerichtet hatte. Auch ein am 29. October unternommener Versuch, letzteren durch Feld=Geschütze zur Aufgabe des Dorfes zu veranlassen, hatte nicht den gewünschten Erfolg.

Dem Obercommando erschien es sehr bedenklich, die Franzosen im Besitze des Dorfes zu lassen, weil dasselbe den einzigen Beobachtungs= Posten vor der langen Cernirungs=Linie von Aulnay=les Bondy bis Dugny bildete. Außerdem wurde befürchtet, daß der Feind, einmal in ungestörtem Besitz von le Bourget, daselbst schwere Batterien eta= bliren und damit die ganze Stellung längs der Inundationslinie bedrohen würde.

Demzufolge erhielt die 2. Garde=Infanterie=Division den Befehl, am 30. October Morgens mit 3 Colonnen das Dorf (von Dugny, Pont Iblon und le Blanc Mesnil aus) anzugreifen, während 5 bei Pont Iblon resp. Blanc=Mesnil postirte Batterien den Angriff einleiten sollten.

Nachdem das Geschützfeuer etwa ½ Stunde gedauert hatte, setzte sich die Hauptcolonne (4 Infanterie=Bataillone und die 2. Garde= Pionier=Compagnie (Hauptmann von Spankeren) von Pont Iblon aus gegen die Nord=Lisière, und die rechte Seiten=Colonne (2 Infan= terie=Bataillone) von Dugny aus gegen die West=Lisière in Bewegung, während die linke Colonne (2 Infanterie=Bataillone) bereits früher den Moleret=Bach überschritten hatte mit dem Auftrage, das Dorf von Süden anzugreifen. Die Colonnen, die von lebhaftem Geschützfeuer aus den Forts und einer Feld=Batterie, sowie von Infanteriefeuer empfangen wurden, trafen gleichzeitig vor dem Dorfe ein.

Die linke Flügel=Colonne drang zuerst ein und nahm den Bahn= hof etwa um 9 Uhr; erst nach längerem Kampfe gelang es der Mittel=Colonne, den Feind aus der Nord=Lisière zu vertreiben, deren starke Umfassungsmauern überall crenelirt waren.

Die rechte Flügel=Colonne drang etwa zu gleicher Zeit in das Dorf. Hier entbrannte jedoch ein außerordentlich heftiger Häuserkampf; jedes Haus mußte einzeln genommen werden. — An dem Kampfe betheiligte sich in hervorragender Weise die 2. Garde=Pionier=Compagnie, indem die Mauern einer großen Zahl von Häusern von den Pionieren durch= brochen werden mußten, um den erbitterten Kampf zu Ende führen zu können. Erst um 12½ Uhr gelang es, le Bourget vollständig in Besitz zu nehmen, worauf dann der Feind ein heftiges Geschützfeuer gegen dasselbe eröffnete, gleichzeitig auch gegen die Fronten der 1. Garde= Infanterie=Division, sowie des IV. Armee=Corps demonstrirte. Die gegen die diesseitigen Vorposten gerichteten Angriffe wurden indessen sofort abgewiesen.

Mit der Vertheidigungs-Einrichtung des Dorfes wurde alsbald begonnen und letzteres fortan von einem Bataillon besetzt.

Gleichzeitig wurde der 2. Garde-Infanterie-Division ein anderer Cernirungs-Rayon angewiesen, indem die 1. Garde-Infanterie-Division von nun ab das Dorf Stains mit übernahm. Außerdem wurde ein nach dem Norden detachirt gewesenes Garde-Infanterie-Regiment durch ein Regiment des XII. Corps abgelöst.

Nach der bei le Bourget erlittenen Niederlage verhielt sich der Feind im Lauf des Monats November im Allgemeinen auf den Nord- und Ostfronten der Festung ziemlich passiv, indem derselbe seine Haupt-Thätigkeit auf den Süd- und Westfronten entwickelte, offenbar in Verbindung mit den im Westen und Süden von Paris sich bildenden, resp. im Anmarsch begriffenen Entsatz-Armeen.

Die Aufmerksamkeit der oberen Heeresleitung richtete sich daher auf eine Verstärkung der südlichen Cernirungsstellungen. Die 17. Infanterie-Division war nach der erforderlich gewordenen Räumung von Orleans zur Verstärkung der gegen die Loire operirenden Armee-Abtheilung bestimmt und durch die inzwischen von Metz herangerückte 3. Infanterie-Division abgelöst worden; die 4. Infanterie-Division hatte Mitte November das Plateau von Saclay besetzt. Es standen mithin zu dieser Zeit im Süden von Paris zwischen der oberen und unteren Seine im Ganzen nur 7 Infanterie-Divisionen, zur Vertheidigung von im Ganzen 3½ Meilen langen Gefechtsstellungen zur Verfügung. Gleichzeitig hatten diese Divisionen die Deckung des großen Belagerungs-Parks zu übernehmen und durften also die eingenommenen Stellungen unter keinen Umständen geräumt werden.

In Folge dieser Umstände wurde am 16. November eine Links-schiebung der durch die Würtembergische Division verstärkten Maas-Armee angeordnet, und lehnte die Armee ihren linken Flügel an die Seine. Die 24. Division nahm eine Stellung à cheval der Marne ein, so daß die 2¼ Meilen langen Gefechtstellungen zwischen Seine und Marne nur von 4 Infanterie-Brigaden besetzt werden konnten. Die gerade zur rechten Zeit eingetretene Uebergabe von Metz hatte es indessen ermöglicht, daß die II. Armee zur Verstärkung der gegen die französische Loire- und West-Armee operirenden Streitkräfte herangezogen werden konnte, so daß dem Feinde von jetzt ab ein Vormarsch gegen Paris aus südlicher oder westlicher Richtung sehr schwierig erscheinen mußte. Die französische Loire-Armee warf sich daher Ende November auf den linken Flügel der II. Armee und versuchte denselben bei Beaune la Rolande durch große Uebermacht zu erdrücken*). In Verbindung mit diesen Operationen wurde Ende November ein großer Ausfall gegen die östlichen Fronten unternommen, der auf den folgenden Blättern im Zusammenhange dargestellt werden soll.

Die Besetzung des Mont Avron und die Schlacht bei Villiers.

Nach französischen Quellen wurde am 25. November die Besetzung des Mont Avron beschlossen und erhielten die Truppen Lebensmittel für 7 Tage.

Die Vorbereitungen zum Batterie-Bau auf dem Avron wurden alsbald getroffen. Der Hauptstoß sollte gegen Osten geführt werden mit gleichzeitigen größeren Demonstrationen nach Norden und Süden; für die Operationen an der Marne waren 130,000 Mann und 400 Geschütze bestimmt.

Die zur Besetzung des Avron bestimmten Truppen bestanden aus einer Infanterie-Division (10 Bataillone, 3 Batterien) und 3000 Mann von der Marine.

Diese Truppen sollten ihre Operationen auf dem Avron am Abend des 28. November beginnen und am 29. November bei Tages-Anbruch durch eine Division des 3. Corps der II. Armee unterstützt werden. Diese Division erhielt den Auftrag, in der Nacht vom 28. zum 29. November die Positionen zwischen Rosny und der Redoute von Fontenay mit ihrer Artillerie zu besetzen und südlich des Plateaus zu operiren.

Der Bau der Batterien auf dem Mont Avron wurde in der Nacht vom 28. zum 29. November mit Aufbietung aller Kräfte soweit gefördert, daß das Feuer am Morgen des 29. November eröffnet werden konnte und zwar im Ganzen aus 62 Festungs- und Feldgeschützen, unterstützt durch 2 gepanzerte mit Marine-Geschützen armirte Eisenbahn-Wagen, die auf der Mühlhauser Eisenbahn am Viaduct von Nogent Position zu nehmen hatten. Endlich sollten am Morgen

---

*) Vergl. Abschnitt V.

des 29. November 3000 mobilifirte National-Garden zwischen den Forts Noify und Rosny demonstriren.

An der Marne wurde außerdem eine große Zahl von Batterien gebaut, die mit schweren Festungs-Geschützen armirt waren; auch legten sich 2 Kanonen-Boote bei Port Creteil auf der Marne vor Anker.

Während dieser Zeit wurden die Schiffbrücken vorbereitet*), welche am Morgen des 29. November zum Marne-Uebergang benutzt werden sollten. Die für das Gros der Armee bestimmten Brückenstellen, die von der Redoute Faifanderie, den Höhen von Vincennes und Nogent unter Feuer genommen werden konnten, lagen zwischen Joinville le Pont und der Insel Beauté. Zwei Brücken, von denen die eine für Infanterie, die andere für Artillerie bestimmt war, sollten unterstrom der Schleuse von Nogent erbaut werden, während gleichzeitig noch 2 bei Brie herzustellende Uebergänge vorbereitet wurden.

In der Nacht vom 28. zum 29. November sollten die Schiff-brücken durch einen Remorqueur die Marne hinaufgeschleppt werden; es stellte sich jedoch heraus, daß die Trümmer der bei Beginn der Belagerung zerstörten, jetzt aber wieder hergestellten Brücke bei Join-ville das Flußbett so verengt und einen so reißenden Strom erzeugt hatten, daß alle Versuche, die Brücken-Glieder stromaufwärts zu schleppen, scheitern mußten. Der Brückenschlag konnte daher nicht aus-geführt werden und war dieses Factum von unberechenbaren Folgen für den weiteren Verlauf der großartig disponirten Operationen. Einmal mußte die Verschiebung des Kampfes einen verhängnißvollen moralischen Eindruck auf die französische Armee ausüben und sodann war der ganze Angriffs-Plan durch die großen Truppenansammlun-gen verrathen worden. Der Gouverneur Trochu, der im Fort Rosny diese wichtige Nachricht erhalten hatte, gab neue Befehle aus; diesel-ben konnten indessen nicht mehr rechtzeitig den Truppen übermittelt werden, und hatten letztere ihre Bewegungen zum Theil bereits ange-treten. Die Nachricht von der Verzögerung des Angriffs verbreitete sich mit Windeseile in Paris und verursachte überall große Entmuthi-gung. **)

---

*) Die Arbeiten wurden von dem Ingénieur en chef des ponts et chaussées geleitet.

**) Die trotz ihrer so sicheren Lage gesprengte Brücke von Joinville mußte daher im höchsten Grade verhängnißvoll für den Feind werden. Die

3 *

Nichts desto weniger wurden am 29. November die Demonstra=
tionen und Ausfälle gegen die Stellungen der Maas=Armee, sowie
des VI. Corps in Scene gesetzt.

Am 29. November Morgens standen 20,000 Mann in der Ebene
von Aubervilliers und 6000 Mann vor Epinay zum Angriff bereit.
Dem französischen Operationsplan lag die Idee zu Grunde, Epinay
am Nachmittage des 29. November zu nehmen und sich während der
Nacht aus dem Dorfe zurückzuziehen, während die sämmtlichen Ge=
schütze der nordöstlichen Forts auf Stains, le Bourget, Pont=Iblon 2c.
ein heftiges Feuer eröffnen und 20,000 Mann (worunter eine Ca=
vallerie=Division) gegen die Fronten des Garde=Corps demonstriren
sollten, um dadurch einen großen Theil der Kräfte der Maas=Armee
festzuhalten.

Als die Nachricht von dem Mißlingen des Brückenschlags eintraf,
kehrten die Truppen mißmuthig in ihre Cantonnements zurück.

In der Nacht vom 29. zum 30. November befürchtete der Feind
einen Angriff auf die Halbinsel Gennevilliers und wurden daher sofort
alle Maßregeln zur Sprengung der beiden noch im intacten Zustande
befindlichen Seine=Brücken getroffen; ein Adjutant des Vice=Admirals
de la Roncière verhinderte noch zur rechten Zeit die Zerstörung der
Eisenbahn=Brücke bei Asnières.

Im Laufe des 29. November wurden die auf dem Mont Avron
begonnenen Vertheidigungs=Einrichtungen und Batterie=Bauten ver=
vollständigt und konnte endlich die genügende Anzahl Brücken her=
gestellt werden*).

Gleichzeitig wollte der Feind mit einer Division einen Ausfall
auf dem linken Seine=Ufer gegen die ganze Front des VI. Corps
unternehmen, der indessen in Folge des verunglückten Brückenschlagens
nur gegen den rechten Flügel des VI. Armee=Corps unternommen
wurde, also auch trotz seiner günstigen Erfolge nur zwecklos sein
konnte und mit der freiwilligen Räumung der genommenen Vorposten=
stellungen endigen mußte.

---

rechtzeitige Wiederherstellung derselben für alle Waffen war versäumt und
eine sehr mangelhafte Disposition für den Fluß=Uebergang getroffen wor=
den. Das hält aber den Vice=Admiral de la Roncière nicht ab, auszurufen:
„La fortune nous trahit encore une fois!“
*) Zur Herstellung von 2 Brücken (unterhalb Joinville) bedurfte der
Feind trotz der ihm zu Gebote stehenden reichen Hülfsmittel 48 Stunden.

Die Würtembergische Division hatte die ihr drohende Gefahr recht=
zeitig erkannt, und bereits am 28. November dieses dem Obercommando
der Maas=Armee gemeldet.

Letzteres dirigirte den vom großen Hauptquartier erlassenen Be=
fehlen entsprechend, die 24. Infanterie=Division, sowie die Corps=
Artillerie des XII. Corps nach Ormesson und übernahm die 23. Division
die Besetzung der Strecke Chelles=Brie, die 2. Garde=Division die Linie
Aulnay=Montfermeil, die 1. Garde=Division die Linie Groslay=Blanc
Mesnil, so daß dadurch noch eine Brigade der 23. Division zur
Unterstützung der Würtembergischen Division disponibel wurde.

Am Abend des 29. November wurden die Dispositionen dahin
abgeändert, daß die 2. Garde=Division die Sicherung der Inundations=
Front von der Liller=Straße bis zum Ourcq=Kanal, die 23. Division
den Abschnitt zwischen diesem Canal und der Marne, die 24. Division
die Vorposten von Gournay bis Champigny übernehmen sollte.

Der 30. November. Nachdem die Marne=Brücken vollendet
waren, überschritt die Armee des General Ducrot um 7 Uhr Morgens
den Fluß; die Colonnen entwickelten sich auf dem linken Marne=Ufer.
Ein heftiges Artillerie=Feuer wurde vom Abron, von den Redouten
Faisanderie und Gravelle, den Forts Nogent und Rosny, sowie den
gepanzerten Eisenbahn=Wagen aus gegen die Höhen von Villiers
gerichtet.

Im Norden und Süden von Paris begannen gleichzeitig die
Demonstrationen und Vorbereitungen zu dem Ausfalle gegen die Fronten
des IV. und VI. Corps, während der Kampf selbst, merkwürdiger Weise,
erst am Nachmittag begann.

Um 9½ Uhr Morgens entbrannte der Kampf im Osten von Paris
und wurde gleichzeitig der linke Flügel der Würtembergischen Division
bei Mont Mesly, sowie der rechte Flügel bei Champigny angegriffen.

Die befohlene Ablösung des Würtembergischen rechten Flügels
war bei Beginn des Angriffs noch nicht vollständig beendet.

Der Feind warf die schwache Besatzung des Dorfes Champigny
zurück und begann unter dem heftigen Feuer der Sächsischen Geschütze
bereits um 10½ Uhr mit der Herstellung der beiden früher erwähnten
Marne=Brücken bei Brie.*) Es gelang den französischen Marine=

---

*) Die Brücken wurden jedoch absichtlich nicht sogleich vollendet, damit
dieselben nicht von den zahlreichen Soldaten benutzt werden konnten, welche
bereits am Mittag die Schlachtlinie verließen. (De la Roncière pag. 199.)

Truppen, die Brücken herzustellen, obgleich 3 Schiffe durch Granaten verletzt wurden.

Der Feind griff nach der Einnahme von Brie die diesseitigen Stellungen bei Villiers an, drang in dieses Dorf ein und konnte derselbe erst Nachmittags zurückgetrieben werden, so daß das Gefecht zum Stehen kam. Am Abend gelang es, die Linie Villiers-Noisy, ebenso auf dem linken Flügel den Mont Mesly, wenn auch mit schweren Verlusten, zu behaupten.

Auf der Front des Garde-Corps demonstrirte, wie schon früher berichtet, der Feind mit starken Kräften, besetzte Drancy und Groslay, unternahm aber auf ausdrücklichen Befehl des General Trochu keine ernstliche Unternehmung gegen le Bourget, weil es ihm gänzlich an Geschützen fehlte, dagegen versuchte der Feind Morgens 10 Uhr das Dorf Stains zu nehmen, wurde aber mit starken Verlusten zurückgewiesen.

Um 2 Uhr Nachmittags eröffneten die Geschütze der Festungswerke, sowie einer schwimmenden Batterie ein heftiges halbstündiges Feuer gegen Epinay. Es erfolgte darauf ein umfassender Angriff gegen dieses nur von schwachen Kräften besetzte Dorf, welches den Franzosen nach heftigem Häuserkampf in die Hände fiel. Am Abend wurde Epinay (nach französischen Angaben freiwillig) geräumt.

Gleichzeitig fanden gegen die Fronten des VI. Armee-Corps Demonstrationen statt; der Feind nahm einen Theil der diesseitigen Vorpostenstellungen nördlich von Choisy in Besitz, räumte indessen nach Eintritt der Dunkelheit auch diese Posten.

Da das Obercommando der Maas-Armee einen wiederholten Angriff für den folgenden Tag vermuthete, so erbat sich dasselbe am Abend des 30. November Verstärkungen. Die III. Armee erhielt demgemäß den Befehl, am Morgen des 1. Dezember alle disponiblen Kräfte der Maas-Armee zur Verfügung zu stellen.

Der 1. Dezember. Die Kraft des feindlichen Angriffs war nach den großen Verlusten des vorigen Tages gebrochen. Der Feind setzte sich in den gewonnenen Terrain-Abschnitten fest, wenngleich er wohl wissen mußte, daß er die unter dem wirksamsten Feuer der Geschütze der diesseitigen Batterien liegenden Dörfer Brie und Champigny auf die Dauer nicht behaupten könne. Der ganze Tag verlief ruhig.

In ähnlicher Weise, wie es Ende October bei le Bourget der Fall gewesen war, erschien es auch hier wieder erforderlich, den Feind aus der eroberten Vorpostenstellung zurückzutreiben.

Von allen Seiten eilten unterdessen Verstärkungen heran, namentlich das ganze II. Armee-Corps, sowie eine Brigade des VI. Corps, so daß im Ganzen am 1. Dezember etwa 2½ Armee-Corps den Kampf aufnehmen konnten. Erforderlichen Falls stand der ganze Rest des XII. Corps zur Verfügung.

Der 2. Dezember. An diesem Tage erfolgte auf Befehl des Obercommandos der Maas-Armee der Angriff auf die feindlichen Stellungen, die mit überraschender Schnelligkeit in Vertheidigungszustand gesetzt waren; jedoch gelang es nicht, den Feind aus Champigny und Brie zu vertreiben, während andererseits die Angriffe auf die eigentlichen Gefechtsstellungen stets abgeschlagen wurden. Damit war der Hauptkampf entschieden, indem die Kraft des Angreifers vollständig gebrochen war.

Obgleich der General Ducrot am Abend des 2. Dezember bereits Verstärkungen von der Armee des General Vinoy, sowie dem Armee-Corps von St. Denis erhalten hatte, so befürchtete derselbe doch einen neuen Angriff und zog sich am Mittag des 3. Dezember mit seinen Hauptkräften auf das linke Ufer zurück. Die Brücken wurden abgebrochen und bivouakirte die französische Armee in der folgenden Nacht im Bois de Vincennes.

Am 4. Dezember befahl das große Hauptquartier, daß für die Würtembergische Division sofort eine mit dem rechten Flügel weiter zurückgenommene verschanzte Schlachtstellung hergestellt werde, um für den Fall weiterer Kämpfe an jener Stelle die Truppen dem Geschützfeuer der Forts und des Mont Avron mehr entziehen zu können.

Außerdem wurde gleichzeitig zur Bekämpfung der in den letzten Tagen des November auf dem Mont Avron demaskirten Batterien die Anlage von Belagerungs-Batterien östlich von Noisy le Grand, sowie auf dem Plateau von Montfermeil befohlen, von denen auch die Ansammlung von Truppen im Thal der Marne, sowie der Uebergang über diesen Fluß erschwert, resp. verhindert werden konnte. Zu diesem Zweck wurden 76 schwere Geschütze zur Verfügung gestellt.

Es wurden alsbald Seitens des Obercommandos der Maas-Armee die erforderlichen Vorbereitungen getroffen (vergl. 4. Cap.), und konnte das Feuer am 27. Dezember gegen den Avron, gleichzeitig auch gegen die Forts Noisy, Rosny und Nogent eröffnet werden.

Am 20. Dezember beschloß die französische Armee eine „grande operation", die dieses Mal zwischen St. Denis und der Marne stattfinden sollte und zwar offenbar im Zusammenhang mit dem erneuten Vorgehen der französischen Nord=Armee, welche an diesem Tage hinter der Sommelinie zwischen Peronne und Amiens stand.

Die Operationen der Vertheidiger von Paris begannen am 21. Dezember Morgens 7 Uhr mit dem Angriff auf le Bourget, nachdem zuvor sämmtliche Forts, wie fast stets vor den Ausfällen, während einer halben Stunde dieses Dorf beschossen hatten; gleichzeitig wurden sämmtliche übrigen Dörfer im Norden und Nordosten dauernd unter Feuer gehalten.

Die Armee des General Ducrot stand östlich von St. Denis in der Ebene; das Corps Vinoy demonstrirte auf den östlichen Fronten; vom Mont Valerien aus wurde eine Diversion gegen Montretout unternommen und die im Süden von Paris cantonnirenden Truppen deployirten auf den sichtbarsten Punkten.

Der Angriff auf le Bourget war Anfangs mit Erfolg gekrönt; das von nur 5 Compagnien besetzte Dorf wurde zum Theil geräumt; um 9½ Uhr war der nördliche Theil desselben genommen*), wobei zu bemerken ist, daß der Feind seine gepanzerten Eisenbahn=Wagen bis in die Nähe des Bahnhofs le Bourget hatte vorschieben können.

Der gegen die südliche Lisière von le Bourget gerichtete Angriff stieß dahingegen auf hartnäckigen Widerstand, indem die Forcirung der Barrikaden und zahlreichen crenelirten Mauern nicht gelang, obwohl ein gleichzeitiger Angriff von Norden resp. Osten gegen den isolirten südlichen Theil des Dorfes erfolgte. Der schwer bedrängten Besatzung war von 10 Uhr Morgens ab ein Infanterie=Bataillon zur Hülfe geschickt, dem später noch mehrere Bataillone folgten, sowie eine Batterie. Gleichzeitig hatte auch der Feind Artillerie vorgezogen, mittelst welcher die crenelirten Dorfmauern in Bresche gelegt wurden; auch das Fort Aubervilliers, welches über le Bourget hinweg unsere Reserven beschießen sollte, gab viele unsichere Schüsse ab, die in dem nördlichen vom Feinde besetzten Theil des Dorfes einschlugen.

Durch diese Umstände, sowie das heftige Schnellfeuer der in dem Südtheil des Dorfes eingeschlossenen und umzingelten Garde=Compagnien wurde, nach französischer Angabe, der Gouverneur veranlaßt,

---

*) Die Angriffs=Colonnen des Feindes hatten während der Dunkelheit, resp. des Nebels, den Molette=Bach unterhalb le Bourget durchwatet und denselben mit Faschinen zugefüllt.

um 12½ Uhr Mittags zu befehlen, von allen weiteren Operationen auf den anderen Fronten Abstand zu nehmen.

Der Häuserkampf dauerte indessen noch bis gegen 3 Uhr fort.*) Inzwischen war auch eine durch das Feuer von 2 schwimmenden Batterien unterstützte starke Demonstration gegen Stains und Epinay unternommen worden.

Der Hauptstoß des Feindes war gegen Aulnay beabsichtigt gewesen, und waren in der Umgebung von Bondy 32 schwere Festungs- und 7 Feld-Geschütze zur Sicherung der rechten Flanke der Armee des General Ducrot aufgestellt worden. Sämmtliche von dem rechten Flügel des XII. Corps besetzten Dörfer und Gehöfte wurden von diesen Geschützen mit Feuer überschüttet; gleichzeitig entbrannte der Kampf mit den Batterien der Garde hinter der Inundationsfront. Der Feind stellte erst gegen Mittag nach dem unglücklichen Ausgang des Ausfalles auf le Bourget sein Feuer ein.

Der General Vinoy hatte inzwischen mit allen ihm zur Verfügung stehenden Truppen auf der Linie Neuilly-Ville Evrard-Maison blanche operirt und waren die beiden letztgenannten Gehöfte dem Feinde in die Hände gefallen. Auch hier wurde indessen gegen Abend der Rückzug angeordnet und blieben die Dörfer nur mit geringen Kräften besetzt. Evrard wurde Nachts zum größten Theil vom XII. Armee-Corps wieder genommen, ebenso Maison blanche.

Der große Ausfall-Versuch des Feindes war an den wenigen crenelirten Häusern der Südlisière des Dorfes le Bourget gebrochen; in der That ein Zeichen, daß der Pariser Armee zur Durchführung von großen Unternehmungen die nöthige Energie fehlte.

Die in der Nacht vom 21./22. Dezember und am folgenden Tage herrschende strenge Kälte, sowie der scharfe Nordost-Wind war nach französischen Angaben der Hauptgrund, weshalb der General Ducrot unthätig blieb.

Nur der unermüdliche Genie-General Tripier entwickelte vorwärts Drancy eine große Thätigkeit und begann mit der Aushebung der Trancheen, die in wenigen Tagen eine große Ausdehnung annahmen.

Im Lauf des Tages räumte der Feind die unter dem wirksamsten Feuer der Batterien des linken Marne-Ufer liegenden Ortschaften Neuilly

---

*) Die Verluste des Feindes müssen nach seinen eigenen Angaben gegen 1200 Todte und Verwundete betragen haben.

und Evrard vollständig, während Maison blanche besetzt blieb. Die in der Nähe dieses Gehöftes aufmarschirte Brigade wurde indessen durch das Feuer der Batterien bei Noisy und Gournay zum Rückzuge veranlaßt und sodann auch Maison blanche geräumt.

Die Armee des General Ducrot blieb noch am 23. Dezember in der Ebene von St. Denis stehen, während der Bau der Trancheen trotz der strengen Kälte mit großer Energie fortgesetzt wurde.

Am 24. Dezember hatte der Feind darüber Gewißheit erlangt, daß unsererseits seit mehreren Tagen bei Raincy und Gagny Batterien erbaut würden und erwartete derselbe jeden Augenblick den Beginn des Bombardements des Plateau Avron, woselbst noch keine genügenden bombensicheren Unterstandsräume geschaffen worden waren. In Vor= aussicht dieses Bombardements wurden bereits die exponirtesten Zelt= Lager verlegt.

Nachdem das Feuer der deutschen Batterien eröffnet war, wurde das Plateau in der Nacht vom 28./29. Dezember geräumt (vergl. 4. Kap.), nachdem sich der Gouverneur davon Ueberzeugung verschafft hatte, daß dasselbe bei dem Mangel an bombensicheren Unterkunfts= räumen auf die Dauer nicht zu halten war. Die Räumung erfolgte bis zum 29. Dezember Morgens 5 Uhr und blieben nur zwei Geschütze zurück, die aber am 30. Dezember vom Feinde gleichfalls in Sicherheit gebracht wurden.

Das Feuer der deutschen Angriffs=Batterien wurde nach der Räu= mung des Mont Avron gegen die Forts Noisy, Rosny und Nogent mit großem Erfolg fortgesetzt, so daß diese Forts den Befehl erhielten, das Feuer nicht zu erwidern.

Gleichzeitig sollte ein Theil der schweren Belagerungs=Geschütze zur Sicherung der Fronten des Garde=Corps bei le Blanc Mesnil und Pont Iblon zur Verwendung kommen, ebenso auch auf dem linken Flügel der Würtembergischen Division, so daß einem weiteren Fort= schreiten der französischen Belagerungs=Arbeiten gegen die diesseitigen Stellungen endlich Einhalt gethan werden konnte. Ein erneuter Durch= bruchs=Versuch hätte demnach auf außerordentliche Schwierigkeiten stoßen müssen, und zwar um so mehr, da die Cernirungs=Truppen den fortificatorischen Einrichtungen der Position nach und nach eine große intensive Stärke zu geben vermochten. Namentlich waren in den Vorpostenstellungen genügende Deckungen gegen das Granatfeuer her= gestellt worden, an denen es bei Beginn der Cernirung sehr gefehlt hatte.

B. Dritte Armee.

Wie vorhin schon bemerkt, herrschte an maßgebender Stelle die Ansicht, daß größere Operationen des Vertheidigers gegen die südlichen und westlichen Fronten stattfinden würden und zwar in Verbindung mit den Anstrengungen der Loire= und West=Armee, Paris zu entsetzen. Der Feind verhielt sich im Allgemeinen auf diesen Fronten ziemlich ruhig.

Der einzige größere Ausfall (von den Franzosen als „grande reconnaissance" bezeichnet) fand am 21. October mit etwa 12,000 Mann Infanterie und 94 Feld=Geschützen gegen den linken Flügel des V. Corps bei la Malmaison und Buzanval statt; der Ausfall wurde aber mit leichter Mühe zurückgewiesen. Gleichzeitig eröffnete der Feind eine lebhafte Kanonade gegen die Stellungen des VI. und II. Bayerischen Corps.

Nach der Räumung von Orleans und als das II. Armee=Corps in die Cernirungs=Stellung eingerückt war, nahm das Obercommando der III. Armee an, daß der Feind bei einem großen Ausfall den Hauptstoß gegen die Stellungen des VI. Corps unternehmen, dabei aber auf allen andern Fronten demonstriren würde. In dem übersicht=lichen Terrain=Abschnitt zwischen Seine und Bièvre hätte der Feind ver=hältnißmäßig am besten Platz für die Entwickelung seiner schwer beweglichen Truppen sowie gute Geschütz=Aufstellungen gefunden, außer=dem die direkteste Verbindung mit der Loire=Armee erreicht. Für diesen Fall hatte das Obercommando derartig disponirt, daß sich das VI. Corps nach seinem linken Flügel concentriren solle, während das II. Armee=Corps am 12. November die Anweisung erhielt, die rechte Flanke des VI. Corps zu sichern.

Der andere Ausfall fand, wie schon früher bemerkt, Ende November gegen die Fronten des VI. Armee=Corps statt.

Dieses Corps hatte am 31. October dem Obercommando gemeldet, daß es statt der ursprünglich weiter rückwärts gewählten Schlachtstellung bei Orly mit Rücksicht auf die inzwischen in großem Umfange ausge=führten fortificatorischen Arbeiten zu dem Entschlusse gekommen sei, die Schlachtstellung des Corps für den Fall eines stärkeren Ausfalls zunächst mehr nach vorn zu legen, da die Festhaltung der Vorpostenstellung jetzt unter allen Umständen angestrebt wäre.

Am 29. November unternahm der Feind mit starken Kräften einen Ausfall gegen die Vorpostenstellung des Corps, der aber zurück=

geſchlagen wurde. Der Kampf wiederholte ſich am folgenden Tage, hatte aber, wie ſchon früher bemerkt, einen ähnlichen Ausgang. Der Feind überſchüttete indeſſen die in der Vorpoſtenſtellung belegenen Ort= ſchaften mit außerordentlich heftigem Geſchützfeuer (am 30. November allein mit 5500 Granaten), ſo daß nach Anſicht des General=Commandos der Aufenthalt in den Dörfern unmöglich geweſen ſein würde, wenn nicht durch die umfaſſendſten Arbeiten jede nur mögliche Deckung gegen ſolches Feuer geſchaffen worden wäre. Um den Truppen bei Wieder= holung eines ſolchen Bombardements die Möglichkeit irgend welcher Ruhe und des Abkochens zu laſſen, beantragte daher das General= Commando am 1. Dezember, daß zur Niederhaltung des Feuers der feindlichen Schanzen la haute Bruyère und Saquet, ſowie der in den dazwiſchen liegenden Communicationen befindlichen Geſchütze mehrere mit ſchweren Belagerungs=Geſchützen armirte Cernirungs=Batterien erbaut werden möchten. Dieſem Wunſche wurde jedoch einſtweilen von Seiten des Obercommandos keine Folge gegeben, da, wie wir ſpäter ſehen werden (vergl. 4. Kap.), zu dieſer Zeit erſt ein Theil der für den Haupt=Angriff erforderlichen Munition zur Diſpoſition ſtand.

C. Sicherung des Rückens der beiden Armeen.

Der außerordentlichen Uebermacht, die der Feind Anfang November an der Loire entwickelte, mußte der General v. d. Tann weichen und Orleans am 9. November räumen. Eine Verſtärkung der den Rücken der III. Armee deckenden Armee=Abtheilung war daher dringend erfor= derlich geworden. Der Feind ſtand am 14. November bereits bei Houdan, 5 Meilen weſtlich von Verſailles; im Süden war derſelbe bis auf 12 Meilen an die Cernirungsſtellung vorgedrungen.

Es gelang indeſſen den Anſtrengungen der II. Armee, ſowie der Armee=Abtheilung des Großherzogs von Mecklenburg, den Feind hinter die Loire zurückzutreiben. Am 5. December wurde Orleans wieder in Beſitz genommen und blieb fortan dieſer wichtige Punkt in unge= ſtörtem Beſitz der deutſchen Armeen.

Das große Hauptquartier hatte unter dem 17. Dezember die Obercommandos der betreffenden Armeen angewieſen, ihre Kräfte nur auf wenigen Hauptpunkten zu concentriren, die durch größere ſelbſt= ſtändige Truppencorps zu beſetzen ſeien, und von denen aus die nächſte Umgebung durch mobile Colonnen beobachtet werden ſollte.

Erst wenn sich wieder größere Truppen-Corps sammelten, sollte gegen dieselben eine kurze Offensive ergriffen werden.

Wir haben schon im 3. Abschnitt dieses Werkes gesehen, daß die Sicherung der Cernirung von Paris gegen die im Norden Frank-reichs stehenden Streitkräfte der ersten Armee übertragen wor-den war. Dieselbe stand bereits am 20. November in der Linie Compiègne-Noyon.

Am 17. Dezember erhielt die erste Armee den Befehl, ihre Hauptkräfte bei Beauvais zu sammeln, Rouen, Amiens, sowie St. Quentin besetzt zu halten, dagegen das linke Seine-Ufer zu räumen.

Die Sicherung nach Westen zu wurde der Armee-Abtheilung des Großherzogs von Mecklenburg übertragen, die sich zu dem Behufe bei Chartres sammeln und Dreux stark besetzen sollte. —

Die II. Armee erhielt gleichzeitig die Anweisung, ihre Hauptmacht bei Orleans zu concentriren und das linke Loire-Ufer aufzugeben, dagegen Blois, und Gien zu behaupten. Zur ferneren Sicherung der Cernirungs-Armeen gegen Angriffe, die von der mittleren Loire aus erfolgen konnten, wurde das Corps des General von Zastrow nach Auxerre dirigirt, um nöthigenfalls die II. Armee bei Montargis unterstützen zu können.

Diese Dispositionen erlitten nur insofern im Laufe des Monats Dezember eine Abänderung, als das erneute Vorgehen der französischen Nord-Armee eine Concentrirung der Streitkräfte an der Somme noth-wendig machte. Das Corps des General von Zastrow rückte weiter nach Osten vor und zwar in die Linie Montbard-Nuits; dieses Corps hatte Verbindung mit dem XIV. Armee-Corps, welches Ende Dezem-ber Dijon aufgegeben und sich zur Deckung der Belagerung von Bel-fort in dem Dreieck Villersexel-Gray-Vesoul concentrirt hatte.

Dritte Periode.
(Von Anfang Januar 1871 bis zur Capitulation von Paris.)

Die Vorbereitungen zum Angriff der Süd-Fronten waren im Laufe des Monat Dezember soweit vorgeschritten, daß die Beschießung der südlichen Forts für Anfang Januar in Aussicht genommen wer-den konnte, während gleichzeitig ein Theil der gegen die östlichen Forts erbauten Batterien in Thätigkeit blieb, und je nach Maßgabe

der disponiblen Kräfte und Mittel die weiteren Operationen gegen
St. Denis im Auge behalten werden sollten.

Das Feuer der Angriffs = Batterien gegen die Südforts begann
am 5. Januar (vergl. 4. Kap.), und wurde Tag und Nacht ununter=
brochen fortgesetzt.

Zum Bombardement der Stadt war an demselben Tage zunächst
versuchsweise eine lange 15 Ctm. Kanone bestimmt, die ihr Feuer auf
Entfernungen von 7000—10,000 Schritt abgab. In der Nacht vom
8./9. Januar bombardirten die sämmtlichen 12 Geschütze der Batterien
Nr. 8 und 9 die Stadt, wobei jedes Geschütz circa 50 Schuß ver=
feuerte.

Im weiteren Verlauf der Beschießung wurde das Bombardement
mit einzelnen Geschützen fortgesetzt. Es wurden hierbei alle Stadt=
theile auf dem linken Seine = Ufer, sowie auf dem rechten Ufer Auteuil
und Passy von den Granaten betroffen. An mehreren Tagen konnten
Brände in der Stadt bemerkt werden, die aber einen bedeutenden Um=
fang nicht zu nehmen schienen. Die Stadttheile bis zur Seine wur=
den vollständig unter Feuer gehalten und angeblich Schußweiten von
11,000 Schritten erzielt.

Der Kampf gegen die Forts wurde inzwischen fortgesetzt; wie wir
später sehen werden, gelang es zwar, die Forts zeitweilig zum Schwei=
gen zu bringen, doch war es nicht möglich, den Feind zur Aufgabe
der rück = und seitwärts liegenden Geschütz = Positionen zu zwingen,
weil die großen Entfernungen eine genaue Beobachtung und Correctur
der Schüsse unmöglich machten.

Ein weiteres Vorschieben der Batterien wäre daher dringend
nothwendig gewesen und wurden auch bereits hierzu verschiedene Ein=
leitungen getroffen, als ‚der am 26. Januar erlassene Befehl zur Ein=
stellung des Feuers weitere Arbeiten überflüssig machte.

Inzwischen war durch die gegen das südliche Elsaß gerichtete Di=
version des General Bourbaki die Bildung einer neuen Armee (der
Süd = Armee) erforderlich geworden und wurde daher das II. Armee=
Corps aus der Cernirungslinie abgelöst; statt desselben übernahm das
von Orleans zurückgekehrte I. Bayerische Armee = Corps den Abschnitt
von der unteren Seine bis zu den Stellungen der Würtembergischen
Division.

Grade zur rechten Zeit hatte die 14. Infanterie = Division ihren
glücklichen Belagerungs = Krieg im Nordosten Frankreichs beendigt; die

vor Mezières verwendet gewesene Artillerie konnte zum Theil der Maas-Armee überwiesen werden, während sich die genannte Division mit dem vorhin erwähnten Corps des General von Zastrow vereinigte, welches mit dem II. und XIV. Corps die Süd-Armee bilden sollte.

Während der Geschütz-Kampf auf dem ganzen Umfang von Paris unausgesetzt entbrannte, machte der Feind den letzten verzweiflungs-vollen Versuch, die Cernirungs-Linie zu durchbrechen, wahrscheinlich aber wohl nur zur Rettung der Waffenehre, da ein glücklicher Er-folg in der Mitte des Monat Januar, nach Eröffnung des Feuers der schweren Geschütze sehr unwahrscheinlich erscheinen mußte, zumal da die zum Entsatze herangerückten Armeen überall zurückgedrängt worden waren. Als auch der letzte Versuch Bourbaki's gescheitert war, hätte der am 19. Januar gegen die Stellungen des V. Corps unternommene große Durchbruchsversuch selbst im glücklichsten Falle die Niederlage Frankreichs keinen Tag aufhalten, und nur eine völlige Vernichtung der französischen Armee im freien Felde zur Folge haben können.

Der Feind wählte die westlichen Fronten zum Durchbruchs-Ver-such wohl nur, weil er im Süden und Osten den Kampf mit den Belagerungs-Batterien hätte aufnehmen müssen. Wie die Verhältnisse Mitte Januar lagen, hätte ein Durchbruch in nördlicher Richtung noch die meisten Chancen gehabt, namentlich da die Inundation der Fron-ten des Garde-Corps bei dem starken Frostwetter ziemlich wirkungs-los war. Die kleinen, vom Feinde in den Nächten vom 13./14. und 14./15. Januar gegen die Stellungen des Garde- und XII. Corps unternommenen Ausfälle hatten nur den Charakter von größeren Vor-postengefechten.

Schlacht am Mont Valérien.

Am 19. Januar Morgens 3 Uhr sammelten sich die zum Ausfall bestimmten französischen Corps bei Courbervoie und an der Brücke von Neuilly. Der Angriff sollte (nach französischen Quellen) gegen die Höhen von St. Cucufa zwischen Garches und Celle St. Cloud gerichtet werden. Um 8 Uhr Morgens begann der Feind ein heftiges Feuer gegen St. Cloud und Montretout, während der Angriff gegen den Park von Buzanval, also gegen das Centrum der Stellung des V. Armee-Corps, erst eine halbe Stunde später erfolgte. Der rechte fran-zösische Flügel, der in seinem Vormarsch angeblich durch ein Kreuzen der Colonnen sowie die auf der Bahn Paris-St. Germain manöverirenden gepanzerten Eisenbahn-Wagen aufgehalten worden war, begann seinen Angriff erst gegen 10½ Uhr Morgens. Dieser Zeitverlust war gerade hier für den Erfolg des Durchbruchs verhängnißvoll, weil das IV. Armee-Corps dadurch Zeit gewonnen hatte, mit seinen Batterien von den dominirenden Höhen von Carrières aus die Colonnen des rechten feindlichen Flügels in der Flanke zu fassen.

Der Feind hatte inzwischen auf seinem linken Flügel die nur von schwachen Vorposten der 9. Infanterie-Division besetzte Redoute Montretout genommen, konnte sich aber in dem von den Batterien des V. Corps mit Feuer überschütteten Werke nicht halten, so daß der Angriff hier nur geringe Fortschritte machte, indem alle Versuche, das Dorf Garches und die Bergerie zu nehmen, scheiterten.

Im Centrum hatte der Feind von dem Park von Buzanval Besitz ergriffen, nachdem die Mauern zum Theil mittelst Dynamit niedergelegt worden waren. Die hohen westlichen crenelirten Parkmauern setzten dem anstürmenden Feinde ein unübersteigliches Hinderniß entgegen, und erlitt letzterer hier ganz bedeutende Verluste.

Die auf dem rechten Flügel vorgehenden Angriffs-Colonnen stutzten gleichfalls vor den westlich von Malmaison errichteten Feldwerken und Batterien, sowie vor dem vernichtenden Feuer der Batterien von St. Carrières und St. Michel, die das ganze Seine-Thal unter Kreuzfeuer nahmen.

Vier auf gepanzerten Eisenbahn-Wagen stehende Geschütze versuchten den Kampf aufzunehmen, wurden aber zum Theil demontirt.*)

Als alle Anstrengungen des Feindes, noch mehr Terrain zu gewinnen, gescheitert waren, ging das V. Corps zum Angriff über und nahm die Höhen von Garches wieder in Besitz. Mit Anbruch der Dunkelheit schwieg das Feuer auf der ganzen Linie. Gegen 8½ Uhr Abends beschloß der Gouverneur Trochu nach abgehaltenem Kriegsrath, die gewonnenen Positionen noch während der Nacht zu räumen, und ward der Rückzug bis zum Morgen des 20. Januar ausgeführt.

Nach französischen Angaben sollen sich 40,000 Mann an dem

---

*) Eine Locomotive, die nicht genügend geschützt war, wurde außer Gefecht gesetzt, eins der 16 Ctm. Rohre zersprang während des Kampfes.

Angriff betheiligt haben, natürlich excl. Reserven, die auf der schmalen Angriffsfront nicht zur Thätigkeit gelangen konnten.

Das Resultat des am 19. Januar unternommenen Kampfes kann nicht überraschen, da einmal das westliche Vorterrain von Paris sich nicht für einen großen Durchbruchs-Versuch eignete, und zweitens, weil ein Angriff nur dann Chancen hatte, wenn gleichzeitig die Seine etwa in der Linie Chatou-Bezons überschritten und die Höhen von Carrières in Besitz genommen werden konnten, so daß der rechte Flügel genügend gesichert war. Diese Besitznahme war aber Mitte Januar in Folge des starken Eisganges der Seine nahezu unmöglich geworden.

Nachdem im Laufe des Monats Januar die sämmtlichen französischen Feld-Armeen zurückgeschlagen oder vernichtet waren, und nachdem gegen Ende des Monats der Ausbruch einer Hungersnoth unmittelbar bevorstand, blieb dem vollständig niedergeworfenen Feinde nur noch die Capitulation übrig, die am 28. Januar unter den großmüthigsten Bedingungen abgeschlossen wurde.

3. Kapitel.

Die Cernirungs-Arbeiten im Speciellen.

Um ein übersichtliches Bild der Cernirungs-Arbeiten zu erhalten, soll das ganze Vorterrain von Paris in folgende Haupt-Abschnitte zerlegt werden:

I. Position zwischen der unteren Seine und dem Croud-Thal.
II. Position zwischen dem Croud-Thal und der Marne.
III. Position zwischen der Marne und der oberen Seine.
IV. Position zwischen der oberen Seine und dem Bièvre-Thal.
V. Position zwischen dem Bièvre- und Sèvres-Thal.
VI. Position zwischen dem Sèvres-Thal und der unteren Seine.

I. Position zwischen der unteren Seine und dem
Croud-Thal.

A. Terain-Beschreibung.

Das Terrain ist, soweit es für die Cernirungs-Stellungen und

Arbeiten in Frage kommt, in seinem südlichen Theil bis auf ¼ Meile von den Festungswerken von St. Denis im Allgemeinen vollständig eben und unbedeckt, während auf größeren Entfernungen sich verschie= dene Höhenzüge nach Westen und Norden erstrecken, die dem Ter= rain den Charakter einer theilweise stark bewaldeten und coupirten Land= schaft ertheilen. Es lassen sich drei Höhengruppen unterscheiden:

a) der sich westlich von St. Denis und zwar von Epinay bis Herblay auf 1 Meile erstreckende schmale Höhenrücken, der die Seine= Halbinsel, auf welcher Argenteuil liegt, abschneidet und die ganze Nie= derung um 130—150 M. dominirt. Von besonderer Wichtigkeit ist der südöstliche Vorsprung dieses Höhenzuges bei Sannois, sowie die isolirten Kuppen des Orgemont mit den Plâtres. Diese Kuppen, die eine vorzügliche Geschütz=Aufstellung gewähren, geben dem rechten Flügel der Cernirungsstellung eine außerordentliche Stärke und gestat= ten eine Vertheidigung mit geringen Kräften, selbst wenn der Feind in großen Massen die Seine unterhalb Argenteuil überschritten haben sollte.

b) Nördlich von St. Denis erstreckt sich der ausgedehnte Wald von Montmorency, der den ganzen Terrain=Abschnitt zwischen dem Croubbach und der Oise bedeckt.

Für die Cernirungs=Stellungen bieten die südlichen Ausläufer die= ses Waldes vorzügliche Vertheidigungslinien, besonders in erster Linie die Höhen von Montmagny und Stains, in zweiter Linie die von Enghien, St. Brice und Graulay.

Die erstgenannten Höhen nähern sich den Festungswerken bis auf 3000 Schritt, dominiren dieselben um 50—60 M. und verbieten dem Feinde jede größere Offensiv=Unternehmung. In Verbindung mit den Ausläufern des vorerwähnten Höhenrückens wird hierdurch eine sehr starke Vertheidigungslinie gebildet, die ausgezeichnete Flanken= Anlehnungen an der Seine resp. den Inundationen des Croubbaches (vergl. Position II.), und eine größere Front=Ausdehnung besetzt, wie der Vertheidiger von St. Denis, so daß der Letztere vollständig um= klammert wird.

c) Als dritte Höhengruppe kann noch die östlich des Waldes von Montmorency beginnende und von diesem durch das ziemlich tief eingeschnittene Thal des Rosne=Baches getrennte Plateau von Ecouen und Gonesse betrachtet werden, welches die Ausläufer des Waldes von Montmorency theilweise bedeutend dominirt.

Dieses Plateau kann nur in zweiter Linie in Betracht kommen, da es lediglich eine Reserve-Stellung bietet. Für die Basirung der gegen St. Denis gerichteten Belagerungs-Operationen ist dasselbe jedoch von Wichtigkeit, indem es eine Sicherung der Belagerungs-Parks gestattet, die in der Nähe der nach Creil führenden Eisenbahnen ange= legt werden können.

Die vor den genannten Höhenzügen liegenden massiv gebauten und reichen Dörfer Epinay, Ormesson, Deuil, Montmagny, Pierrefitte ꝛc. gewähren die erforderlichen Stützpunkte für die Vorpostenlinien, wenn= gleich diese Dörfer unter dem wirksamsten Feuer der Festungswerke liegen. Ja nach dem Verhalten des Feindes würde daher diese Linie aufzugeben sein, ohne daß indessen die Stärke der Cernirungsstellung dadurch erheblich alterirt wird, sobald man nicht versäumt, die Dörfer gründlich zu zerstören und die dem Feinde abgewendeten Lisières nieder= zulegen, so daß auf diese Weise ein neutraler Boden geschaffen werden kann.

Das Terrain ist fast überall offen und übersichtlich. Nur der See von Montmorency mit dem Coquenard=Bach, der Wald von Montmorency, sowie das Thal des Rosne=Baches bieten der Bewegung der Truppen einige Schwierigkeiten dar.

Wenn auch von allen Richtungen nach St. Denis gute Straßen führen, die vor der Stadt strahlenförmig zusammenlaufen, so fehlt es doch an gedeckten Transversalstraßen, namentlich im Nordwesten und Norden, so daß in dieser Beziehung die Cernirungs-Positionen viel zu wünschen übrig lassen, zumal bei nasser Jahreszeit, in der die Bodenverhältnisse bei dem lehmigen Erdreich sehr ungünstig werden.

Endlich ist noch zu erwähnen, daß die etwa 2½ Meilen westlich der Position von Nordöstlicher nach Südwestlicher Richtung fließende und sich in die Seine ergießende Oise für die Sicherung der rechten Flanke der Cernirungs=Position gegen etwaige Entsatz=Versuche von der unteren Seine her eine gute Vertheidigungslinie darbot, da sämmtliche Brücken zerstört waren.

B. Besetzung.

IV. Armee=Corps, Rechter Flügel an der Seine, linker Flügel bis zum 11. October an der Eisenbahn von St. Denis nach Creil, von diesem Tage ab bei Montmagny.

1. Garde=Infanterie=Division. Rechter Flügel bis zum 11. October Eisenbahn von St. Denis, später bei Montmagny, linker Flügel bei Garges am Rouillon=Bach.

4*

Garde-Landwehr-Division vom 7. November ab zur
Verstärkung des rechten Flügels in Argenteuil, bald darauf in Bezons,
Honilles ꝛc., später in Cantonnements um St. Germain ꝛc. (Vom
4. Januar ab nur noch 2 Bataillone in Chatou und St. Germain;
das Gros der Division westlich und südlich von Versailles.)

C. Vertheidigungs-Einrichtungen.

I. Bis Ende October.

a) **Rechter Flügel.** Die Befestigung der Stellungen des
IV. Armee-Corps wurde alsbald nach der vorgenommenen Einschließung
den Vorschlägen des Ingenieur- und Artilleriestabes entsprechend in
Angriff genommen.

Darnach sollte sich die erste Vertheidigungslinie von Epinai (an
der Seine) über la Barre, Mont Pinçon und Pierrefitte nach Stains
erstrecken, woselbst der Anschluß an die 1. Garde-Infanterie-Division
erfolgte. Als Hauptvertheidigungslinie wurden die Höhen von Montmorency und Groslay bestimmt; außerdem sollten die Dörfer resp.
Schlösser Enghien, Groslay und Sarcelles zur hartnäckigen Vertheidigung
eingerichtet werden.

Die der 7. Infanterie-Division zugetheilte 3. Feld-Pionier-Compagnie
(Hauptmann v. Wasserschleben) übernahm die Verstärkung des linken
Flügels des Armee-Corps, während die der 8. Infanterie-Division
überwiesene 2. Feld-Pionier-Compagnie (Hauptmann Tetzlaff) die Stellungen des rechten Flügels befestigte.

Auf dem **rechten Flügel** begannen die Arbeiten am 21. September mit der Befestigung des Dorfes Deuil, welches als Replis für
die bei dem Schlosse la Chevrette (an der nach St. Denis führenden
Straße) etablirten Vorposten dienen sollte. Das genannte Schloß
wurde gleichfalls zur Vertheidigung eingerichtet und durch gesicherte
Communicationen mit dem Dorfe Deuil verbunden. Gleichzeitig wurden
südöstlich von Montmorency, unter Hülfeleistung von 2 Infanterie-
Compagnien, 4 Batterien begonnen, die zusammen eine Frontlänge von
170 Schritt hatten und durch angehängte Schützengräben gedeckt
werden sollten. Die Arbeiten waren am 23. September vollendet.

Inzwischen hatte der erste Ingenieur-Offizier der Maas-Armee
eine weitere Sicherung des rechten Flügels des IV. Armee-Corps als
nothwendig erachtet und zu dem Zwecke die Erbauung einer Infanterie-
Schanze auf dem Mont Plâtres, sowie von 2 Batterien auf dem Mont

Orgemont vorgeschlagen. Mit Genehmigung des General-Commandos begann daher die 2. Feld-Pionier-Compagnie bereits am 22. September mit dem Bau dieser Werke. Die als fünfseitige Redoute construirte Schanze sollte mit der einen Frontlinie die Chaussee nach St. Denis, mit 2 Fronten die Seine nach Ober= und Unterstrom beherrschen, ferner mit je einer Front die nach Argenteuil führende Chaussee sowie die Ab= hänge des Mont Orgemont unter Feuer nehmen. Die von der Schanze nicht eingesehenen Abhänge des Berges wurden durch Schützengräben (350 Schritt lang) flankirt. Da der Bauplatz der Infanterie-Schanze aus einem Berggipfel bestand, der in der Mitte eine Vertiefung von etwa 6 Mtr. besaß, so genügte für die 200 Schritt lange Feuerlinie eine Höhe von 0,6 Mtr.; die erforderliche Deckung wurde durch Einschneiden resp. Regulirung des Hofes gewonnen. Die Brustwehrstärke betrug durchschnittlich 4,5 Mtr. Die Arbeiten wurden in der Zeit vom 22. bis incl. 24. September ausgeführt, und standen der Pionier-Compagnie täglich durchschnittlich 2 Infanterie-Compagnien à 150 Mann zur Ver= fügung, die alle 3 Stunden abgelöst wurden. Im Ganzen waren zur Fertigstellung der Schanze (incl. Schützengräben und erforderliche Aufräumungs-Arbeiten) außer dem Pionier-Personal 10,000 Arbeits= stunden eines Infanteristen erforderlich.

Die Schanze wurde vom 25. September ab von St. Ouen aus auf 6000 Schritt mit schweren Granaten beschossen, die sogar noch über die Schanze hinwegstreiften; der noch im Inneren vorhandene überschießende Boden wurde daher zur Anlage von Rückenwehren benutzt.

Nach Beendigung der Arbeiten an der Infanterie-Schanze nahm die 2. Feld-Pionier-Compagnie wieder die Befestigung von Deuil auf und begann demnächst mit der Vertheidigungs-Einrichtung von la Barre und der Ostlisière von Enghien les Bains. Bei la Barre wurde die Eisenbahn, sowie die Chaussee durch Brustwehren und Barrikaden geschlossen, sowie das Gesichtsfeld frei gelegt.

Auf dem linken Flügel der Stellung des IV. Armee-Corps hatte die 3. Feld-Pionier-Compagnie bereits während des Gefechtes am 19. September die südliche Lisière von Sarcelles in vertheidigungs= fähigen Zustand gesetzt.

In den folgenden Tagen begann die Compagnie unter Hülfe= leistung von 400 Mann Infanterie mit der Anlage von Batterien auf der Höhe südlich Sarcelles, sowie mit dem Ausheben von etwa 600 laufenden Schritt Schützengräben daselbst. Ferner wurden 2 Bat=

terien mit angehängten Schützengräben auf dem Mont Pincon (südlich St. Brice) à cheval der Chaussee erbaut, wozu die Infanterie gleichfalls 400 Hülfsarbeiter stellte.

Am 21. September Vormittags beobachtete der Feind die Arbeiten von einem Luftballon und beschoß vom Fort la Briche mit gutem Erfolg das 4000 Schritt entfernt liegende Emplacement bei Pierrefitte, so daß die Tagesarbeit eingestellt werden mußte. Trotz des regelmäßigen feindlichen Granatfeuers setzte die Compagnie die Befestigungs-Arbeiten an der Süd-Lisière von Pierrefitte fort.

Am 23. September begann die Compagnie mit der Vertheidigungs-Einrichtung der Lisière von Groslay, sowie mit der Herstellung einer Batterie mit Schützengräben zwischen Groslay und Enghien, (Front nach dem Dorfe Deuil). Gleichzeitig wurde zur weiteren Sicherung von Groslay zwischen diesem Dorfe und Montmagny eine kleine Halb-Redoute von 45 Schritt Frontlänge (mit gedeckter rückwärtiger Communication) ausgehoben.

Als die Befestigungs-Arbeiten am 25. September genügend weit vorgeschritten waren, begann die Compagnie unter Hülfeleistung von Infanterie-Mannschaften mit der Herstellung von gedeckten Colonnenwegen, die namentlich zur Verbindung der Batterien bestimmt waren. Größere Arbeiten verursachten die im Thale des Rosne-Baches, sowie die zwischen St. Brice und Villiers le Bel resp. Sarcelles angelegten Communicationen.

In den Nächten vom 3. bis 10. October arbeitete die genannte Compagnie an der Befestigung von Pierrefitte, da der Feind von seiner Position bei Villetaneuse aus alle Tagesarbeiten hinderte. Ein besonderer Werth mußte auf die gut gedeckten rückwärtigen Communicationen gelegt werden.

Nach der am 11. October erfolgten Rechtsschiebung der Maas-Armee übernahm die 3. Feld-Pionier-Compagnie die Befestigung der Stellungen der 7. Infanterie-Division vor St. Denis, während die Sicherung des rechten Flügels des IV. Corps bei Epinay der 2. Feld-Pionier-Compagnie übertragen wurde.

Demgemäß setzte die 3. Feld-Pionier-Compagnie die bereits begonnenen Arbeiten zur Vertheidigungs-Einrichtung von Enghien les Bains fort, dessen Lisière durch einen Laufgraben mit Deuil verbunden wurde. Derselbe sollte zugleich zur Flankirung der Lisière von Enghien dienen und die Ablösung der Vorposten bei Tage gestatten. Da ferner der Feind vom Thurm und Dache der Kirche von Villetaneuse aus fortwährend Salven auf die diesseitigen Vorposten abgab, so führte der Lieutenant Müller in der Nacht vom 13./14. October mit 100 Pionieren und 100 Infanteristen einen approchenförmigen Laufgraben von dem südlich des Dorfes Deuil stehenden Soutien nach der vis-à-vis Villetaneuse placirten Feldwache aus. Die Arbeit konnte erst in der folgenden Nacht beendet werden, da das Terrain viele Schwierigkeiten verursachte. Gleichzeitig wurden die Befestigungen bei Deuil verstärkt und das an der Straße nach Pontoise liegende Gehöft Cygne b'Enghien, sowie die Südlisière von Montmorency zur Vertheidigung eingerichtet, endlich noch im Laufe des Monat October sämmtliche nach Paris führende Straßen durch starke Barrikaden gesperrt, die Colonnenwege und gedeckten Communicationen in und hinter der Front der Vorposten verbessert resp. neu angelegt, und geräumige Barracken mit Erdbecken für die sämmtlichen Feldwachen und Replis begonnen. (Im Ganzen wurden bis Ende October etwa 120 laufende Meter Barracken von 2,6 Meter lichter Weite hergestellt. Dieselben waren meistens zur Hälfte in den Boden versenkt.)

Zur Sicherung des äußersten rechten Flügels des IV. Corps war, nachdem Anfangs October ein Uebergang auf die Halbinsel Gennevilliers ernstlich in das Auge gefaßt worden, die Befestigung von Epinay als nothwendig erachtet, und begann die 2. Feld=Pionier= Compagnie mit den bezüglichen Arbeiten am 5. October. Die Haupt= straße wurde verbarrikadirt, die östliche Lisière geschlossen, und theilweise vorwärts der zurückgenommenen Vorpostenlinie trotz des heftigen Ge= wehrfeuers mit der Anlage von Communicationen begonnen. Der Feind sparte überhaupt im Laufe des Monat October seine Munition in keiner Weise, insbesondere concentrirte derselbe sein Feuer auf Argenteuil und die diesseitigen Batterien, ohne denselben indessen be= sonderen Schaden zuzufügen. Dieses heftige Feuer gab die Veranlassung zur Aufstellung von 2 granatsicheren Hohlräumen in der Infanterie= Schanze auf dem Mont Plâtres, die mit Eisenbahnschienen eingedeckt wurden, deren Transport bei dem aufgeweichten Lehmboden außerordentliche Anstrengungen kostete. Die Hohlräume hatten zusammen eine Grund= fläche von circa 25 Quad.=Mtr. Da ein feindlicher Angriff auf Argen= teuil, Bezons und Chatou von der Wasserseite aus befürchtet wurde, so traf die 2. Feld=Pionier=Compagnie auch in diesen Orten die ent= sprechenden Vertheidigungs=Vorrichtungen. In Argenteuil wurden nach

Anweisung der Compagnie von der Infanterie vollständig gedeckte Communicationen hergestellt. Dieselben begannen in der Gegend der Infanterie=Schanze und dehnten sich am Fluß=Ufer über Marais bis nach Bezons aus; außerdem wurden überall die Vorposten eingegraben. Die Verstärkungen in Chatou beschränkten sich auf die letztere Arbeit, indem der Vorposten=Commandeur nicht die Aufmerksamkeit der Besatzung des Fort Valerien rege machen wollte.

Zur Sicherung der rechten Flanke des IV. Armee=Corps gegen feindliche Angriffe von der Halbinsel Gennevilliers resp. von der Seine her wurden folgende Maaßregeln getroffen. Zunächst sprengte ein Detachement der 2. Feld=Pionier=Compagnie (Lieutenant Wölfi) am 23. September die vom Feinde schon zur Zerstörung vorbereitete Eisen= bahn=Brücke bei Bezons (mittelst 22 Ctr. Pulver). Sodann wurde auf Veranlassung des Oberstlieutenant Oppermann die 2. Feld=Pionier= Compagnie des IV. Armee=Corps (Hauptmann Tetzlaff) am 6. October mit der Herstellung einer Strom=Sperre bei Argenteuil beauftragt. Diese aus schweren Ketten bestehenden Sperre sollte an den stehenge= bliebenen Pfeilern resp. an den im Wasser liegenden eisernen Gitterträgern befestigt werden.

Die Herstellung der Sperre wurde am 6. October bei starkem Nebel begonnen, mußte aber, als derselbe verschwand aufgegeben werden, da der Feind die Arbeit lebhaft beschoß. Letztere wurde am 7. October wieder aufgenommen, später aber der 1. Garde=Pionier=Compagnie (Hauptmann von Bock) übertragen, die dem IV. Armee=Corps zugetheilt worden war und in Argenteuil cantonnirte. In den Nächten vom 6. bis 11. October wurde die Sperrung vollendet. Das Strecken und Spannen der 3 schweren Ketten (von 2½ Cm. Eisenstärke) machte außerordentliche Schwierigkeiten, doch gelang es den Anstrengungen des Pionier=Detachements (Lieutenant Litzmann und 33 Mann) diese Schwierig= keiten zu überwinden. Zur weiteren Sicherung wurden 200 Schritt oberhalb der Eisenbahnbrücke Schwimmbäume zum Abfangen von schwimmenden Minen ꝛc. verankert.

Gleichzeitig begann die 1. Garde=Pionier=Compagnie die Vorbe= reitungen zur Zerstörung der stehengebliebenen Pfeiler der Eisenbahn= brücke. Da diese Pfeiler aus mit Beton gefüllten, 4—5 Cm. starken gußeisernen Ringen hergestellt waren, und die Arbeiten vom Feinde durch heftiges Gewehr= und Granatfeuer wiederholt gestört wurden, so konnten die Minen=Kammern mit den disponiblen Mannschaften erst am 12. Tage nach Beginn der Arbeiten beendigt werden. In der Nacht vom 20./21. October wurden die in 2 Pfeilern angelegten beiden Kammern zusammen mit 10 Centnern Pulver geladen, desgleichen die unter 2 Gitterträgern angebrachten Kammern mit je 3 Centnern Pulver (also im Ganzen mit 16 Centnern).

Die Sprengung erfolgte am Abend des 21. October (mittelst dynamo-elektrischen Zünd-Apparats und Kreisleitung) und erreichte dieselbe ihren Zweck vollständig, indem die drei vom Feinde nicht zerstörten Brückenträger (von 40 resp. 30 Mtr. Spannweite) in den Strom stürzten und das Fahrwasser vollständig sperrten.

Auch diese vom Lieutenant Litzmann geleitete Arbeit war mit großen Schwierigkeiten und Gefahren verknüpft. Um überhaupt bei Tage arbeiten zu können, mußten Deckungen aus Matratzen und Eisenblechen auf der Rüstung, woselbst die Mineure arbeiteten, hergestellt werden. Desgleichen wurde auf der Brücke eine schußfeste Barrikade (aus Eisenbahnwagen, Bohlen, Sandsäcken ꝛc.) erbaut. Da die Pfeiler mit starken Granitblöcken und Eisenplatten abgedeckt waren, auf welchen die Brückenträger ruhten, so war das Abtäufen eines Schachtes in die Pfeiler zu schwierig und erschien es daher zweckmäßiger, die beiden Minen-Kammern an der Seite der Pfeiler anzubringen.

Zur weiteren Sicherung des Stromes gegen Annäherung feindlicher Kanonenboote hatte die 2. Feld-Pionier-Compagnie IV. Armee-Corps (Hauptmann Tetzlaff) am 11. October mit den Vorbereitungen zur Herstellung einer Torpedo-Sperre begonnen. Als Gefäße zur Aufnahme der Ladungen wurden Säure-Ballons von Steingut benutzt, die mit 60 Pfd. prismatischem Pulver gefüllt waren, deren Zündung mittelst des Zünd-Inductors stattfinden sollte. Die erforderlichen Telegraphen-Kabeln waren in einer benachbarten Fabrik aufgefunden. Nach vielfachen Versuchen gelang es dem Hauptmann Tetzlaff, bis zum 14. October eine doppelte Linie von Torpedos an schweren Eisenstücken zu verankern. Das erste Treffen bestand aus 4 Torpedos (mit 40—50 Mtr. Abstand) und lag etwa 800 Schritt oberhalb der Eisenbahnbrücke bei Argenteuil, woselbst der Fluß eine Breite von circa 200 Mtr. hatte; das zweite Treffen lag 100 Mtr. unterstrom und bestand aus 3 Torpedos. Die Zündung sollte durch eine Mineur-Wache von einem Hause aus vorgenommen werden, welches in der Höhe der ersten Torpedo-Linie dicht am Ufer lag, und von dem man den Fluß sehr gut übersehen konnte. An jedem Torpedo war ein schwimmendes Holz mit grünem Strauch befestigt.

b) **Linker Flügel.** Die Befestigung des linken Flügels der Position (von der Eisenbahn St. Denis=Creil bis zum Thale Gonesse=St.=Denis) übernahm in den ersten Tagen der Cernirung die 1. Garde=Pionier=Compagnie und zwar nach den näheren Anweisungen des Hauptmann von Krause. Da nur wenige Pioniere zur Disposition standen*), so wurden die ersten Einrichtungen hauptsächlich von der Infanterie ausgeführt, denen einige Unterofficiere und Mannschaften der 1. Garde=Pionier=Compagnie als Instructoren zugetheilt waren.

Die Arbeiten bestanden aus 19 einzelnen Schützengräben, die auf der Höhe nordöstlich von Stains zwischen der Eisenbahn und der Straße St. Denis=Gonesse in einer Gesammtausdehnung von etwa 800 Schritten angelegt wurden. Gleichzeitig war der Bau von 2 Batterien auf der Höhe nordwestlich Garges (etwa 800 Schritt hinter den vorerwähnten Schützengräben) Seitens der Artillerie in Angriff genommen. Am 24. September wurde zum Schutz dieser Batterien ein auf 200 Schritt vorgeschobenes Infanterie=Emplacement ausgehoben, welches einem Bataillon Deckung gewähren sollte. Das Emplacement hatte eine Frontlänge von 160 Schritten und 2 angehängte Schulterwehren, war 1,25 Mtr. tief eingeschnitten und erhielt eine Sohlenbreite von 6,5 Mtr. Der unter Leitung des Lieutenant Neumann ausgeführte Bau wurde bis zum 25. September vollendet. (Bei 3stündiger Ablösung waren im Ganzen 10,500 Arbeitsstunden eines Infanteristen erforderlich gewesen, die ca. 1400 Cbm. Boden zu fördern hatten).

Die Pionier=Compagnie, sowie das derselben überwiesene Begleit=Commando der Ponton=Colonne begann am 24. September mit der Anlage eines flankirten Verhaues in dem an der Eisenbahn liegenden Wäldchen, sowie mit der Vertheidigungs=Einrichtung des angränzenden Steinbruches, endlich mit dem Abholzen des südwestlich Garges liegenden Gehölzes. Diese Arbeiten konnten wegen des hef-

---

*) Die zur Cernirungs=Armee vor Metz abcommandirten Sappeur=Compagnien trafen erst am 21. September in Mitry ein, der größte Theil der Pontonier=Compagnie war zunächst mit den Vorbereitungen zur Herstellung der Inundation bei Dugny &c. beschäftigt.

tigen feindlichen Feuers theilweise nur während der Nacht vorgenom=
men werden.

In der Zeit vom 26. September bis 3. October erbaute der
Lieutenant Prinz Radziwill ein Infanterie=Emplacement (von 200
Schritt Frontlänge und 2,5 Mtr. Sohlenbreite, übrigens denselben Dimen=
sionen wie das früher südwestlich vom Schloß Arnouville gebaute
Werk). Hierzu standen täglich 150—200 Mann Infanterie in drei=
stündigen Schichten zur Verfügung. (Es waren außer den Pionieren
im Ganzen 12,000 Arbeitsstunden eines Infanteristen erforderlich).
Rückwärts dieses Emplacements wurden Seitens der Artillerie wie=
derum 2 Batterien erbaut, von denen die eine westlich des Schlosses
Arnouville an der Eisenbahn, die andere südlich des genannten Schlosses
lag.

Als die Pionier=Compagnie am 4. October dem IV. Armee=Corps
überwiesen wurde, ruhten alle technischen Arbeiten bis zum 11. October,
an welchem Tage, wie wir früher gesehen haben, die Rechtsschiebung
der Maas=Armee stattfand.

Die der 1. Garde=Infanterie=Division zugetheilte 3. Garde=Pionier=
Compagnie (Pr.=Lieut. v. Wittenburg) übernahm die Verstärkung der
Stellung von Montmagny bis zum Thal Gonesse=St.=Denis, und
wurden im Laufe des Monats October insbesondere folgende Arbeiten
ausgeführt.

Zunächst wurde die bereits vom IV. Armee=Corps begonnene Be=
festigung von Pierrefitte vervollständigt und zwar während der Nacht,
da das heftige Feuer des Feindes keine Tagesarbeit zuließ. Die Ar=
beiten beschränkten sich im Wesentlichen auf Vervollständigung der
Communicationen, Verstärken der Barrikaden und Brustwehren,
Abwässerung der Laufgräben, sowie Herstellung von größtentheils
granatsicheren Blendagen. Ferner wurde am 21. October zur Verstär=
kung der zwischen Sarcelles und St. Brice angelegten Befestigungen
eine Infanterie=Schanze begonnen, die als Soutien für die Batterien
von Sarcelles und St. Brice dienen sollte und die Niederung vor
St. Brice beherrschen konnte. Das als Flesche mit kurzen Schulter=
wehren construirte Werk hatte eine Frontlänge von ca. 100 Mtr.,
eine Feuerhöhe von 1,8 Mtr., eine Brustwehrstärke von 2,5 Mtr., eine
Grabentiefe von 1,8 Mtr., sowie einen inneren Schützengraben. Das
Werk wurde bis zum 24. October vollendet, wobei bemerkt wird, daß
außer der Pionier=Compagnie täglich durchschnittlich 150 Mann In=

fanterie 6 Stunden (in 2 Schichten) zur Verfügung standen und daß
die schlechte Witterung ein rasches Fortschreiten der Arbeiten verhinderte.
Ferner wurden die vom IV. Armeecorps angelegten Batterien
à cheval der Straße von Sarcelles im Laufe des Monats October
zu gedeckten Soutiensstellungen für Infanterie umgearbeitet, sowie ver=
schiedene Verstärkungen an den Vertheidigungs=Anlagen resp. Colon=
nenwegen vorgenommen. Für die Befestigung des Dorfes Stains
war bis zum 18. October wenig geschehen, da bisher keine Pioniere
disponibel gewesen waren. In Folge einer vom Ingenieurstabe des
Garde=Corps am 19. October vorgenommenen Recognoscirung wurde
die sofortige Befestigung des sehr exponirt liegenden Dorfes angeordnet,
und die 2. Garde=Pionier=Compagnie (Hauptmann von Spankeren)
mit der Ausführung der Arbeiten beauftragt. Dieselben konnten nur
in den Nächten vorgenommen werden und bestanden zunächst in der
Verstärkung der Logements der Feldwachen, sowie der Dorf=Lisière,
Anbringung von granatsicheren Blendagen in den Straßen 2c. und
an dem Gitter=Rondel der Orangerie.

In der Nacht vom 23./24. October wurde ein dicht vor den
diesseitigen Vorposten liegendes Haus, welches vom Feinde zu Zeiten
besetzt war, durch ein Pionier=Detachement (Lieutenant Eßdorf) ge=
sprengt, ohne dabei vom Feinde gestört zu werden. Wenn auch die
beabsichtigte gleichzeitige Zündung der 3 Oefen mißlang, so wurde
doch bis Morgens 2 Uhr durch wiederholte Zündung ein vollständig
ausreichendes Gesammtresultat erzielt. Ausgedehntere Arbeiten in
Stains unterblieben in Folge anderweitiger der genannten Compagnie
ertheilten Aufträge.

Somit sehen wir Ende October den vom IV. Armee=Corps,
sowie der 1. Garde=Infanterie=Division besetzten Terrain=Abschnitt
(wenn man von Stains absieht), in ausreichenden Vertheidigungs=
zustand gesetzt, so daß die Pionier=Compagnien größtentheils mit der
Anfertigung von Strauchmaterialien für die in Aussicht genommene
Belagerung verwendet werden konnten.

II. Monat November.

Im November übernahm die 2. Pionier=Compagnie des IV.
Corps die weitere Verstärkung der Positionen des genannten Corps
von Argenteuil bis Chatou. Die sämmtlichen Posten wurden unter

sich und mit den Feldwachen von Orgemont bis in die Gegend von Bezons durch laufgrabenartige Communicationen verbunden.

Zur weiteren Sicherung des rechten Flügels des IV. Armee-Corps wurde die Brücke bei Sartrouville, welche früher bereits entladen war, von Neuem durch die 2. Feld-Pionier-Compagnie mit 10 Centnern Pulver geladen, desgleichen die wieder hergestellte Oise-Brücke bei Pontoise zur Zerstörung vorbereitet.

Da sich die Nachricht verbreitet hatte, daß der Feind bei Argenteuil und Bezons einen Seine-Uebergang mit Zuhülfenahme der nur theilweise gesprengten Brücken versuchen wolle, ließ die genannte Compagnie die sämmtlichen dort angesammelten Kähne, sowie die früher angefertigte Floßbrücke theils zerstören, theils auf das Ufer bringen, sowie die Zerstörung der beiden Brücken von Bezons vervollständigen und zwar in der Weise, daß noch je ein Pfeiler jeder Brücke durch 10 Centner Pulver gesprengt wurde. Jede dieser Brücken war nunmehr an zwei verschiedenen Stellen in einer Breite von etwa 70 resp. 80 Mtr. geöffnet.

Die 3. Feld-Pionier-Compagnie setzte die Befestigungs-Arbeiten in Ormesson, Deuil und Bains d'Enghien fort. Insbesondere wurde der letztgenannte Ort zu einem festen Posten eingerichtet. Die Arbeiten begannen daselbst am 7. November unter Hülfeleistung von täglich durchschnittlich 100 Infanteristen. Nach Verstärkung der Lisière und Freimachung des Gesichtsfeldes wurde ein innerer Vertheidigungs-Abschnitt gebildet, der sich längs der Eisenbahn bis zum See erstreckte. Die Bahnhofs-Gebäude wurden in Vertheidigungszustand gesetzt; die Lücken durch Pallisabirungen geschlossen, nachdem das Gesichtsfeld in ausgedehntem Maaße frei gemacht worden war.

Ferner wurde die erste Vertheidigungslinie La Barre-Ormesson durch Anlage von Schützengräben zwischen den beiden Orten und Verbesserung der Verbarrikadirungen verstärkt, auch die Annäherung durch Anlage von 6 theilweise durch Drahtzäune gesicherte Steinminen erschwert, von denen die nach St. Denis führende Straße, der Eisenbahndamm, sowie das Vorterrain von Ormesson bestrichen werden konnte.

La Barre erhielt eine gedeckte Communication mit Enghien; dagegen erschien die Beseitigung der früher zur Vertheidigung eingerichteten Mauern vorwärts Enghien, sowie der Schützengräben zwischen Enghien und Ormesson erforderlich, um das Schußfeld der 2. Vertheidigungslinie nicht zu beeinträchtigen.

In Epinaŋ wurden außer der Anlage von 3 Steinfougaſſen keine weiteren Vertheidigungsvorkehrungen getroffen.

Ende November ſchritten die Arbeiten in Folge des theilweiſe äußerſt heftigen feindlichen Geſchützfeuers nur langſam vorwärts. Wie wir früher geſehen haben, machte der Feind am 30. November einen Ausfall gegen Epinaŋ, gelangte auch in dieſes Dorf, wurde aber ſchließlich wieder aus demſelben vertrieben.

Schließlich iſt noch zu bemerken, daß Seitens der Pioniere des IV. Armee=Corps im Laufe des Monat November in ausgedehnteſter Weiſe mit dem Bau von Baracken für die Vorpoſten vorgegangen wurde. Desgleichen mußte eine große Zahl von Mannſchaften zur Inſtandhaltung der Wege verwendet werden.

Linker Flügel. Was die Verſtärkung der Stellung der erſten Garde=Infanterie=Diviſion anbelangt, ſo wurden nach den Seitens der 2. Garde=Inf.=Diviſion in le Bourget gemach=ten Erfahrungen Anfangs November ſofort ausgedehntere Arbeiten in der erſten Vertheidigungslinie begonnen. In den Nächten vom 2. bis 5. November legte die 3. Garde=Pionier=Compagnie, theilweiſe unter Hülfeleiſtung der Infanterie, die dem Feinde abgekehrte Liſière der Dörfer Pierrefitte und Montmagnŋ nieder, während gleichzeitig die vordere Liſière verſtärkt wurde. Die Infanterie=Emplacements süd=öſtlich von Montmagnŋ wurden mittelſt ausgedehnter Verhaue unter einander und mit dem Dorfe Montmagnŋ verbunden, ſowie die das Schußfeld hindernden Terrain=Gegenſtände beſeitigt.

Am 7. November begann die Compagnie mit der Einrichtung einer zweiten Vertheidigungslinie, die durchſchnittlich 500—600 Schritt hinter der erſten Linie lag, in der Mitte des Dorfes Montmagnŋ be=gann und über die Höhe von Pierrefitte und durch die daſelbſt vorhandenen Steinbrüche nach der Mitte des Dorfes Pierrefitte geführt wurde. Dieſe Linie beſtand aus vertheidigungsfähigen Gehöften und Mauern ꝛc., deren Lücken zum Theil durch Verhaue geſchloſſen wurden. In der Nacht vom 12./13. November und in den folgenden Nächten konnte die Befeſtigung von Pierre=fitte vervollſtändigt, insbeſondere 400 Schritt ſüdlich des Bahnhofs ein eingeſchnittenes Infanterie=Emplacement (60 Mtr. Front) ausgehoben, und für Verbeſſerung der Communicationen Sorge getragen werden. Die Befeſtigungsarbeiten wurden am 24. November einſtweilen ſiſtirt.

Auf dem äußerſten linken Flügel wurden die ſeit Ende October liegen gebliebenen Arbeiten am 14. November wieder von der 2. Garde=Pionier=Compagnie aufgenommen, indem die Lisière von Stains verstärkt und rechts vom Schloße ein Infanterie=Emplacement erbaut ward. Ferner wurden die dem Feinde abgewandten Lisièren, soweit es nöthig erschien, niedergelegt, granatsichere Unterstands= räume geschaffen und gute gedeckte rückwärtige Communicationen an= gelegt. Die Arbeiten konnten nur während der Nächte (unter Hülfe= leistung der Infanterie) ausgeführt werden. Ende November besaß das Dorf eine genügende Vertheidigungskraft, insbesondere da die sehr wirksam gewordene Innundation des Morée=Baches den zwischen der Orangerie und der Straße Gonesse=St.=Denis liegenden Theil des Dorfes auf eine Länge von 600 Schritt sturmfrei gemacht hatte.

III. Monat December.

Rechter Flügel. Da sich nach dem Ausfall der Franzosen am 30. November eine Verstärkung der fortificatorischen Einrichtungen des Dorfes Epinay namentlich nach beiden Flanken hin als erforder= lich gezeigt hatte, so wurden in den ersten Tagen des December die Arbeiten in diesem Dorfe gleichwie in la Barre und Ormesson begon= nen. Nach den Anordnungen des Oberstlieutenants von Eltester führte demgemäß der Hauptmann von Wasserschleben mit der 3., sowie einem Theil der 2. Feld=Pionier=Compagnie des IV. Armee=Corps folgende Arbeiten aus.

Die an der Seine entlang nach St. Denis und Ormesson füh= renden Wege wurden durch 12 Barrikaden geschlossen, sämmtliche in der Front und in den Flanken von Epinay liegenden Mauern nach Freilegung des Gesichtsfeldes mit Banquets resp. Scharten versehen, sowie die Kehlmauern niedergelegt, um ein etwaiges Festsetzen des Feindes in diesem Dorfe zu erschweren. Ferner wurden durch An= stauung des Coquenard=Baches in der linken Flanke von Epinay, so= wie durch Anlage von Drahtzäunen vor den Front= und Flanken= Mauern gute Annäherungshindernisse geschaffen, endlich die Com= municationen im Inneren des Dorfes verbessert.

Die Verstärkung von la Barre, la Chevrette und Ormesson wurde in ähnlicher Weise ausgeführt, gleichzeitig die Eisenbahnlinie vorwärts la Barre, um die Annäherung der gepanzerten Locomotiven zu verhindern, an mehreren Stellen durch Beseitigung der Schienen unfahrbar gemacht. Diese Arbeiten, welche zum großen Theil des heftigen Granat= und Gewehrfeuers, sowie des harten Bodens wegen schwierig und meistentheils bei Nacht ausgeführt werden mußten, waren im Wesentlichen am 11. Dezember beendet, jedoch wurde das Detachement der 2. Feld = Pionier = Compagnie (Lieutenant Höfer) noch während des ganzen Monats Dezember mit der Vervollständigung der Fortificirungen (Anlage von Schützengräben und Tambourirungen, Wallbüchsen=Batterien, Herstellung von granatsicheren Räumen für die Soutiens), endlich mit der Verstärkung der Verhaue und Drahtzäune beauftragt.

Der Rest der 2. Feld = Pionier = Compagnie (Premierlieutenant Kluge I.) setzte die Arbeiten zur Sicherung von Bezons und Argenteuil fort und stellte namentlich unter Hülfeleistung der Infanterie gedeckte Communicationen zwischen diesem Orte und Marais Chateau her. Außerdem konnte noch der Eisenbahndamm Sartrouville Maison sur Seine für alle Waffen praktikabel gemacht werden. —

Zur Sicherung des Rückens der 7. Infanterie=Division wurden Seitens eines Detachements der ersten Feld=Pionier=Compagnie, um einen feindlichen Uebergang bei Isle Adam nach Möglichkeit zu ver= hindern, sämmtliche daselbst befindliche Kähne und Fähren versenkt und in der nur unvollkommen zerstörten massiven Chausseebrücke durch vor= genommene Sprengungen eine Oeffnung von 18 Mtr. hergestellt.

Am 19. December traf ein Befehl vom großen Hauptquartier ein, wonach die Eisenbahn Paris=Rouen in der Gegend von Houilles „mit Ostentation" zerstört werden sollte. Die 2. Feld=Pionier= Compagnie bereitete in Folge dessen eine gewölbte Wegeüberführung, sowie eine Brücke mit eisernem Oberbau (von 7 Mtr. Spannung) zur Sprengung vor. Die im Ganzen aus 7 Centnern Pulver be= stehende Ladung wurde in 3 Mtr. tiefen Schächten hinter den Wider= lagern angebracht, außerdem im Eisenbahndamm eine Flabdermine mit einem Centner Pulver geladen. Nachdem die Arbeiten während der Nacht ausgeführt worden waren, geschah die Zündung der sämmtlichen Minen am 20. December bei Tage, worauf der Feind sofort ein hef= tiges Feuer auf die vollständig zerstörten Brücken eröffnete.

Als die beiden Sappeur=Compagnien des IV. Armee = Corps am 18. resp. 21. Dezember behufs Theilnahme an den Belagerungs= arbeiten gegen den Mont Avron dem XII. Armee=Corps überwiesen waren, übernahm die erste Feld=Pionier=Compagnie, welche bis dahin ein Detachement zur Bewachung der Brücken 2c. nach Pontoise ge= sandt und mit den disponiblen Mannschaften die Corps=Artillerie beim

Batteriebau, sowie bei der Anlage von Colonnenwegen zu den Bat=
terien unterstützt hatte, von nun ab den Pionierdienst im ganzen
Rayon des IV. Armee=Corps.

Die Fortificirungs=Arbeiten in la Barre und Ormesson wurden
demgemäß zum Abschluß gebracht, ferner noch längs der Seine von
Epinay stromabwärts gedeckte Communicationen angelegt, nachdem
die Vertheidigungs=Einrichtungen in diesem Dorfe vervollständigt wor=
den waren.

Linker Flügel. Was die Stellung der ersten Garde=In=
fanterie=Division anbetrifft, so hatte vom Anfang Dezember an
die 3. Garde=Pionier=Compagnie die sämmtlichen Verstärkungs=Arbei=
ten übernommen. Die Compagnie vervollständigte insbesondere die
noch ungenügenden Befestigungen von Stains. Zunächst wurden links
und rechts des Schlosses neue Infanterie=Emplacements angelegt, resp.
die vorhandenen verlängert, hinter dem Schloß und vor der Dorf=
lisière wurde aus Orangenbäumen (die in Kasten standen), ein In=
fanterie=Emplacement als Aufnahmestellung für die Besatzung der
Schloß=Befestigung angelegt und mit letzterer durch eine gedeckte Com=
munication verbunden.

Am 7. Dezember begann die genannte Compagnie auf dem rech=
ten Flügel des Dorfes Stains mit der Herstellung einer zweiten Ver=
theidigungslinie, die sich an das erwähnte Emplacement anschloß,
und mitten durch das Dorf geführt war (durch Umlegen von
Mauern, Freimachen des Vorterrains 2c.). Diese Linie wurde später
in der Richtung auf Pierrefitte weiter geführt, außerdem die von die=
sem Dorfe nach Sarcelles führende Straße durch Befestigung der an=
liegenden Gehöfte, sowie nach rechts durch ausgedehnte Barrikaden 2c.
gesperrt. Auf dem äußersten linken Flügel wurde endlich noch am
12. Dezember das an der Inundation liegende Gehöft Moulin=Romain=
court durch Creneliren der Mauern und Schluß der Lücken zur hart=
näckigen Vertheidigung eingerichtet.

Damit waren die Befestigungsarbeiten der 1. Garde=Infanterie=
Division auf längere Zeit abgeschlossen, da die Pionier=Compagnie
vom 11. bis 19. Dezember die Auseisung der Inundation bei Dugny 2c.,
sowie die in Folge des eingetretenen Thauwetters erforderlich gewor=
denen Reparaturen an den Erdwerken übernahm.

Vom 20. Dezember ab wurde die Compagnie zu den Be=
lagerungsarbeiten auf den Ostfronten von Paris herangezogen. Daß

die in Stains ausgeführten Vertheidigungs=Einrichtungen ihren Zweck erfüllten, wurde durch die am 21. Dezember erfolgte Zurückweisung der wiederholten feindlichen Angriffe bewiesen.

IV. Monat Januar.

Die im Januar 1871 vom IV. Armee=Corps hergestellten Cernirungsarbeiten beschränkten sich auf die weitere Fortificirung der Lisière von Epinay und die Anlage einer gedeckten Communication längs der Seine stromabwärts, ferner auf Verbesserung der Verhaue und Drahtzäune vor Ormesson und la Barre, sowie weiteren Ausbau der Baracken. Diese Arbeiten wurden von der 1. Feld=Pionier= Compagnie ausgeführt.

Die beiden Sappeur=Compagnien kehrten am 18. resp. 19. Januar zu ihren Divisionen zurück und übernahmen bis zur Eröffnung der Belagerungs=Arbeiten gegen St. Denis die Verstärkung resp. Instandhaltung der Positionen.

Zu derselben Zeit übernahm die 3. Garde=Pionier=Compagnie, die bis dahin die Einrichtungen für den Belagerungs=Park in Gonesse getroffen hatte, wiederum die Cernirungsstellung der 1. Garde=Infanterie=Division und begann in der Nacht vom 19./20. Januar mit Retablissements=Arbeiten in Stains und Pierrefitte.

Nach Eröffnung des Feuers der Positions=Batterien hatte der Feind zunächst das Dorf Villetanneuse geräumt. In der Nacht vom 20./21. Januar schloß daher die genannte Pionier=Compagnie die dem Feinde zugewendete Lisière des Dorfes und stellte die erforderlichen rückwärtigen Communicationen her. Da der linke Flügel von Villetanneuse sich nicht zur Vertheidigung eignete, wurde daselbst ein Infanterie=Emplacement (für einen Zug) angelegt, ein ähnliches Emplacement von 80 Mtr. Feuerlinie auf einer Kuppe 200 Schritt vor den rechten Flügel des Pierrefitter Schützengrabens vorgeschoben. Beide Werke wurden unter sich und nach Villetanneuse zu durch einen 600 Schritt langen Verhau verbunden.

Am 21. Januar Abends 11 Uhr traf die Meldung ein, daß das Schloß Villetanneuse vom Feinde verlassen und von unseren Vorposten besetzt sei, die Aptirung dieses wichtigen Postens wurde daher noch in der Nacht von der genannten Pionier=Compagnie begonnen, beschränkte sich indessen hauptsächlich auf Veränderung der feindlichen Schützen= gräben und Oeffnen der rückwärtigen Lisière.

Am 22. Januar und in der Nacht vom 22./23. wurde die von dem Feinde hergestellte Schloß=Brücke zerstört, und die 200 Schritt vorliegende französische Communication (zwischen den Straßen nach Villetanneuse und Pierrefitte) für diesseitige Zwecke aptirt. Die Compagnie (unter= stützt durch 100 — 150 Infanteristen) setzte die Vertheidigungs=Ein= richtungen am 23. Januar und in der folgenden Nacht fort. Ins= besondere wurde eine Laufbrücke über den Schloßgraben hergestellt, eine französische Schanze umgebaut und das Schloß durch gedeckte Communicationen mit den rückwärtigen Vertheidigungs=Anstalten ver= bunden.

Vom 25. Januar ab nahm die Compagnie an den Belagerungs= arbeiten gegen St. Denis Theil (vide Kap. 4.).

II. Position zwischen dem Croud=Thal und der Marne.

A. Terrain=Beschreibung.

Der Ourcq=Canal theilt den oben bezeichneten Abschnitt, der auf der Linie Chelles=Sevran=Dugny gemessen und eine Front=Ausdehnung von etwa $2\frac{1}{4}$ Meilen besitzt, in zwei annähernd gleiche Theile.

Das Terrain auf dem rechten Ufer des Canals ist fast voll= ständig eben und von guten Straßen durchschnitten und kann nur einige, sich wenig erhebende Terrain=Wellen aufweisen. Die kleinen Bäche, welche sich in westlicher Richtung in den Croud=Bach ergießen, bilden unter gewöhnlichen Verhältnissen keine bedeutenden Terrain= Hindernisse, so daß die Bewegungen aller Waffengattungen in keiner Weise behindert werden. Jedoch sind die Bäche insofern von Wichtig= keit, als sie parallel mit der feindlichen Front fließen und hierdurch natür= liche Vertheidigungslinien markiren. Der Moleret=Bach, welcher etwa 4000 Schritt von den Forts Noisy und Aubervilliers entfernt liegt, bietet indessen nur wenige Stützpunkte für eine hartnäckige Vertheidi= gung, und zwar außer der Groslay Ferme nur das langgestreckte Dorf le Bourget, welches nur eine geringe Front=Entwickelung besitzt, indessen dem Feinde sehr lange Flanken darbietet, die einen um= fassenden Angriff gestatten.

Wenn sich diese erste Linie besonders, weil sie den feind= lichen Werken zu nahe liegt, auch in keiner Weise zur hartnäckigen Ver= theidigung eignet, so ist eine solche jedoch in der durchschnittlich 3000

5*

Schritt weiter rückwärts liegenden, durch das Thal des Morée-Baches
bezeichneten Linie möglich, und zwar einmal, weil das Thal im Allgemeinen tiefer eingeschnitten ist, dann aber weil es in der Front in den
Dörfern Dugny, le Blanc-Mesnil, Aulnay und Sevran mit dazwischen
liegenden Gehöften Stützpunkte besitzt, die sich durchweg zur hartnäckigen Vertheidigung eignen, endlich weil diese Front auf dem rechten Flügel von den Höhen von Stains, auf dem linken Flügel vom
Wald von Bondy aus flankirt werden kann und dem wirksamen feindlichen Geschützfeuer entzogen ist.

Um diese Linie als erste und Haupt-Vertheidigungslinie benutzen
zu können, wäre es erforderlich gewesen, das Dorf le Bourget möglichst zu zerstören und das Wasser des Ourcq-Canals in den Moleret-
Bach zu leiten, was sich in der Nähe der im Walde von Bondy belegenen Poudrette-Fabrik hätte bewirken lassen. Ein Theil des Wassers hätte auch zur Anstauung des Morée-Baches verwendet werden
können. — Andererseits war es auch möglich, das gesammte Wasser
des Ourcq-Kanals von Sevran aus in den Morée-Bach zu leiten und
dadurch eine wirksame Inundation vor der Haupt-Vertheidigungslinie
zu bewirken. Für den Fall, daß die Linie Aulnay-Garges die erste und
Haupt-Vertheidigungsstellung gebildet hätte, wäre dann noch eine weiter
rückwärts liegende Reservestellung erforderlich gewesen. —

Der sich anschließende Terrain-Abschnitt zwischen den Ourcq-
Kanal und der Marne bildet einen vollständigen Gegensatz zu
dem eben besprochenen. Gegenüber dem Plateau der Ostfronten der
Stadt Paris und dem isolirten, gleichsam eine Caponniere bildenden
Mont Avron liegt ein vielfach von Schluchten durchzogenes, mit zahlreichen Dörfern, Schlössern, Villen und Parks bedecktes Plateau, das
nach Westen und Süden theilweise sehr steil abfällt. Dieses Plateau,
welches sich von Westen nach Osten auf 2 Meilen, von Norden nach
Süden auf eine Meile Länge erstreckt, wird im Süden und Osten
durch die Marne und im Norden durch den Ourcq-Canal begrenzt
und erhebt sich durchschnittlich 70—80 Mtr. über das Thal der
Marne, resp. die Ebene von St. Denis (Livry + 138 Mtr., Clichy +
130 Mtr., Montfermeil + 125 Mtr., Chelles + 108 Mtr., Höhe von
Gagny + 116, Raincy + 112, Marne-Thal + 40). Die dem Mont
Avron zugekehrten Höhen von Raincy und Gagny erheben sich nur
einige Meter über das Plateau des Mont Avron, sowie die östlichen
Forts von Paris.

Das ganze Plateau kann in jeder Beziehung als coupirtes und bedecktes Terrain bezeichnet werden, namentlich ist es aber in seinem westlichen Theil so wenig übersichtlich, daß es auf den ersten Blick den Anschein gewinnt, als ob es sich wenig zur Vertheidigung eigne. Doch kann das Plateau hier mit Nachhülfe der Kunst in eine vorzügliche Defensiv-Position verwandelt werden, die von der linken Flanke aus fast unangreifbar ist, und in der Front sehr starke, außerhalb der feindlichen Geschützwirkung liegende Stützpunkte (Chelles, Montfermeil, Clichy und Livry) besitzt. Das waldige Vorterrain verbietet außerdem dem Feinde die Entwickelung größerer Truppenmassen.

Dazu kommt noch, daß die guten Straßen, namentlich aber die Transversalstraßen die rechtzeitige Heranziehung der Reserven erleich=tern, und daß die beiden für Belagerungs-Operationen gegen die Ost=front außerordentlich wichtigen von Straßburg und Soissons nach Paris führenden Eisenbahnen auf den Flügeln der Position liegen. Endlich gestatten die zahlreichen wohlhabenden Ortschaften und Ge=höfte die gesicherte Unterbringung der zur Vertheidigung der Haupt=Stellung bestimmten Truppen, in unmittelbarer Nähe der Stellung resp. in letzterer selbst.

B. Besetzung.

Rechter Flügel: 2. Garde=Infanterie=Division.
Linker Flügel: XII. Armee=Corps.
Die Gränze zwischen den beiden Flügeln bildete bis zum 11. October die Eisenbahn Soissons=Paris.
Vom 11. October bis Ende November hatte das Garde=Corps mit seinem linken Flügel le Blanc=Mesnil besetzt.
Vom Anfang Dezember bis 6. Januar desgleichen Sevran.
Vom 6. Januar ab bildete der Sausset=Bach die Gränze (wobei Aulnay und Croix Rouge von dem XII. Corps besetzt wurde).

C. Befestigungs=Arbeiten.

a) Rechter Flügel. (2. Garde=Infanterie=Division).
Der Division war die Cernirungslinie von Aulnay les Bondy bis Dugny überwiesen, die sich, wie schon oben bemerkt, im Allgemeinen wenig zur Vertheidigung eignete, da das Terrain vollständig frei war, und sich bis auf eine Meile hinter der genannten Linie kein Dorf, ja kein Gehöft befand, welches einer Reservestellung als Stützpunkt hätte dienen können.

Herstellung der Inundation.

Die am 20. September vom Ingenieur-Stabe des Garde-Corps angeordnete Nivellirung des Wasserspiegels des Ourcq-Canals ergab, daß letzterer etwa 1,7 Mtr. höher lag, als der Morée-Bach bei Sevran. Die ganze Höhendifferenz zwischen dem Canal und dem Wasserspiegel unterhalb Dugny betrug über 13 Mtr. In Folge dessen wurden 3 Stau-Abschnitte angeordnet und zwar:

1) Aulnay-le Blanc-Mesnil, woselbst der Straßen-Damm als Stauwehr benutzt werden konnte.

2) Le Blanc-Mesnil-Pont-Iblon, woselbst nur ein Chaussee-Durchlaß zu versetzen war.

3) Pont-Iblon-Dugny. In letztgenanntem Orte war die Herstellung eines neuen Staudammes erforderlich.

Der Ingenieur-Stab des Garde-Corps beabsichtigte erst nach Herstellung der Stauvorrichtungen das Wasser des Canals in die Inundations-Kessel zu leiten. Das Obercommando befahl indessen die sofortige Ableitung des Canals, und wurde dieselbe am 21. September von einem Detachement der 1. Garde-Pionier-Compagnie sowie 100 Infanteristen bis Abends 6 Uhr vorgenommen.

Der Bau der Stauvorrichtungen im Ourcq-Canal sowie bei Pont Iblon und Dugny wurde alsbald in Angriff genommen und hierzu die 3. Garde-Pionier-Compagnie*) bis zum 23. September verwendet.

Am 24. September übernahm die 2. Compagnie (Hauptmann von Spankeren) mit einem Theil der 3. Compagnie sowie mit Infanterie-Hülfs-Arbeitern die Vollendung der Inundationseinrichtungen.

Am 29. September ordnete der Hauptmann von Krause die Erbauung eines neuen Staudammes oberhalb le Blanc-Mesnil (östlich l'Eglise) an, um dadurch eine größere Wassertiefe in dem oberen Inundations-Becken zu erzielen. Der Damm, der gleichzeitig als Communication dienen sollte, hatte am 6. October ein für die damaligen Wasserverhältnisse ausreichend starkes Profil.

Die Inundation war mittlerweile schon sehr wirksam geworden, und stieg das Wasser am 27. September so hoch, daß es bei Pont Iblon überfiel und nun auch das Becken Pont-Iblon-Dugny zu füllen begann. Da der Damm bei Dugny bei dem unverhofft stark zuströmenden Wasser keine genügende Stärke erhalten hatte, so mußten die Arbeiten

---

*) Die 2. und 3. Compagnie waren am 21. September von Metz eingetroffen.

wieder aufgenommen werden, und gelang es nur mit der äußersten Anstrengung, einen Bruch des Dammes zu verhüten.

Auch dem Canaldamm bei Sevran drohte dieselbe Gefahr, aber auch hier gelang es, denselben vor Zerstörung zu bewahren. Am 6. October schien die Herstellung der Inundation beendet, es waren indessen fortwährende Reparaturen an den Dämmen erforderlich, und mußten dieselben in Folge des starken Wasserzuflusses erhöht werden.

Am 13. October übernahm die 4. Sächsische Pionier=Compagnie die Instanderhaltung des Ableitungsgrabens nebst Staudamm bei Sevran und die Inundationsstrecke bis Aulnay. Die Compagnie erbaute, um der fortwährenden Reparaturen enthoben zu werden, einen neuen Damm im Ourcq=Canal unterhalb des alten, worauf der letztere dem Verfall übergeben wurde. Der neue Damm erhielt in der Mitte einen Durchlaß, der das überflüssige Wasser erforderlichen Falls in den Ourcq=Canal weiter führen konnte. Bei der später nothwendig gewordenen Reparatur des Staudammes bei Dugny bewährte sich diese Einrichtung vorzüglich. Der ebengenannte Damm hatte nicht allein einen Wasserdruck von etwa 2,5 Mtr. Höhe auszuhalten, sondern mußte auch als Ueberfallwehr große Wassermassen abführen, so daß eine Unterstützung des in großer Eile hergestellten Bauwerkes mehrfach befürchtet werden mußte.

Was die einzelnen Inundationsbecken anbetrifft, so war:

1. Auf der Strecke Sevran=Aulnay eine eigentliche Inundation nicht beabsichtigt; einmal weil eine Anstauung des Morée=Baches ganz bedeutende Arbeiten verursachen würde und sodann weil die 2. Garde=Infanterie=Division der verschiedenen am Bache liegenden Fermen zu Cantonnementszwecken bedurfte.

Als das XII. Armee=Corps diese Strecke übernahm, stellte die 3. Sächsische Pionier=Compagnie noch bei Moulin Neuf und Ferme Rougemont Stauvorrichtungen her, wodurch eine Ueberschwemmung der Niederungen verursacht wurde.

2. Auf der Strecke Aulnay=le Blanc=Mesnil gewährte die Anstauung des Morée=Baches bei Aulnay ein ausgezeichnetes Hinderniß vor der befestigten Südlisiere des Dorfes, wenngleich sich hier noch kein vollständiges Inundationsbecken bildete.

3. Zwischen Aulnay und dem Damm von l'Eglise lag das I. Inundationsbecken. Dasselbe hatte eine wechselnde Breite von 50 bis 250 Schritt. Der Morée=Bach besaß eine Tiefe von Durch= schnittlich 1,75 Mtr., das Becken selbst hatte bei Aulnay eine Tiefe

von 0,3 Mtr., die bis zum Damm von l'Eglise auf 1,5 Mtr. wuchs. Von dem 140 Schritt langen Staudamm wurde nach dem rechten Ufer des Baches an Stelle der alten Brücke eine neue stärkere mit Ueber= fallwehr gebaut.

4. Zwischen dem Damm bei l'Eglise und der Brücke von le Blanc=Mesnil lag das II. Jnundationsbecken, in welchem der eingedämmte als Mühlgraben dienende Morée=Bach 1—2 Mtr. über dem Wasserspiegel des Beckens floß. Die Jnundation hatte eine durchschnittliche Breite von etwa 150 Schritten.

Bei le Blanc=Mesnil war bereits eine Stauvorrichtung vorhanden und zur Herstellung des Jnundationsbeckens nur eine Durchstechung des linken Ufers des Mühlbachs erforderlich.

5. Zwischen le Blanc=Mesnil und Pont Jblon wechselte die Breite des III. Jnundationsbeckens und betrug die= selbe 30 bis 150 Schritt. Die beiden Arme des Morée=Baches hatten eine Wassertiefe von ca. 2 Mtr. und nach ihrer Ver= einigung vor Pont Jblon bis 2,6 Mtr. Daselbst mußte zwischen den Flügelmauern der Chausseebrücke ein Ueberfallwehr hergestellt werden. Die Differenz zwischen Ober= und Unterwasser betrug hier 1,70 Mtr.

6. Das vierte Jnundationsbecken zwischen Pont= Jblon und Dugny hatte eine Breite von 120—300 Schritt. Am Damm von Dugny erreichte das Wasser eine Tiefe von 2,5 Mtr.; der Morée=Bach war bei Pont=Jblon 1,5 Mtr. und bei Dugny 3,5 Mtr. tief. Der daselbst angelegte große Staudamm hatte eine Länge von 120 Schritt; die Differenz zwischen Ober= und Unterwasser betrug 2,5 Mtr. Da eine große Wassermenge durch ein Ueberfall= wehr abgeführt werden mußte, für welche die Construction nicht be= rechnet war, so konnte der Damm nur mit sehr großen Anstrengun= gen gegen einen Durchbruch geschützt werden.

7. Endlich bildete das über den Damm von Dugny lau= fende Wasser eine starke Anstauung des Croud=Baches, wodurch eine Versumpfung der Niederungen westlich des Dorfes erzeugt wurde. Der genannte Bach erhielt unterhalb der Straße Stains= Dugny eine kleine Abdämmung, über welche sich das Wasser des Ourcq=Canals in die französische Jnundation bei St. Denis ergoß.

Es ist nicht zu verkennen, daß zur Herstellung und Jnstand= haltung der Stauwerke, sowie zur später erforderlich gewordenen

Aufeisung eine große Zahl Arbeiter verwendet werden mußte, mit denen auch auf der Linie Aulnay=Dugny genügende fortificatorische Einrichtungen hätten getroffen werden können. Dagegen ist nicht außer Acht zu lassen, daß bei Anlage der Inundation eine Aufeisung während des Winters nicht vorgesehen werden konnte, indem eine so lange Widerstandsfähigkeit von Paris nicht vorausgesetzt war. Sodann wurde der Dienst der zur Vertheidigung des Terrain=Abschnitts be= stimmten Truppen bezüglich der Vorposten=Stellung sehr erleichtert, so daß es möglich war, mit einer Division eine Front zu besetzen, die bei Beginn der Cernirung etwa 1½ Meilen Ausdehnung besaß.

Was die weiteren Vertheidigungsmaßregeln anbetrifft, welche Seitens der 2. Garde=Infanterie=Division bei Beginn der Cernirung vorgenommen wurden, so hatten dieselben Anfangs keine große Ausdeh= nung, da die disponiblen Pioniere mit der Einrichtung der Inunda= tion vollauf beschäftigt waren. Die Vertheidigungs=Einrichtungen be= zweckten nur die Sicherung der Inundations=Defiléen und Stau=Dämme. Zunächst trafen Detachements der 2. und 3. Garde = Pionier= Compagnie und Infanterie=Mannschaften verschiedene Vertheidigungs= Vorkehrungen in Dugny. In der Niederung vor der Observatoriums= Mühle (rechte Flanke), wurde die Herstellung längerer Schützengräben vorgenommen, und das Vorterrain zwischen Dugny und le Bourget freigelegt. Die im September zur Sicherung des Defilées bei le Blanc=Mesnil getroffenen Einrichtungen beschränkten sich nur auf Frei= machen des Vorterrains und Niederlegung einiger inneren Mauern und Hecken 2c.

Im Monat October vervollständigte die 2. Garde=Pionier= Compagnie die Vertheidigungs=Einrichtung von Dugny und zwar durch Schließen der Lücken zwischen der Inundation und dem Park durch Verhaue. Die Sicherung des Staudammes erfolgte durch Ver= haue, die von Schützengräben flankirt werden konnten. Im Ganzen wurde nur an 4 Tagen gearbeitet und zwar am 1., 2., 25. und 28. October; für die Ortschaften resp. Gehöfte Drancy und Groslay geschah Nichts, da dieselben nur abpatrouillirt werden sollten, eben= sowenig für le Bourget, welches Dorf nur von einer schwachen Infanterie=Compagnie besetzt war.

Die übrigen Arbeiten der 2. Garde=Pionier=Compagnie auf dem Terrain=Abschnitt Aulnay=Garges beschränkten sich auf Herstellung von Baracken und Wegen, sowie einigen Brücken (bei Dugny).

Nachdem le Bourget am 28. October geräumt war, wurde sofort mit der Befestigung der Inundations = Defiléen vorgegangen.

Noch in der folgenden Nacht erbaute die genannte Pionier=Com= pagnie mit Infanterie=Hülfs=Arbeitern hinter den von der Artillerie an der Straße Pont=Iblon=Roissy gebauten Batterien ein Epaulement für ein Bataillon Infanterie. In der Nacht vom 29./30. October wurde vorwärts Pont=Iblon gleichfalls ein Epaulement für die Vor= posten ausgehoben. Ebenso traf die Compagnie noch vor le Blanc= Mesnil einige Vertheidigungs = Vorkehrungen.

Als le Bourget wieder von der 2. Garde = Infanterie = Division erobert worden war und die Behauptung des Dorfes als Ehren= sache angesehen wurde, ließ die 2. Garde=Pionier=Compagnie, welche an der Erstürmung Theil genommen hatte, sofort die dem Feinde zugekehrten Lisiéren schließen, dagegen die rückwärtigen Lisiéren, die aus starken Mauern bestanden, niederlegen, was bis dahin noch nicht geschehen war. Die 1. Garde=Pionier=Compagnie setzte die begonnenen Arbeiten in der folgenden Nacht fort. Von nun ab wurde mit Energie an der Verstärkung der fortificatorischen Stel= lung der 2. Garde=Infanterie=Division gearbeitet, da es sich heraus= gestellt hatte, daß die Inundation mit ihren ungenügend befestigten Defiléen keine genügende Sicherheit bieten konnte, und außerdem die Sicherung der wenigen an der Inundationslinie gelegenen Cantonne= ments gegen Alarmirungen dringend nothwendig war.

Im Laufe des Monat November wurden daher folgende Ver= stärkungen vorgenommen:

1. In le Bourget. Dieses à cheval der Lillerstraße und an beiden Ufern des Moleret=Baches liegende Dorf eignet sich, wie früher schon bemerkt, wenig zur Vertheidigung, weil es zu lang gestreckt ist, nur eine geringe Front gegen das 3000 Schritt entfernt liegende Fort Aubervilliers besitzt, und weil außerdem der compacte, tief gelegene mittlere Theil des Dorfes von allen Seiten dominirt wird.

Das Terrain bot keine Anhaltspunkte, um die Befestigung un= abhängig von der Lisière anordnen zu können; die große Entfernung von der eignen Stellung, sowie die in den Flanken liegenden, vom Feinde besetzten Dörfer Drancy und Cournenve verboten dieses ohnehin.

Unter solchen Umständen war eine schleunige Vertheidigungs= Einrichtung, die nach allen Richtungen hin genügte, unausführbar.

Die Verstärkungen beschränkten sich also zunächst auf diejenigen Punkte, welche voraussichtlich den ersten Anprall auszuhalten hatten. Als exponirtester Punkt erschien die Spitze des Dorfes. Hier wurde die Gasfabrik mit den gegenüber liegenden Gehöften und Häusern zur Vertheidigung eingerichtet und sodann durch Hinderniß=Mittel (Wolfsgruben, Verpfählungen, Drahtzäune und Verhaue), sowie Schützengräben mit dem mittleren Theile des Dorfes verbunden. Letzterer bildete die 2. Vertheidigungslinie, die sich von der nach Drancy führenden Straße bis zum Moleret=Bache ausdehnte und nach 3 Seiten Front machen mußte.

Erst von Mitte November an konnte für die systematische Befestigung von le Bourget Sorge getragen werden, da die 2. Garde=Pionier=Compagnie gleichzeitig noch verschiedene andere technische Arbeiten auszuführen hatte.

Das Vorterrain wurde allmälig vollständig freigelegt, dabei auch der Complex der Bahnhofsgebäude, sowie eine Häuser=Gruppe an der Nordspitze weggesprengt, und die Eisenbahn zwischen dieser Spitze und Courneuve gründlich zerstört, ferner im Inneren eine größere Zahl Mauern und Häuser mittelst Pulver niedergelegt. Endlich wurde die äußere Lisière nebst zwei inneren Abschnitten in einer Gesammtausdehnung von 7000 Schritt Länge befestigt, insoweit Solches nicht schon bereits geschehen war. Hierunter waren 700 Schritt Barrikaden von starkem Profil, drei granatsichere Räume, 1200 Schritt Schleppverhaue, 800 Schritt theilweise traversirte Schützengräben, lange Reihen dreireihiger Wolfsgruben und Drahtzäune, sowie 1000 laufende Schritt geblendete Communicationen.

2. **Pont Jblon.** Am 1. November wurde mit der Verstärkung der Barrikaden und Herstellung von Schützengräben hinter und vor der Inundation begonnen. Die mit Thoren versehenen Barrikaden erhielten eine Tambourirung (aus eisernen Gittern). Die unter Hülfeleistung der Infanterie ausgeführten Arbeiten waren im Wesentlichen bis zum 9. November beendigt, und erschien von da ab das wichtige Defilée genügend gesichert.

3. **Le Blanc=Mesnil.** Am 11. November wurden die Arbeiten zur Befestigung von le Blanc=Mesnil wieder aufgenommen.

Die erste Vertheidigungslinie, die sich vom Staudamm l'Eglise in der Richtung nach dem Gehöft gleichen Namens erstreckte, bestand aus Mauern resp. Häusern. Das Gehöft war durch Verhaue mit der traversirten Barrikade verbunden, welche die nach le Bourget führende Straße abschloß. Von dieser Barrikade ab wandte sich die größtentheils aus Schützengräben und Verhauen bestehende Vertheidigungslinie nach Norden bis zur Inundation, später wurde Seitens der Pionier=Compagnie eine zweite Linie eingerichtet, die im Allgemeinen der Lisière des Dorfes Mesnil folgte und überall da, wo keine vertheidigungsfähigen Gebäude und Mauern vorhanden waren, durch Schützengräben ersetzt wurde. An der westlichen Lisière war indessen im Ganzen nur eine Vertheidigungslinie vorhanden. Hinter dem Dorfe wurde ferner eine Replis= stellung vorbereitet, von der aus die Inundations=Defiléen bei Dugny und l'Eglise unter Feuer genommen werden konnten. Damit wurden hier die Befestigungsarbeiten einstweilen eingestellt, weil die Pionier= Compagnie einen großen Theil ihrer Mannschaften zu anderen dringenderen Arbeiten verwenden mußte.

Im Anfang des Monat Dezember nahm insbesondere die in Folge der starken Kälte erforderlich gewordene Aufeisung der Inundation einen großen Theil der Pionier=Compagnie in Anspruch. Ohne solche Aufeisung wäre die ganze Wirkung der Inundation in Frage gekommen, und damit die Stellung der 2. Garde=Infanterie=Division sehr exponirt gewesen.

Die Aufeisung begann am 3. Dezember, nachdem zuvor in jedes der Inundationsbecken 1 Ponton (resp. Halb=Ponton) gebracht worden war, um durch die Bewegungen desselben beim Hin= und Herfahren das Gefrieren des Wassers möglichst zu verhindern.

Als die Kälte gegen Mitte Dezember strenger wurde, erhöhte man die Zahl der Fahrzeuge; von den Sächsischen Pionieren wurden später mit gutem Erfolge Flösse benutzt.

In der Zeit vom 19. bis 22. Dezember trat eine kritische Periode ein, indem die Wasserfläche fast vollständig zufror. Die 3. Garde= Pionier = Compagnie war theils zu den Belagerungs=Arbeiten, theils anderweitig commandirt und die zurückgebliebenen Detachements konnten ohne genügende Unterstützung die Arbeit nicht bewältigen. Als die 2. Garde=Pionier=Compagnie am 23. Dezember wieder disponibel war, wurde mit Tag= und Nachtarbeit mit unsäglicher Mühe ein offener Canal in das bis zu 0,18 Mtr. dicke Eis gehauen, und mußte diese Arbeit bis zum Ende der Belagerung mehrfach wiederholt werden.

Die zur Aufeisung erforderliche Arbeiterzahl war eine sehr bedeutende, und mußten täglich im Ganzen 70 Pioniere und 300 Infanteristen

(bei 8 ſtünbiger Arbeitszeit) commanbirt werden. Die Zahl der In-
fanteriſten erhöhte ſich ſogar in der Zeit vom 23. Dezember bis 6. Januar
auf täglich 860 Mann.

Die Befeſtigungsarbeiten, die während der Monate De z e m b e r
u n d J a n u a r von der 2. Garde-Infanterie-Diviſion ausgeführt wurden,
waren im Weſentlichen die Nachfolgenden:

In le Bourget wurden von der 2. Garde-Pionier-Compagnie im
Dezember noch verſchiedene Verſtärkungs-Arbeiten vorgenommen, insbeſondere am 15. Dezember die Bahnhofsgebäude geſprengt. Es waren
innerhalb 5 Tagen im Ganzen 31 Oefen angelegt und im Ganzen etwa
14 Centner Pulver verwendet worden. Die Zündung erfolgte mittelſt
Zündwürſten. Aus den Trümmern der mit gutem Erfolg geſprengten
Gebäude wurden bis zum 18. Dezember, an welchem Tage die Compagnie
zum XII. Corps abcommandirt wurde, eine große Barrikade hergeſtellt.

Als le Bourget, welches nur von 5 Compagnien beſetzt war, am
21. Dezember Morgens 7 Uhr vom Feinde abermals angegriffen wurde,
gelang es, die wiederholten Angriffe auf die ſüdliche und ſüdöſtliche
Liſière abzuſchlagen, dagegen waren einige Colonnen in die Nordweſt-
ſeite eingedrungen, die erſt Nachmittags wieder vertrieben werden konnten.

In Folge deſſen wurde die 2. Garde-Pionier-Compagnie wieder
zur 2. Garde-Infanterie-Diviſion zurückcommandirt und begann dieſelbe ſofort mit der Verſtärkung der nordweſtlichen Liſière. Es
hatte ſich als zweckmäßig erwieſen, die weſtlich le Bourget und nördlich
des Dugny'er Weges iſolirt gelegenen Gärten durch einen Schützengraben
mit der Dorf-Liſière zu verbinden, um ſo die weſtliche Liſière flankiren
zu können; außerdem mußte das Vorterrain noch mehr freigelegt werden,
und erſchien der Bau von ſtarken Barrikaden an der Dugny'er und
Drancy'er Straße erforderlich. Ferner wurden die vom Feinde breſchirten
Mauern der Gasfabrik geſchloſſen, ſowie verſchiedene bombenſichere
Unterſtandsräume hergeſtellt.

Da der Feind am Abend des 13. Januar einen abermaligen Angriff
auf die Vorpoſten von Dugny, le Bourget und le Blanc-Mesnil unternahm, wurden die Arbeiten in le Bourget, gegen welches Dorf der
Feind vollſtändige Parallelen eröffnet hatte, ohne Unterbrechung fortgeſetzt
(unter Hülfeleiſtung von 150 Mann Infanterie).

Die Arbeiten wurden ſpäter in Verbindung mit dem Bau der
Belagerungs-Batterien fortgeführt (vergl. 4. Cap.) und erſt am 29. Januar
zum Abſchluß gebracht.

b. **Linker Flügel.** (XII. Armee-Corps.) Ueber die vom XII. Armee-Corps ausgeführten Cernirungsarbeiten ist Folgendes zu bemerken.

Die ersten Vertheidigungseinrichtungen der Stellungen wurden von der 3. Pionier-Compagnie (Hauptmann Schubert) getroffen, die gleichzeitig mit einem Brückenschlag über die Marne bei Pomponne beauftragt war. Als die 2. und 4. Pionier-Compagnie von Metz eintrafen, wurde der Dienst so vertheilt, daß die 2. Compagnie (Premier-Lieutenant Groschupf) den rechten Flügel von Sevran bis incl. Livry, die 4. Compagnie (Hauptmann Friederich) von hier bis Montfermeil übernahm. Der 3. Compagnie wurde sodann die Befestigung der Stellung der 24. Infanterie-Division (von Montfermeil bis Chelles) übertragen.

Die etwa 11,000 Schritt von der Linie der Forts entfernt liegende Hauptvertheidigungslinie war durch die Orte Chelles, Montfermeil, Clichy, Livry und Sevran bestimmt, und wurden nicht allein diese Orte zur Vertheidigung eingerichtet, sondern auch ihre Verbindungen durch dazwischen gelegte kleinere Erdwerke, Geschütz-Emplacements, Schützengräben und Verhaue hergestellt. Die Vorpostenlinie lief an der westlichen Lisière des Bondyer Waldes entlang, folgte sodann den nördlich von Villemomble liegenden Bergabhängen und schloß sich vorwärts Chelles an die Marne.

Um ferner dem Feinde auf dem linken Flügel nicht zuviel Terrain zur Entwickelung größerer Truppenmassen zu gestatten, wurde später hier noch eine zweite, wenn auch nicht so starke Stellung geschaffen.

Die Stützpunkte dieser Linie bildete das Dorf Gagny mit den Fermen Rouge und Guyot, und schloß sich diese Vertheidigungslinie in Montfermeil an die Hauptlinie.

Im Speciellen sind folgende Arbeiten bemerkenswerth:

Auf dem äußersten rechten Flügel wurde zunächst die Haupt-Vertheidigungslinie durch die befestigten Fermen Fontenay und Rougemont, sowie durch einen über 1000 Schritt langen Verhau gebildet, der westlich der letztgenannten Ferme nach dem Ourcq-Canal führte. Dahinter lag als zweite Linie die befestigte westliche und nördliche Lisière des Dorfes Sevran, von welcher aus die früher erwähnte Absperrung des Ourcq-Canals vertheidigt werden konnte. Letztere wurde östlich von Sevran überbrückt. Zur Sicherung der Vorpostenlinie diente die in Vertheidigungszustand gesetzte Ferme Nonneville, sowie die aptirte Lisière des Föret de Bondy, die auf dem rechten Ufer des Ourcq-Canals auf eine

Länge von 1800 Schritten verhauen wurde. Ferner erhielt die süd=
westliche Seite der großen am Canal liegenden Poudrettefabrik Ver=
theidigungseinrichtungen für Infanterie und Artillerie, endlich die Metzer
Straße 1000 Schritt östlich von Bondy gut flankirte Barrikaden=Abschlüsse.

Auf dem linken Ufer des Canals sprang sodann die erste Ver=
theidigungslinie zurück und lief von der Mitte der Poudrettefabrik in
südöstlicher Richtung nach dem etwa 2500 Schritt entfernt liegenden
und zur Vertheidigung eingerichteten Kirchhof von Raincy, dem die
östlich belegenen großen Steinbrüche eine gute Flankendeckung gewährten.

Auf dieser ganzen Linie wurden alle von der feindlichen Seite
nach den Vorposten führenden Wege verhauen resp. mit vertheidigungs=
fähigen Barrikaden, die nach rückwärts führenden Wege dagegen durch
Brustwehren c. geschlossen, und gleichzeitig Umgänge durch das sehr
dichte Laubholz hergestellt. Dort, wo verschiedene Wege sich kreuzten,
wurden kleine Fleschen und Halb=Redouten (aus Baumstämmen und
Erde) angelegt, von welchen aus die Wege unter Feuer genommen
werden konnten.

Die Haupt=Vertheidigungsstellung bildete die Linie Livry=Clichy,
die mit dem Ourcq=Canal in der Richtung auf Sevran durch
Schützengräben verbunden wurde. Die äußere befestigte Lisière hatte
eine Längenausdehnung von etwa $3/_4$ Meilen. Hinter dem 2000
Schritt langen, an der nordwestlichen Ecke des Dorfes angelegten
Verhau wurde aus crenelirten Mauern c. noch eine innere Verthei=
digungslinie gebildet, die nach Norden zu mit der äußeren Linie zu=
sammenfiel. Rückwärts der Lisière von Livry wurden theils die schon
vorhandenen Wege vervollständigt und verbessert, theils neue Com=
municationen geschaffen.

Am 6. October wurde vor der Barrière von Livry zur Bestrei=
chung der nach dem Canal führenden Avenue (resp. westlichen Lisière),
sowie des südwestlichen Vorterrains ein Infanterie=Epaulement in An=
griff genommen. Die Feuerlinie hatte eine Länge von 100 Mtr., die
1,4 Mtr. hohe, 1 Mtr. starke Brustwehr war aus Holz hergestellt
und auf der äußeren Seite durch eine Erd=Anschüttung verstärkt.

Am 8. October wurde der Bau einer Infanterie=Schanze auf
der Höhe zwischen Livry und Clichy an Stelle der bereits früher
durch die Artillerie errichteten Geschützstände begonnen. Die in Form
einer Lünette erbaute Schanze hatte eine Feuerlinie von 40 Mtr.
Länge und eine Brustwehrhöhe von 1,75 Mtr.

Die 2. Sächsische Pionier-Compagnie arbeitete unter Leitung des Premierlieutenants Groschupf ununterbrochen an den Befestigungs=arbeiten bei Livry und Clichy, so daß dieselben schon gegen Mitte Octo=ber einen hohen Grad von Widerstandsfähigkeit besaßen. Der Com=pagnie waren von der Infanterie täglich durchschnittlich 250—300 Mann auf die Dauer von 8 Stunden zur Verfügung gestellt.

In Folge der am 11. October befohlenen Rechtsschiebung der Maas=Armee wurde die Position des XII. Armee=Corps bis Aulnay ausgedehnt, so daß die Front des Corps etwa 1¾ Meilen lang war. Die von Raincy nach Livry führende Avenue bildete von diesem Zeit=punkt ab die Grenze zwischen den beiden Divisionen.

Die 4. Pionier=Compagnie (Hauptmann Friederich) übernahm die Befestigung des äußersten rechten Flügels vom Ourcq=Canal bis Aulnay. Die Compagnie, unterstützt durch 200—250 Infanteristen, begann zunächst mit der Befestigung von Aulnay, da die früher von der Garde=Infanterie getroffenen Einrichtungen in Folge der Inun=dation theilweise unbrauchbar geworden waren.

Hinter der Inundation des Schloßgartens wurde der Bau einer 400 Mtr. langen, 1,40 Mtr. hohen Infanterie=Brustwehr sowie die Freimachung des Gesichtsfeldes südlich und westlich des Dorfes in An=griff genommen, desgleichen der Bau von zwei Lünetten zwischen Aulnay und Ferme Rougemont. Jedes dieser Werke hatte eine Feuerlinie von 100 Mtr., 1,40 Mtr. Brustwehrhöhe und 1,50 Mtr. Brustwehrstärke. Beide Lünetten wurden bis Ende October vollendet. Desgleichen erbaute die Compagnie den schon früher erwähnten neuen Stau=Damm im Ourcq=Canal in der Zeit vom 17. bis 30. October. Mit der Freimachung des Gesichtsfeldes vor der Batterie bei Sevran wurde fortgefahren und gleichzeitig mit der Anlage eines 1500 Schritt langen Verhaues, der sich von der südwestlichen Seite der Poudrette=fabrik nach der Linie der Feldwachen zog, begonnen.

Vom 7. November ab nahm die Compagnie die Befestigungs=Arbeiten in Aulnay wieder auf und verstärkte dieselben, insbesondere die Verbarrikadirungen der Ausgänge, auch erhielten die erwähnten Lünetten eine gedeckte vertheidigungsfähige Communication. Vor dem Alarm=Hause des Replis wurde ferner eine 130 Mtr. lange Brust=wehr aus Holzstämmen, sowie ein granatsicherer Unterstandsraum von 40 Qu.=Mtr. Grundfläche errichtet. Die Befestigungs=Arbeiten, an denen sich außer der Pionier=Compagnie täglich durchschnittlich eine

Infanterie=Compagnie betheiligte, wurden am 1. Dezember eingestellt, als die 2. Garde=Division wiederum die Linie Aulnay=Sevran übernahm. Die Befestigung des Abschnittes von Clichy bis Montfermeil verursachte viele Schwierigkeiten, weil die Vertheidigungs=Linien ein sehr coupirtes und bedecktes Terrain durchschneiden mußten, welches die Uebersicht in hohem Grade hinderte.

Ein Detachement der 3. Sächsischen Pionier=Compagnie (Lieutenant Schneider) richtete zunächst mit den Infanterie=Pionieren vom 21. September ab zur Sicherung der Vorposten die Linie Maison=rouge — Maison=Guyot zur Vertheidigung ein (Anlage von Schützengräben vorwärts Maison=rouge und zwischen den beiden Gehöften, Creneliren der Mauern ꝛc.). Die Arbeit mußte wegen des heftigen Feuers des Fort Rosny theilweise bei Nacht ausgeführt werden.

Diese vorgeschobene Linie wurde am 24. September mit dem Schlosse Montfermeil durch eine gedeckte Communication verbunden, und das genannte Schloß zur Vertheidigung eingerichtet.

Nach Eintreffen der 4. Pionier=Compagnie übernahm dieselbe zunächst die Sicherung von Clichy, sowie die Herstellung der ersten Vertheidigungslinie zwischen Maison=rouge und dem früher erwähnten Steinbruch. Etwa auf der Mitte dieser Linie und zwar auf dem Rondel wurde eine Halb=Redoute von 85 Mtr. Feuerlinie, 1,4 Mtr. Brustwehrhöhe und 2 Mtr. Brustwehrstärke begonnen mit angehängten, längs der Avenuen nach dem Steinbruch resp. dem Schloß Montfermeil geführten Verhauen. Der Compagnie standen bis Ende September zu diesen Arbeiten täglich 120 Mann Infanterie zur Verfügung, welche Zahl vom October an auf das Doppelte erhöht werden konnte.

Es wurden jetzt ausgedehnte Verhaue in dem Park von Raincy in ähnlicher Weise wie auf dem rechten Flügel der Sächsischen Stellung ausgeführt, namentlich auf der Südseite der großen Alle von Mont= fermeil, auch die Schußfelder vor den angelegten Werken sowie vor Maison=rouge in ausgedehnter Weise frei gemacht.

Als die Compagnie am 10. October nach Aulnay abrückte, über= nahm die 3. Pionier=Compagnie (Hauptmann Schubert) die Befestigung der ganzen Linie Clichy — Montfermeil — Chelles. Diese Compagnie hatte inzwischen Montfermeil zur Vertheidigung eingerichtet und standen dazu täglich durchschnittlich 200 Mann Infanterie zur Verfügung. Insbesondere wurden die in Montfermeil mündenden Straßen und Wege durch traversirte defensible Barrikaden geschlossen, die Park=

Lisièren verstärkt und das Schußfeld überall frei gemacht, endlich der Boulevard de Hardy mit ausgedehnten Anlagen versehen, so daß die beiden Orte Montfermeil und Clichy allmälig eine zusammenhängende Vertheidigungslinie bildeten.

Als Hauptstützpunkt diente der Schloßpark von Montfermeil, der sich nach Süden 3—4 Mtr. über das Vorterrain erhebt und von hohen Futtermauern umfaßt ist. Hinter der den Schloßpark umfriedigenden Hecke wurden Schützengräben ausgehoben, die das nach Maison=blanche zu fallende Terrain unter Feuer nehmen konnten.

Ende September begann die Compagnie mit der Herstellung von Vertheidigungs=Einrichtungen in Gagny, woselbst zunächst die auf dem Marktplatz mündenden Straßen verbarrikadirt, sodann die Lisièren, sowie Theile des zwischen der Station und dem Villemombler Gehölz liegenden Eisenbahndammes aptirt wurden. Diese Linie bildete also mit der später zu erörternden Stellung Maison=blanche — le Chenay die erste Vertheidigungslinie.

Ferner wurden die Stellungen Maison = rouge — Maison = Guyot durch Vervollständigung der Schützengräben, Verstärken der Verhaue etc. verbessert und vom 12. October an mit dem Ausheben von 5 Infanterie=Schanzen begonnen, die das Terrain von Maison = rouge bis zu den früher erwähnten Steinbrüchen resp. dem Kirchhof von Clichy vertheidigen sollten. Im Anschluß an die Stellung der 23. Infanterie=Division wurde also eine neue Vertheidigungslinie vor der Hauptlinie Montfermeil = Clichy geschaffen. Wie wir gesehen haben, hatte schon die 4. Pionier=Compagnie auf dieser Linie eine Schanze gebaut.

Die Schanzen erhielten sämmtlich eine Feuerhöhe von etwa 1,75 Mtr. und eine Brustwehrstärke von 1,25 Mtr., wurden gleichzeitig in Angriff genommen (mit 200—250 Mann Infanterie), bis zum 18. October im Wesentlichen vollendet und später durch Verhaue verbunden.

In der Nacht vom 18./19. October schloß die Pionier=Compagnie im Park von Raincy die Lücken in der Süd=Lisière der Allee de la tour d'érémitage, sowie die Allee von Villemomble durch Verhaue resp. Traversen; im Uebrigen erstreckten sich die Arbeiten im Laufe des Monat October nur auf Vervollständigung und Verbesserung der vorhandenen Vertheidigungs=Einrichtungen.

Was die auf dem äußersten linken Flügel des XII. Armee= Corps bis Ende October ausgeführten Befestigungs=Arbeiten anbetrifft, so begannen dieselben am 24. September zunächst bei dem Dorfe Chelles. Hier gewährte der etwa 6 Mtr. hohe Damm der Straßburger Eisenbahn eine vortreffliche Vertheidigungslinie, indem derselbe das Dorf nach Süden hin vollständig deckte.

Zunächst richtete die 3. Pionier-Compagnie das Stations-Gebäude zur Vertheidigung ein, wodurch in Verbindung mit dem aptirten Eisenbahndamm ein sehr fester Posten geschaffen wurde.

Sodann begann die Compagnie mit der Befestigung des Dorfes Chelles und zwar durch Verstärkung der Lisière, Ausheben eines Schützengrabens von starkem Profil längst des tiefen Grabens am nordwestlichen Ausgang des Dorfes und Einrichtung eines Reduits am nördlichen Ausgange.

Die von den Vorposten besetzten Gehöfte Maison-blanche und le Chenay wurden gleichfalls zur Vertheidigung eingerichtet. Um der Besatzung eine Aufnahmestellung zu verschaffen, begann die Compagnie am 8. October mit dem Ausheben eines etwa 800 Schritt langen Schützengrabens in der Niederung westlich von Chelles, der sich bis zu den Montfermeiler Höhen erstreckte. Ein 200 Schritt vorwärts dieses Grabens gelegener trockener Ravin wurde sodann zur Infanterie-Vertheidigung aptirt, später noch ein anderer, der wiederum 150 Schritt weiter nach vorwärts lag.

Rechtwinkelig zu diesen Gräben wurde endlich noch an dem die Höhen von Montfermeil hinauf führenden Hohlweg ein ausgedehnter Schützengraben angelegt, so daß die Niederung von Chelles wirksam flankirt werden konnte.

Da nach der gegen Ende October erlassenen Vertheidigungs-Disposition die Besatzung von Chelles bei einem etwaigen Angriff auf Montfermeil momentan bedeutend geschwächt werden mußte, erschien eine größere Concentration in der Vorpostenlinie nothwendig, und wurde demzufolge südlich von le Chenay hinter dem 6 Mtr. breiten, zum Marne-Canal fließenden Bache eine neue Stellung eingerichtet. Die hinter diesem Bache hergestellte 2 Mtr. hohe Brustwehr war abwechselnd aus Rasen und Stämmen hergestellt und bildete theilweise einen Rentrant, so daß eine Flankirung des etwa 1000 Schritt langen südlichen Theils möglich war. Diese schwierige Arbeit war bis Ende October im Wesentlichen beendigt.

Die Vertheidigungs-Einrichtungen des XII. Armee-Corps konnten wohl Ende October als vollständig ausreichend bezeichnet werden.

6*

Dieses bei den sehr schwierigen Terrain=Verhältnissen sehr beachtens= werthe Resultat hatte sich aber nur dadurch erreichen lassen, daß die Pionier=Compagnien von Beginn der Cernirung an ihre ganze Auf= merksamkeit auf die den Divisionen überwiesenen Terrain=Abschnitte lenken konnten und von der Infanterie durch Gestellung von Hülfs= Arbeitern wesentlich unterstützt wurden; beispielsweise waren der 3. Pionier=Compagnie vom 22. bis 30. September im Ganzen 2150 Mann, im October 6450 Mann als Hülfs-Arbeiter gestellt worden.

Monat November.

Die Stellungen des XII. Corps auf dem rechten Marne=Ufer wurden im Monat November, in welchem die ungünstige Witterung einen nicht geringen Einfluß auf die fortificatorischen Anlagen aus= übte, in verschiedenen Beziehungen verbessert und verstärkt.

Außer einigen kleinen Erdwerken ꝛc., welche zur Vervollständigung der Linie Montfermeil=Clichy sich noch als nothwendig herausstellten, wurden neue Vertheidigungs=Einrichtungen nicht getroffen, sondern in der ersten Hälfte des November nur die passiven Hindernisse, namentlich die ausgedehnten Verhaue verstärkt, auch die Erddeckungen regulirt und verbessert.

Ein besonderes Augenmerk mußte indessen auf die Verbesserung und Vervollständigung der Unterkunftsräume für die Feldwachen und Replis gelegt werden. Das Feuer der feindlichen Geschütze gegen die im Wald von Bondy und im Park von Raincy stehenden Vor= posten wurde von Tage zu Tage heftiger, so daß die Herstellung von granatsicheren Räumen dringend erforderlich war. Für die dem feind= lichen Feuer nicht exponirten Vorposten wurden von den Pionieren zahlreiche Baracken erbaut. Auch die Instanderhaltung der Wege erforderte namentlich im Walde von Bondy bedeutende Arbeitskräfte.

Außer diesen Arbeiten fand sowohl die 2. als die 3. Pionier= Compagnie noch eine anderweitige Verwendung. Die 2. Compagnie führte auf dem Bahnhof von Mitry für Etappen=Zwecke größere Bauten aus, während die 3. Compagnie, als die von den Würtem= bergischen Pionieren bei Gournay gebaute Bock=Brücke durch den starken Strom fortgerissen war, den Befehl erhielt, bis zur Wieder= herstellung der Brücke die Verbindung zwischen beiden Ufern durch eine mit dem Material des leichten Feldbrücken=Trains erbaute Fähre zu bewirken.

Als vom 16. November ab die 24. Infanterie-Division à cheval der Marne aufgestellt war, mußten in Verbindung mit den Würtembergischen Pionieren in der Höhe von Chelles 2 neue Marne-Uebergänge hergestellt werden, die am 30. November vortreffliche Dienste leisteten, da die Brücken bei Gournay vom Mont Avron aus dergestalt mit Granaten überschüttet wurden, daß eine Benutzung derselben unmöglich war.

In Folge des feindlichen Angriffs gegen die Würtembergischen Stellungen war die ganze 24. Infanterie-Division am 30. November auf das linke Marne-Ufer übergegangen, so daß die 23. Division die Vertheidigung des Abschnitts zwischen dem Ourcq-Canal und der Marne allein übernehmen mußte, also eine Frontlinie von etwa $5/_4$ Meilen Länge. Als das XII. Corps am 6. Dezember auf das rechte Marne-Ufer zurückkehrte, entwickelten die Pionier-Compagnien im Laufe dieses Monats abermals eine große Thätigkeit.

Zunächst wurden die Vertheidigungs-Einrichtungen der ganzen Linie einer genauen Revision unterworfen und die erforderlichen Verstärkungen sofort ausgeführt. Sodann trafen die Pionier-Compagnien die Vorbereitungen zu den Belagerungs-Arbeiten gegen den Mont Avron (vide Cap. IV.).

Nachdem Seitens der Sächsischen Pionier-Compagnien die Demolirungs-Arbeiten auf dem Mont Avron beendet waren, setzte die 2. Pionier-Compagnie die Cernirungs-Arbeiten des XII. Corps auf dem rechten Flügel, die 3. Compagnie auf dem linken Flügel bis Ende Januar fort.

Die 4. Pionier-Compagnie übernahm nach der Anfangs Januar erfolgten abermaligen Rechtsschiebung des Garde-Corps die Aufeisung der Inundation zwischen le Blanc-Mesnil und Avron, die fortificatorische Verstärkung der Stellungen der 23. Infanterie-Division, sowie die Instanderhaltung der auf dem Plateau von Raincy erbauten Batterien und Trancheen. Insbesondere wurden granatsichere Unterstandsräume gegenüber Groslay Ferme und in Nonneville erbaut, vor letztgenanntem Gehöfte sehr starke Drath-Hindernisse hergestellt, und Communicationen von Aulnay nach den östlich des Dorfes liegenden Lünetten ausgehoben. Die Pionier-Compagnie sprengte ferner am 9. Januar einen 35 Mtr. hohen Fabrikschornstein in der Nähe von Livry, der dem Feinde als Richtpunkt diente, (mittelst 9 Oefen à 16 resp. 11,5 K. Pulver). Endlich wurden die Verhaue im Park von Raincy verstärkt, und die Schützengräben an verschiedenen Punkten • vervollständigt.

Die 3. Pionier-Compagnie begann nach Beendigung der Demo=lirungs-Arbeiten mit der Vertheidigungs-Einrichtung von Villemomble und der nach Gagny führenden Eisenbahn. Diese Arbeiten bestanden hauptsächlich in der Sperrung der nach Rosny, Noisy und Avron führenden Straßen, namentlich aber in der Vertheidigungs-Einrichtung des Bahnhofes Raincy-Villemomble.

Von Gagny bis Maison-blanche wurden Deckungen für die Vor=posten aus gefüllten Gyps-Säcken hergestellt, sowie Theile des Parks von Villemomble abgeholzt resp. verhauen.

Endlich wurde noch eine auf der Avenue de Raincy errichtete Barrikade zur Geschütz-Vertheidigung eingerichtet, und eine der dortigen Infanterie-Schanzen in eine Batterie umgewandelt.

III. Terrain-Abschnitt zwischen der Marne und der oberen Seine.

A. Terrain-Beschreibung.

Die im Allgemeinen von Osten nach Westen fließende Marne beschreibt zwischen Neuilly und Nogent, sowie bei Joinville zwei nach Südosten scharf vorspringende Bogen, die östlich des letztgenannten Ortes eine für die Vertheidigung der Festung sehr günstig gelegene Halbinsel bilden. Der Besitz der letzteren gestattet jeder Zeit einen gesicherten Uferwechsel, indessen ist bei der dominirenden Lage der Höhen des linken Marne-Ufers ein Debouchiren aus den Defileen nördlich und südlich des Gehölzes le Plant sehr schwierig, so daß ein großer Ausfall bei der ungenügenden Frontentwickelung und bei entsprechenden Maßregeln des Cernirungs-Corps nur geringe Chancen für einen Erfolg haben kann.

Das vom Angreifer zu besetzende Vorterrain zerfällt in zwei Theile, (einen östlichen und einen südlichen) die durch den tief eingeschnittenen Morbrasbach getrennt sind.

Was zunächst den östlichen Theil anbetrifft, so wird derselbe durch einen Höhenzug gebildet, der im Allgemeinen bis hart an das Thal der Marne tritt und daher eine gute Vertheidigungsstellung der Festung gegenüber bietet, wenn auch die Linie Noisy — Brie — Champigny — Chennevières — Ormesson eine Front-Ausdehnung von etwa 1½ Meilen besitzt. Die Flügel der Position sind sehr gut gesichert: im Norden durch die Höhen von Noisy, die in Verbindung mit den Höhen von Gagny und Chelles das Marne-Thal vollständig beherrschen, im Süden durch die bastionsartig vorspringende Linie Chennevières-Ormesson. Die Front ist größentheils durch die schroff abfallenden Hänge und die, gute Stützpunkte gewährenden Dörfer und Parks sowie durch die Marne gedeckt. Der einzige gefährliche Punkt ist das Centrum der Position, dem die vorhinerwähnte Halbinsel von Joinville gegenüber liegt. Doch ist auch hier eine gute Vertheidigungslinie möglich, sobald auf eine Occupirung der Halbinsel Verzicht geleistet wird, sobald ferner die auf derselben liegenden Terraindeckungen, namentlich das Gehölz le Plant und das Dorf Champigny, möglichst beseitigt sind, im genannten Gehölz gleichzeitig undurchdringliche Verhaue gebildet und die wenigen dem Feinde übrig bleibenden Annäherungswege, sowie die Trümmer des Dorfes Champigny gut gesperrt und von überlegenem Geschützfeuer beherrscht werden.

Als erste und Hauptgefechtsstellung hätte dann der Höhenzug östlich Champigny gewählt und nur von einer durch Hindernißmittel möglichst sturmfrei zu machenden Befestigungslinie durchschnitten werden müssen.

Für eine Reservestellung, die auf den Flügeln gleichzeitig die 1. Gefechtsstellung bildet, gewähren die Orte Neuilly, Villiers, Coeuilly, Chennevières und Ormesson vorzügliche Stützpunkte, so daß bei entsprechenden Maßregeln des Cernirungs-Corps in verhältnißmäßig kurzer Zeit eine fast unangreifbare Position geschaffen werden kann.

Der östliche Theil des Abschnitts ist im Allgemeinen, soweit er für das Gefecht in Frage kommt, sehr übersichtlich und überall zugänglich. Die zahlreichen guten Straßen gestatten die rasche Heranziehung der Reserven von einem Flügel nach dem andern.

Der südliche Theil des Abschnitts bildet in der Nähe der Festungswerke im Allgemeinen eine vollständige Ebene, indem die südlich des Morbrasbaches liegenden Höhenzüge erst bei Villeneuve St. Georges an die Seine herantreten. In dieser Ebene, die ein Dreieck von $\frac{3}{4}$ bis 1 Meile Seitenlänge bildet, erhebt sich gegenüber der Marne und etwa 35 Mtr. über die Flußthäler das isolirte Plateau des Mont Mesly, welches in Verbindung mit den Höhen von Thiays das vollständig offene Seine-Thal beherrscht. Die Kuppe dieses Plateaus hat eine Längen-Ausdehnung von 700 Schritt, bei einer Breiten-

Ausdehnung von 400 Schritt und gewährt demnach genügende Ent=
wickelung für eine kräftige Frontal= und Flanken=Vertheidigung, bedarf
aber ausgedehnter Anlagen zur Sicherung der Besatzung gegen
Witterung und feindliches Feuer.

Der eben erwähnte Höhenzug Sucy — Limeil — Villeneuve
hat eine Front=Ausdehnung von $^5/_4$ Meilen und bietet in Folge
seiner zurückgezogenen Lage eine vorzügliche Reserve=Schlachtstellung,
welche namentlich die Entwickelung großer Artillerie=Massen gestattet,
so daß selbst, wenn sich der Mont Mesly in den Händen des Ver=
theidigers befinden sollte, ein Durchbruch nach Südosten sehr schwierig
erscheinen mußte, vorausgesetzt, daß die erforderlichen Vorbereitungen
zur Vertheidigung der entscheidenden Punkte Sucy — Boissy — Bre=
vanes und Limeil rechtzeitig und in ausreichender Weise getroffen
werden.

B. Besetzung.

Bei Beginn der Cernirung:

Rechter Flügel: Würtembergische Feld=Division.
Linker Flügel: XI. Armee=Corps.

Vom 7. October ab:

Rechter Flügel: Würtembergische Feld=Division.
Linker Flügel: 17. Infanterie=Division.

Vom Anfang November ab:

Rechter Flügel: Würtembergische Feld=Division, später ver=
stärkt durch eine Sächsische Infanterie=Brigade.
Linker Flügel: 3. Infanterie=Division.

Von Mitte November ab:

Rechter Flügel: 24. Infanterie=Division.
Linker Flügel: Würtembergische Feld=Division, hinter derselben
1 Brigade des 2. Corps.

Anfang Dezember:

Rechter Flügel: 24. Infanterie=Division.
Centrum: Würtembergische Feld=Division.
Linker Flügel: II. Armee=Corps.

Vom 6. Dezember ab:

Rechter Flügel: Würtembergische Feld=Division.
Linker Flügel: II. Armee=Corps.

Vom Anfang Januar ab.

Rechter Flügel: Würtembergische Feld-Division,
Linker Flügel: I. Bayerisches Armee-Corps.

C. Befestigungs-Arbeiten.

I. Bis Ende November.

a) Rechter Flügel.

Als die Würtembergische Division am 21. September den rechten Flügel des Terrain-Abschnitts und zwar von Noisy le Grand bis Ormesson besetzte, befahl die Division, daß überall Terrain-Verstärkungen und Geschütz-Emplacements hergestellt werden sollten, um dem Feind für den Fall eines Ausfalls besser entgegentreten zu können.

Im Laufe des Monat September wurden demgemäß die nothwendigsten Verstärkungen ꝛc. ausgeführt, jedoch nur von der Infanterie, da die beiden Pionier-Compagnien eine anderweitige Verwendung erhalten hatten, und zwar war die Pontonier-Compagnie mit Brückenbauten bei Lagny und Gournay, die Sappeur-Compagnie mit Vorbereitungen zur Wiederherstellung der zerstörten Eisenbahnbrücke bei Trilport, sowie mit Verstärkung von Brücken und Aufräumungs-Arbeiten im weiteren Vorterrain von Paris beschäftigt.

Erst nachdem der Feind am 30. September einen Ausfall auf die Stellung des VI. Corps unternommen hatte, wurde die Sappeur-Compagnie zu Befestigungsarbeiten herangezogen und dieselbe dem Oberstlieutenant Löffler, Commandeur des Würtembergischen Pionier-Corps resp. dem Ingenieur-Officier der Division, Hauptmann von Schott, zur Verfügung gestellt.

Da die Division von der Ansicht ausging, daß ein Uebergang über die Marne Seitens des Feindes, sowie ein Vorstoß nur in den gegen Westen gekehrten Marnebogen bei Joinville vorgenommen werden könne, sollte zunächst eine Vertheidigungslinie von Champigny bis Brie sur Marne hergestellt, und aus der zur Vertheidigung eingerichteten Lisière von Champigny, sowie den beiden zwischen diesem Dorfe und der Eisenbahn liegenden befestigten Gehöften gebildet werden; rückwärts der Vertheidigungslinie einzuschneidende Emplacements für 6 Geschütze sollten die Niederung bei Joinville unter Feuer nehmen.

Die Befestigung des Abschnitts vom Eisenbahndamm bis zum Abhange des Marnethals sollte durch Schützengräben bewirkt werden, die sich an verschiedene zur Vertheidigung eingerichtete Gebäude lehnten, desgleichen durch vier an der Straße Joinville-Villiers eingeschnittene Geschütz-Emplacements, von welchen das Plateau zwischen dem Bahndamm und der Marne beherrscht werden konnte.

Das heftige Feuer, welches der Feind Ende September vom Fort Nogent, sowie von der Redoute de la Faisanderie aus eröffnete, überzeugte die Division sofort, daß dieselbe sich nicht mit Vortheil im Bereich der schweren Geschütze des etwa 4000 Schritt entfernt liegenden Forts schlagen könne, weßhalb für die Gefechtsstellung die etwa 2500 Schritt weiter rückwärts liegende Stellung Villiers-Coeuilly bestimmt wurde.

Zur Verstärkung dieser Stellung wurden nun von der Sappeur-Compagnie (Hauptmann Schiele) vom 1. bis 10. October folgende Arbeiten ausgeführt:

Zunächst wurden am 1. und 2. October (unter Hülfeleistung von durchschnittlich 250 Mann Infanterie) die Mauern des Parks von Villiers mit Banquets versehen, die Ausgänge mit Barrikaden geschlossen und an den Wassergräben entlang Schützen-Emplacements hergestellt, ferner die am Park resp. nördlich desselben belegenen Kirchhöfe zur Vertheidigung eingerichtet, der südliche Kirchhof auch mit dem Park durch Schützengräben und Verhaue verbunden. Die Freilegung des Gesichtsfeldes wurde den Infanterie-Pionieren übertragen. Die Compagnie stellte sodann südlich des Parks ein Batterie-Emplacement her, welches die Straße nach Joinville und die Niederung nach le Plant zu unter Feuer nehmen konnte.

Am 3. October begann die Compagnie mit der Vertheidigungs-Einrichtung der Südwestecke des Parkes von Coeuilly, des Jäger-Hofes (an der Straße Villiers-Chennevières), sowie der nordwestlichen Lisière des Dorfes Chennevières. Endlich wurde das Schußfeld vor Coeuilly und Noisy, soweit die disponiblen Arbeitskräfte es gestatteten, freigelegt.

Vom 8. October ab sollte die Vorpostenstellung bei le Plant zur Vertheidigung eingerichtet werden, und waren die erforderlichen Recognoscirungen bereits vom Compagnie-Commandeur vorgenommen;

höheren Orts wurde jedoch die einstweilige Aussetzung der Arbeiten befohlen.

Vom 10. October ab stellte die Sappeur=Compagnie die Be= festigungs=Arbeiten ein, da dieselbe sich zur Ausführung von Belage= rungsarbeiten bereit halten mußte, ohne daß jedoch eine Verwendung zu diesem Zwecke eintrat.

Als der Feind am 21. October bei le Plant ein Vorposten= Gefecht entrirte, vermuthete die Division, daß derselbe einen größeren Ausfall beabsichtigte und ließ in Folge dessen vom 23. October ab die Befestigungsarbeiten wieder aufnehmen.

Die Sappeur=Compagnie begann demgemäß vom 23. October ab mit der Verstärkung der Lisière von Champigny; die Arbeit konnte wegen des heftigen feindlichen Feuers nur bei Dunkelheit vorgenom= men werden. Auch kamen am Abend des 24. October einige kleinere Verstärkungs=Arbeiten in le Plant zur Ausführung (Schützengräben zwischen dem Wäldchen und dem Bahndamm 2c.).

Die Arbeiten wurden indessen abermals unterbrochen, indem die Compagnie der 17. Infanterie=Division zur Herstellung von Stra= ßen bei Marolles überwiesen wurde, während ein Detachement (Ober= lieutenant von Milkau) in Noisy zurückblieb, um hier die südwestliche Lisière in Vertheidigungszustand zu setzen, sowie die Befestigungs= Arbeiten in le Plant zum Abschluß zu bringen.

Ende October übernahm die Compagnie die weiter unten bespro= chenen technischen Arbeiten für die 17. Infanterie=Division (Befestigung des Mont Mesly). Nach dem Abmarsch dieser Division trat die Com= pagnie wieder zum Würtembergischen Truppen=Corps zurück und be= gann vom 19. November ab mit der Herstellung von Traversen in den enfilirten Linien des Dorfes Champigny, sowie von granatsicheren Unterstandsräumen für die in le Plant etablirten Feldwachen.

Ferner wurden vom 21. November ab bis zum Ende dieses Monats die Verstärkungs=Arbeiten in Champigny mit größerer Energie betrieben. Insbesondere wurden Communicationen zwischen le Plant und Champigny hergestellt, sowie gleichzeitig zur Sicherung der Feld= wachen und Posten verschiedene Schützengräben südlich le Plant aus= gehoben, desgleichen die westlichen Mauern des Parks von Villiers durch eine vorgelegte Caponiere flankirt.

Als der Feind sich Ende November auf dem Mont Avron fest= gesetzt hatte, und am folgenden Tage die Brücke bei Gournay heftig beschoß, erhielt die Würtembergische Division den Befehl, nach links zu rücken und der 24. Infanterie-Division Platz zu machen. Dieser Befehl konnte indessen nur theilweise zur Ausführung kommen, da die Linie Champigny-Brie in Folge des großen Ausfalls vom 30. November aufgegeben werden mußte.

b) Linker Flügel. Der linke Flügel der Position zwischen Marne und Seine wurde, wie wir gesehen haben, bei Beginn der Cernirung dem XI. Armee-Corps überwiesen, dessen Stellung sich von Bonneuil über den Mont Mesly nach dem Dorfe Mesly und von hier über Carrefour-Pompadour nach dem auf dem rechten Seine-Ufer gelegenen Theil des Dorfes Choisy le roi erstreckte. Durch eine fliegende Brücke wurde hier die Verbindung mit dem rechten Flügel des VI. Armee-Corps hergestellt. Etwa 3000 Schritt oberhalb des genannten Orts war von der Würtembergischen Pontonier-Compagnie eine Brücke über die Seine erbaut worden, während das VI. Armee-Corps oberhalb Villeneuve eine Ponton-Brücke geschlagen hatte. Außer diesen Brücken befanden sich bei Corbeil noch zwei von den Bayern hergestellte Brücken.

Bei der Wahl der Haupt-Vertheidigungs-Stellung war noch die weiter rückwärts gelegene Position Sucy — Boissy — Valenton — Villeneuve in Betracht gekommen. Diese durch die Natur in hohem Grade begünstigte Stellung lag 9000 Schritt von der Linie der Forts entfernt und war daher gegen das Feuer der feindlichen Geschütze vollständig gesichert, erforderte indessen nach Ansicht des General-Commandos eine größere Truppenzahl zur Besetzung und Vertheidigung, außerdem befürchtete das General-Commando, daß sich der Feind der oben bezeichneten weiter vorgeschobenen Position bemächtigen würde. Die gewählte Position lag etwa 5000 Schritt von der Linie der Forts entfernt und also auch außerhalb des wirksamsten Geschützfeuers; die auf den Flanken durch die Seine und Marne gedeckten Vorposten waren bis in die Höhe von Creteil vorgeschoben und hatten nur eine Front von $\frac{1}{2}$ Meile zu decken; für den Fall indessen, daß das Armee-Corps gezwungen wäre, eine Stellung auf dem Höhenzuge Boissy-Villeneuve einzunehmen, sollte auf dem letzteren eine Aufnahme-Position vorbereitet werden.

Die Befestigungs-Arbeiten begannen am 24. September unter Leitung des Major Crüger und wurden bis zum Abmarsch des XI. Corps ohne Unterbrechungen fortgesetzt.

Die Arbeiten auf dem Mont Mesly wurden von der 2. Feld-Pionier-Compagnie (Hauptmann Eckert) begonnen und von der 1. Pionier-Compagnie (Hauptmann von Holly) verstärkt. Dieselben bestanden in der Herstellung von Emplacements für 4 Geschütze (mit angehängten Schützengräben für je eine Compagnie), sowie 2 Emplacements für je 6 Geschütze zu beiden Seiten des auf dem Berge liegenden Weges, von denen das eine den Anschluß an das Dorf Mesly vermittelte. Die Geschütz-Emplacements konnten die Lisière von Creteil und besonders das Debouchée an der Chaussee nach Troyes unter Feuer nehmen. Ferner wurde die nördliche Spitze des Dorfes Mesly zur Vertheidigung eingerichtet.

Den linken Flügel der Vorpostenstellung befestigte die erste Pionier-Compagnie, und zwar wurde am 24. September die Beseitigung der französischen Verhaue an der Chaussee bei Pompadour vorgenommen und mit dem Freimachen des Gesichtsfeldes für die bei Ferme l'Hôpital postirten Batterien der 22. Infanterie-Division begonnen.

Außerdem bereitete noch bei Beginn der Cernirung die 3. Feld-Pionier-Compagnie (Premierlieutenant Pagenstecher) den Bau von 3 Batterien auf dem Plateau zwischen Limeil und Villeneuve vor und erbaute verschiedene Colonnenwege, die südlich von Villeneuve auf das Plateau führten.

Als der 22. Infanterie-Division am 27. September eine stärkere Befestigung der Vorpostenstellung erforderlich erschien, wurde die 3. Pionier-Compagnie mit den bezüglichen Arbeiten bei Pompadour beauftragt. Die Compagnie sicherte daher in der Nacht vom 27./28. September die 600 Schritt nördlich Pompadour stehenden Vorposten durch Schützengräben, sowie durch 2 an dem Straßen-Knotenpunkt erbaute fleschenförmige Infanterie-Emplacements, jedes von 40 Mtr. Feuerlinie (mit 1,5 Mtr. Feuerhöhe und 1 Mtr. Brustwehrstärke). Die Arbeiten wurden in den folgenden Tagen fortgesetzt und durch granatsichere Unterstandsräume vervollständigt.

Nach dem Ausfall des Feindes gegen das VI. Armee-Corps erschien es zweckmäßig, auch den rechten Flügel der Vorpostenstellung bei Bonneuil zu verstärken, und wurde diese Arbeit von der 1. Pionier-Compagnie übernommen, während die 3. Compagnie den Auftrag erhielt, die vom XI. Corps bei Villeneuve erbaute (später durch den Strom fortgerissene) Brücke durch einen doppelten Brückenkopf zu sichern, was durch Herstellung von Schützengräben, Aptirung der Nord-

Lisière des Ortes, sowie Erbauung von granatsicheren Unterstands=
räumen geschah.

Der Abmarsch des XI. Corps verhinderte die in der Ferme
l'Hopital und Valenton projectirten Verstärkungsarbeiten, da diese Ge=
höfte von der Infanterie nur mit den nothdürftigsten Vertheidigungs=Ein=
richtungen versehen worden waren.

Von den Pionieren des VI. Corps, sowie der Würtembergischen
Division war unterdessen mit der Herstellung einer Pfahljochbrücke bei
Villeneuve (oberhalb der Pontonbrücke des VI. Armee=Corps) begon=
nen worden, und war die Brücke bis Ende October fertiggestellt. Da
in Folge des Hochwassers die Würtembergische Kriegsbrücke abge=
brochen werden mußte, so begann die Würtembergische Pontonier=
Compagnie (Hauptmann Ziegler) Ende October mit dem Bau einer
2. Pfahljochbrücke, die indessen unvollendet blieb.

Als die Würtembergische Sappeur = Compagnie am 30. October
der 17. Infanterie=Division zur Verstärkung der Stellung von der
Seine bis zum Mont Mesly überwiesen worden war, begann diese
Compagnie an diesem Tage mit den Befestigungsarbeiten der ersten
Vertheidigungslinie.*)

Zunächst wurde ein auf dem Mont Mesly stehendes Haus zur
Vertheidigung eingerichtet, sodann die Ferme de l'Hopital befestigt,
und von derselben bis zur Seine ein Schützengraben ausgehoben,
welche Arbeit trotz des feindlichen Granatfeuers vollendet wurde. Am
2. November begann die Compagnie (wie in den letzten Tagen unter
Hülfeleistung von 400 Mann Infanterie) mit dem Bau einer Schanze
auf dem Mont Mesly, sowie mit der Erweiterung der daselbst ange=

---

*) An demselben Tage (30. October) meldete die Division dem General=
Commando u. A. Folgendes:

„Die Division ist von vorn herein der Ansicht gewesen, daß im Fall
eines feindlichen Angriffs die Stellung Mont Mesly — Ferme de l'Hopital
mit Aufopferung aller Kräfte gehalten werden müsse, wobei nicht ausge=
schlossen bleiben würde, daß der linke Flügel der Vorpostenstellung, also
Linie Carrefour=Pompadour=la Folie, so lange als möglich vertheidigt werde.
Es ist diesseits auch die Nothwendigkeit anerkannt worden, diese Stellung
durch fortifikatorische Anlagen zu verstärken, zumal da die vorgefundenen An=
lagen dieses nur in sehr untergeordnetem Maaße thaten. Bei dem Mangel
einer technischen Truppe konnten die diesseits vorgenommenen Verstärkungen
leider nicht von vorn herein mit der nothwendigen Vollkommenheit ausge=
führt werden."

legten Schützengräben. Die Schanze sollte eine Brustwehrhöhe von 2,25 Mtr., eine Brustwehrstärke von 2,50 Mtr., sowie eine Grabentiefe von 2,50 Mtr. erhalten. Nachdem im Ganzen 1200 Mann Infanterie an diesem Werke drei Nächte hindurch gearbeitet hatte, wurde die Arbeit auf Befehl des Generalcommandos des XIII. Armee-Corps wegen der großen damit verknüpften Anstrengungen der Mannschaften eingestellt.

Dagegen wurde ein ähnlich profilirter Brückenkopf an der Seine durch 1300 Mann Infanterie vom 2. bis 6. November vollendet und sodann an der Befestigung der Lisière von Brevannes gearbeitet. Inzwischen hatte das II. Armee-Corps die 17. Infanterie-Division abgelöst. Das General-Commando dieses Corps hatte am 13. November beschlossen, seine Hauptstellung auf dem Höhenzuge Limeil-Such zu wählen, da die zu Gebote stehenden Truppen zur hartnäckigen Vertheidigung der vorderen Gefechtslinien nicht ausreichend erschienen, und letztere daher bei einem ernstlichen Gefecht geräumt werden sollten. Mit Rücksicht hierauf erschien der Weiterbau der begonnenen und von den Pionieren des II. und VI. Corps fortgesetzten, vorhin erwähnten zweiten Pfahljochbrücke (2500 Schritt unterhalb Choisy) überflüssig, wenn nicht schädlich, und wurde der Bau auf Vorschlag des ersten Ingenieuroffiziers (Major Sandkuhl) daher sistirt.

Das General-Commando hielt die Stellung auf dem Höhenzuge für genügend befestigt; es wurden daher nur noch einige kleinere Correcturen bei Brevannes ausgeführt, dagegen die Herstellung eines ausgedehnten optischen Signalsystems befohlen.

Als das II. Corps am 18. November eine Reservestellung südlich von Versailles bezog, überschritt dasselbe die Seine auf einer von der 1. Pionier-Compagnie (Hauptmann von Wißmann) bei Juvisy geschlagenen Brücke, die auch daselbst stehen blieb und dem Corps gestattete, den Uferwechsel vorzunehmen, ohne mit anderen Truppen in Collision zu gerathen. Am 24. November wurde eine Brigade des Corps und eine Batterie zur eventuellen Unterstützung der Würtembergischen Division auf dem rechten Seineufer bei Villeneuve dislocirt. Seitens dieser Division wurden nach dem Abmarsch des II. Corps die Befestigungsarbeiten in Valenton wieder aufgenommen und erbaute ein Detachement der Sappeur-Compagnie, unterstützt durch 200 Mann Infanterie nordwestlich von Valenton eine Flesche, sowie eine Batterie auf dem Bahndamm zwischen Villeneuve und dem dortigen Bahnhof;

auch wurden die Vertheidigungseinrichtungen im Park von Brevannes vervollständigt. In Folge des großen Ausfalles wurden alle Befestigungsarbeiten Ende November sistirt.

II. Monat Dezember.

Als die 24. Infanterie-Division am 30. November den Befehl erhalten hatte, auf das linke Marne-Ufer überzugehen, um die Stellung von der Marne bis Champigny zu übernehmen und gerade in der Ablösung der Würtembergischen Division begriffen war, erfolgte der feindliche Ausfall, der wohl hauptsächlich aus dem Grunde von günstigem Erfolge war, weil die 24. Division in den ihr überwiesenen Stellungen noch nicht genügend orientirt war.

Der Hauptkampf fand in und vor den Dörfern Noisy, Brie, Villiers, sowie Champigny statt und endete damit, daß der Feind sich in der Linie Brie-Champigny festsetzte, während alle gegen Villiers und Noisy gerichteten Angriffe abgeschlagen wurden. (Vergl. II. Cap.) Am 1. Dezember besetzte die 24. Infanterie-Division mit der Corps-Artillerie des XII. Corps, sowie der 1. Würtembergischen Brigade die Stellung Noisy le Grand bis incl. Villiers. Hieran schloß sich eine Brigade des zur Unterstützung herbeigeeilten II. Armee-Corps, welche die Stellung von Villiers bis Chennevières besetzte, während der Rest der Würtembergischen Division die Vertheidigung des linken Flügels der Position bis zur Seine übernahm, (unterstützt durch eine Brigade des VI. Armee-Corps). Der Rest des VI. Corps wurde in die Linie Villecresnes, Marolles, Ozouer, la Ferrière dirigirt resp. an die Seine und blieb also in Reservestellung.

Um dem Feinde den durch den Besitz der Dörfer Champigny und Brie erleichterten Durchbruch bei weiterem Vordringen zu erschweren, befahl das General-Commando des II. Armee-Corps (dem der Oberbefehl über die Truppen zwischen Seine und Marne übertragen war), daß auf der ganzen Linie weitere Verschanzungen angelegt werden sollten. Die erforderlichen Vorbereitungen wurden alsbald von den Ingenieurstäben des II. und XII. Armee-Corps getroffen; die Ausführung der vorgeschlagenen Arbeiten unterblieb indessen auf höheren Befehl wegen der großen Ermüdung der Mannschaften und wegen der schwierigen Orientirung in dem völlig unbekannten Terrain.

Am 2. Dezember Morgens 7 Uhr erfolgte der Angriff der Würtemberger und Sachsen gegen die französischen Stellungen, die auch genommen wurden, ohne daß eine Behauptung derselben möglich war, da das Feuer der Forts mit den Annex=Batterien die Linie Champigny=Brie vollständig beherrschte. Die 3. Feld=Pionier=Compagnie des II. Corps (Hauptmann Balke, nach dessen Verwundung Premierlieutenant Mündel) nahm an den Kämpfen der 7. Infanterie=Brigade in Champigny hervorragenden Antheil und richtete während der Schlacht den nordöstlichen Theil des genommenen Dorfes zur Vertheidigung ein.

Am Abend des 2. Dezember hatte der Feind noch das Dorf Brie, sowie einen Theil des Dorfes Champigny in Händen. In Folge dessen wurde noch 1 Brigade des VI. Corps auf das rechte Seine=Ufer dirigirt, desgleichen die 23. Infanterie=Division in Marsch gesetzt, so daß am 3. Dezember 80 Bataillone und mehr als 250 Geschütze zur Wiederaufnahme des Kampfes bereit standen.

Am 3. Dezember, an welchem Tage die Forts wegen des nebeligen Wetters nicht genügend wirken konnten, wurden die Dörfer Brie und Champigny vollständig geräumt. Die Pioniere des II. Corps ver= stärkten für alle Eventualitäten an diesem Tage die Befestigungen von Ormesson und Chennevières, während die Würtembergische Sappeur= Compagnie zwischen dem Park von Villiers und dem neuen Kirchhof (vor den Batterien links des Schlosses) ausgedehnte Schützengräben aushob. Als der Feind sich mit seinen Hauptkräften auf das rechte Marne=Ufer zurückgezogen hatte, übernahm die Würtembergische Division den rechten Flügel, eine Division des II. Corps den linken Flügel der Stellung zwischen Seine und Marne, während die andere Division dieses Corps in Reserve verblieb.

Gleichzeitig wurden die als bringend nothwendig erkannten Ver= stärkungs=Arbeiten wieder aufgenommen, und begann in Folge dessen die 4. Sächsische Pionier=Compagnie am Abend des 4. Dezember mit der Aushebung eines 120 Schritt langen Schützengrabens am Plateau= rande westlich von Villiers. Der Ingenieur=Stab des II. Armee= Corps recognoscirte an demselben Tage das Dorf Champigny und ließ einen Theil der von dem Feinde daselbst hergestellten Vertheidigungs= Vorkehrungen beseitigen, desgleichen eine Aufnahmestellung östlich Champigny vorbereiten. Die weiter beabsichtigten Verstärkungen cessirten in Folge des inzwischen eingetroffenen Befehls des großen Hauptquartiers, wonach die disponiblen Pioniere der III. Armee so= fort die Verstärkung der Würtembergischen Stellung übernehmen sollten, da es den Anschein gewonnen hatte, daß der Feind auf den Ostfronten der Festung abermals die Offensive ergreifen wollte.

Demzufolge trafen am 6. Dezember folgende 7 Festungs=Pionier= Compagnien in Coeuilly ein: 2. und 3. Compagnie III. Armee= Corps (Hauptleute Birkholz und Blumensath), 2. und 3. Compagnie IV. Armee=Corps (Hauptleute Lücke und Bethe), 3. Compagnie V. Armee=Corps (Hauptmann Westphal), 1. Compagnie VI. Armee= Corps (Premier=Lieutenant Schimrigk), 1. Compagnie XI. Armee=Corps (Premier=Lieutenant Fröse), außerdem die beiden Sappeur=Compagnien des VI. Armee=Corps (Premier=Lieutenant von Nowag=Seeling und Hauptmann Glum). Der Major Schulz, dem das Commando über die sämmtlichen Pionier=Compagnien übertragen war, recognoscirte mit dem Hauptmann Westphal, sowie den Lieutenants Schimrigk und Dillenburger (unter Mitwirkung von Würtembergischer Infanterie), in der Nacht vom 6./7. Dezember 9 Stunden lang das linke Marne=Ufer und gelangte bis an die vordere Häuserreihe von Joinville. Die recognoscirenden Officiere wurden hier jedoch vom Feinde entdeckt, der ein heftiges Gewehrfeuer gegen dieselben er= öffnete.*)

Nach den am folgenden Tage von verschiedenen Ingenieur= Officieren vorgenommenen Special=Recognoscirungen fanden sich auf dem fraglichen Terrain=Abschnitt außer den nothdürftig befestigten Lisièren vor: 2 Batterie=Emplacements à 6 Geschütze südwestlich Ormesson, 1 Batterie für 4 Geschütze südlich der neuen Chaussee nach Champigny, 1 Schützengraben von dem Kirchhofe von Champigny als gedeckte Communication nach dem Gehölz von le Plant, 1 Emplacement für 6 Geschütze südlich Coeuilly zur Beherrschung des Plateaus, 1 Schützengraben vom Park von Villiers nach dem nördlich gelegenen Kirchhofe, 2 Emplacements für 6 Geschütze zwischen Villiers und Noisy (gegen das Plateau gerichtet) resp. südlich Villiers.

---

*) Da man einige Tage später einen zweiten großen Ausfall gegen die Linie Champigny=Brie befürchtete, unternahm es der Unteroffizier Reicke und der Gefreite Sander (von der 3. Festungs=Pionier=Compagnie V. Armee= Corps) bei dem in der Nähe von Nogent liegenden (zum Theil gesprengten) Viaduct nach der Insel des Loups zu schwimmen. Die am Abend des 13. Dezember unentdeckt vom Feinde vorgenommene Recognoscirung ergab, daß auf dem rechten Marne=Ufer keine Vorbereitungen zum Brückenschlage getroffen waren.

Alle anderen von der Würtembergischen Division früher aus=
geführten Befestigungen waren von den Franzosen weggeräumt, da=
gegen von letzteren in sehr kurzer Zeit großartig entworfene und vor=
züglich ausgeführte Vertheidigungs=Anlagen getroffen worden, mit deren
Einebnung resp. Demolirung man sofort begann.

Die Verstärkungs=Arbeiten wurden bis zum 15. Dezember, an
welchem Tage der Rückmarsch der Festungs=Pionier=Compagnien erfolgte*),
mit möglichster Energie betrieben, wobei zu bemerken ist, daß meistens
wegen des heftigen feindlichen Feuers nur bei Nacht gearbeitet werden
konnte und auf die Hülfeleistung der Infanterie verzichtet wurde, nach=
dem dieselbe in 3 Nächten je 300 Mann gestellt hatte.

In dieser Zeit kamen folgende Arbeiten zur Ausführung:

1. Verstärkung der Vorpostenstellung in le Plant und Her=
stellung einer zweiten, das Gehölz durchschneidenden Linie (durch Ver=
theidigungs=Einrichtung verschiedener mittelst Verhaue 2c. in Verbindung
gesetzter Gehöfte), ferner Anlage eines starken Baum=Verhaues längs
des Colonnenweges Villiers le Plant (zwischen Park und Eisenbahn),
wobei gleichzeitig das Schußfeld für die Artillerie freigemacht wurde;
sowie Herstellung von gedeckten Emplacements für die äußerste Vor=
postenlinie.

Die Vorpostenstellung lief von dem Bahndamm nördlich der
Straße Joinville=Brie und schloß sich mit einem Schützengraben an
das Gehölz le Plant, durchschnitt dasselbe und folgte sodann einem
Laufgraben, welcher sich an die nordwestliche Lisière von Champigny
lehnte. Detachirte Unteroffizier=Posten wurden noch 400 Schritt west=
lich le Plant und 800 Schritt über Champigny hinaus vorgeschoben.

Nachdem die Würtembergische Sappeur=Compagnie die vorstehend
bezeichneten Arbeiten größtentheils beendigt hatte, begann dieselbe mit
der Vervollständigung der Vertheidigungs=Einrichtungen in Champigny.

---

*) Die beiden Sappeur=Compagnien des VI. Armee=Corps kehrten
bereits am 10. Dezember auf dringendes Verlangen dieses Corps zu demselben
zurück. Die 12. Infanterie=Division hatte am 6. Dezember u. A. Folgendes
gemeldet: „Mit Anspannung aller Kräfte hat die Division durch die 3. Pionier=
Compagnie System in die umfangreichen Arbeiten der einzelnen Abschnitte
bringen und erhalten lassen. Jeder Wechsel des leitenden Personals verursacht
dabei neue Störungen und Versäumnisse; die Pioniere sind zur schnellen
Förderung der Hinderniß= und Deckungs=Arbeiten unbedingt erforderlich."

Dieses Dorf, welches bei den letzten Kämpfen eine so große Rolle gespielt hatte, wird durch die in südlicher Richtung zur Marne führende Straße in zwei Hälften getheilt, von denen die niedrig gelegene westliche Hälfte der Hauptsache nach nur längs der Straße bebaut ist. Die östliche Hälfte dehnt sich mehr der Breite nach aus und krönt zum Theil die halbe Höhe des Bergabhanges. Vorspringende Parkmauern gestatteten eine Flankirung der nördlichen und südlichen Lisièren.

2. Als erste Gefechtsstellung wurde die Linie Brie-Marnebrücke bei Champigny bestimmt. An der Verstärkung des Dorfes Brie wurde im Laufe des Monat Dezember unausgesetzt gearbeitet, desgleichen wurde der ausgedehnte französische Schützengraben der gegen Noisy gerichtet gewesen, in eine gedeckte Traversensappe umgewandelt und die längs des linken Marne-Ufers sich hinziehende französische rebanartige Linie in eine gedeckte Communication umgewandelt, sowie in Brie ein vertheidigungsfähiger Abschnitt gebildet. Ferner wurden die beiden Dörfer Brie und Champigny durch eine parallelenartige 2500 Schritt lange Schützen-Position und gedeckte Communication mit wechselndem Profil verbunden. Diese bei den schwierigen Boden- und Witterungs-Verhältnissen mühevolle Arbeit konnte in den Nächten vom 9./10. und 10./11. Dezember durch die 9 Pionier-Compagnien (unter Leitung des Hauptmann Westphal) beendet werden. Die ganze Länge der Vertheidigungslinie betrug etwa 2700 Schritt. Zu beiden Seiten der Straße, der die Vertheidigungslinie im Allgemeinen folgte, wurden 1 Mtr. tiefe Gräben ausgehoben und mit dem gewonnenen Boden eine 1,2 Mtr. hohe und 2 bis 2,5 Mtr. starke Brustwehr formirt. Der östlich der Straße liegende Graben konnte als gedeckte Communication benutzt werden, während das Straßenpflaster als Banket für die Vertheidiger der Brustwehr diente.

Die eine hartnäckige Vertheidigung gestattenden Gehöfte (Kalköfen) flankirten die durch vorliegende Verhaue gedeckte Front. Der linke Flügel dieser ersten Gefechtsstellung wurde durch einen im Dorfe Champigny hergestellten starken Abschnitt gesichert.

Endlich erbauten die Preußischen Pionier-Compagnien auf den rückwärts gelegenen Höhen und zwar auf der Kuppe (100) westlich von Villiers 1 Batterie für 6 Geschütze, sowie auf dem Plateau westlich von Coeuilly 3 Batterien (zusammen für 20 Geschütze).

3. Als Hauptgefechtsstellung der Division sollte die Linie Noisy le Grand-Villiers-Coeuilly-Chennevières dienen.

Die Dorfbefestigung von Noisy wurde von der Würtembergischen Pontonier=Compagnie erheblich verstärkt, insbesondere ein Anschluß an die Marne durch einen Schützengraben hergestellt und in dem nordöstlich des Dorfes liegenden Walde eine Aufnahmestellung vor= bereitet. Die weitere Befestigung der übrigen auf dieser Linie liegenden Dörfer übernahmen im Laufe des Monat December theils die Preu= ßischen Festungs=Pioniere, theils die Würtembergischen Pionier=Com= pagnien. Die Lücken zwischen diesen befestigten Ortschaften wur= den durch gute Zwischenposten (Kirchhof, Jägerhaus), sowie durch zahlreiche Schützengräben geschlossen; besonders ist hier der von der Straße Villiers le Plant nördlich zur Höhe 100 führende Schützengraben zu erwähnen, von welchem aus der ganze Abhang unter Feuer genommen werden konnte.

Zur weiteren Vertheidigung des Plateaus wurde auf dem nach Coeuilly fallenden Abhang ein halbgeschlossenes Frontalwerk von 130 Mtr. Feuerlinie für eine Infanterie=Compagnie erbaut (2 Mtr. Feuerhöhe, 4,5 Mtr. Brustwehrstärke, 2,5 Mtr. Grabentiefe).

Die beabsichtigte Herstellung eines ähnlichen Werkes zur Sicherung des rechten Flügels zwischen Villiers und Noisy mußte vorläufig noch ausgesetzt werden, wobei zu bemerken ist, daß die westlich des neuen Kirchhofs während nebeligen Wetters von den Festungs=Pionieren begonnene und halb vollendete Lünette am 18. Dezember von der Würtembergischen Division wieder eingeebnet wurde.

Außerdem wurden noch (meistens traversirte) Batterien erbaut:

In der Lisière von Noisy	für 6	Geschütze,
Zwischen Villiers und Noisy	„ 24	„
Nördlich des Parks von Villiers	„ 12	„
Südlich desselben	„ 12	„
Nördlich Coeuilly	„ 18	„
Südlich „	„ 18	„

Summa für 90 Geschütze,
und zwar zum größten Theil von den Festungs=Pionieren*).

---

*) Zur Charakteristik der technischen Schwierigkeiten ist zu erwähnen, daß pro lfd. Meter Schützengraben (mit 1,2 Mtr. hoher Brustwehr) etwa 5 Pionier= und 4 Infanterie=Tagewerke erforderlich waren.

Gegen Ende des Monat Dezember betheiligte sich die Würtembergische Pionier=Compagnie an den Vorbereitungen zum Bau der zur Beschießung des Mont Avron bestimmten Belagerungs= Batterien. (Vergl. IV. Cap.)

Wir sehen also, daß im Laufe des Monat Dezember die Position der Würtembergischen Division einen hohen Grad von Widerstandsfähigkeit erhalten hatte, so daß namentlich nach dem Bau der Belagerungs=Batterien, die das Marne=Thal vollständig beherrschten, ein Durchbruchsversuch des Feindes nach Osten zu nur geringe Chancen haben konnte.

Das II. Armee=Corps hatte auf dem linken Flügel der Position zwischen Seine und Marne in dieser Zeit nur geringe fortificatorische Verstärkungen vorgenommen und die Pionier=Compagnien hauptsächlich mit der Instandhaltung der ausgefahrenen von dem Belagerungs=Park benutzten Wege beauftragt. Zu erwähnen ist hier nur die Anlage einer gedeckten 450 Schritt langen Communication, die von den am nördlichen Abhange gelegenen Schützengräben nach einem detachirten Posten geführt wurde. Desgleichen verstärkten die Pionier=Compagnien die im Dorfe Mesly, sowie in Pompadour, la Folie und Ferme l'Hôpital bereits getroffenen Vertheidigungs=Einrichtungen und sorgten für den Bau von granatsicheren Unterstandsräumen, sowie Baracken.

In der Nacht vom 24./25. Dezember mußten in Folge plötzlich eingetretenen starken Eisganges und rasch wachsenden Wassers die Pontonbrücken bei Juvisy und Villeneuve abgefahren werden, nachdem bereits die bei diesem Dorfe liegende Pfahljochbrücke vom Strom fort= gerissen worden war. Als einzige Verbindung der beiden Seine= Ufer standen daher nur noch die Bayerischen Brücken bei Corbeil zur Verfügung; nur einzelne Personen konnten bei Villeneuve auf Pon= tons übergesetzt werden.

Jedoch gelang es der 1. Pionier=Compagnie des VI. Armee= Corps, die Eisdecke bei Villeneuve auf künstliche Weise so zu verstärken, daß dieselbe bereits am 27. Dezember von der Infanterie in Reihen, am folgenden Tage sogar von Fuhrwerken passirt werden konnte (mittelst über die Bahn geschütteten Strohes und Wassers). Eine ähnliche Bahn wurde von der 1. Pionier=Compagnie des II. Corps bei Juvisy hergestellt und konnte die Seine daselbst am 28. Dezember von Fuß= gängern passirt werden.

III. **Monat Januar.**

a) **Rechter Flügel.** Die Stellung der Würtembergischen Di=
vision wurde im Lauf des Monat Januar unausgesetzt verstärkt.
Die Vorpostenstellung erhielt namentlich durch die am 4. Januar
ausgeführte Sprengung des Eisenbahn=Viaducts südlich von Nogent
eine bessere Sicherung, indem die Trümmer dieses Viaducts die am
Marneufer entlang führende Straße vollständig sperrten. Die bereits
am 24. Dezember begonnenen Vorbereitungen zum Sprengen hatten
in Folge des heftigen Feuers, welches der Feind von Nogent aus auf
den Viaduct richtete, nicht rascher gefördert werden können.

Der Erfolg der (mittelst Zündschnüren in Bleiröhren) gezündeten
und in den Landpfeilern angelegten Oefen (à 2 Centner Pulver) war
ein vollständiger. Die am 2. Januar vom Oberlieutenant Fischer
geführte Recognoscirungs=Patrouille hatte sich davon überzeugt, daß
das linke Marneufer vollständig vom Feinde geräumt sei, und daß
der Feind eine große Anzahl von Feldwerken auf dem rechten Marne=
ufer erbaut hatte, die durch Infanterie=Brustwehren mit einander
verbunden worden waren.

Das Gehöft Tremblay war von der Patrouille in Brand ge=
steckt und von einem detachirten Posten besetzt worden. Die Sappeur=
Compagnie richtete (vom 9. Januar ab) die Trümmer des Gehöftes
zur Vertheidigung ein, zerstörte die einzelnen westlich von le Plant
stehenden Gehöfte und verstärkte die Stellungen in le Plant und an
der westlichen Lisière von Champigny bis zum Schluß des Monats,
so daß hier gewissermaaßen eine neue Gefechtsstellung geschaffen wurde.

Die Compagnie setzte die Vertheidigungseinrichtungen in der
immer weiter vorgeschobenen Vorpostenlinie fort; am 16. Januar
wurde bei Poulanges in einer der vom Feinde verlassenen Brücken=
kopf=Redouten eine Feldwache eingerichtet und trotz des heftigen vom
Fort Nogent eröffneten Feuers bei le Plant und Tremblay die Her=
stellung ausgedehnter Schützengräben begonnen.

Die Aptirung des nur 1200 Schritt von der Redoute Faisan=
derie liegenden Werkes wurde in der Nacht vom 15./16. Januar von
dem Oberlieutenant Fischer ausgeführt und in den folgenden Nächten
durch Anlage von rückwärtigen Communicationen vervollständigt. Der
Hauptmann Schiele hatte im Laufe des Monats Januar die Brücke
bei Joinville wiederholt recognoscirt, um zu constatiren, ob dieselbe
bereits zerstört sei, und eventuell diese Zerstörung vorzunehmen. Es stellte

sich jedoch am 22. Januar heraus, daß der Feind die von ihm im November wiederhergestellte Brückenbahn bereits unterbrochen hatte und daß eine Zerstörung der hölzernen Nothbrücke ohne große Opfer nicht auszuführen war.

Wir sehen also, daß die Vorpostenlinie gegen Ende Januar mit großer Kühnheit bis in das Herz der feindlichen Stellung vorgetrieben war. Der Umstand, daß der Feind seine Aufmerksamkeit zu dieser Zeit auf die Nord- und Südfronten der Festung gerichtet hatte, gestattete wohl nur die Behauptung dieser vom rechten Marneufer aus vollständig umfaßten Position.

Auch die Gefechtsstellung Brie-Champigny wurde unausgesetzt verstärkt. Am 5. Januar stellten die Hauptleute von Schott und Schiele die Linie eines in Brie herzurichtenden Vertheidigungsabschnittes fest. Es wurde beschlossen, den Abschnitt zwischen Kirche und Oeconomiegebäude des Schlosses (der westlich durch die große durchlaufende Hauptstraße begränzt war) zur Vertheidigung einzurichten und zu dem Zwecke die Häuser und Mauern zu creneliren, sämmtliche Annäherungslinien und nicht nothwendigen Communicationen mittelst Anlage von Barrikaden, Verhauen und Schützengräben zu schließen, endlich die der Vertheidigung ungünstig liegenden Häuser abzubrennen. Diese Arbeit wurde unter der Leitung des Oberlieutenants von Milkau größtentheils von der Infanterie ausgeführt.

Gleichzeitig begann die Sappeur-Compagnie die Verstärkung der Hauptstellung Noisy-Villiers-Coeuilly-Chennevières und zwar in Verbindung mit den auf dieser Linie angelegten Belagerungs-Batterien. Am 6. Januar begannen die Vorbereitungen zum Bau einer Infanterieschanze auf der Höhe 109 (nordwestlich des Parks von Villiers), sowie eines Reserve-Infanterie-Emplacements an der Straße Noisy-Villiers. An den folgenden Tagen wurden ähnliche Emplacements beim neuen Kirchhof von Villiers, sowie an der Straße Villiers-Chennevières abgesteckt. Später wurde noch à cheval der Hauptstraße Villiers-Brie ein neues Werk begonnen, welches zum Schutze der Belagerungs-Batterien dienen sollte.

Der Bau dieser Werke begann am 10. resp. 12. Januar und konnte größtentheils nur während der Nächte ausgeführt und daher nicht ganz vollendet werden. Bis zum 28. Januar waren jedoch die beiden Schanzen bei Brie, sowie das Emplacement an der Straße Villiers-Chennevières vertheidigungsfähig, wobei zu bemerken ist, daß täglich durchschnittlich 400—500 Mann Infanterie als Hülfsarbeiter mitwirkten. Die strenge Witterung war dem raschen Fortschreiten der Arbeiten sehr hinderlich, desgleichen das fortwährende Granatfeuer, welches der Feind gegen dieselben eröffnete, so daß nur bei Nacht oder bei nebeligem Wetter gearbeitet werden konnte.

An den Befestigungsarbeiten der Würtembergischen Division betheiligte sich vom 1. Januar ab ein Detachement der Bayerischen Etappen-Genie-Compagnie (Oberlieutenant Spraul), welches der 1. Brigade auf deren Wunsch zur Verfügung gestellt war. Das Detachement vervollständigte meistens im feindlichen Feuer die Befestigung an den Marne-Abhängen zwischen Chennevières und Coeuilly, woselbst sich noch eine Lücke von 2000 Schritt Länge befand, und wurde auch diese Linie durch Herstellung von Schützengräben, Verhauen, Holztraversen, sowie Blockwänden zur nachhaltigen Vertheidigung eingerichtet. Außerdem wurde im Laufe des Januar während der Nächte ein Seilsteg von 18 Mtr. Spannung, sowie noch ein 75 Mtr. langer Brückensteg und eine Fähre über die Marne hergestellt, so daß die Vorposten auf das rechte Marneufer vorgeschoben werden konnten.

b) Linker Flügel. Als das 1. Bayerische Armee-Corps Anfang Januar die bislang vom II. Armee-Corps innegehabten Stellungen übernahm, wurden nach den Anordnungen des Feld-Genie-Directors (Oberstlieutenant Riem) und unter der Special-Leitung des Hauptmann Körbling noch verschiedene Verstärkungsarbeiten vorgenommen.

Am 7. Januar begann ein Detachement der 3. Feld-Genie-Compagnie (Oberlieutenant Haag) die von der 17. Infanterie-Division auf dem Mont Mesly begonnene Schanze auszubauen. Die Frontlinie dieses halbredoutenförmigen Werkes krönte die Kuppe des Berges und war durch ein zur Vertheidigung eingerichtetes Gebäude in zwei Theile getheilt.

Die Schanze sollte 400 Mtr. Feuerlinie, 2,2 Mtr. Brustwehrhöhe und 3 Mtr. Brustwehrstärke, 2 Mtr. Grabentiefe, sowie einen inneren Graben von 0,9 Mtr. Tiefe erhalten, so daß also eine Deckungshöhe von über 3 Mtr. erzielt wurde.

Die unter Hülfeleistung von 200 Mann Infanterie begonnene Arbeit konnte wegen des heftigen feindlichen Granatfeuers Anfangs nur bei Nacht ausgeführt werden. Vom 14. Januar ab wurden die Arbeiten bei Tag und Nacht in derselben Weise fortgesetzt, außerdem der Bau eines bombensicheren Unterstandsraumes begonnen, sowie die

Herstellung von 2 Laufgräben, die zur Verlängerung der Flanken der Redoute dienten und mit Ausfallstufen versehen waren. Am 21. Januar wurde noch die Etappen = Telegraphen = Abtheilung (Hauptmann Richter), sowie einige Tage später die 1. Feld = Genie = Compagnie (Hauptmann Weidner) zu den Arbeiten herangezogen, die eine immer größere Ausdehnung erhielten. Namentlich sollten noch 6 größere, mit Eisenbahnschienen eingedeckte Unterstandsräume (zusammen 120 Quadratmtr. groß) erbaut werden, von denen indessen bis zum Waffenstillstand nur drei vollendet wurden.

Die Verstärkungsarbeiten auf dem Mont Mesly waren Seitens des 1. Bayerischen Corps mit großer Energie betrieben worden, namentlich vom 14. Januar ab, wo Tag und Nacht unausgesetzt außer den technischen Truppen 200 Mann Infanterie zur Verfügung standen, die Anfangs alle 4, später alle 3 Stunden abgelöst wurden, so daß im Ganzen etwa 20,000 Mann Infanterie je 4 oder 3 Stunden bei den Verstärkungsarbeiten Hülfe geleistet hatten.

Endlich wurden noch die im Bereich der Würtembergischen Stellung liegenden, von Ormesson nach der Marne zu abfallenden Höhen in der Nacht vom 26./27. Januar durch einen Laufgraben gekrönt, der die Straße Ormesson=St.=Maur sperren und gleichzeitig eine seitwärts liegende Batterie decken sollte.

IV. Terrain=Abschnitt zwischen der unteren Seine und der Bièvre.

A. Terrain=Beschreibung.

Der Abschnitt zwischen Seine und Bièvre bildet, soweit derselbe hier in Frage kommt, ein sich 40—50 Mtr. über die Flußthäler erhebendes, im Allgemeinen welliges, jedoch übersichtliches Plateau, welches in der Cernirungslinie eine Breite von etwa $^3/_4$ Meilen besaß. Dasselbe convergirt nach Norden zu und erhebt sich bei Villejuif zu einer 30 Mtr. höheren Kuppe, welche vom Feinde mit einer allerdings noch unvollendeten Schanze gekrönt war, die eine vorzügliche Wirkung auf das ganze Vorterrain gestattete.

Die Hänge des Plateaus fallen nach Westen und Osten zu ziemlich steil ab und gewähren dadurch dem Cernirungs = Corps eine gute Flügeldeckung, zumal da die in angemessenen Entfernungen von den Festungswerken liegenden Dörfer Thiay und Orly resp. l'Hay und

Fresnes als Anlehnungspunkte benutzt werden konnten. Verschiedene gute Straßen durchschneiden das Plateau nach allen Richtungen; von besonderer Wichtigkeit ist die Transversalstraße Versailles=Choisy, welche die nach Orleans und Lyon führenden großen Heeresstraßen mit einander verbindet.

Als erste Gefechtsstellung kann nur die Linie Choisy=Thiay=Chevilly=l'Hay in Frage kommen, die 5000 resp. 4000 Schritt von den Forts Jvry resp. Bicêtre entfernt lag, insofern aber der Vertheidigung ungünstig war, als der linke Flügel zu weit vorsprang und sich bis auf etwa 1800 Schritt der oben erwähnten Höhe von Villejuif näherte. Auf die Verstärkung des linken Flügels der Stellung mußte daher ein besonderer Accent gelegt werden.

Die Linie Orly=Runges gewährte im Anschluß an das sich von Runges nach Fresnes hinziehende, etwa 25 Mtr. tief eingeschnittene Seitenthal der Bièvre eine gute Reservestellung, da dieselbe bei nicht zu großer Frontausdehnung mit verhältnißmäßig geringer Truppenzahl vertheidigt werden konnte und auf beiden Flügeln eine gute Flankendeckung besaß. — Namentlich war dieses auf dem rechten Flügel der Fall, woselbst die auf den Höhen von Villeneuve St. George erbauten Batterien einem vom Seinethal aus etwa erfolgenden Flankenangriff wirksam entgegentreten konnten.

B. Besetzung.

Vom Anfang bis Ende der Cernirung das VI. Armee=Corps.

C. Befestigung.

Als Vorposten= und erste Gefechtsstellung wurde von der 12. Infanterie=Division die Linie Thiay=Chevilly=l'Hay gewählt. Die Feldwachen waren bis auf etwa 300—500 Schritt über die genannten Dörfer vorgeschoben. Die Stellung wurde Anfangs von der einen Infanterie=Division besetzt, die andere blieb in Reserve.

Die Befestigung der Vorpostenstellung begann am 19. September unter der Leitung des Hauptmann Guhl (als stellvertretender 1. Ingenieur=Offizier des VI. Armee=Corps). Die Arbeiten wurden durch die 3. Feld=Pionier=Compagnie ausgeführt und zwar unter Mitwirkung der Infanterie, während gleichzeitig ein Detachement der 2. Feld-Pionier=Compagnie (Lieutenant Hempel) den Auftrag erhielt, die vom Feinde theilweise zerstörte eiserne Seinebrücke vollständig zu sprengen, um durch die in den Fluß zu werfenden eisernen Träger eine gründliche Sperrung desselben herbeizuführen. Da die noch stehen gebliebenen 3 Pfeiler bereits vom Feinde zur Sprengung vorbereitet waren, so konnte letztere mit gutem Erfolge bis zum 23. September vorgenommen werden.

Auf dem rechten Flügel wurden im Laufe des September die Nord- und Ostfronten des Dorfes Choisy durch Verhaue geschlossen, und die Mauern zur Vertheidigung eingerichtet, während in Thiay ein Gleiches auf der Nord- und Westseite geschah. Zwischen beiden Orten wurden außer einem Infanterie-Emplacement 4 Geschützstände angelegt. In Chevilly bildete die südlich der Straße von Thiay liegende Mauer die Haupt-Vertheidigungslinie und wurde die Dorfkirche mit derselben durch Barrikaden und Verhaue verbunden. Den äußersten linken Flügel deckte das befestigte Dorf l'Hay.

Zur Beherrschung des ganz offenen Vorterrains wurde am östlichen Ausgang von l'Hay und zu beiden Seiten von la belle Epine an der Versailler Straße der Bau von Emplacements für 18 Geschütze veranlaßt, gleichfalls das weiter rückwärts am Straßenknotenpunkt liegende Gehöft Epine zur hartnäckigen Vertheidigung eingerichtet.

Außerdem ist noch zu bemerken, daß der Hauptmann Scholl am 22. September die französische westlich Villejuif erbaute Schanze Haute Bruyère recognoscirte und constatirte, daß dieselbe eine Frontausdehnung von etwa 300 Mtr., ferner nur vor den Flanken revetirte Gräben besaß, sowie Hangards unter den Facen. Der genannte Offizier erhielt daher den Auftrag, am 22. September mit einem Detachement der 2. Feld-Pionier-Compagnie die Brustwehr der Schanze an 4 verschiedenen Stellen zu öffnen, damit das Innere derselben durch Geschütze beherrscht werden konnte. Diese Arbeit wurde in der Nacht vom 22./23. begonnen, konnte indessen in Folge des heftigen feindlichen Feuers nicht vollendet werden, und wurde die Schanze später von dem Feinde besetzt. *)

Am 30. September erfolgte ein Ausfall des Feindes gegen die Cernirungs-Stellungen des VI. Corps auf der ganzen Linie Choisy-l'Hay, der aber zweimal zurückgeschlagen wurde. Die 2. Feld-Pionier-Compagnie hatte bei dieser Gelegenheit erhebliche Verluste zu erleiden.

---

*) Der Feind benutzte diese Oeffnungen später als Scharten.

Ein Detachement der 1. Compagnie betheiligte sich an den Kämpfen in Chevilly. Wenngleich die bereits ausgeführten Befestigungen sich bei dem großem Ausfall vom 30. September bewährt hatten, so wurden dieselben doch Anfang October nach jeder Richtung hin verstärkt, und zwar zu= nächst die Schußfelder vor l'Hay und Chevilly freigemacht. Sodann wurde die Sperrung der Seine bei der gesprengten Brücke durch Einfahren von beladenen Wagen, Baumstämmen ꝛc. vervollständigt, gleichzeitig ein sogenannter Flaschenfänger (aus Gittern und Netzen) hergestellt, endlich noch weiter unterstrom eine Sperrung des Fahr= wassers mittelst Ketten vorgenommen. Sodann zerstörte der Haupt= mann Klesecker mit der 1. Pionier=Compagnie, einem Detachement der 2. Compagnie, sowie mit Infanterie=Hülfsmannschaften in der Nacht vom 3./4. October das 1200 Schritt vor der Vorpostenstellung liegende Vorwerk la Saussaie, nachdem der Feind aus demselben vertrieben worden war. Mittelst der disponiblen 3½ Centner Pulver gelang es, die Gebäude ziemlich vollständig zu demoliren.

Die 2. Pionier=Compagnie Premier=Lieutenant von Nowag=Seeling) verstärkte in den ersten Tagen des October die Vorpostenstellung des linken Flügels. Insbesondere wurde eine 700 Schritt lange Communication zwischen Chevilly und la Rue angelegt. Die 1. Pionier=Compagnie befestigte das Dorf Grignon, desgleichen die 3. Compagnie (Hauptmann Glum) die Höhe zwischen diesem Dorfe und Orly. Es wurden unter Mit= wirkung der Infanterie 6 Batterie=Emplacements ausgehoben, ver= schiedene granatsichere Unterkunftsräume hergestellt, endlich die Schuß= felder freigemacht. Auch der Kirchhof von Orly erhielt verschiedene Vertheidigungs=Einrichtungen.

Am 6. October wurde die Erbauung von 2 Schanzen und 2 Infanterie=Emplacements beschlossen, die 1000 Schritt hinter der Linie Chevilly=la Rue lagen und eine Aufnahmestellung für die Vor= posten des linken Flügels bilden sollten.

Am 8. October begann demgemäß die 1. Compagnie mit dem Bau der Schanze zwischen Chevilly und la belle Epine. Dieselbe bildete eine Halb=Redoute (von 112 Mtr. Feuerlinie, 2,2 Mtr. Brust= wehrhöhe, 3,75 Mtr. Brustwehrstärke, 2,5 Mtr. Grabentiefe), die durch eine von einem Tambour flankirte Kehlbrustwehr (1,2 Mtr. Brustwehrhöhe, 1,25 Mtr. Brustwehrstärke) geschlossen war. Das Werk sollte von 4 Geschützen vertheidigt werden.

Die Schanze wurde am 9. October von der 3. Compagnie vollendet, nachdem außer den technischen Truppen im Ganzen 4800 Mann Infanterie je 4 Stunden an dem Werke gearbeitet hatten. Der Boden bestand aus schwer zu bearbeitendem Letten.

Gleichzeitig begann die 2. Compagnie mit dem Bau einer zweiten Schanze, die 1200 Schritt südlich la Rue lag, den westlichen Abhang des Bièvre-Thales einsehen konnte, und fast genau nach demselben Grundriß und Profil construirt war, wie das oben bezeichnete Werk und ebenfalls am 9. October beendigt wurde. Die 3. Pionier-Compagnie begann ferner mit der Aushebung von zwei, zwischen den beiden Schanzen belegenen Infanterie-Emplacements (à 120 Mtr. Länge, 1,2 Mtr. Feuerhöhe und 3,75 Mtr. Brustwehrstärke). Zwei ähnliche Werke wurden am 11. October rechts und links der Fontaineblauerstraße erbaut.

Da die Sappeur-Compagnien zu den Belagerungs-Vorbereitungen für den Südangriff herangezogen waren, so wurden die Verstärkungsarbeiten von der Infanterie allein fortgesetzt. Im Anfang November nahmen die Compagnien die Arbeiten wieder auf.

Der 2. Compagnie standen vom 5. November ab zur Ausführung der Befestigungen täglich auf die Dauer von 16 Stunden 200 Mann Infanterie zur Verfügung (mit vierstündigen Ablösungen). Bei diesen Verstärkungsarbeiten waren die Gesichtspunkte maaßgebend, daß zunächst die Lisière verstärkt und sodann für gedeckte rückwärtige Communicationen Sorge getragen werden sollte, ebenso für Sicherung der Besatzung gegen das immer heftiger werdende feindliche Geschützfeuer. Die Linie der Feldwachen, die sich im Allgemeinen von der nördlichen Lisière von Choisy bis nach dem Kirchhof von Thiais zog, wurde durch Schützengräben und Beschüttung der Mauern mit Erde möglichst gesichert und eine abschnittsweise Vertheidigung des Dorfes vorbereitet.

Sodann wurde die 2. Vertheidigungslinie vorwärts belle Epine, desgleichen die Nordlisière von Villeneuve-St. George verstärkt, woselbst zur Sicherung der dortigen Brücken bereits von der 1. Pionier-Compagnie verschiedene Vertheidigungsvorkehrungen getroffen worden waren. Insbesondere wurden auf dem linken Ufer einzelne Gehöfte zur Vertheidigung eingerichtet und westlich der Eisenbahn 2 durch vorgeschobene Infanterie-Emplacements gedeckte Geschützstände angelegt. Aehnliche Einrichtungen wurden auf dem rechten Ufer getroffen, so

daß sich Vallenton gegenüber ein von den Höhen des rechten Seine=
Ufers beherrschter Brückenkopf bildete.

Die abcommandirte 3. Pionier=Compagnie (bis zum 13. No=
vember unterstützt von 300 Mann Infanterie) hatte bereits am
27. Oktober auf wiederholten Antrag der 12. Infanterie=Division die
Befestigung der Vorpostenstellung des linken Flügels wieder aufnehmen
können. Die bis Ende November ununterbrochen fortgesetzten Arbeiten
bezweckten besonders die Verstärkung der Dorflisièren durch zusammen=
hängende traversirte Schützengräben (mit vorgelegten breiten Draht=
hindernissen), Herstellung von zahlreichen Granatgräben *), sowie Vor=
bereitung einer abschnittsweisen Vertheidigung in Chevilly und l'Hay.
Der Feind suchte diese Arbeiten unausgesetzt durch ein heftiges Feuer
zu hindern, so daß dieselben nur bei Nacht vorgenommen werden
konnten.

Als sich die Anzeichen gegen Ende des Monats mehrten, daß die
Vertheidiger von Paris einen ernstlichen Ausfall auf den Süd= und
Ostfronten der Festung beabsichtigten, wurden die Befestigungsarbeiten
mit möglichster Energie fortgesetzt. Der Feind, welcher bereits in der
Nacht vom 16./17. November einen Ausfall gegen den rechten Flügel
der Stellung des VI. Corps unternommen hatte (der aber zurück=
gewiesen worden war), griff am 29. November den linken Flügel des
Corps bei l'Hay an. Gerade hier war in den letzten Tagen Tag
und Nacht ununterbrochen an der Verstärkung der Positionen ge=
arbeitet, in Folge dessen es leichter wurde, die wiederholten Angriffe
des Feindes zurückzuweisen.

In der folgenden Nacht stellte die 3. Pionier=Compagnie
die theilweise zerstörten Hinderniß= und Deckungsmittel wieder her,
während die 2. Compagnie, die 1000 Schritt nördlich Choisy
gelegene Oelfabrik zur Zerstörung vorbereitete, weil dieselbe während
des letzten Angriffs dem Feinde Deckung gewährt hatte, und von dem=
selben längere Zeit besetzt worden war. Die Sprengung dieses Ge=
bäudes erfolgte von 7 Oefen aus, die zusammen mit den zur Ver=
fügung stehenden 6 Centnern Pulver geladen waren. Die Zündung
erfolgte am Abend des 30. November, gelang indessen nur theilweise.**)

---

*) Diese „Granatgräben" hatten eine Tiefe von 1,75 Mtr., eine obere
Breite von 0,6 und eine Sohlbreite von 0,3 Mtr.

**) Die Sprengung konnte erst nach Herbeischaffung des erforderlichen
Pulvers (9 Centner) am 25. Dezember vervollständigt werden.

Die Verstärkungsarbeiten wurden auf der ganzen Linie bis zum
5. Dezember fortgesetzt, an welchem Tage die beiden Sappeur=Com=
pagnien, wie wir früher gesehen haben, nach dem rechten Ufer der
Seine detachirt worden waren. Während der Abwesenheit dieser Com=
pagnien übernahm die 1. Compagnie (die mit der Instandhaltung
der Seine=Uebergänge beauftragt war), die Leitung der Befestigungs=
arbeiten.

Da der hohe Wasserstand der Seine bei dem VI. Armee=Corps
die Ansicht erweckt hatte, daß der Fluß oberhalb Paris durch Stau=
werke gesperrt sei (um die nothwendige Tiefe für die Kanonenboote
zu erhalten), so fertigte die genannte Compagnie 4 schwimmende
Minen*) (à 30—75 Pfd. Pulver) an, welche diese Stauwerke zerstören
sollten. Drei dieser Minen explodirten auch in Entfernungen von
ca. 2500 Schritt unterhalb Choisy. Ein Vergleich mit dem Wasser=
stand der unteren Seine ergab indessen später, daß eine Anstauung
des Flusses nicht stattgefunden habe.

Die Sappeur=Compagnien setzten nach ihrer Rückkehr vom rechten
Seine=Ufer die Verstärkung der ersten Gefechtsstellung fort. Auf dem
rechten Flügel waren namentlich in Folge der verstärkten Besatzung
von Choisy eine erhebliche Vermehrung der Baracken, sowie der
granatsicheren Unterstandsräume erforderlich geworden, während auf
dem linken Flügel die Linie Chevilly=l'Hay mit Unterstützung der
Infanterie verstärkt wurde. Die Mehrzahl der vorhandenen Schützen=
gräben erhielt Traversen; für die Sicherung der bei Chevilly er=
bauten Belagerungs=Batterie wurde nach Möglichkeit Sorge getragen,
namentlich das Gesichtsfeld immer mehr freigemacht, auch die Sprengung
von 4 nördlich l'Hay gelegenen Häusern (mittelst 5,2 Centner Pulver)
vorgenommen, trotzdem der Feind die Vorbereitungs=Arbeiten durch
heftiges Feuer zu hindern versuchte. Endlich wurden noch auf der
ganzen Front die Annäherungsmittel (Drahtzäune und Verhaue) er=
heblich verstärkt, sowie die nach rückwärts führenden Straßen verbessert.

Im Laufe des Monat Januar wurden die Arbeiten mit ge=
ringen Unterbrechungen fortgesetzt und zwar im Zusammenhang
mit dem artilleristischen Hülfsangriff des VI. Corps (vergl. Cap. IV.).

---

*) Nach „de la Roncière" wurden diese Minen am 11. Dezember von
einer schwimmenden Batterie aufgefangen. — Zur Sicherung gegen derartige
Zerstörungsversuche waren die französischen Schiffe durch Estacaden ge=
sichert, deren Einrichtung nicht weiter angegeben wird. —

Endlich ist noch zu erwähnen, daß der Hauptmann Scholl am 11. Januar die sämmtlichen vor der Front liegenden französischen Befestigungen, sowie das unmittelbare Vorterrain derselben mit Rücksicht auf eventuelle offensive Unternehmungen recognoscirte, und wurden für alle Fälle von den Pionieren 1000 Stück Faschinen (à 2 Mtr. lang), sowie 50 Sturmleitern angefertigt.

Charakterisiren wir die vom VI. Corps ausgeführten Vertheidigungs-Vorkehrungen, wie dieselben allmälig entstanden sind, so sehen wir gegen Ende der Cernirung eine sehr feste Vorpostenstellung, die gleichzeitig als erste Gefechtsstellung diente und durch die Linie Choisy = Thiay = Chevilly=l'Hay bezeichnet ist, dahinter eine größtentheils aus Erdwerken hergestellte Aufnahmestellung, die ein etwaiges Debouchiren des Feindes aus den Dörfern Chevilly=l'Hay sehr erschwert haben würde.

Endlich finden wir noch eine starke Reserve-Stellung Orly=Belle Epine=Runges, sowie zur Sicherung der Seine=Uebergänge die erforderlichen Brückenköpfe angelegt.

Die guten Vertheidigungs-Vorkehrungen, die in dem ebenen Terrain nur wenige Anlehnungspunkte fanden, befähigten nicht nur das VI. Corps, alle feindlichen Ausfälle auf dieser die Entwickelung großer Heeresmassen erleichternden Front stets siegreich und mit verhältnißmäßig geringen Verlusten zurückzuschlagen, sondern auch zu wiederholten Malen die auf dem rechten Seine=Ufer engagirten Nachbar=Corps sehr wirksam zu unterstützen.

Hier, wie auch auf anderen Cernirungs=Fronten hat sich der bekannte, wenn auch häufig nicht befolgte Grundsatz bestätigt, das es außerordentlich wünschenswerth, ja erforderlich ist, den selbstständigen Truppen=Körpern, sowie auch den leitenden Ingenieur=Offizieren und technischen Truppen möglichst dieselben Vertheidigungs=Abschnitte während der ganzen Dauer der Cernirung zuzuweisen.

V. Position zwischen dem Bièvre= und Sèvresthal.
A. Terrain=Beschreibung.

Der oben bezeichnete Abschnitt wird von dem Plateau von Villacoublay eingenommen, welches im Allgemeinen parallel den Festungs=Fronten läuft und in der Richtung von Osten nach Westen gemessen, eine Längenausdehnung von $5/4$ Meilen besitzt.

Die Hänge des im Allgemeinen ziemlich flach abfallenden Plateaus sind zum Theil stark bebaut und bewaldet, nur im Norden und Osten findet man steilere Abhänge, sowie tief eingeschnittene Schluchten. Auf den nordöstlichen Ausläufern sind die Forts Issy und Vanves erbaut, deren Hofräume von den 2500—3500 Schritt entfernt liegenden Höhenrändern um mehr wie 75 Mtr. dominirt werden. Zwischen der Linie dieser Forts und dem Plateau dehnen sich bis auf 1200 Schritt an die Festungswerke die massiv gebauten Dörfer Meudon, Clamart, Chatillon und Bagneux aus, die zum Theil von den Forts eingesehen und beherrscht, den natürlichen Kampfplatz für die beiderseitigen Vorposten abgeben mußten.

Die große tactische Bedeutung dieser Höhen für die Stellungen einer, Paris im Süden einschließenden Armee tritt evident zu Tage. Das ausgedehnte Plateau gewährt nach allen Richtungen hin vorzügliche Geschützaufstellungen, von denen aus die Entwickelung der Angriffs-Colonnen verhindert werden kann. Selbst wenn der Aufmarsch unter dem Schutze der Dunkelheit oder des Nebels stattgefunden haben sollte, würde der Angreifer in dem sehr bedeckten und durchschnittenen Vorterrain außerordentliche Schwierigkeiten zu überwinden haben. —

Die ganze Terrain=Formation weist darauf hin, die Cernirungs= Stellungen auf dem Plateau zu wählen, die Abhänge durch möglichst starke passive unübersteigliche Hindernisse zu sichern, und vorliegende Dörfer 2c., soweit als angänglich zu zerstören. In Aussicht genommene Belagerungsoperationen gegen die Südfronten von Paris lassen indessen die Einrichtung von Vertheidigungsstellungen an den Abhängen des Plateaus erforderlich erscheinen.

Nach Süden zu bietet das Plateau von Villacoublay zwar zum Theil gute Stellungen gegen eine zum Entsatz von Paris anrückende feindliche Armee; indessen würde letztere von dem, südlich der Bièvre liegenden Plateau von Saclay aus die Cernirungsstellungen auf das Ernstlichste bedrohen. Für solchen Fall könnte auf letzteren eine Schlacht= stellung vorbereitet werden, für welche das südliche und südöstliche Terrain gute Stützpunkte darbietet. Dahingegen gewährt das im Allgemeinen offen und überall zugängliche Terrain gegen einen aus westlicher Richtung mit großen Massen anrückenden Feind keine besonders geeigneten Schlachtstellungen; das nächste verhältnißmäßig leicht zu erreichende Ziel des Feindes würde Versailles, das zweite der bei einer Belagerung der Südwestfronten auf dem Plateau von Villacoublay zu etablirende Belagerungspark sein.

B. **Besetzung.**

Bei Beginn der Cernirung.

Rechter Flügel: II. Bayerisches Armee-Corps.
Linker Flügel: Theile des V. Armee-Corps.

Vom October ab:

Rechter Flügel: II. Bayerisches Armee-Corps.
Linker Flügel: XI. Armee-Corps excl. 22. Infanterie-Division.

In Reservestellung bei Saclay resp. Lonjumeau.

Ende November.

II. Armee-Corps.

Im Dezember.

I. Baierisches Armee-Corps.

Im Januar.

Garde Landwehr-Division.

C. **Befestigung.**

I. **Bis Anfang November.**

a) **Rechter Flügel.** (II. Bayerisches Armee-Corps.) Die Befestigungsarbeiten wurden von dem Feld-Genie-Director, Oberst-Lieutenant Fogt geleitet, dem die 2. Feld-Genie-Division (Major Kern), sowie von der 1. Feld-Genie-Division außer einem Detachement der 1. Compagnie (Hauptmann Weidner), die 2. Compagnie (Hauptmann Lorenz) zur Verfügung gestellt waren.

Wir haben bereits früher (vergl. I. Theil, pag. 59) gesehen, daß die Bayerischen Genie-Compagnien in der Nacht vom 19./20. September mit der Vertheidigungs-Instandsetzung der eroberten französischen Schanze Moulin be la Tour begonnen hatten.

Dieses noch im Bau begriffene, von der Pariserstraße durchschnittene Werk, war in Form einer 5seitigen Redoute construirt, mit Facen und Flanken von je 90 resp. 120 Mtr. Länge; die Kehle war bastionirt. Die Facen und Flanken dieser großen Redoute waren im Wesentlichen vollendet, dahingegen bestand die Kehle noch aus unregelmäßigen Erdhaufen.

8*

Im Inneren des Werkes befand sich ein im Bau begriffenes Re=
duit aus 11 Blöcken bestehend, von denen zwei bereits mit Eisenbahnen=
schienen eingedeckt waren, außerdem in der Kehle unter der linken
Flanke ein gemauertes Pulver=Magazin und unter der rechten Flanke
eine Wachtkasematte.

Die zum größten Theil von der 4. und 5. Genie=Compagnie
unter Leitung der Hauptleute Gerber und Schels ausgeführten Arbeiten
erstreckten sich hauptsächlich auf folgende Punkte:

1. Formirung eines vertheidigungsfähigen Walles an Stelle der
früheren Kehle, Oeffnen der beiden Facen an zwei Stellen, sowie Her=
stellung von Brücken resp. Dämmen über den Kehlgraben.

2. Vollendung der begonnenen bombenfesten Räume und Blen=
dirung derselben, soweit es erforderlich erschien.

3. Herstellung von Traversen und Rückenwehren auf der jetzigen
linken Flanke, sowie von Hohltraversen und vollen Traversen auf dem
jetzigen Frontwall, der außerdem mit Sandsackscharten gekrönt wurde.

Diese Arbeiten waren bis Ende September soweit vorgeschritten,
daß das Werk vollständig vertheidigungsfähig war, und bildete dasselbe
somit einen festen Stützpunkt für die zur Vertheidigung des wichtigen
Plateaus getroffenen fortificatorischen Verstärkungen ꝛc.

Dieselben bestanden zunächst in der Beseitigung der zahlreichen
vom Feinde hergestellten Hindernisse und Vertheidigungs=Einrichtungen,
sowie der Wiederherstellung der zerstörten Straßen.

Sodann wurde von der 4. und 5. Genie=Compagnie in der Nacht
vom 20./21. September am nördlichen Rande des Plateaus (hinter
Chatillon) ein traversirter etwa 300 Schritt langer Laufgraben aus=
gehoben, hinter welchem demnächst G.schütze placirt werden sollten. An
diesen Laufgraben schloß sich links (bis zum Tour des Anglais) ein
längerer Verhau.

In den folgenden Nächten wurden zur Bestreichung der Plateau=
Abhänge, namentlich beim Windmühlenthurm, längere Schützengräben
hergestellt, sowie die Mitrailleusen=Batterien demolirt, die Straßen
verbarrikadirt, die auf dem Plateaurande stehenden Häuser und Garten=
mauern zur Vertheidigung eingerichtet, die Lücken durch Verhaue ge=
schlossen, endlich Lichtungen in dem beim Tour des Anglais liegenden
Wäldchen gehauen, um der Artillerie Schußlinien freizumachen.

Gleichzeitig war zur Sicherung der Vorpostenlinie die Befestigung
der Dörfer Bourg la Reine, Bagneux und Chatillon in Angriff

genommen und begann die Hälfte der 5. Genie-Compagnie (Oberlieutenant Keim) am 20. September mit diesen Arbeiten, die im Allgemeinen in der Aptirung der nach der Front und den Flanken schlagenden Dorflisièren bestanden, sowie in der Vervollständignng der letzteren durch defensible Barrikaden, sowie Herstellung von Gefechts- und
Rückzugs-Communicationen 2c.

Ferner wurde am Südende von Bourg la Reine ein Vertheidigungs-Abschnitt hergestellt und zwischen diesem Orte und den Stellungen des 6. Armee-Corps (bei l'Hay) eine Sicherung der Vorposten
durch Anlage von ausgedehnten Schützengräben bewerkstelligt, auch das
Dorf Sceaux, sowie der große Park von Treviso in die Vertheidigungslinie gezogen und mit der rückwärts Bourg de la Reine vorbereiteten Aufnahmestellung verbunden.

Die von starken Gartenmauern umschlossenen Dörfer Châtillon
und Bagneux hatten bei ihrer dominirenden Lage eine vorzügliche
Feuerwirkung auf das Vorterrain.

Da dieselben unter dem wirksamsten Feuer der nur 1500 bis
2000 Schritt entfernt liegenden Forts Vanvres und Montrouge lagen,
so kam es darauf an, das namentlich sehr exponirt liegende Dorf
Bagneux mit Croix de Berny (dem Alarmplatz der 4. Bayerischen
Infanterie-Division) durch einen gut gedeckten Colonnenweg zu verbinden. Dieser Weg wurde von Croix de Berny durch den Park von
Sceaux nach der in der Kehle des Dorfes Bagneux liegenden Mulde
geführt und war überall gegen Einsicht gedeckt.

Die ausgedehnten Arbeiten wurden unter Leitung des Ingenieur-
Offiziers der 4. Infanterie-Division, Hauptmann Schwabl, von einem
Detachement der 5. Genie-Compagnie (Oberlieutenant von Hein), sowie
den Infanterie-Pionieren der 7. Brigade und Hülfsmannschaften der
Infanterie zur Ausführung gebracht, konnten sich selbstverständlich
einstweilen nur auf das Nothwendigste beschränken.

Nach dem größeren am 30. September gegen die Fronten des
VI. Corps erfolgten Ausfall, der sich jedoch auch auf die Ostseite von
Bourg la Reine erstreckte, wurden die fortifikatorischen Arbeiten mit
stärkeren Kräften fortgesetzt, und der wichtige Straßenknotenpunkt
Croix de Berny (durch Vertheidigungs-Einrichtungen der daneben lie-
genden Gehöfte 2c.) gesichert. Vom Anfang October ab übernahm die
ganze 5. Genie-Compagnie (Oberlieutenant Keim) die Verstärkung der
Stellungen der 4. Infanterie-Division.

In der Nacht vom 5./6. October beseitigte die genannte Com=
pagnie im Verein mit den Infanterie=Pionieren der 7. und 8. Brigade
die auf der Höhe von Bagneux liegenden unvollendeten französischen
Schanzen. Um keine Aufmerksamkeit zu erregen, waren weder Be=
deckungstruppen commandirt noch Verstärkungen der Vorpostenkette an=
geordnet, der Feind versuchte die Arbeitsplätze mit electrischem Licht zu
beleuchten, indessen hatte diese Beleuchtung wegen des herrschenden
Nebels keinen Effect. Das gegen Morgen vom Feinde eröffnete heftige
Granatfeuer vermochte die Arbeiten nicht zu verhindern.

Die Vertheidigungs=Einrichtungen in Croix de Berny, sowie
Sceaux wurden im Laufe des Monat October vervollständigt, des=
gleichen in der Vorpostenlinie, woselbst die Compagnie in den Nächten
vom 8./9. und 9./10. October 300 Schritt von den feindlichen Vor=
posten entfernt, granatsichere Unterstandsräume für die sehr exponirten
Feldwachen (250 Schritt links vorwärts des Schnittpunktes der Eisen=
bahn Sceaux=Paris mit der großen Pariserstraße) erbaute. Dieselben
wurden indessen bereits am 10. October von dem Feinde genommen,
der sich auf der Höhe von Bagneux festgesetzt hatte, so daß in Folge
dessen die äußersten Feldwachen am Nordende von Bourg la Reine
(an dem nach Bagneux führenden Wege) postirt werden mußten. Die
Sicherung der östlich von Bourg la Reine stehenden Feldwachen war
die nächste Aufgabe der genannten Genie=Compagnie, und wurden
daher granatsichere Unterstandsräume geschaffen, die mittelst Approchen=
förmiger Laufgräben mit dem genannten Dorfe verbunden wurden.

Damit waren die Befestigungs=Arbeiten auf dem rechten Flügel
einstweilen abgeschlossen, da die sämmtlichen Genie=Compagnien vom
15. October ab zu den Belagerungs=Arbeiten herangezogen wurden.

Während des Ausfalls vom 15. October waren die Dörfer
Chatillon und Bagneux theilweise von den Franzosen genommen
worden, indem die Vorposten bis zur Kirche von Chatillon resp. zur
Südlisière von Bagneux zurück gedrängt waren; erst Nachmittags
gelang es, die alten Stellungen wieder einzunehmen.

Im Laufe des Monat October wurden daher die Befestigungs=
Arbeiten in den genannten Orten verstärkt (zum größten Theil durch
die Infanterie=Pioniere unter Leitung der Divisions=Genie=Offiziere),
außerdem in Verbindung mit den Belagerungs=Operationen (vergl.
4. Kap.) verschiedene Arbeiten zur Sicherung der Batteriebauten
vorgenommen.

Was den linken Flügel der Bayerischen Stellung anbetrifft, so haben wir schon früher gesehen, daß der Hauptstützpunkt desselben (das Plateau Tour des Anglais) bereits bei Beginn der Cernirung zur nachhaltigen Vertheidigung eingerichtet worden war.

Die später ausgeführten Arbeiten hatten, wenn man von der unausgesetzt betriebenen Verstärkung der sogenannten Bayernschanze absieht, keine bedeutende Ausdehnung, da alle disponiblen technischen Truppen zu den Belagerungs-Vorbereitungen in Anspruch genommen waren. Jedoch wurden einige granatsichere Unterstandsräume in Clamart und bei Petit-Bicêtre erbaut, sowie im Walde von Meudon verschiedene Vertheidigungs-Vorkehrungen getroffen, namentlich sehr ausgedehnte Verhaue am Höhenrande angelegt, die bis vor die große Avenue von Meudon reichten. Erst Anfang November, als die neu formirte Bayerische Festungs-Division vor Paris eintraf, konnte die fortificatorische Einrichtung der Cernirungs-Positionen vervollständigt werden.

b. Linker Flügel. (V. resp. XI. Armee-Corps.) Der linke Flügel des Terrain-Abschnitts zwischen der Bièvre und dem Thal Sèvres war bei Beginn der Cernirung von einem Theil der 9. Infanterie-Division besetzt worden, die gleichzeitig auch den Park von St. Cloud besetzt hatte. Die Haupt-Reserve dieser Division in einer Stärke von einer Infanterie-Brigade, zwei Escadrons und zwei Batterien stand nördlich von Grand Montreuil.

Die Hauptstützpunkte für die Stellung auf dem westlichen Theil des Plateaus bildeten außer dem mit hohen Brüstungsmauern versehenen Schloß Meudon, die von den Franzosen geräumten beiden Schanzen, von denen die größere (Fort Kronprinz genannt) östlich von Sèvres hart an der Seine, die andere (die sogenannte Jägerschanze) südlich von Sèvres lag.

Die ersten fortificatorischen Einrichtungen wurden nach den Angaben des Hauptmann Pirscher von der 3. Feld-Pionier-Compagnie (Hauptmann Günzel), sowie von 2 Infanterie-Compagnien getroffen. Die Arbeiten begannen am 20. September mit der Vertheidigungs-Einrichtung der beiden, in den Kehlen noch nicht geschlossenen Werke, sowie der südöstlich der Jägerschanze belegenen Fabrik, und erstreckten sich naturgemäß zunächst auf die Herstellung von starken Kehlverschlüssen (unter Zuhülfenahme von Schanzkörben).

Obgleich der Feind am 23. und 24. September vom Fort Jſſy
ſowie von den Kannonenbooten aus das Fort ununterbrochen mit
Granaten bewarf und bei Nacht durch elektriſches Licht beleuchten
ließ, ſo konnten doch die Arbeiten bis zum 26. September zu Ende
geführt werden. Die Haupt=Vertheidigungslinie lief ſüdöſtlich des
Fort Kronprinz am Seine=Abhang entlang bis zu dem nach Bas
Meudon führenden Weg und wandte ſich dann nach Süden. Die
Eiſenbahn und die nach Bas Meudon führenden Wege wurden ver=
barrikadirt, die dazwiſchen liegenden Häuſer zur Vertheidigung ein=
gerichtet, nachdem das Geſichtsfeld auf Gewehrſchußweite freigelegt
worden war.

Am 30. September hatte der Feind die den Weg nach Bas Meudon
ſperrende Barrikade mit den anliegenden Häuſern in Beſitz genommen
und konnte derſelbe erſt nach hartnäckigem Kampfe zur Räumung
dieſer Poſitionen gezwungen werden. — Da eine ſofortige Verſtärkung
der letzteren ſich als nothwendig herausgeſtellt hatte, ſo führte ein
Detachement der genannten Compagnie die bezüglichen Arbeiten aus
und brachte dieſelben zum vollſtändigen Abſchluß, obgleich der Feind
ein äußerſt heftiges Granatfeuer auf die Arbeitsplätze richtete.

Am 10. October beſetzte das XI. Corps die Stellung Sèvres —
Fort Kronprinz — Meudon und beauftragte daſſelbe die 1. Pionier=
Compagnie (Premier=Lieutenant Priem) mit der Ausführung der für
erforderlich erachteten Verſtärkungs=Arbeiten. Nach den Anordnungen
des 2. Ingenieur=Offizieres Hauptmann von Gärtner traf die Com=
pagnie zunächſt neue Vertheidigungs=Einrichtungen im Fort Kronprinz,
ſtellte granatſichere Unterſtandsräume und Baracken für die Vorpoſten
her und vervollſtändigte die Befeſtigungen im Schloßpark von Meudon.
In den erſten Tagen des November wurde die neue Porzellan=Fabrik
zu Sèvres mit dem an der Seine gelegenen Gehöft fortificatoriſch
verſtärkt, und gelang es der Compagnie bis zu ihrem am 9. November
erfolgenden Abmarſch, die Arbeiten in Sèvres, ſowie im Park von
Meudon zum vorläufigen Abſchluß zu bringen. Die Vertheidigungs=
Einrichtungen hatten hier zu dieſer Zeit eine genügende Stärke erhalten.

II. Von Anfang November bis Anfang Januar.

a. Rechter Flügel. Von Anfang November ſtanden der 2.
Bayeriſchen Feld=Genie=Direction die 1., 2., 4. und 5. Feld=Genie=

Compagnie, sowie die Festungs=Genie=Division zur Verfügung, des=
gleichen 100 Infanterie=Pioniere.

Während der Festungs=Division hauptsächlich die Herstellung der
Communicationen und Tranchéen für die Sicherung der Belagerungs=
Batterien oblag, übernahmen die Feld=Divisionen den Pionier=Dienst,
sowie die Belagerungs=Depots und das Fuhrwesen.

Was zunächst die weitere Sicherung des äußersten rechten
Flügels anbetrifft, so begann die 5. Feld=Genie=Compagnie unter
Leitung des Hauptmann Kreuzer am 10. November mit der Verstärkung
der Stellung bei Bourg la Reine.

Die beiden nördlich dieses Ortes postirten Feldwachen wurden
mittelst eines, die große Pariser Straße durchschneidenden Laufgrabens
verbunden, die noch nicht ausreichenden Unterstandsräume vervollständigt
und die nördlich Bourg la Reine liegenden zahlreichen Schützenlöcher
in Schützengräben umgewandelt. Ferner stellte die genannte Compagnie
einen zweiten Vertheidigungs=Abschnitt längs der von Fontenay nach l'Hay
führenden Straße her und verstärkte den nördlichen Eingang zum
Eisenbahn=Tunnel bei Bourg la Reine durch (aus Eisenbahnschienen
hergestellte) defensible Barrikaden. In den Nächten vom 22. November
bis zum 2. Dezember wurden ferner statt der früher östlich von
Bourg la Reine angelegten Schützenlöcher durchlaufende Schützen=
gräben angelegt, endlich noch vor der ganzen Stellung der 7. In=
fanterie=Brigade Drahthindernisse hergestellt.

Die Compagnie war im Laufe des Monat Dezember abermals
längere Zeit mit anderen Arbeiten beschäftigt und konnte erst am
23. Dezember der 4. Infanterie=Division zur Disposition gestellt werden,
um binnen 8 Tagen hauptsächlich folgende Arbeiten auszuführen.

1) Weitere Verstärkung der Vorpostenlinie vor Bourg la Reine
durch Anlage von Flabderminen.

2) Vervollständigung des Vertheidigungsabschnittes in Bourg la
Reine und zwar durch Herstellung einer Brustwehr auf dem Eisen=
bahndamm mit vorliegenden Verhauen.

3) Terrain=Verstärkungen zwischen Sceaux und der großen Pariser
Straße, besonders am Eingange zu dem Tunnel, sowie Vertheidigungs=
Einrichtung des Marché de Sceaux.

Endlich sollten noch in Chatillon und Fontenay granatsichere
Unterstandsräume für ein Bataillon hergestellt werden. Diese sämmt=
lichen Arbeiten konnten bis zum 3. Januar vollendet werden, trotzdem

der Feind unausgesetzte Anstrengungen machte, dieselben durch Granat=
feuer zu stören.

Auf dem linken Bayerischen Flügel, sowie im Centrum
wurden die Terrainverstärkungen gleichfalls fortgesetzt, namentlich in
der Bayernschanze und auf dem Plateau. Der Graben dieser Schanze
erhielt eine gedeckte Verbindung mit dem vertieften Graben der Chaussee
Paris=Chevreuse; die zur Bestreichung der Hänge des Plateaus an=
gelegten Schützengräben wurden erweitert und verbessert, besonders
dem Dorfe Clamart gegenüber, welches vom Feinde noch besetzt war.

Am 11. November wurde auf Veranlassung des General=In=
specteurs der Artillerie die schleunigste Herstellung einer 2. Vertheidi=
gungslinie auf dem Plateau befohlen, die hauptsächlich den großen
Artillerie=Belagerungspark sichern sollte. Man befürchtete zu dieser
Zeit einen großen Ausfall der Pariser Armee und zwar in Verbin=
dung mit den Operationen der Loire=Armee (vergl. 4. Kap.).

Ein Vordringen des Feindes auf dem Plateau konnte nur von
zwei Seiten erfolgen, entweder nach der Wegnahme von Chatillon und
der Bayernschanze auf der Chevreuserstraße und aus der nach Plessis
Piquet hinaufführenden Mulde oder mit Umgehung der genannten
Schanze aus der von Clamart direct nach dem Plateau führenden
Thalsenkung.

Demgemäß wurde nördlich und südlich der Chevreuserstraße der
Bau von 3 Schanzen angeordnet.

Das größte Werk (Nr. 2) lag nördlich der Chevreuserstraße etwa
1500 Schritt westlich Plessis Piquet; 250 Schritt nordwestlich desselben
die linke Flügelschanze Nr. 1, welche hauptsächlich gegen Clamart ge=
richtet war; 500 Schritt südöstlich der Schanze 2, lag Schanze 3, welche
die Ausgänge der Mulde von Plessis Piquet unter Feuer nehmen
konnte. Die Linien der 3 Schanzen waren so alignirt, daß dieselben
sich gegenseitig flankiren konnten.

Die Schanze Nr. 2 wurde von den Bayerischen Genietruppen
erbaut, die linke Flügelschanze Nr. 1 von den Preußischen Festungs=
Pionier=Compagnien, die rechte Flügelschanze Nr. 3 gemeinschaftlich
von den Bayern und Preußen.

Die Schanze 2 bildete eine flach gestreckte Lünette von etwa 150
Mtr. Feuerlinie mit Kehl=Brustwehr, die durch einen Tambour flan=
kirt war. (Höhe der Feuerlinie in der Front und Kehle 1,6 Mtr.;
Tiefe des inneren Grabens 1,3 Mtr.; des äußeren Grabens in der

Front 2,80 Mtr.; in der Kehle 2,20 Mtr.; Brustwehrstärke nach der Front 4,75 Mtr., nach der Kehle 2 Mtr.)

Das Werk sollte von 12 Geschützen vertheidigt werden.

Der Bau dieser Schanze begann unter Leitung des Oberstlieute=nant Windisch am 13. November und wurde binnen 3 Tagen vollendet, nachdem im Ganzen etwa 1300 Pioniere und 3300 Infanteristen je 4 Stunden an dem Werke gearbeitet hatten.

Später wurde noch wegen des mangelnden Defilements die Brust=wehr in den Saillants erhöht und längs des inneren Kehlgrabens eine Rückenwehr hergestellt.

Die Schanze 3 (Halbredoute von 120 Mtr. Feuerlinie, im Uebri=gen ähnlich der Schanze 2), wurde von dem combinirten 1. Festungs=Pionier=Bataillon (Major Crüger) gleichfalls am 13. November be=gonnen, jedoch erst am 22. November beendet, nachdem im Ganzen etwa 2500 Pioniere und 1000 Infanteristen je 4 Stunden zur Ar=beit herangezogen worden waren. Auch hier mußten zur besseren De=filirung nachträglich noch verschiedene Einrichtungen getroffen werden.

Die Schanze 1, fast von demselben Grundriß und Profil wie Schanze 3, wurde ebenfalls am 15. November begonnen und bis zum 20. November beendigt.

Diese 3 Schanzen erhielten zusammen eine Armirung von 24 9 Ctm. Festungsgeschützen (auf hohen Laffetten), und eine Besatzung von 4 Compagnien*). Im Laufe des Monat November wurden noch verschiedene Verbesserungen und Verstärkungen vorgenommen. (Rücken=wehren, Pulvermagazine, Barrikaden ꝛc.); für Traversirungen und granatsichere Unterstandsräume konnte indessen wegen mangelnder Ar=beitskräfte nicht gesorgt werden. Da die Flügelwerke nur etwa 500 Schritt von dem eine Festsetzung der feindlichen Geschütze gestattenden Plateaurande entfernt lagen, so erscheint es wohl fraglich, ob diese Werke zu einer nachhaltigen Vertheidigung befähigt waren.

Die übrigen, von den Bayern bis zum Januar vorgenommenen Verstärkungsarbeiten bestanden in der Vervollständigung der Communi=cationen, im Bau von granatsicheren Unterstandsräumen und Erdhütten (namentlich an der Lisière des Waldes von Meudon und in Sceaux),

---

*) Später wurden die Festungs=Pionier=Compagnien mit der Besetzung und Vertheidigung im Fall eines Angriffs beauftragt, insofern keine Infan=terie zur Verfügung stehen sollte.

Errichtung von Baumschirmen, sowie Verbesserung der fortificatorischen Einrichtungen in Fontenay, Bagneux und Chatillon. Die westlich dieses letzten Ortes gelegene Ziegelei wurde zur Vertheidigung einge= richtet; ebenso auch der an der Chevreuserstraße und am Bergabhange liegende Häusercomplex. Ein Gleiches geschah mit den beiden östlich von Clamart belegenen Gypsfabriken.

Die große räumliche Ausdehnung der Arbeiten, der harte lehmige Boden, Mangel an gutem Handwerkszeug, die theilweise außerordent= lich ungünstige Witterung, endlich das fortwährende heftige feindliche Feuer der Forts und namentlich der hochgelegenen Schanzen bei Ville= juif hinderten ein rasches Fortschreiten der zur Sicherung der Cer= nirungstruppen zu treffenden Einrichtungen, zumal da die große Mehr= zahl der technischen Truppen zu den Belagerungsarbeiten herangezogen werden mußte (vergl. 4. Cap.).

b. **Linker Flügel.** Die 2. Feld=Pionier=Compagnie des XI. Armee= Corps (Hauptmann Eckert) setzte die von der 1. Pionier-Compagnie begonnenen Verstärkungsarbeiten vom 12. November ab fort und zwar zunächst in der neuen Porzellan=Fabrik zu Sèvres, die mit dem Fort Kronprinz die Hauptstützpunkte der Stellung der 21. Infanterie= Division bilden sollte.

Der Anschluß von dem befestigten Gebäudecomplex der Porzellan= fabrik bis zur Stellung des V. Armee=Corps lief von der westlichen Umfassungsmauer der Fabrik durch den Park von St. Cloud nach dem Pavillon Breteuil; den Abschluß vom Pavillon bis zur Laterne vermittelten Schützengräben und Verhaue.

Zwischen der Porzellanfabrik und dem Fort Kronprinz wurden die Vertheidigungslinien durch Tonnenbarrikaden, sowie crenelirte Mauern gebildet. Diese Arbeiten mußten unter dem heftigsten feind= lichen Feuer ausgeführt werden und wurden die Infanterie=Hülfs= arbeiter mehrfach entlassen, um die Aufmerksamkeit des Feindes nicht zu sehr rege zu machen.

Einen Hauptstützpunkt der Stellung bildete das Schloß Meudon mit den zugehörigen Gebäuden. Dieses Schloß war schon vom V. Armee= Corps zur Vertheidigung eingerichtet worden, und beschränkten sich da= her die Arbeiten der Pionier=Compagnie auf Einrichtung der Orangerie zu granatsicheren Unterstandsräumen, sowie Herstellung von gedeckten defensiblen Verbindungen zwischen den einzelnen Gebäuden.

Dieser Vertheidigungscomplex erhielt eine Verbindung mit dem Fort Kronprinz, die längs des Abhangs geführt war und aus Häusern, Mauern und Steinbrüchen bestand, die eine sehr hartnäckige Vertheidigung gestatteten.

Den rechten Flügel der Stellung des XI. Corps sicherten verschiedene Barrikadirungen, welche die nach dem Dorfe Meudon führende Straße absperrten. Die Vertheidigungslinie folgte sodann dem nach der Mitrailleusenfabrik führenden Wege und schloß sich mittelst Schützengräben an den sechseckigen Teich, lief dann über die genannte Fabrik nach dem Abhange der Höhe von Clamart, woselbst im Walde der Anschluß an das II. Bayerische Corps genommen wurde.

Die zweite Vertheidigungslinie lief vom linken Flügel an gerechnet südwestlich Ville d'Avray über Femme sans tête, Jägerschanze, Zündhütchenfabrik, Etang des Fonceaux nach der westlichen Parkmauer vom Schloß Meudon, woselbst die zweite Linie mit der ersten zusammenfiel, wandte sich dann die Höhe hinauf nach dem zur Vertheidigung eingerichteten Gehöft von Villebon und schloß sich an die auf dem Plateau angelegten vorhin besprochenen 3 Schanzen, mit denen die Verbindung durch Schützengräben, sowie 2 Batterien von je 6 Geschützen (zur Bestreichung der Schlucht von Meudon und le Val) gewonnen wurde.

Ein Theil dieser zweiten Vertheidigungslinie war bereits früher vom V. Armee-Corps begonnen, die mangelnden Arbeitskräfte gestatteten nicht, dieser Linie einen so festen Zusammenhang zu geben, wie vielleicht wünschenswerth gewesen wäre. In umfassender Weise wurden dahingegen die Barackenbauten zur Unterkunft für Feldwachen und Replis ausgeführt (besonders westlich des Schlosses Meudon).

Am 23. Dezember hielt die 21. Infanterie-Division die Verstärkungsarbeiten für vollständig ausreichend, und konnten dieselben daher zum Abschluß gebracht werden. —

III. Monat Januar.

Nachdem bis zum 3. Januar alle Vorbereitungen für den Beginn der Belagerung getroffen waren, wurde für die folgende Nacht die Wegnahme und Befestigung der Dörfer Clamart, Fleury und Meudon befohlen.

Die Befestigung des Dorfes Clamart wurde von der Bayerischen Festungs-Genie-Division (Oberstlieutenant Windisch) ausgeführt, während

gleichzeitig unter Leitung des Major Schulz die 1. Festungs-Pionier-
Compagnie VI. Armee-Corps das Dorf Fleury, die 1. Festungs-Pionier-
Compagnie des V. Armee-Corps, unterstützt durch die 1. Festungs-Pionier-
Compagnie des XI. Corps das Dorf Meudon befestigte (siehe 4. Cap.).
Diese Arbeiten gingen ungestört vor sich und wurden am 4. Januar
durch Ablösungen fortgesetzt.

Am 5. Januar begann die Beschießung der südlichen Forts; die
mit dem Fortschreiten der Belagerungs-Arbeiten in Verbindung stehenden fortifikatorischen Verstärkungen der nun eingenommenen Positionen ꝛc.
sind im Cap. IV. näher erörtert.

VI. Abschnitt zwischen dem Sèvres-Thal und der
unteren Seine.

A. Terrain-Beschreibung.

Der Terrain-Abschnitt zwischen dem Thal von Sèvres, sowie der
unteren Seine bildet, soweit es für die Cernirungs-Stellungen in Frage
kommt, ein etwa 1 Meile breites, von vielen Schluchten durchzogenes
Waldgebirge, welches sich bis zu 140 Meter über das Thal der Seine
erhebt.

Als tactisch wichtige Punkte treten in diesem Abschnitt besonders hervor: die Plateaus der Bergerie und von Jardy, sowie die
tief eingeschnittene Schlucht, welche sich von Bougival südlich in der
Richtung nach le Chesnay zieht, ziemlich parallel den feindlichen
Festungswerken läuft und daher einen vorzüglichen Vertheidigungs-
Abschnitt bildet, zumal da die westlich der Schlucht belegenen Höhen
von St. Michel das Vorterrain erheblich dominiren.

Im Allgemeinen fallen die Höhen des fraglichen Terrain-Abschnitts
nach Norden und Südosten zu theilweise sehr steil ab, während dieselben in nordöstlicher Richtung flacher geböscht sind. Der die nord-
östliche Ecke krönende Mont Valerien erhebt sich wieder zu derselben
Höhe (161 Mtr.) wie das Plateau der Bergerie und dominirt daher
überall das nähere Vorterrain bis auf Entfernungen von 4000—5000
Schritt.

Wenn demnach der Mont Valerien eine vorzügliche Position für
den Vertheidiger von Paris gewährt, eine Position die einen regelmäßigen Angriff als außerordentlich schwierig erscheinen lassen muß,
so ist jedoch die ganze Terrain-Formation einer jeden größeren Offensiv-
Unternehmung in hohem Grade hinderlich.

Die vorgenannten Höhen der Bergerie gewähren in Verbindung mit den Höhen von la Celle St. Cloud und Bougival nach Norden und Osten zu eine vorzügliche Cernirungsstellung, die 4000—5000 Schritt von dem Fort Valerien entfernt liegt, also außerhalb des wirksamsten Geschützfeuers. Auch nach Südosten hin findet diese Stellung eine gute Flügel-Anlehnung in dem Park von St. Cloud, der das ganze Thal von Sèvres beherrscht.

Eine zweite Reservestellung, die dem Feuer der schwersten Festungs-Geschütze fast vollständig entzogen ist, wird durch die südwestlich von Bougival belegenen Höhen sowie das Plateau von Jardy gebildet, für welche Position auch das Bois de fausses reposes eine gute Flanken-Anlehnung bildet.

Ein Angriff gegen die Flanken-Stellungen ist fast undenkbar, da das Seine-Thal von den dominirenden Höhen des rechten Seineufers bei Carrières und Chatou vollständig beherrscht wird, die ihrerseits durch den vorliegenden Fluß gegen jeden Angriff gesichert sind.

Ein Angriff in dem engen Defilee des Sèvres-Thales ist ebenso schwierig und ist überhaupt nur möglich, wenn die südlich von Sèvres belegenen Höhen in den Händen des Angreifers sind, da diese Höhen das Thal vollständig beherrschen.

Es bliebe dem Feinde also kein anderes Angriffsziel übrig, als das in der Front der Position liegende Plateau der Bergerie. Die Schwierigkeiten des Durchbruchs in westlicher Richtung würden jedoch noch mehr hervortreten, sobald dieses Plateau in feindlichen Händen ist, da der Angriff vom Plateau von Jardy aus flankirt wird, sich also auch gegen dieses Plateau wenden müßte. Das zerrissene Waldgebirge mit seinen außerordentlich zahlreichen, die zähe Vertheidigung begünstigenden Schlössern und Parks würde hier eine Entwickelung von größeren Truppenmassen gradezu verbieten, ebenso die Anwendung zahlreicher Artillerie Seitens des Angreifers verhindern, während der Vertheidiger auf dem Plateau vorzügliche Geschütz-Aufstellungen findet.

Die guten, den fraglichen Terrain-Abschnitt nach allen Richtungen durchschneidenden Communicationen kommen der Vertheidigung in hohem Grade zu Statten, ebenso gewähren die innerhalb der Gefechtsstellungen liegenden zahlreichen Dörfer und Schlösser für die zur Vertheidigung der Positionen bestimmten Truppen genügende Unterkunftsräume.

Der Mangel an Uebersichtlichkeit der Vertheidigungsstellungen ist ebensowohl für den Angreifer als den Vertheidiger von Nachtheil.

Wenn es irgendwo erforderlich, daß die Truppen in dem ihnen über=
wiesenen Cernirungs=Abschnitt orientirt sein müssen, so ist es hier
der Fall.

B. Besetzung.

Vom Beginn bis Ende der Cernirung das V. Armee=Corps,
welches bis zum October mit seinem rechten Flügel noch einen Theil
des Plateaus von Chatillon besetzt hatte. In Reserve vom 11.
October ab hinter dem rechten Flügel Theile der Garde=Landwehr=
Division.

C. Befestigung.

I. Von Beginn der Cernirung bis Anfang November.

Die ersten Anordnungen wurden von dem stellvertretenden 1.
Ingenieur=Offizier des Corps, Hauptmann Pirscher, getroffen.

Der Befestigung lag die Idee zu Grunde, daß die Sicherung
des damaligen rechten Flügels des V. Corps (dem die sogenannte
Brimborion oder Kronprinzschanze und das Schloß Meudon als
Hauptstützpunkte dienten) sowie die Sicherung des linken Flügels vom
Metternicher Park bis zur Seine zunächst in das Auge zu fassen sei,
da ein Offensivstoß in dem sehr durchschnittenen und bedeckten Terrain
des Centrums der Stellung kaum ausführbar erscheinen mußte, und
der Feind von den beiden Flügeln des V. Corps aus vollständig um=
faßt werden konnte.

Demgemäß sollte die Cernirungslinie in dem zu befestigenden
Sèvres=Thal beginnen, sodann der südlichen Parkmauer von St. Cloud
und dem Höhenrande längs der Seine bis zum Schlosse von St.
Cloud folgen, sich hier an die nördliche fast sturmfreie Parkmauer
schließen und dann im eingehenden Bogen unter Benutzung vorhandener
Mauern, dem oberen Rande der Garcher=Höhen entlang und über
das Plateau östlich la Celle St. Cloud zur Südostecke des Metternicher
Parkes geführt werden.

Nach dem am 29. September eingereichten Befestigungs=Entwurf
sollten außer der starken Verbarrikadirung aller Zugänge und Anlage
von Verhauen, in den Lücken der Lisièren auf dem Höhenrande im
Park von St. Cloud, sowie auf dem Plateau östlich la Celle St.
Cloud Schützengräben hergestellt, die Mauern zum Theil vertheidi=
gungsfähig eingerichtet, die offen zu haltenden Zugänge dahingegen

mittelſt eingedeckter Palliſaden-Tambours geſichert werden. Eine Befeſtigung des Schloſſes von St. Cloud wurde nicht für erforderlich
erachtet, da die hohen Terraſſen-Mauern daſſelbe größtentheils ſturmfrei machten; ebenſo erſchienen Vertheidigungs-Einrichtungen in dem
dichten Walde öſtlich La Celle St. Cloud einſtweilen unnöthig, da ein
Vorſtoß von größeren Colonnen hier auf große Schwierigkeiten ſtoßen
mußte. —

Die nördlich von Villeneuve liegenden Höhen ſollten zu Geſchütz-
Poſitionen eingerichtet werden.

Nach demſelben Befeſtigungs-Entwurf ſollte die Sicherung des
linken Flügels von der Mauer des Metternicher Parks bis zur
Seine öſtlich Bougival durch ſtarke Schleppverhaue, ſowie durch Sperrung der verſchiedenen Straßen, durch vertheidigungsfähige ſtarke Barrikaden, endlich durch Befeſtigung der in der Vertheidigungslinie liegenden Gehöfte reſp. Gebäude und Mauern erfolgen.

Zur Flankirung des linken Flügels bis zum Park von La Malmaiſon und zur Beherrſchung des Vorterrains war die Erbauung
einer Schanze (für eine Infanterie-Compagnie und 2 Geſchütze) auf
der Inſel zwiſchen den beiden Seine-Armen in Ausſicht genommen.

Zur ferneren Sicherung des linken Flügels ſollten auf den Höhen
bei la Jonchère, ſowie im Seinethal Batterien erbaut, endlich noch
zur ſpeciellen Sicherung der Pontonbrücke bei les Tanneries beſondere
fortifikatoriſche Maßregeln getroffen werden. Wegen Mangels an
techniſchen Kräften nahm der Entwurf von der Einrichtung rückwärtiger
Reſerveſtellungen einſtweilen Abſtand.

Nach dieſen in großen Zügen ſkizzirten Ideen begann die 3. Feld-
Pionier-Compagnie (Hauptmann Güntzel), die, wie wir früher geſehen
haben, gleichzeitig das Plateau bei Sèvres und Meudon fortifikatoriſch
verſtärkte, Ende September mit den zur Sicherung der Stellung der
9. Infanterie-Diviſion erforderlichen Arbeiten, zu welchen die Infanterie
täglich Vor- und Nachmittags je eine Compagnie ſtellte. Demzufolge
wurde zunächſt die Linie vom Park von St. Cloud bis zur Fohlen-
koppel bei Vaucreſſon in Angriff genommen, und erſtreckten ſich die
Befeſtigungs-Arbeiten beſonders auf Anlage von Verhauen vor der
Grille d'Orleans und auf den Wegen, welche von der Stadt St.
Cloud nach dem Schloſſe reſp. der Terraſſe führten. Nach und nach
konnten die nördlichen Parkmauern in ihrer ganzen Ausdehnung mit

Banquets versehen resp. die Vertheidigungs=Einrichtungen durch Schützengräben 2c. vervollständigt werden.

In der Nacht vom 9./10. October traf die Compagnie in der von einem Jägerposten besetzten Montretout=Schanze (nordwestlich vom Schloßpark von St. Cloud) einige Vertheidigungs=Einrichtungen und sprengte in einer der folgenden Nächte die Laterne de Diogenes (mittelst 4 Centner Pulver) weil in unmittelbarer Nähe derselben eine Belagerungs=Batterie erbaut werden sollte. —

Die Antwort des Feindes auf diese ganz unbemerkt vorgenommene Sprengung war die am folgenden Tage stattfindende Beschießung des Schlosses von St. Cloud. Die Arbeiten im Park von St. Cloud wurden bis zum 20. October fortgesetzt, namentlich noch die Schuß= felder bei la Grille möglichst freigemacht, unter Anderem auch 29 Häuser östlich la Grille in Brand gesteckt. Für die Arbeiten auf dem linken Flügel der 9. Division waren bis zum 10. November nur kleine Pionier=Detachements disponibel gewesen. Von diesem Tage ab übernahm der Lieutenant Wilcke mit einer Pionier=Abtheilung die specielle Leitung der Befestigungs=Arbeiten, die bis dahin nach den vom Ingenieur=Stabe gegebenen Directiven größtentheils von der Infanterie begonnen waren.

Was die von der 10. Infanterie=Division besetzten Stellungen des linken Flügels betrifft, so begann die 2. Feld=Pionier=Com= pagnie (Hauptmann Hummell) am 22. September mit der fortifi= katorischen Einrichtung der Positionen entsprechend den umstehend mit= getheilten Directiven. Die Infanterie sollte die erforderlichen Hülfs= Mannschaften stellen (2 Compagnien), die indessen wegen der häufigen Alarmirungen an vielen Tagen ausblieben oder nur wenige Stunden arbeiteten.

Die Arbeiten begannen mit der Vertheidigungs=Einrichtung des östlichen Ausgangs von Bougival, sowie mit der später zu erörternden Sperrung der Seine bei Chatou.

Bis zum Schluß des Monat September wurden die Verstärkungs= Arbeiten in der Stellung der 10. Infanterie=Division, was die 1. Ver= theidigungslinie anbetrifft, den Directiven entsprechend beendet, die Arbeiten an der Schanze auf der Insel mußten indessen wegen des heftigen feindlichen Granatfeuers auf Befehl der Division am 28. September eingestellt werden.

Die bis zum 14. October fortgesetzten Arbeiten erstreckten sich auf die Verstärkung der beiden Flügel der Stellung, ferner auf die Befestigung des Plateaus bei la Celle durch Anlage von Schützen=gräben mit dazwischen liegenden Verhauen, sowie Sperrung der feind=lichen Annäherungswege, endlich Erbauung von granatsicheren Unter=standsräumen und Observatorien. Zu diesen Arbeiten stellte die In=fanterie täglich 2 Compagnien als Hülfsarbeiter.

Schließlich ist zu bemerken, daß Seitens der genannten Pionier=Compagnien am 13. October der Versuch gemacht wurde, das am Fuß des Mont Valerien liegende Dorf Rueil in Brand zu stecken; daß in 7 Häusern angelegte Feuer verbreitete sich indessen nicht weiter. Von Mitte October ab übernahm die Compagnie die Vorbereitungs=Arbeiten für den Bau der Belagerungs=Batterien.

Auf dem äußersten linken Flügel der 10. Division hatte die Pontonier=Compagnie des V. Armee=Corps (Premier=Lieutenant von Schnehen) bereits am Nachmittag des 20. September von 2 bis 3½ Uhr eine Ponton=Brücke bei les Tanneries über die Seine geschlagen und somit also die Verbindung mit dem IV. Armee=Corps bewerkstelligt. Der Ingenieurstab hatte aus dem Grunde die Brückenstelle bei les Tanneries erwählt, weil weiter oberhalb das Material des Pontontrains nicht ausgereicht haben würde. Zur ferneren Verbindung der beiden Seineufer wurde bei Bougival ein Fährdienst organisirt.

Die 2. Pionier=Compagnie (Hauptmann Hummell) hatte gleichzeitig die beiden Eisenbahnbrücken bei Chatou, die vom Feinde zur Sprengung vorbereitet waren, nach Entfernung der Leitungsdrähte verbarrikadirt und die in der Nähe der Brücke liegenden Häuser zur Vertheidigung eingerichtet. Am 23. September befahl indessen das General=Commando die Sprengung der Brücken, die auch von der genannten Compagnie am 24. und 25. September mit gutem Erfolg vorgenommen wurde. Jede der beiden eisernen Brücken ruhte auf 2 massiven Land= und 2 Mittel=Pfeilern, von den letzteren war je einer mit ca. 8 Centner Pulver geladen. Weiter unterhalb war das Fahrwasser durch die Trümmer der gesprengten Seinebrücken und auf andere Weise ge=sperrt worden, so daß die Pontonbrücke gegen die Unternehmungen feindlicher Kanonenboote ausreichend gesichert erscheinen mußte.

Die Pontonier=Compagnie hatte inzwischen, zum Theil mit Unter=stützung der Infanterie, die zur Sicherung der Brücke gegen einen

9*

Angriff vom Lande her erforderlichen Maßregeln getroffen und einen aus 3 befestigten Gehöften bestehenden Brückenkopf auf dem rechten Seineufer vorbereitet, dem eine unmittelbar vor der Brücke liegende Infanterieschanze als Reduit diente.

Auch wurde noch oberhalb der vom Feinde zerstörten Brücke von Bougival eine aus Baumstämmen zusammengesetzte Strom = Sperre verankert. Der Feind suchte diese Arbeiten vom Mont Valerien aus durch Granatfeuer zu hindern, was ihm aber nicht gelang. Gleich= zeitig untersuchte die Pontonier = Compagnie das Bett der Seine nach einem Telegraphen = Kabel. Ein solches wurde auch am 25. September gefunden, und wurden mittelst desselben 3 Tage lang alle Depeschen aufgefangen, die von Paris nach Rouen gerichtet waren*).

Ende September, nachdem die zur Sicherung der Brücke er= forderlichen Einrichtungen genügend weit fortgeschritten waren, über= nahm die Compagnie die Ausführung verschiedener Verstärkungs= Arbeiten in der Nähe von Vaucresson und richtete ferner noch zur weiteren Sicherung der Pontonbrücke Port Marly zur Vertheidigung ein.

Die Befestigungs=Arbeiten wurden von der Pontonier = Compagnie am 5. October abgeschlossen und der Infanterie zur Vervollständigung übergeben, da die Compagnie sämmtlicher Mannschaften für den Brücken= und Fährdienst auf der Seine, sowie zur Vorbereitung der Belagerungs= Arbeiten bedurfte.

Die Stellungen des V. Corps waren in der Mitte des Monat October durch die drei Pionier=Compagnien mit Unterstützung der Infanterie, soweit es damals erforderlich erschien, zur Vertheidigung eingerichtet. Daneben hatten die Pioniere den anstrengenden Brücken= dienst, sowie die Vorbereitungen zu der Belagerung zu treffen. Die dem Befestigungs = Entwurf entsprechende Vertheidigungslinie war im Wesentlichen ausgeführt, während zur Herstellung einer zweiten Ver= theidigungslinie auf dem Plateau la Celle St. Cloud bereits die nöthigsten Arbeiten getroffen waren.

Am 21. October unternahm der Feind mit etwa 1200 Mann Infanterie und 94 Feldgeschützen unter dem Schutze des Fort Valerien einen Ausfall gegen die Vorposten der 10. Infanterie=Division bei la Malmaison und Bougival. Das nur von schwachen Feldwachen

---

*) Die wichtigeren Depeschen waren indessen chiffrirt, das große Haupt= quartier befahl daher die Unterbrechung des Kabels.

beſetzte, ſehr exponirte Schloß Malmaiſon nebſt Park mußte größtentheils geräumt werden; doch gelang es ſpäter, den Feind mit großem Verluſt zurückzutreiben. Die Pontonier=Compagnie hatte während des Kampfes die Pontonbrücke zum gliederweiſen Abfahren vorbereitet, um dieſelbe erforderlichen Falls in Sicherheit bringen zu können.

Da eine Verſtärkung der Vorpoſtenſtellung gegenüber Rueil ſich als nothwendig bewieſen hatte, ſo bereitete die Pontonier=Compagnie am 22. October ein größeres Blockhaus vor, welches in der Nacht vom 23./24. October nach dem rothen Pavillon bei Rueil gefahren, von da unter Hülfeleiſtung der Infanterie nach dem Park von Mal= maiſon getragen und ſodann an der Stelle aufgeſchlagen wurde, an der die Franzoſen am 21. October die Parkmauer durchbrochen hatten.

II. Vom November bis Ende Januar.

Wie ſchon oben bemerkt, waren die Pionier=Compagnien des V. Armee=Corps zu den Belagerungsarbeiten herangezogen und mußte demzufolge die weitere Verſtärkung der Poſitionen hauptſächlich der Infanterie überlaſſen werden.

Die Leitung der Verſtärkungsarbeiten für die Stellung der 9. In= fanterie=Diviſion übernahm ſpeciell der 2. Ingenieur=Offizier des Corps und ſtanden demſelben zur Beaufſichtigung der Arbeiten Anfangs ein Detachement der 3. Pionier=Compagnie, vom 17. November die Hälfte der 2. Pionier=Compagnie zur Verfügung. Für die Befeſtigung der Stellung der 10. Infanterie=Diviſion waren keine älteren In= genieur=Offiziere disponibel, und wurde hier die Beaufſichtigung der Arbeiten von Mitte November ab einem Detachement der Pontonier= Compagnie und von Ende December ab ſtatt des vorbezeichneten De= tachements einer Abtheilung der 2. Pionier=Compagnie in der Stärke von 44 Mann übertragen.

Nachdem es dem V. Armee=Corps ermöglicht war, ſeit Mitte October eine ſtärkere Beſetzung des Terrainabſchnitts von dem Sèvres= Thal bis zur Seine vorzunehmen, und als auch die Garde=Landwehr= Diviſion die Sicherung der Pontonbrücke bei les Tanneries übernom= men hatte, wurde von Anfang November an die Cernirungslinie weiter vorgeſchoben.

Unter theilweiſer Abänderung des erſten Befeſtigungsentwurfs wurden daher im Laufe der Monate November, December und Januar allmälig folgende verſchiedene Vertheidigungslinien gebildet:

1) Die befestigte Vorpostenlinie.

Dieselbe lief vom Park von St. Cloud an über das Schloß gleichen Namens nach dem Park von Montretout und der französischen Schanze, wandte sich dann westlich nach den Garcher Höhen bis zu der Mauer des Parks von Buzauval und folgte sodann der im Park von Malmaison mündenden Schlucht, umfaßte die östliche Lisière des Parks und schloß sich südlich Croissy an die Seine.

Diese fast auf ihrer ganzen Ausdehnung befestigte Vorpostenlinie hatte eine Ausdehnung von etwa $5/_4$ Meilen und lag etwa 3000 bis 4000 Schritt von dem Fort Valerien entfernt. Hinter allen besonders vorspringenden Punkten, wie z. B. hinter den Parks Montretout, Buzauval und Malmaison befanden sich noch weitere aus Verhauen und Mauern bestehende Abschlüsse, die eine durchlaufende zweite Linie bildeten, die sich von Grille d'Orleans über Garcher la Bergerie nach dem St. Cucufa-Teich erstreckte und von hier aus an den östlichen und nördlichen Abhängen des Metternicher Parks entlang bis nach Bougival lief. Ein westlich von Buzauval von den Pionieren erbautes Blockhaus sicherte, gleichwie das im Park von Malmaison schon früher hergestellte, die Feldwachen gegen kleinere Ueberraschungen.

2) Die Hauptvertheidigungslinie

lag 6000—7000 Schritt vom Mont Valerien entfernt und war auf dem rechten Flügel durch die starken Befestigungen des Sterns vorzüglich gesichert. Von hier aus war ein kräftiger Verhau in östlicher Richtung nach dem linken Flügel der 21. Division geführt. Die Vertheidigungslinie durchschnitt den Park von St. Cloud in nordwestlicher Richtung, umfaßte einen Theil des Dorfes Villeneuve und erreichte die westlich dieses Ortes sich erhebenden Höhen, die von verschiedenen Batterien und kleinen Schanzen, sowie der gewissermaßen ein großes Reduit bildenden Fohlen-Koppel gekrönt wurden. Die Linie folgte dann der nördlichen Mauer der Fohlenkoppel, durchschnitt das Plateau Celle de Cloud, wandte sich in nordwestlicher Richtung durch den Metternicher Park nach Bougival und fiel zum Theil mit der vorhin erwähnten zweiten Linie der Vorpostenstellung zusammen.

3) Als Reservestellung

diente endlich noch westlich von Bougival die starke Artillerie-Position auf dem Plateau St. Michel, sodann die von Beauregard in der Richtung auf die Jägerschanze sich erstreckenden Verschanzungen, die eine vierte zusammenhängende starke Vertheidigungslinie bildeten. Die Linie folgte von Beauregard aus dem nördlichen Rande des nach Vaucresson abfallenden Plateaus und zwar von Jardy bis zur Mauer des Parks von Marnes, wendete sich hier südlich, durchschnitt sodann die Straße Ville d'Avray-Versailles und schloß sich auf dem Höhen= zuge zwischen den Straßen Ville d'Avray resp. Sèvres-Versailles an die rückwärtige Vertheidigungslinie der 21. Infanterie=Division. Die Straße Ville d'Avray=Versailles wurde außerdem noch der Länge nach durch eine rückwärtige Batterie=Aufstellung beherrscht.

Die Entfernung der am weitesten rückwärts liegenden Batterien von Fort Valerien betrug über 1 Meile.

Bei keinem Armee=Corps der Cernirungs=Armee finden wir eine solche Ueberhäufung von Vertheidigungslinien wie in dem vom V. Armee=Corps besetzten Terrain=Abschnitt, so daß man die Frage auf= werfen kann, ob eine derartige Ueberhäufung nützlich oder nothwendig gewesen ist. Diese Frage kann vielleicht verneint werden, denn einmal mußte dadurch die Uebersichtlichkeit der Vertheidigung in hohem Grade erschwert werden, welcher Uebelstand aus dem Grunde wohl nicht so sehr zu Tage trat, weil das V. Corps von Anfang bis Ende der Cernirung diesen Terrain=Abschnitt besetzt hatte. Sodann konnten natürlich für die Verstärkung der Vorpostenstellung, die bereits den Charakter einer Gefechtsstellung besaß, nicht die erforderlichen Ar= beitskräfte verwandt werden, so daß die theilweise sehr exponirten Vorpostenstellungen bei einem ernstlichen Angriff dem Feinde in die Hände fallen mußten, in ähnlicher Weise wie es bereits im November und Dezember bei le Bourget und Champigny der Fall gewesen war.

Am 19. Januar wurde die ganze Front des V. Armee=Corps von sehr überlegenen feindlichen Streitkräften angegriffen, die sich unter dem Schutze des Fort Valerien gesammelt hatten. Alle Angriffe gegen die Gefechtsstellungen der 10. Division scheiterten. Dahingegen wurden sowohl der Park wie das Schloß Malmaison vom Feinde genommen. Das von 4 Batterien des IV. Armee=Corps, sowie 1 Batterie der Garde=Landwehr=Division vom rechten Seineufer aus erfolgende Flankenfeuer verhinderte hauptsächlich in Verbindung mit den bei St. Michel etablirten Batterien das weitere Vordringen der Franzosen.

Bessere Resultate erzielte der Feind gegen die Front der 9. In= fanterie=Division, indem die letztere einen Theil von St. Cloud, sowie die

Montretoutschanze mit den Garcher Höhen und den Park von Buzauval räumen mußte. Alle Anstrengungen des Feindes, Garches und die Bergerie zu nehmen, scheiterten. Nachmittags ging die 9. Infanterie-Division zum Angriff über und vertrieb am Abend die Franzosen von der Höhe, sowie aus der Schanze von Montretout. Buzauval wurde in Folge dessen vom Feinde freiwillig geräumt.

Verbindung der beiden Seine-Ufer.

Ein Abfahren der vom V. Armee-Corps bei les Tanneries erbauten Pontonbrücke war trotz des im Dezember bedeutend ge-stiegenen Wasserstandes niemals erforderlich geworden, da es der Pontonier-Compagnie gelungen war, den der Brücke (durch trei-bende Prahme ꝛc.) drohenden Gefahren rechtzeitig entgegenzutreten. Wegen des fortwährend steigenden Wasserstandes war es nach und nach erforderlich geworden, die Brücke um etwa 3 Mtr. zu heben.

Am 22. Dezember erhielt die genannte Compagnie in Folge einer Requisition der Garde-Landwehr-Division den Befehl, die bereits am 24. September vorgenommene Sprengung der über den östlichen Seinearm führenden Eisenbahnbrücke bei Chatou weiter zu vervoll-ständigen, indem der Feind seine Vorposten bis dicht an die Brücke vorgeschoben und die durch die früheren Sprengungen nur gesenkten Eisenträger durch Ueberdecken mit Bohlen ꝛc. zum Uebergang für In-fanterie eingerichtet hatte.

Die beiden Eisenbahnbrücken waren durch einen 9 Mtr. hohen Damm verbunden; auf der südlichen Seite dieses Dammes befand sich ein breiter mit Bäumen bewachsener trockener Graben, der eine gedeckte Annäherung bis zu dem auf dem linken Ufer des Seinearms liegenden und zu sprengenden Landpfeiler-gestattete.

Die nach den Anordnungen des Hauptmann Pirscher unter spe-cieller Leitung des Lieutenant Seer ausgeführten Arbeiten begannen in der Nacht vom 22./23. Dezember. Wegen der unmittelbaren Nähe des Feindes war es erforderlich, die gedeckten Communicationen zu vervollständigen und ein Minen-Logement auf dem betreffenden Land-pfeiler herzustellen.

Trotz des heftigen feindlichen Feuers gelang es, zwei Schächte von 4 Mtr. Tiefe bis zum 26. Dezember abzutäufen. Die zur La-dung der Minen nöthigen 10 Centner Pulver wurden über die stark mit Treibeis gehende Seine geschafft, und konnte die Zündung in der Nacht vom 26./27. Dezember unentdeckt vom Feinde vollzogen werden. Der Landpfeiler wurde vollständig zertrümmert, der Gitterträger blieb indessen auf den Trümmern resp. dem stehen gebliebenen Strom= pfeiler liegen, so daß sich nur an der Landseite eine schmale Lücke bildete und die Sprengung daher nicht den gewünschten Erfolg hatte. Von weiteren Sprengungen wurde indessen Abstand genommen. Am 26. Dezember nahm der Eisgang solche Dimensionen an, daß die Pontonbrücke gliederweise abgefahren werden mußte, und wurde dieselbe erst am 18. Januar wieder eingefahren, konnte also während der am folgenden Tage stattfindenden Schlacht zum Truppen= Uebergang benutzt werden.

Vom Mont Valerien aus wurde die Brücke an diesem Tage mit Monstregeschützen beschossen und crepirten drei der auf 10,000 Schritt geworfenen Granaten 80 Schritt vom Brückenausgang resp. auf der oberstrom liegenden Inselspitze.

Ferner ist hier noch zu bemerken, daß die Garde=Landwehr=Divi= sion am 22. December die Rückkehr der ihr zugewiesenen aber zu den Belagerungsarbeiten herangezogenen 2. Festungs=Pionier=Com= pagnie X. Armee=Corps (Hauptmann Pertz) erbat, wenn möglich, außerdem noch andere Pionier=Compagnien*), um die zur Sicherung der Vorpostenstellungen bei Chatou und Carrières als dringend erfor= derlich erachteten Befestigungsarbeiten zur Ausführung bringen zu können. Die genannte Compagnie wurde diesem Antrage gemäß bis Ende December zur Division zurückbeordert.

Endlich wurden noch im Laufe des Monat Januar von der Pontonier=Compagnie des V. Armee=Corps verschiedene Sperrungs= Vorkehrungen auf den Seinebrücken bei St. Germain hergestellt, letz= tere auch zur Sprengung vorbereitet. Das General=Commando des V. Armee=Corps hatte am 23. December in Folge der eingelaufenen Nachrichten, daß der Feind einen Seineübergang bei Chatou und unterhalb dieses Ortes vornehmen wolle, dem Obercommando vor= geschlagen, „die festen Brücken bei St. Germain und zumal bei Mai=

---

*) Die Division meldete: „Es ist dringend nothwendig, daß für die In= fanterie Laufgräben geschaffen werden. Obwohl ein Bataillon unausgesetzt gearbeitet hat, würde es zur schnelleren Förderung der Arbeit sehr wün= schenswerth sein, wenn Pioniere zur Disposition ständen, welche auf dem ausgedehnten Terrain=Abschnitt sehr gute Dienste leisten können.

sons zerstören oder wenigstens unpassirbar machen zu lassen." Das Ober-Commando der III. Armee hielt indessen eine Zerstörung der Brücken für gänzlich unzulässig, besonders da auf die Pontonbrücke bei les Tanneries mit Sicherheit nicht immer zu rechnen sei. Wie wir vorhin gesehen haben, trat dieser Fall auch schon in einigen Tagen ein.

Schlußbemerkung.

Die in den vorstehenden Blättern skizzirten Cernirungsarbeiten sind nebst den Seitens der Artillerie hergestellten Geschütz-Emplacements und Batterien auf den Tafeln I. und II., soweit der Maaßstab es zuließ, angedeutet. Die Tafel III. giebt ein übersichtliches Bild des außerordentlich verzweigten, und nach den speciellen Anordnungen des Chefs der Feld-Telegraphie, Oberst Meydam, angelegten Kriegs-Telegraphen-Netzes um Paris. *)

In der Beilage 1 sind die sämmtlichen während der Cernirung und unmittelbar nach der Capitulation von Paris erbauten Seine-, Marne- und Oise-Uebergänge zusammengestellt.

4. Kapitel.

Artillerie- und Ingenieur-Angriff.

Als der Befehl zur Einschließung von Paris ertheilt worden war, erhielt gleichzeitig der Commandeur der Ingenieure der III. Armee, Generalmajor Schulz, den Auftrag, innerhalb der von dieser Armee eingenommenen Stellungen die zweckmäßigste Angriffsfront zu ermitteln.

Auf Grundlage der theils persönlich, theils von Offizieren des Ingenieur- und Artillerie-Stabes der III. Armee vorgenommenen speciellen Recognoscirungen erstattete der General am 26. September dem Obercommando den im Nachstehenden mitgetheilten Bericht:

*) Die specielle Beschreibung dieses Telegraphen-Netzes wird im IV. Bande dieses Werkes mitgetheilt werden.

„Das von der III. Armee occupirte Terrain im Süden von
„Paris zerfällt nach seiner Natur in 4 große Abschnitte, von denen
„der erste von der Unter=Seine bei Croiffy bis zum Thale von
„Sèvres, der zweite von dem letzteren Thale bis zur Bièvre, der
„dritte von der Bièvre bis zur Ober=Seine, der vierte von der letz=
„teren bis zur Marne reicht.

„Der erste Abschnitt erscheint für einen förmlichen Angriff wenig
„geeignet, weil auf ihm das stärkste der vorgeschobenen Werke, der
„Mont Valerien, liegt, das genommen werden muß, bevor ein wei=
„terer Fortgang der Belagerungsarbeiten möglich ist. Der Mont
„Valerien beherrscht von seiner hohen Lage aus das Terrain der
„Approchen fast vollständig, da nur das von Rueil aus in westlicher
„Richtung sich hinziehende Thal nicht völlig von ihm bestrichen ist.
„Die dem Angriff zugewandten Fronten des Werkes, die Süd= und
„Südwestfront, durch 2 provisorische Außenwerke verstärkt, die in
„großen gemauerten Blockhäusern mit Erdummantelung zu bestehen
„scheinen, und mit geräumigen, kleinere Ausfälle begünstigenden Waf=
„senplätzen versehen, bestreichen das Vorterrain in überaus dominiren=
„der Lage bis auf 800 Schritt vollständig. Einerseits wird durch diese
„Lage die Wirkung der Angriffs=Batterien und andererseits die Defi=
„lirung der Sappenarbeiten beträchtlich erschwert; die dem Glacis zu=
„nächst liegenden Approchen werden so steil ansteigen, daß es nur
„mittelst der Erdwalze bei tiefem Profil und sehr nahe hinter einan=
„der liegenden Traversen möglich werden wird, in überaus mühseliger
„Weise das Glacis zu ersteigen.

„Nach Wegnahme des Mont Valerien würde der Angriff die
„Seine zu überschreiten und mit derselben im Rücken durch das Bois
„de Boulogne hindurch, das die Anlage der erforderlichen Angriffs=
„batterien schwer, wo nicht unmöglich macht, gegen die Stadtenceinte
„vorzugehen haben. Sollte vorgezogen werden, nach Ueberschreitung
„der Seine um das Bois de Boulogne herum gegen den nach Villan=
„court vorspringenden Saillant der Stadtbefestigung vorzugehen, so
„würde der Angriff von Fort d'Issy und der hinter demselben anzu=
„legenden Contre=Approchen derart in Flanken und Rücken genommen
„werden, daß er nur nach beträchtlichen Opfern würde reüssiren können.
„Daß bei dem Vorgehen gegen den Mont Valerien das provisorische
„Werk bei Montretout zunächst fortgenommen werden muß, soll nur
„erwähnt werden, da dies bei einem förmlichen Angriff gegen den
„Mont Valerien keinen Schwierigkeiten unterliegen kann.

„Nach dem vorstehend generell skizzirten Gange des Angriffs
„erscheint der Abschnitt zwischen der unteren Seine und dem Thal von
„Sèvres für eine förmliche Attaque nicht geeignet. „Auch der vierte, östliche Abschnitt, zwischen der oberen Seine
„und der Marne, bietet dem förmlichen Angriff beträchtliche Schwierig=
„keiten. Er hat zunächst nur das Fort Charenton vor sich, ist dagegen
„von den Forts d'Jvry und dem Retranchement St. Maurice, sowie
„von den auf der Landzunge von St. Maur anzulegenden Contre=
„approchen kräftig flankirt und in den Rücken genommen. Beim
„weiteren Fortgange hat er nach Wegnahme des Forts Charenton die
„Marne im Angesicht und Gewehrfeuer des Retranchements von
„Vincennes zu überschreiten, das letztere und das allerdings keinen
„großen Widerstand bietende Fort von Vincennes zu nehmen, und
„demnächst die förmliche Attaque gegen die Stadtbefestigung durchzuführen.

„Nach den vorstehend angeführten Verhältnissen dürfte von einem
„Vorgehen mit dem förmlichen Angriff hier ganz abzusehen, und der letztere
„von vorn herein gegen die eigentlichen Südfronten zu richten sein. Die
„beiden Abschnitte zwischen dem Thal von Sèvres und der Bièvre
„und zwischen der letzteren und der oberen Seine bieten beide von
„vorn herein keine allzu beträchtlichen Schwierigkeiten; bei beiden sind
„eine Anzahl (2 resp. 3) detachirter Forts von einem überhöhenden
„Vorterrain aus zu nehmen, bei beiden in nahezu gleicher Weise der
„Angriff gegen die Stadtbefestigung durchzuführen; beide bieten den
„Vortheil, daß der Angriff keinen Fluß zu überschreiten hat. Die
„Entscheidung, welcher Punkt den größten Vortheil bietet, wird nur
„nach näherer Vergleichung der speciellen Eigenthümlichkeiten des
„Terrains und der Festungswerke möglich sein.

„In Betreff der Heranschaffung der Geschütze und Materialien
„ergiebt sich ein kleiner Vortheil zu Gunsten des östlichen Abschnitts,
„da die wahrscheinlich für die Heranschaffung benutzte Straße von
„Fontainebleau (über die Brücken von Corbeil) in directer Linie auf
„diesen Abschnitt zuführt, während zu dem westlichen Abschnitt von
„la belle Epine aus ein zwar guter, jedoch zum Theil mit ziemlich
„beträchtlichen Steigungen geführter Parallelweg eingeschlagen werden
„muß. In Betreff der Strauchmaterialien dagegen ist der Abschnitt
„westlich der Bièvre wesentlich im Vortheil.

„An detachirten Werken hat der Abschnitt zwischen dem Sèvres=
„Thal und der Bièvre zunächst die Forts d'Jssy, de Vanvres und

„Montrouge vor sich, bastionirte Vier= resp. Fünfecke mit revetirter „Escarpe und Contrescarpe, ohne niedere Graben=Vertheidigung, mit „hinreichend geräumigen Waffenplätzen, im Innern mit je 2 weit „über die Brustwehren vorragenden Kasernen und Pulver= Magazinen „versehen, deren Einmantelung noch nicht vollständig beendigt ist. „Die Höhe bei Clamart, auf welcher das gegenwärtig vom 2. bayerischen „Armee=Corps besetzte provisorische Werk gelegen ist, sieht alle 3 Forts „ein. Die Escarpenmauern zeigen sich auf 8—10′ Höhe. Mit den „schwersten Kalibern (langer gezogener 24 Pfünder und 8 zölliger gezogener „Mörser), welche letztere jedoch im Belagerungspark voraussichtlich nur „in geringer Anzahl vertreten sein werden, können die Kasernen „demolirt, möglicherweise die Pulver= Magazine in die Luft gesprengt, „und das Innere sämmtlicher 3 Forts fortwährend beträchtlich be= „unruhigt werden. Die eigentlichen Demontir=, Ricochett= und Mörser= „Batterien können auf der Höhe von Clamart nicht angelegt werden, mit „denselben muß man weiter hinuntersteigen. Dies wird bei den steilen Ab= „hängen besonders in Betreff der Nachführung der Munition seine „Schwierigkeiten haben, noch mehr bei dem weiteren Vorgehen des „förmlichen Angriffs für die zur Besetzung der Trancheen herabzufüh= „renden Infanterie = Colonnen. Ein Enfiliren der Angriffsfront der „3 genannten Forts ist nicht möglich.

„Richtet der Angriff sich im Speciellen gegen die Forts Issy und „Vanvres, sich darauf beschränkend, das Fort Montrouge durch Ge= „schützwirkung todt zu machen, so sind die Parallelen und Approchen „über die Abfälle von Clamart und den Einschnitt der Eisenbahn „von Versailles hinwegzuführen und verlieren dabei an Uebersichtlichkeit „und Einfachheit der Anlage. Der linke Flügel wird von den bei „Billancourt anzulegenden Contreapprochen auf dem rechten Seine= „Ufer, jedoch von niedriger Lage aus, durch Granatfeuer flankirt. „Nach Wegnahme der Forts wird der Angriff entweder in dem niederen „Terrain am Seineufer oder auf dem Plateau bei Vanvres und „Montrouge vorgehen können. Im ersteren Falle erhält er von dem „Saillant der Stadtbefestigung bei dem Point du jour und den vor= „wärts desselben anzulegenden Contreapprochen ein so starkes Flanken= „und Rückenfeuer, daß das Vorgehen auf dem Plateau jedenfalls „vorgezogen werden wird. Hierbei aber kommt das Fort Montrouge „wesentlich mit zur Geltung. In seiner West= und Nordfront bisher „höchstens durch Enfiliren der ersteren und durch Rückenfeuer der

„letzteren auf Entfernungen von 2500—3000 Schritt geschwächt, wird es,
„obgleich durch die im Fort de Vanvres zu etablirenden Demontir=
„Batterien gegen die Westfront und Enfilir=Batterien gegen die Kehl=
„Front, wesentlich in Anspruch genommen, theils an und für sich,
„theils durch in der Kehle vorgeschobene Contreapprochen die Attaque
„gegen die Stadt so wesentlich geniren, daß seine Wegnahme kaum zu
„vermeiden sein wird. Bei dieser, die ohne förmlichen Angriff sehr
„schwierig erscheint, wirken aber das Fort de Bicêtre in beträchtlich
„überhöhender Lage und das vorwärts desselben, westlich von Villejuif
„angelegte provisorische Werk sehr erschwerend ein.

„Sollte aus diesen Gründen von vornherein vorgezogen werden,
„den Hauptangriff gegen Fort Vanvres und Montrouge und den
„dahinter liegenden Theil der Stadtbefestigung zu führen, so wirken
„das Fort Bicêtre und das vorgeschobene provisorische Werk so be=
„trächtlich in Flanke und Rücken, daß das letztere jedenfalls weg=
„genommen, das erstere durch speciell zu diesem Zweck angelegte
„Batterien fortwährend unter Feuer gehalten werden muß, wenn der
„Angriff gelingen soll. Der Punkt der Stadtbefestigung, an welchem
„sich der Einbruch auf diesem Terrain=Abschnitt am günstigsten ge=
„stalten wird, kann erst nach naher Recognoscirung festgestellt werden.

„Der Terrain=Abschnitt zwischen der oberen Seine und Bièvre
„hat gegen den zuletzt behandelten folgende Nachtheile: Die Armee
„ist noch nicht im Besitz einer Höhe, von der aus eine Bekämpfung
„der vorliegenden Werke mit schweren Kalibern möglich ist, vielmehr
„befindet sich die Einschließung hier noch in einer Situation, welcher
„sich die beiden Forts Bicêtre und d'Jvry vollständig entziehen, und
„ist das vorgeschobene Werk westlich von Villejuif, dieses letztere Dorf
„und das Dorf Vitry, sowie ein zwischen beiden Dörfern vorge=
„schobenes Feldwerk wegzunehmen, ehe überhaupt Batterien gegen die
„detachirten Forts vorgeschoben werden können. Diese Wegnahme
„bietet indeß bei dem Vorgehen mit dem förmlichen Angriff keine
„wesentliche Schwierigkeit. Dagegen bietet der Abschnitt den Vortheil,
„daß nach erfolgter Festsetzung auf dem Plateau von Villejuif die
„Batterien auf 12 bis 1500 Schritt Entfernung in überhöhender Lage
„angelegt werden können, deren Munitions=Ersatz völlig gesichert ist.
„Die Gradationen von der Höhe von Villejuif nach den detachirten
„Forts sind weniger steil als diejenigen bei Clamart, so daß die be=
„trächtlich kürzeren Approchen zu der 1. Parallele auf keine Schwierig=
„keiten stoßen können.

„Das Bièvrethal selbst bietet eine bereits fertige gedeckte Approche.
„Die Wirkung der flankirenden Werke, Forts Montrouge und Charenton
„ist nicht sehr zu fürchten, weil dieselben niedriger liegen, als das
„Plateau von Villejuif. Der Nachtheil, daß die Südfront von
„d'Jvry eine niedere Grabenflankirung hat, wird dadurch aufgewogen,
„daß sie die vor ihr liegenden Abhänge, die auch dem Fort Charenton
„entzogen sind, nicht einsieht. Erforderlichenfalls liegt kein Hinderniß=
„grund vor, den Einbruchspunkt auf die Westfront zu verlegen. Nach
„Wegnahme der Forts ist der Angriff auf diesem Terrainabschnitt der
„Stadtenceinte bereits näher gerückt, als auf denjenigen westlich der
„Bièvre; er wird sich gegen die Stelle richten, wo die Straßen von
„Vitry und Fontainebleau die Enceinte schneiden, weil er hier der
„Collateralwirkung am meisten entzogen ist.

„Nach der Terrainformation endlich ist zu schließen, daß der
„Boden östlich der Bièvre für die Angriffsarbeiten weniger Schwierig=
„keiten bieten wird, als der ungemein schwer zu bearbeitende, aus
„Lehm und Stein gemischte Boden westlich der Bièvre.

„Eine Vergleichung der Terrainabschnitte zwischen dem Thal von
„Sèvres und der Bièvre einer= und zwischen der Bièvre und der oberen
„Seine andererseits ergiebt nach Vorstehendem einen, wenn auch nicht so
„beträchtlichen Vortheil zu Gunsten des letzteren. Die ersten Schwierigkeiten
„werden hier größer sein, doch ist der ungestörte Fortgang der Arbeiten
„nach Ueberwindung derselben gesicherter und leichter, als auf dem Abschnitt
„westlich der Bièvre.

„Hiernach ergeben sich auf dem von der III. Armee eingenomme=
„nen Terrain als zweckmäßigste Angriffspunkte für einen förmlichen
„Angriff in erster Linie die Forts Bicètre und d'Jvry, in zweiter
„diejenigen Bastione der Stadtenceinte, welche der eingehenden Biegung
„der letzteren im Bièvrethal zunächst nach Osten liegen.

gez. Schulz."

Auf Allerhöchsten Befehl hatten der General=Inspecteur der Ar=
tillerie, General der Infanterie, von Hinderfin, sowie der stellver=
tretende General=Inspecteur des Ingenieur=Corps, Generallicutenant
von Kleist, in den Tagen vom 26. bis 28. September gleichfalls eine
Recognoscirung der Befestigungen von Paris vorgenommen. Das
am 30. September festgestellte und dem großen Hauptquartier unter=
breitete Resultat dieser Recognoscirungen lautete folgendermaßen:

„Das Bombardement einer Festung führt, wie noch die jüngsten
„Beispiele gelehrt haben, einer energischen Vertheidigung gegenüber
„selten zur Uebergabe des Platzes. Das Resultat eines Bombarde=
„ments wird um so zweifelhafter, wenn, wie bei Paris, ein Gürtel
„von Forts die Anlage von Bombardementsbatterien in genügender
„Nähe der Stadt ausschließt, und wenn, wie hier, selbst nach der
„Wegnahme einiger Forts wegen der Ausdehnung des Platzes immer
„nur ein verhältnißmäßig kleiner Theil der Gebäulichkeiten der Zer=
„störung unterworfen werden kann. Soll daher, um die Einnahme
„von Paris zu erlangen, keine Zeit verloren werden, so wird man
„von vornherein zu förmlichen Angriffsarbeiten schreiten müssen.

1) „Von dem förmlichen Angriff wird von vornherein die Befesti=
  „gung der das Vorterrain fast nach allen Seiten hin bedeutend
  „dominirenden Höhen von Montreuil auszuschließen sein. Ueber=
  „dies hat der Angriff hier nach Wegnahme der Forts ein außer=
  „ordentlich schwieriges, vielfach bebautes, die Vertheidigung
  „wesentlich begünstigendes Terrain bis zur Hauptenceinte zu
  „durchschreiten.

2) „Die Befestigungen von St. Denis bilden ein im Allgemeinen
  „günstiges Angriffs=Object, das Angriffs=Terrain bietet keine
  „Schwierigkeiten, und der Angriff könnte hier durch eine Be=
  „drohung der Kehle der Forts la Briche und Double Couronne
  „du Nord unterstützt werden. Die Ueberschreitung der nassen
  „Gräben dieser Werke, der Kampf um die Stadt St. Denis
  „selber und endlich die Durchschreitung eines von 2 bedeutenden
  „Werken flankirten Terrains bis zur Stadtenceinte von großer
  „Tiefenausdehnung würde dagegen die Annäherung an die
  „Stadtenceinte und die schließliche Wegnahme der Stadt auf=
  „halten.

3) „Die Nordwestfronten der Stadtbefestigung bieten insofern dem
  „schnellen Fortschreiten der förmlichen Arbeiten Vortheile, als sie
  „nur durch das Fort Valerien verstärkt sind, welches von den
  „Befestigungen von St. Denis soweit entfernt liegt (15000 Schritt),
  „daß man zwischen beiden noch in breiter Front unbelästigt
  „hindurchgehen kann, dagegen wird der Angriff hier durch die
  „beiden Seinearme aufgehalten, deren Ueberschreituug mit zahl=
  „reichen Brücken im feindlichen Feuer nicht ohne Schwierigkeiten
  „vor sich gehen könnte. Nachdem die Landzunge zwischen

„beiden Seinearmen durch 3 provisorische Werke occupirt ist, welche
„den nördlichen Seinearm beherrschen, würde der Angriff hier über=
„haupt nur Chancen haben, wenn von der Halbinsel gewaltsam Besitz
„ergriffen wird, noch ehe die fraglichen 3 Werke wieder besetzt sind.

4) „Der Angriff auf die Südfronten bietet die größte Wahr=
„scheinlichkeit des Gelingens in verhältnißmäßig kürzester Frist.
„Er bedingt die zuvorige Wegnahme mindestens zweier und die
„Beschäftigung eines 3. Forts. Für die Wegnahme der Forts
„Issy und Vanvres ist das Vorterrain günstiger, als für die
„Wegnahme der Forts Bicètre und Jvry. Für das weitere
„Vorgehen gegen die Hauptenceinte gewährt das Terrain hinter
„den Forts Bicètre und Jvry die größeren Vortheile. Für die
„Wegnahme der Forts Issy und Vanvres bieten namentlich
„die Höhen von Meudon, Clamart und Chatillon, welche die
„volle Einsicht in diese Forts gestatten, große Chancen, während
„die Einnahme der Forts Bicètre und Jvry noch die zuvorige
„Wegnahme des, von den dahinter liegenden Werken sehr
„kräftig unterstützten provisorischen Werkes auf dem Plateau
„von Villejuif voraussetzen würde. Der Angriff auf die Forts
„Issy und Vanvres würde außerdem die Möglichkeit gewähren,
„in einem günstigen Moment bei Sèbres die Seine zu über=
„schreiten, einen Angriff gegen le Point du jour mit dem Haupt=
„angriff zu verbinden, und so eventuell gleichzeitig auf beiden
„Seiten der Seine in die Hauptenceinte einzudringen.
„Es liegt nahe, bei einer Festung von der Ausdehnung, wie sie
„Paris besitzt, sich nicht mit einem einzigen Angriffswege zu begnügen.
„Die Combination mehrerer Angriffe theilt die Aufmerksamkeit und die
„Kräfte des Gegners, während sie durch die zur Verfügung stehenden
„Belagerungsmittel, welche durch die Heranziehung des Belagerungs=
„Trains von Straßburg noch verstärkt werden können, ohne Gefahr
„für das Gelingen des Angriffs ermöglicht ist. Außerdem kann diejenige
„Angriffsfront die relativ günstigere werden, welche von dem weniger
„geschickten Commandanten und weniger geschulten Truppen vertheidigt
„wird. Wir glauben die Combinirung der Angriffe auf die Nord=
„westfront und die Front der Forts Issy und Vanvres, eventuell auf
„le Point du jour empfehlen zu sollen, von denen der letztbezeichnete,
„als der am sichersten zum Ziele führende, als der Hauptangriff zu
„betrachten sein wird.

„Der combinirte Angriff läßt sich in folgenden Grundzügen skizziren:

1) „Gewaltsame Besitzergreifung der Halbinsel zwischen den beiden „Seine=Armen, in Verbindung mit überraschendem Brückenschlage „über den nördlichen Seine=Arm; demnächst

2) „Etablirung der ersten Batterien gegen die Forts Issy und „Vanvres resp. Montrouge auf den Höhen von Meudon, Clamart „und Chatillon.

3) „Etablirung von dergleichen Batterien auf dem linken hohen „Seine=Ufer bei Sèvres und St. Cloud gegen le Point du jour.

4) „Fortsetzung der Angriffsarbeiten gegen Fort Issy und Vanvres.

5) „Wegnahme der Forts Issy und Vanvres.

6) „Bekämpfung der Hauptenceinte hinter den Forts Issy und „Vanvres.

7) „Eventuell Ueberschreiten des Seine=Bogens gegenüber le Point „du jour.

8) „Vorgehen gegen die Hauptenceinte auf beiden Ufern der Seine „und schließliches Eindringen in die erstere. Ob und in welchen „Momenten der Neben=Angriff auf der Seine=Halbinsel vor= „getrieben, die Seine überbrückt resp. gegen die Hauptenceinte „vorgegangen wird, wird von besonderen Umständen und von „dem Grade der Zähigkeit abhängen, welchen die Vertheidigung „an den Tag legt.

„Wir bemerken hierbei schließlich, daß die beiden Angriffe ein „bedeutendes Kriegs=Brückenmaterial erfordern, und daß es unerläßlich „sein wird, das bereits eingebaute durch Wiederherstellung der ge= „sprengten Brücken disponibel zu machen.

„Sollte dieser allgemeine Angriffsplan die Allerhöchste Genehmigung „finden, so würden Special=Recognoscirungen und die Bearbeitung „eines Special=Angriffs=Entwurfs durch die den Angriff leitenden „Artillerie= und Ingenieur=Offiziere zu erfolgen haben.

gez. v. Hindersin. v. Kleist."

Am 9. October traf die Allerhöchste Entscheidung ein, daß der Hauptangriff sich gegen die Forts Issy, Vanvres und Montrouge richten solle, und daß die weiteren Entschließungen wegen Bestimmung eines Nebenangriffs abzuwarten seien. Für den Hauptangriff sollte einstweilen vorbehaltlich näherer Bestimmungen der Gesichtspunkt maaßgebend sein, durch Wegnahme der Forts Issy und Vanvres günstig und nahe gelegene Positionen zu einer Beschießung von Paris zu gewinnen und das Artilleriefeuer des Forts Montrouge zum Schweigen zu bringen. Ob und inwieweit nachher ein Angriff gegen die Haupt= Enceinte ausführbar sei, sollte von den damals noch nicht zu über= sehenden Umständen abhängig bleiben.

Der zum Commandeur der Belagerungs=Artillerie besignirte Oberst von Rieff war bereits am 20. September von Berlin mit 8 kurzen 15 Ctm. Kanonen und einer Festungs=Artillerie=Compagnie zur Cernirungs=Armee von Paris abgegangen und traf am 26. September in Nanteuil ein.

Zum Ingenieur en chef für den Südangriff wurde der Generalmajor Schulz ernannt.

Von der Bildung eines besonderen Belagerungs=Corps wurde unter den vorliegenden Umständen abgesehen, obgleich Solches von dem Ober=Commando der 3. Armee gewünscht war. Das Letztere wurde angewiesen, die zur Deckung der Belagerungs=Arbeiten, sowie die zum eventuellen Angriff erforderlichen Truppen aus den unter= gebenen Corps nach Bedarf zu entnehmen.

Die obere Leitung des seiner Zeit gegen die Nordwestseite zu richtenden Angriffs übernahm das Ober=Commando der Maas=Armee, dem zur speciellen Leitung der Angriffsarbeiten als Ingenieur en chef der Oberstlieutenant Oppermann, sowie der Oberstlieutenant Himpe, später nach dem Falle von Lafère der Oberst Bartsch) als Commandeur der Belagerungs=Artillerie zur Verfügung gestellt wurde.

Die General=Inspecteure (General der Infanterie von Hinderfin und Generallieutenant von Kleist) erhielten den Auftrag, den Fortgang der Arbeiten unausgesetzt zu überwachen und in Gemeinschaft mit dem Chef des Generalstabes der Armee die nöthigen Vorschläge in Betreff der den beiden Ober=Commandos zu gebenden Directiven zu unterbreiten.

Als allgemeine Directiven für die Belagerungs=Operationen wurden Anfang October von den maaßgebenden leitenden Organen folgende Punkte den betreffenden Ober=Commandos bezeichnet:

1) Es ist durchaus geboten, daß vollständige Eintreffen des reichlich zu dotirenden Belagerungs=Parks dem Beginn des Feuers der Belagerungs=Geschütze vorangehen zu lassen, da nur ein über= raschendes und massenhaftes Feuer die Chancen des Erfolges in sich schließen kann; ein je nach Maßgabe ihrer Ankunft ver= einzeltes Auftreten von Geschützen aber von nur zweifelhafter

Wirkung sein und nur dazu beitragen dürfte, das moralische Element des Vertheidigers zu erhöhen. Es darf daher nicht früher ein Schuß gegen die Forts abgegeben werden, bis eine überwältigende Anzahl von Geschützen dagegen Aufstellung gefunden hat.

2) Es erscheint besonders wichtig, die nicht allein durch ihre Lage, sondern auch durch Truppen-Aufstellungen zu sichernden Straßen, auf welchen der Belagerungstrain sich der Süd- und Südostfront von Paris nähern muß, derart auszubessern, daß der Transport des schweren Materials nach Möglichkeit erleichtert und Stockungen in dem Transport selbst vermieden werden.

3) Als wesentliche den Beginn der Belagerung fördernden Vorarbeiten wird sofort mit der Anfertigung der Batteriebau-Materialien sowohl, als des zur Eröffnung des regelmäßigen Angriffs erforderlichen Ingenieur-Materials zu beginnen sein.

4) Sämmtliche Truppencorps haben sofort alles in ihren Rayons vorhandene Schanzzeug zu requiriren und in Depots zu formiren.

Schließlich wurde noch darauf hingewiesen, daß die sub 2 und 3 bezeichneten Maßregeln und Arbeiten nicht allein auf den wirklich zur Angriffsfront führenden Straßen, beziehentlich den Rayons selbst vorgenommen werden dürften, sondern in demonstrativer Weise auf allen Fronten in das Werk zu setzen seien, um den Vertheidiger über die wirkliche Angriffsfront möglichst in Ungewißheit zu lassen.

In Ausführung der im Vorstehenden mitgetheilten Bestimmungen wurden Seitens der Artillerie alsbald die erforderlichen Vorbereitungen eingeleitet.

In Nanteuil resp. dem bei Villacoublay etablirten Belagerungs-Park waren bereits bis zum 24. October an Belagerungs-Geschützen eingetroffen:

50 lange gezogene 15-Ctm.-Kanonen,
15 kurze   „   „
84 12-Ctm.-Kanonen,
40 9-Ctm.   „
20 25pfündige Bomben-Kanonen,
20 50pfündige Mörser,
 6 gezogene 21-Ctm.-Mörser.

Sa. 235 Geschütze mit der ersten Munitions-Rate von 113,650 Schuß resp. Wurf und 6000 Centner Pulver.

Außerdem war die Heranschaffung der beantragten Verstärkung des Belagerungs-Trains um

20 gezogene 15-Ctm.-Kanonen und
20 „ 12-Ctm. „

mit zugehöriger Munition (20,000 Schuß und 10,000 Centner Pulver) bereits befohlen, ebenso der Transport der zweiten Munitions-Rate (123,850 Schuß resp. Wurf mit 5000 Centner Pulver) vorbereitet. Von der ersten Munitions-Rate war indessen erst etwa der 7. Theil (15,935 Schuß resp. 1600 Centner Pulver) nach dem Belagerungs-Park hingeschafft, der Rest lagerte in Nanteuil. Wegen Schwierigkeit des Landtransports wurde am 26. October jede weitere Nachsendung von Geschützen und Munition aus dem Inlande bis auf Weiteres inhibirt. Inwieweit die Eisenbahn behufs geregelter Heranführung an Munition ꝛc. auch später noch in Anspruch genommen werden mußte, ließ sich zu dieser Zeit noch nicht übersehen.

Das Ober-Commando der III. Armee betonte am 23. October dem großen Hauptquartier gegenüber, daß die Nothwendigkeit einer geregelten Verpflegung mit Hülfe der Eisenbahnen in erster Linie in das Auge zu fassen und in zweiter Linie die Eisenbahnen zur Heranziehung von Truppen auszunutzen sei, da die bereits bekannte Ansammlung von starken feindlichen Truppen-Abtheilungen bei Blois und Tours höchst wahrscheinlich eine Verstärkung der nach dem Süden detachirten Streitkräfte erforderlich machen würde.

Die weitere Heranziehung von Geschützen und Belagerungs-Material wurde erst in 3. Linie in Erwägung gezogen, was dem Ober-Commando auch zulässig erschien, ohne daß hierdurch ein wesentlicher Nachtheil zu befürchten war; denn einerseits wurden die vorhandenen Geschütze für das erste Bedürfniß als ausreichend erachtet, andrerseits waren nicht die nothwendigen Landfuhren vorhanden, um die in Nanteuil eintreffende Munition ununterbrochen nach dem 9 Meilen entfernt liegenden Belagerungs-Park zu fördern. —*)

---

*) Das Commando der Belagerungs-Artillerie hatte 900 bespannte, den Munitions- und Proviant-Colonnen zu entnehmende Wagen zum Transport der Munition für unumgänglich nothwendig erachtet. Da das Ober-Commando die am 14. October gemachten Anträge abgelehnt hatte, so wurde um Requisition von mindestens 900 Landfuhrwerken gebeten.

Endlich wurde auch noch auf die Etablirung von großen Magazinen für die Verpflegung der für den Fall einer Capitulation von Paris eintreffenden zahlreichen Kriegsgefangenen hingewiesen. Das große Hauptquartier stimmte unter dem 24. October diesen Vorschlägen in aller und jeder Beziehung bei, so daß von Ende October ab die Completirung des Belagerungs-Parks nur sehr geringe Fortschritte machen konnte, und am 26. October jede weitere Nachsendung von Geschützen und Munition aus dem Inlande auf telegraphischem Wege inhibirt wurde. —

Es ist hierbei noch zu bemerken, daß nach und nach an maaßgebender Stelle die Erwägung in den Vordergrund getreten war, daß die Er= stürmung der Forts noch zahlreiche Opfer erfordern werde, und daß es nach den vielen bereits erlittenen Verlusten zweckmäßiger erscheine, die Einnahme von Paris durch Aushungerung zu erwirken, die nach den damaligen Ansichten bald zum Ziele führen mußte, indem die Ver= proviantirung der Stadt höchstens für 6—8 Wochen als ausreichend betrachtet wurde.

Der vor Straßburg verwendet gewesene Ingenieur=Belagerungs= Park wurde Ende October nach Nanteuil herangezogen und von dort aus mittelst der Pionier-Fahrzeuge nach dem Plateau von Villacoublay transportirt; das zur Aushebung der Parallelen erforderliche Schanz= zeug konnte indessen erst gegen Mitte November in den Park geschafft werden.

Wenngleich der Nachschub an Belagerungs=Material auf der Eisenbahn Ende October sistirt worden war, so hatte das Ober=Commando der III. Armee die Möglichkeit einer Beschießung der Forts eventuell auch eines Bombardements nicht ganz ausgeschlossen, um vielleicht hierdurch im geeigneten Moment auf die Pariser Bevölkerung eine Pression auszuüben. Nach Ansicht des Commandos der Belagerungs= Artillerie konnte eine Beschießung der Forts Issy, Vanvres und Montrouge mit den verfügbaren Mitteln aus den Batterien der ersten Aufstellung wohl geeignet sein, einen moralischen Eindruck auf die Pariser Bevölkerung auszuüben, insofern dieselbe darin die feste Absicht einer förmlichen Belagerung zu erkennen glaubte und eine spätere Erstürmung der Stadt mit allen Consequenzen fürchten müßte. Dagegen war eine vollständige Bewältigung des Feuers der Forts resp. eine Zerstörung der Unterkunftsräume um so weniger anzunehmen, als einerseits der

Vertheidiger an Zahl und Kaliber der Geschütze bedeutend überlegen und ferner im Stande war, sich zur Seite der Forts gedeckte Unter= standsräume zu verschaffen. — Ein entscheidender militairischer Erfolg konnte indessen aus einem solchen Geschützkampfe nur dann gehofft werden, wenn der Vertheidiger demoralisirt war und sich durch die erste Beschießung einschüchtern ließ; war das aber nicht der Fall — die Vertheidigung im Gegentheil (wie man Ende October annehmen durfte) zu ernstlichem Widerstande ent= schlossen, so mußten sehr nachtheilige Folgen aus einer Unterbrechung der Belagerung entstehen.

Eine gute Vertheidigung vorausgesetzt, so konnte dagegen nur dann ein Erfolg erwartet werden, wenn man im Stande war, nach eingetretener artilleristischer Wirksamkeit der ersten Batterien und unter dem schützenden Feuer derselben die 1. Parallele in größerer Nähe vor den Forts anzulegen und dort die zur Vervollständigung der Wirkung der ersten Geschützaufstellung erforderlichen Batterien zu bauen. — Bei dem vorläufigen Mangel jedes Nachschubs an Geschützen und Munition hätte die Belagerungs=Artillerie diese Consequenzen mit Aussicht auf Erfolg nicht durchführen können.

Am 8. November war sämmtliches erforderliches Batteriebau= Material, Schanz= und Handwerkzeug für die Anlage der ersten Batterien sowie für den Bau der ersten Parallele und deren Communicationen in den beiden Parks in ausreichendem Maaße vorhanden. Die Vorarbeiten zur Errichtung der ersten Batterien waren durch die Pionier= und Artillerie=Compagnien unter Zuhülfenahme der allnächtlich commandirten Infanterie=Hülfsarbeiter soweit fortgeschritten, daß der Bau sämmtlicher für den Südangriff projectirten Batterien inclusive ihrer Armirung in einer Nacht vollendet werden konnte. Das einzige noch vorhandene Hinderniß für den Beginn des Angriffs lag somit in dem Mangel an Munition, für deren Transport von Nanteuil nach Villacoublay die erforderlichen Fuhrwerke nicht hatten beschafft werden können.

Die Hauptschwierigkeit für diese Beschaffung lag darin, daß in Frankreich die zweirädrigen Karren landesüblich waren, von denen die kleineren für den Transport der schweren Munition nicht die ausreichende Stärke besaßen; die größeren aber sehr starke Pferde erforderten, die nicht zur Disposition standen. — Die u. A. in der Gegend von Orleans und Chartres vorgenommenen Requisitionen von brauchbaren Fuhrwerken hatten nur ein ungenügendes Resultat ergeben. Die General=

Gouvernements in Reims, Nancy und Straßburg wurden daher angewiesen, eine möglichst große Anzahl Fuhrwerke aufzutreiben, doch hatte auch dieser Befehl keinen ausreichenden Erfolg.

Zur vollständigen Heranschaffung der ersten Munitionsrate fehlte am 8. November noch ein Munitionsquantum im Gewicht von 45,000 Centnern, es waren mithin (pro Wagen durchschnittlich 15 Centner gerechnet) im Ganzen 3000 Fuhren nothwendig; da jede Fahrt zwischen Nanteuil und Villacoublay für Hin= und Rückmarsch 8 Tage Zeit erforderte, so würden 1000 Wagen zur Heranziehung der Munition einen Zeitraum von 24 Tagen in Anspruch genommen haben. Die übrigen 300 Fuhrwerke waren zum Dienst in den Parks resp. als Reserve erforderlich. Der Angriff hätte also bei Heranschaffung dieser 1000 brauchbaren Wagen etwa am 4. December beginnen können.

Statt der für erforderlich erachteten 1000 Wagen konnten im November nur 600 zur Verfügung gestellt werden, und diese waren zum Theil so gebrechlich und schlecht bespannt, daß die Ladung nur durchschnittlich zu 9—10 Centner angenommen werden konnte.

Am 16. November war etwa der vierte Theil der ersten Munitionsrate im Geschützpark vorhanden, der Beginn der Beschießung mußte daher abermals hinausgeschoben werden.

Wenn auch am 23. November die Eisenbahn bis Lagny resp. Chelles benutzt werden konnte, so kam dieser Vortheil doch weniger der Heranschaffung des Belagerungsmaterials für die Südfronten zu Gute, da diese Bahnhöfe fast ausschließlich für den Truppen= und Verpflegungsverkehr in Anspruch genommen waren.

Die große Verzögerung der Eröffnung des Angriffs, die unter den obwaltenden Verhältnissen nicht vor Ende Dezember oder Anfang des neuen Jahres erfolgen konnte, erregte daher an maaßgebender Stelle die allergrößten Bedenken, sowohl in militärischer als in politischer Hinsicht.

In militärischer Hinsicht erschien der 2½monatliche Stillstand der Operationen um Paris an sich, nach den schnellen und eclatanten Erfolgen des Sommerfeldzugs unerfreulich, besonders weil dadurch dem Feinde Zeit gegeben wurde, seine neuen Formationen zu consolidiren und zu verstärken; in politischer Beziehung konnte der Stillstand der Operationen bei den neutralen Mächten, namentlich bei der Ende November eingetretenen orientalischen Verwickelung die Ver=

muthung erregen, als ob es den deutschen Armeen an Kraft und Mitteln gebräche, die einmal begonnenen Operationen durchzuführen. Demzufolge wurde am 28. November die möglichste Beschleunigung des Angriffs auf die südlichen Forts befohlen, und folgende Fragen an die betreffenden Commandos gerichtet:

1) Welche Mittel sind mit aller Energie zu ergreifen, um die fehlende Munition des allerschleunigsten herbeizuschaffen?

2) Ist es noch an der Zeit, den Nordangriff zu unternehmen und die benöthigte Zahl der Geschütze herbeizuschaffen?

3) Ist die Munition so vollständig berechnet, daß kein Stillstand in der Beschießung der Forts eintreten kann, der einem Echec gleich käme und dem Feinde Gelegenheit gäbe, die Werke zu ravitailliren?

4) Welche Werke sind noch an der Fortification auszuführen (bis zur Armirung der ersten Batterien)?

In Folge dieser Befehle wurden die umfassendsten Maßregeln zur Herbeischaffung von 1500—1700 Wagen aus dem Inlande getroffen. — Zur Abkürzung des Landtransports wurde ferner die Benutzung der Eisenbahn bis Lagny und die Etablirung eines Depots daselbst in Aussicht genommen, ebenso ein zweites Depot in Esbly für die zweite Munitionsrate. Dagegen konnten die vom Ober-Commando Anfangs für den Munitionstransport zur Verfügung gestellten entbehrlichen Pferde der Munitions-Colonnen fernerweitig nicht mehr den Armee-Corps entzogen werden, weil die militärische Situation der Cernirungs-Armee nicht gestattete, diese Pferde auf einen so langen Zeitraum, wie ihn der jedesmalige Hin- und Hermarsch zwischen Nanteuil und Villacoublay erforderte, von ihren Colonnen zu entfernen und dadurch die Beweglichkeit der Armee in Frage zu stellen.

Was den Nordangriff anbetraf, so mußte man die Vorbereitungen zu demselben selbstverständlich ganz sistiren, so lange nicht der Hauptangriff genügend vorbereitet war. — Man hoffte jedoch Ende November, daß die baldige Einnahme von Mezières den gegen diese Festung bestimmten Belagerungstrain für den Nordangriff disponibel machen werde.*)

---

*) Die bereits getroffenen Belagerungs-Vorkehrungen wurden indessen nach dem Abmarsch der 1. Infanterie-Division von Mezières sistirt (vergl. 1. Theil, III. Abschnitt).

Was den dritten der vorerwähnten Punkte anbetrifft, so erklärte sich die Belagerungs-Artillerie Ende November im Stande, nach dem Eintreffen der ersten Munitionsrate eine zehntägige Beschießung der Südforts eintreten zu lassen und diese Beschießung noch mehrere Tage fortzusetzen, wenn für die Heranschaffung der zweiten Munitionsrate rechtzeitig Sorge getragen wäre.

Endlich ist bezüglich des Standes des Batteriebaues 2c. zu bemerken, daß die ersten Batterien Ende November zum Theil ganz fertig, zum Theil im Bau soweit vorgeschritten waren, daß der baldigsten Armirung nichts mehr im Wege stand, vorausgesetzt, daß die betreffenden Positionen durch Besetzung und Behauptung des vorliegenden Terrains gegen feindliche Unternehmungen gesichert werden konnten. Dagegen hatten zwei Batterien (Nr. 15 und 16) noch nicht erbaut werden können, erstere weil sie wegen ihrer Lage dicht hinter dem Dorfe Bagneur bei einem feindlichen Ausfall nach dieser Seite sofort entdeckt und zerstört sein würde, letztere weil die Nothwendigkeit ihrer Erbauung erst in den letzten Tagen hervorgetreten war.

Die Belagerungs-Pioniere hatten nur noch einige Communicationen auf der Höhe südlich Clamart und Chatillon, resp. bei Fontenay auszuführen, wozu indessen bereits die nöthigen Einleitungen getroffen waren.

Nachdem die Frage, ob förmlicher Angriff gegen die Forts und eventuell gegen die Stadtenceinte oder nur Beschießung der Forts und Bombardement der Stadt auch in dem am 17. December abgehaltenen Kriegsrath durch überwiegende Majorität dahin entschieden war, daß unter Berücksichtigung der durch einen förmlichen Angriff zu erleidenden großen Verluste auf einen solchen ganz zu verzichten sei, so wurde bestimmt, daß die Angriffsarbeiten nur soweit durchzuführen seien, daß das Feuer der Forts, sowie der dazwischen liegenden Geschütz-Emplacements zum Schweigen gebracht werde und daß einzelne möglichst weit vorzuschiebende Bombardements-Batterien unausgesetzt ein langsames Feuer gegen die Stadt unterhalten sollten.

Die nach der Schlacht von Villiers angeordnete Beschießung der Ostfronten der Festung, desgleichen die später innerhalb der Stellungen des Garde-Corps errichteten Belagerungs-Batterien, hatten vornehmlich nur defensive Zwecke zu erfüllen, während die im Laufe des Monat

Januar eingeleitete Beschießung der Nordfronten von St. Denis mehr einen Offensiv=Character annehmen sollte.

Da es im großen Hauptquartier für erforderlich erachtet wurde, eine Einheit des Befehles in dem Ingenieur= und Artillerie=Angriff auf den verschiedenen Punkten herzustellen, so wurde unter dem 24. Dezember der mit der Belagerung von Mezières beauftragte Commandeur der 14. Infanterie=Division, Generallieutenant von Kameke, mit der Leitung des Ingenieur=Angriffs, der Generalmajor Prinz Hohenlohe mit der Leitung des Artillerie=Angriffs beauftragt. Beide Generale erhielten die Instruction, alle für nothwendig erach= teten Vorschläge, allgemein wichtigen Inhalts, dem großen Haupt= quartier vorzulegen, welches dieselben den beiden Ober=Commandos zu übermitteln hatte, während den genannten Generalen das Recht der directen Befehlsertheilung in Detailfragen an die Ingenieurs en chef resp. die Commandeure der Belagerungs=Artillerie ertheilt wurde.

Nachdem sich die beiden Generale über alle einschlagenden Ver= hältnisse orientirt hatten, berichteten dieselben Ende December dem großen Hauptquartier, daß die gewählte Angriffsfront beibehalten werden müsse, um nicht die bisher zur Vorbereitung des Angriffs ver= wendeten Arbeiten ganz unnütz zu machen, und erklärten sich mit dem festgesetzten Angriffsplan einverstanden, bezeichneten namentlich die an= gelegten gruppenweise untereinander durch gedeckte Communicationen verbundenen Batterien ihrer Lage nach für zweckmäßig gewählt und vortrefflich ausgeführt.

Nach diesem Angriffsplan beabsichtigte man die Linie Issy=Vanvres durch eine Anzahl von Batterien zu umgeben, welche sich von St. Cloud über die Terrasse von Meudon bis gegen Chatillon erstrecken und dort gegen Fort Montrouge eine abwehrende Stellung einnehmen sollten. Mit der Armirung dieser gegen Ende December größtentheils voll= ständig fertigen Batterien wollte man eine Occupirung der Linie Fleury=Waldlisière=Clamart=Chatillon verbinden, unter dem Schutze des Feuers der Batterien sich in dieser Linie festsetzen und von dort aus sehen, ob und wie man gegen die Forts Issy und Vanvres weiter vordringen, speciell ob man die Forts nehmen oder, nur zum Schweigen bringen könne.

Die beiden Generale betonten auch die Nothwendigkeit des bereits von anderer Seite angeregten Baues von mehreren Batterien in der Linie l'Hay=Chevilly. Diese Batterien sollten die bei Villejuif vom

Feinde erbauten Schanzen und Geschützaufstellungen unter Feuer neh=
men, von denen aus bereits die ersten auf dem Plateaurande erbauten
Angriffs=Batterien, wenn auch auf große Entfernungen, flankirt werden
konnten, so daß namentlich ein weiteres Fortschreiten der Angriffs=
Arbeiten große Verzögerungen erleiden mußte.

Was den so außerordentlich wichtigen Munitions=Nachschub anbe=
trifft, so schienen. in dieser Beziehung die umfassendsten Anordnungen
dringend erforderlich zu sein. Die Formirung der in der Heimath
organisirten Fuhren=Parks schien zwar einen angemessenen Erfolg zu
versprechen, hatte bis zum 28. December indessen noch kein practisches
Resultat ergeben, weil die Organisation noch zu neu war. Selbst
wenn diese Fuhrenparks allen Erwartungen entsprochen hätten, so
würden dieselben doch nur das unbedingt Nothwendige geleistet und
keine Ueberschüsse ergeben haben. Ein solcher Ueberschuß wurde aber
als durchaus erforderlich bezeichnet, weil Störungen, wie das Abfahren
der Seine=Brücken, Glatteis 2c., die Erwartungen um mehrere Tage
täuschen konnten. Es wurde daher vorgeschlagen, 6 Infanterie=Muni=
tions=Colonnen zum Munitions=Transport zu benutzen, um durch die=
selben in 6 Relais die Munition von Esbly heran zu schaffen.
Mittelst dieser Colonnen konnten täglich 384 15=Ctm.=Granaten oder
1920 9=Ctm.=Granaten in den Park transportirt werden.

Selbst wenn die Linie Issy=Vanvres genommen, oder wenn sich
die Wegnahme derselben als nicht rathsam herausstellen sollte, so daß
man sich auf die Behauptung der Linie Fleury=Chatillon beschränken
mußte, so konnte ein Stillstand in der Vorwärtsbewegung eintreten.
Dieser Stillstand hätte (nach Ansicht der beiden Generale) einem Echec
im großartigsten Maßstabe gleichkommen müssen, wenn damit auch ein
Erlahmen des Feuers verknüpft gewesen wäre. Es wurde daher noch
ein größeres Munitionsquantum als die vorgesehene Zahl von 1000
Schuß pro Geschütz für erforderlich erachtet, und auf die Nothwendigkeit
eines rechtzeitigen Ersatzes der Munition und der unbrauchbar werdenden
Geschütze hingewiesen. Für den Fall, daß an eine regelmäßige Belagerung
der Hauptenceinte gedacht werden sollte, mußte nach Ansicht des Prinzen
Hohenlohe Alles in Bewegung gesetzt werden, um den Geschützpark mit
der Heimath durch eine Eisenbahn zu verbinden, da ohne diese
Maaßregel eine so großartige Unternehmung zu einem
Echec führen würde.

Zur Etablirung von geeigneten vorgeschobenen Geschütz=Positionen wurde am 31. December Notre Dame de Clamart in Aussicht ge= nommen. Die daselbst gelegene französische Schanze sollte durch ge= deckte Communicationen mit den besetzten Ortschaften verbunden werden. Für den Fall, daß der Feind die Forts Jssy und Vanores trotz der bis zur Zerstörung fortgesetzten Beschießung nicht verlassen sollte, so wäre nichts anderes übrig geblieben, als den Sappen=Angriff gegen diese Werke durchzuführen, und wurde demgemäß das Ober=Commando der III. Armee veranlaßt, einen speciellen Angriffsplan vorzulegen.

Wie die nachfolgenden Darstellungen des Weiteren ergeben, hatte die achttägige Beschießung die große Mehrzahl der gegenüberstehenden Geschütze „zum Schweigen gebracht", indem der Feind die durch Jahrhunderte lange Erfahrungen im Festungskriege bewährten Grund= sätze befolgte, wonach der Geschützkampf aufzugeben, sobald das Feuer des Belagerers momentan die Ueberhand gewinnt, und der geeignete Moment zur Wiederaufnahme des Kampfes abzuwarten ist.

Am 13. Januar hatte sich die Linie der Angriffs=Batterien dem Fort Jssy um 1600 Schritt (bis auf 1200 Schritt), dem Fort Vanores um 600 Schritt (bis auf 1800 Schritt) und dem Fort Montrouge um 1000 Schritt (bis auf 2800 Schritt) genähert. — An diesem Tage waren im Ganzen gegen die Südfronten 123 Geschütze in Thä= tigkeit (63 lange und kurze 15=Ctm.=Kanonen, 54 12=Ctm.=Kanonen und 6 gezogene Mörser), wovon 40 Geschütze in der vorderen Linie, 71 in der alten Linie und 12 gegen die Schanzen bei Villejuif. — Außerdem war noch die Erbauung einer Mörser=Batterie (glatte Ge= schütze) bei Notre Dame de Clamart in Aussicht genommen, sowie zum Schutz derselben ein Emplacement für Feld=Artillerie. Näher an die Festungswerke herangeschobene Positionen sollten im Allgemeinen auch dann nicht genommen werden, wenn man zum förmlichen Angriff gegen die Forts Jssy und Vanores schreiten würde. Ausgenommen hiervon waren nur einige Mörser=Emplacements und etwa nöthig werdende directe Bresch=Batterien. Aus drei der erbauten Batterien wurde Mitte Januar Paris ununterbrochen Tag und Nacht beschossen und zwar täglich mit 200 bis 300 15=Ctm.=Granaten.*)

---

*) Auf jedes Häuser=Viereck von durchschnittlich 600 Schritt Seite kam ungefähr eine Granate. Das Feuer vertheilte sich im Ganzen auf etwa eine Quadratmeile.

Die Generale von Kameke und Prinz Hohenlohe glaubten am 13. Januar von einem regelmäßigen Angriff auf die Forts Jssy und Vanvres abrathen zu müssen, weil

1) der Ingenieurangriff einen bedeutend größeren Aufwand an Menschenkräften erfordere, als zur Disposition standen,

2) die Position auf dem Fort Jssy dem Herzen der Stadt nur um 700 Schritt näher sei, als eine bereits in Thätigkeit getretene Batterie (Nr. 18) und weil

3) die Position im Fort Vanvres, wenn auch 1700 Schritt näher als Batterie Nr. 18, mitten vor einer fast eine deutsche Meile langen, mit den schwersten Marinegeschützen besetzten Linie der Hauptenceinte läge, so daß es fraglich erscheinen müsse, ob sich die Batterien in dem nur 2500 Schritt von der Enceinte abliegenden Fort Vanvres würden halten können.

Was den Munitionsconsum anbetrifft, so hatte derselbe am 13. Januar nicht die Höhe erreicht, auf welche man sich gefaßt gemacht hatte; dennoch war der Nachschub hinter dem Consum zurückgeblieben, weil in dem regelmäßigen Transport durch den Abmarsch des II. Armee-Corps und in Folge dessen nothwendig gewordener Zurückziehung der gestellten Pferde eine plötzliche Störung eintrat, und weil das Glatteis den Transport sehr erschwert hatte. Jedoch war keine Stockung zu befürchten, weil bei dem passiven Verhalten des Feindes kein übermäßiges Munitionsquantum erforderlich war und außerdem die 9-Ctm.-Festungs-Kanonen zum Ersatz für die schweren Kaliber herangezogen werden konnten.

Unter solchen Verhältnissen machten die mit der Oberleitung des Angriffs beauftragten Generale dem großen Hauptquartier den Vorschlag, das Bombardement von Paris mit täglich 200—300 Granaten Tag und Nacht fortzusetzen und den Angriff gegen St. Denis zu beginnen, sobald die Geschütze von Mezières und Péronne zur Verfügung stehen würden; für den Fall, daß es von den westlich le Bourget zu etablirenden Batterien aus gelingen sollte, das Fort Aubervilliers zu bekämpfen, sollten 1 oder 2 Geschütze von diesen Batterien aus Belleville und Villette bombardiren. Endlich war noch eine Beschießung des Mont Valerien in Aussicht genommen.

Bis zum 22. Januar waren auf der Südseite von Paris die sämmtlichen Batterien in Thätigkeit geblieben, außerdem war die vorerwähnte Mörser-Batterie bei Notre Dame de Clamart, sowie eine

Batterie von 4 leichten Festungsgeschützen auf dem linken Flügel zur Bestreichung des nach der Seine zu abfallenden Terrains erbaut worden.

Seitens der Ingenieure war bis zu· diesem Tage die vorgeschobene Position von le Val über Clamart, Chatillon bis Bagneux, soweit die gestellten Arbeitskräfte es gestatteten, ausgebaut. Diese Position war an den passendsten Stellen mit Banquets und Ausfallstufen versehen, und waren an verschiedenen Stellen bombensichere Unterstände für Geschützbedienungen sowie gedeckte Verbandplätze und Reservestellungen hergerichtet worden. —

Somit war den vom großen Hauptquartier in erster Linie gestellten Anforderungen in vollem Maaße Genüge geschehen.

Die Nachrichten, die am 22. Januar über die Wirkung des Bombardements eingelaufen waren, lauteten übereinstimmend dahin, daß letzteres in empfindlichem Maaße fühlbar geworden sei, besonders nachdem einzelne Granaten in den auf dem rechten Seineufer gelegenen Stadttheilen eingeschlagen wären. Aus den vom Bombardement betroffenen Stadttheilen sollte eine große Auswanderung nach Norden stattgefunden haben. Die Klagen über die angerichteten Zerstörungen mehrten sich, Proteste aller Art wurden laut, und von verschiedenen Seiten wurden Versuche unternommen, die Stadt zu verlassen. —

Außerdem sollte versucht werden, das Wasserhebewerk bei Port de Creteil, welches die hochgelegenen Stadttheile von Belleville und Villette mit dem Wasser der Marne versorgte, von den Geschützaufstellungen Nr. 16 und 17 bei Chennevières aus zu zerstören.

Seit dem 21. Januar hatte die Beschießung von St. Denis begonnen, wenn auch noch nicht mit voller Kraft. Die Armirung der bei le Bourget anzulegenden Batterien war viel weniger bedenklich als früher, — so daß eine Beschießung der Vorstädte Villette und Belleville näher in das Auge gefaßt werden konnte. —

Wenn auch gehofft wurde, daß die Folgen der Beschießung von St. Denis und der genannten Stadtviertel von Paris, die Belagerten zum endlichen Nachgeben zwingen würden, so konnte man sich doch nicht verhehlen, daß ein großer Theil des Inneren der Stadt gegen das Bombardement geschützt sei, und daß noch weiter vorgeschobene Positionen erforderlich wären, um den Trotz der Pariser Bevölkerung vollständig zu brechen. — Hierzu wurde eine Eroberung von St. Denis als nöthig erachtet und demgemäß der Ingenieur en chef der Maas-Armee mit den erforderlichen Ermittelungen beauftragt, gleichzeitig eine Verstärkung des Ingenieur-Personals dieser Armee, sowie eine Vermehrung der derselben überwiesenen Pionier-Compagnien in die Wege geleitet.

Endlich wurde noch von den genannten Generalen der Wunsch ausgesprochen, daß eine Unterstützung des Bombardements dadurch statt-finden möge, daß an verschiedenen Tagen Seitens der Cernirungstruppen gewaltsame Unternehmungen gegen die zwischen den Forts befindlichen Batterie-Emplacements versucht würden, theils um die feindlichen Geschütze unbrauchbar zu machen, theils um den Feind glauben zu lassen, daß der Angriff auf der Südseite noch weiter vorgetrieben werden solle.

Die in Folge dieser Vorschläge getroffenen Vorbereitungen zum weiteren Vorgehen gegen St. Denis wurden durch die binnen Kurzem stattfindenden Capitulationsverhandlungen unterbrochen. —

Nach diesen allgemeinen Erörterungen gehen wir zu den einzelnen Angriffen resp. Belagerungsvorbereitungen über.

I. Der Angriff gegen die Südfronten.

A. Allgemeine Anordnungen und Vorbereitungen.

Als allgemeine Directive für die Anlage der ersten Batterien war vom Ober-Commando der III. Armee bestimmt, daß die Anfangs October eingenommenen Vorpostenstellungen für die Lage der Batterien maaßgebend sein müßten.

Von den in dem Vorterrain der anzugreifenden Werke gelegenen Ortschaften waren Sèbres bis zur Seine vollständig, Bellevue nur theilweise besetzt; die Dörfer Bas Meudon, les Moulineaux, le Val waren in der Hand des Feindes. Meudon und Fleury wurden in den Monaten October und November abpatrouillirt, später aber, um die täglichen kleinen Neckereien zu vermeiden, bis auf die West- resp. Südlisière ganz aufgegeben. Nur die südliche Lisière des Dorfes Clamart war durch unsere Vorposten besetzt, das Dorf selbst wurde von beiden Parteien abpatrouillirt. Die Dörfer Chatillon, Bagneux, Fontenay aux Roses, Sceaux und Bourg la Reine waren von unseren Truppen besetzt und zur Vertheidigung eingerichtet.

Da die Behauptung der sehr exponirten Dörfer Chatillon und Bagneux bei einem mit starken Kräften unternommenen Ausfall nicht als gesichert betrachtet werden konnte, so mußte auf die Anlegung von Batterien an der äußeren Lisière der genannten Dörfer zunächst verzichtet werden. Deßhalb wurde auch für die beiden gegen Fort Montrouge projektirten Batterien eine Stelle bei Fontenay aux Roses ausgewählt. — Ebensowenig wollte man auf dem rechten Flügel mit den Batterien östlich über Bagneux hinausgehen, um sich nicht dem überlegenen Flankenfeuer der weit vorgeschobenen feindlichen Werke zwischen Cachan und Villejuif auszusetzen.

Es ergaben sich sonach die Höhe bei Meudon und das Plateau von Moulin de la tour südlich von Clamart und von Chatillon als die günstigsten Punkte zur Anlage von Batterien gegen die Forts Issy und Vanvres. Beide Höhenzüge steigen bis auf + 160 Mtr. an und dominiren mithin bedeutend die auf + 85—90 Mtr. liegenden Forts. Die sehr schmalen sich nach Nordosten erstreckenden Ausläufer des Plateaus führten aber den großen Nachtheil herbei, daß eine größere Anzahl von Batterien auf einem kleinen Raum zusammengedrängt werden mußte. Zur Sicherung des linken Flügels gegen die auf dem rechten Seineufer bei Villancourt und Boulogne erbauten Batterieanlagen sowie zur Bekämpfung des von der Stadt-Enceinte bei Point du jour zu erwartenden Feuers wurde noch der Bau einer Batterie bei St. Cloud angeordnet.

Zur besseren Sicherung der vom Plateau von Villejuif aus bedrohten rechten Flanke der diesseitigen Artillerie-Aufstellung war die Errichtung von Batterien im Bereich der Stellung des VI. Armee-Corps bei la Rue und Chevilly in Aussicht genommen, zu deren Armirung indessen vorläufig nur Bombenkanonen zur Verfügung gestellt werden konnten.

Demzufolge sollten die in der anliegenden Batterietabelle näher bezeichneten Batterien Nr. 1 bis 15 erbaut werden.

1. Vorbereitungen zum Ingenieur-Angriff.

Der Ingenieurstab, dem auch die ersten Ingenieur-Offiziere des V., VI. und XI. Corps mit ihren Adjutanten zugetheilt waren, wurde im Laufe des Monat Oktober vollständig formirt (vergl. Beilage 1 zum I. Theil). Gleichzeitig trafen die dem Belagerungs-Corps überwiesenen 8. Festungs-Pionier-Compagnien, Mitte November auch die neu formirte Bayerische Festungs-Genie-Division ein. Inclusive der zur Belagerung herangezogenen Preußischen und Bayerischen Feld-Pionier-Compagnien sowie der 2. Festungs-Pionier-Compagnie X. Armee-Corps (die der Garde-Landwehr-Division zugetheilt war) standen von Mitte October ab 18 Pionier-Compagnien dem Ingenieur en chef zur Verfügung, wobei jedoch zu bemerken ist, daß einige Compagnien periodisch abcommandirt werden mußten.

Die Vertheilung der Offiziere des Ingenieurstabes wurde in der Weise vorgenommen, daß die 7 Stabs-Offiziere abwechselnd den Dienst des Ingenieur-Stabs-Offiziers du jour wahrnehmen sollten, wobei zu bemerken, daß besondere Tranchee-Majore nicht ernannt wurden. Der Hauptmann Berger übernahm den Ingenieur-Park, Hauptmann Zech die Aufnahme-Arbeiten, Hauptmann Wagner und Premierlieutenant Förster die Zeichnen-Arbeiten. Die Hauptleute Bornemann, Dielitz, Thelemann, sowie die Premierlieutenants Otten und Volckmann wurden mit den Recognoscirungen sowie Leitung der Ingenieur-Arbeiten insoweit beauftragt, als dieselben nicht den Truppen-Commandeuren zustand.

Der große Ingenieur-Belagerungs-Park wurde auf dem Plateau von Villacoublay vorwärts des großen Artillerie-Parks formirt, gleichzeitig auch die Anlage von 2 großen Materialien-Depots in Meudon und bei Chatillon angeordnet.

Bereits am 12. October begannen die Straucharbeiten bei dem V., VI. und XI. Corps, und erhielt jedes Corps den Befehl, mit Hülfe der Feld-Pioniere resp. der ihnen zugewiesenen Festungs-Pioniere, täglich 500 Sappenkörbe, 300 Krönungs- und 200 Bekleidungs-Faschinen zu liefern. Gleichzeitig wurde mit den Vorbereitungen zur Heranziehung des vor Straßburg zur Verwendung gekommenen Ingenieur-Belagerungs-Parks begonnen. Alle Armee-Corps erhielten ferner die Anweisung, die erforderlichen Holz- und Eisen-Materialien ꝛc. zu requiriren und erstreckten sich diese Requisitionen in Bezug auf Nägel ꝛc. bis in die Gegend von Orleans. —

Am 19. October wurden diejenigen Arbeiten im Verein mit dem Commandeur der Belagerungs-Artillerie näher vereinbart, welche von Seiten der Ingenieure ausgeführt werden sollten.

Demzufolge begannen sofort die zur Vorbereitung der Batterien erforderlichen Arbeiten. Im Rayon des V. und XI. Armee-Corps ließ der Hauptmann Pirscher für die Batterien 1 und 2 bei St. Cloud und Meudon verschiedene Vorbereitungen treffen, desgleichen für die Batterien 3 und 4, in welchen namentlich Pulver-Magazine erbaut wurden.

Im Rayon des II. Bayerischen Armee-Corps wurde nach den Anweisungen des Oberstlieutenant Fogt das Gefechtsfeld der Batterie 5 bei Clamart frei gemacht, auch mit der Herstellung von Schützengräben und Masken vor Batterie 6, 7 und 9 bei Porte de Chatillon, Tour des Anglais, sowie Moulin be la Tour begonnen.

Am 26. October war der erste Bedarf an Strauchmaterial gedeckt, und konnten nunmehr Arbeitskräfte zur Herstellung der Baracken für die Feldwachen disponibel gemacht werden.*)

Am 13. November war der Park nach Eintreffen des 2. Transports des Ingenieur-Parks (worunter 4000 Hacken) vollständig formirt, so daß der Eröffnung des förmlichen Angriffs nichts mehr im Wege stand.

Zur unmittelbaren Deckung des Artillerie- und Ingenieur-Parks gegen größere feindliche Unternehmungen befahl das Obercommando am 11. November auf den Vorschlag der General-Inspection der Artillerie, die Anlage von ausgedehnten Befestigungen auf dem Plateau von Villacoublay, wodurch gleichzeitig eine Aufnahmestellung für die Cernirungs-truppen geschaffen werden sollte. Der Bau von drei zusammen mit 24 9-Ctm.-Festungsgeschützen armirten Schanzen wurde demgemäß (wie bereits im 3. Kap. erwähnt) am 12. November begonnen.

Die in den Monaten November und December ausgeführten Ingenieur-Belagerungsarbeiten bestanden hauptsächlich in der Herstellung von Communicationen zwischen den Batterien, Verbesserung der Wege und Brücken, Erbauung von bombensicheren Telegraphen-Stationen (im Park von St. Cloud, auf der Terrasse von Meudon, in der Bayernschanze und in Fontenay) sowie eines bombensicheren Observatoriums bei Bellevue. Diese Arbeiten wurden größtentheils durch die Preußischen Festungs-Pionier-Compagnien nach den Anordnungen der Bataillons-Commandeure ausgeführt und von dem Feinde zu den verschiedensten Malen durch heftiges Granatfeuer zu stören versucht, so daß ein Theil der Arbeiten nur unter dem Schutze der Dunkelheit ausgeführt werden konnte. Die Mehrzahl der Ingenieur-Arbeiten fand naturgemäß im Rayon des II. Bayerischen Armee-Corps statt. Nach den Anordnungen des Feld-Genie-Directors (Oberstlieutenant Vogt) wurde die Ausführung dieser zahlreichen Arbeiten Anfangs ausschließlich den Bayerischen Feld-Genie-Compagnien übertragen.

Die zur 1. und 2. Genie-Division gehörenden Compagnien waren dem Major Kern unterstellt, und standen demselben zu den Belagerungs-Arbeiten noch die Infanterie-Pioniere der 3. Infanterie-Division sowie später noch permanent zugetheilte Infanterie-Compagnien zur Verfügung.

---

*) Am 5. November waren im Ingenieur-Belagerungs-Park resp. in den Haupt-Depots vorhanden u. A.:
21,600 Sappenkörbe, 12,500 Krönungsfaschinen, 11,000 Bekleidungsfaschinen 5000 Sandsäcke, 10,000 Spaten, 4200 Hacken.

Diese combinirte Abtheilung war hauptsächlich mit der Anfertigung der Belagerungs-Materialien für den Artillerie- und Ingenieur-Angriff beauftragt und hatte außerdem vor dem Eintreffen der Festungs-Genie-Division bei der Herstellung der Batterien des Centrums und rechten Flügels (Nr. 5 bis 12 incl.) wesentliche Hülfsdienste geleistet; besonders durch Herstellung von Communicationen zwischen den Batterien und Munitions-Magazinen 2c. — Ferner war eine große Anzahl von Pulvermagazinen, Geschoßräumen und Ladestellen, bombensicheren Observatorien hergestellt, die Freimachung des Schußfeldes überall begonnen, desgleichen die Zerstörung der dem Feinde als Ziel- und Richtpunkt dienenden Gebäude 2c. vorgenommen.

Als die Festungs-Genie-Division vor Paris eintraf, übernahm dieselbe unter Leitung des Oberstlieutenant Windisch hauptsächlich die Vervollständigung der Belagerungs-Arbeiten, besonders des Communicationssystems. Letzteres hatte die Bayernschanze als Knotenpunkt und erforderte im Ganzen etwa 3000 laufende Schritt theilweise mit Banquet- und Reversstufen versehene, in der Sohle 1 Mtr. breite Communicationen; die Brustwehren sicherten indeß nur gegen Gewehrfeuer.

Nach Vollendung des Communicationssystems arbeitete die Festungs-Genie-Division fast ausschließlich an der fortifikatorischen Einrichtung des nördlichen kahlen Plateauhanges.

Ein besonderes Hinderniß für ein rasches Fortschreiten der Belagerungs-Arbeiten bildete der harte, außerordentlich schwer zu bearbeitende Boden*) sowie die schlechte Witterung im Spätherbst und Winter. Außerdem mußten fast alle Arbeiten im Bereich des feindlichen Granatfeuers und unter der Einsicht und Flankirung der hochgelegenen französischen Schanze Haute Bruyères ausgeführt werden. Besondere Schwierigkeiten machte die Abwässerung der Communicationen, auch stellte sich der Mangel eines Ingenieur-Parks in der Nähe der Bayerischen Arbeiten heraus, indem der große Ingenieur-Park gegen ½ Meile entfernt lag.

Anfang Januar waren die Ingenieur-Arbeiten auf der ganzen Angriffsfront beendet, der ganze Ingenieurdienst durch eine Instruction geregelt.

---

*) Auf diese schwierigen Bodenverhältnisse hatte, wie wir früher gesehen haben, der Ingenieur en chef bereits bei der Wahl der Angriffsfront hingewiesen.

165

2. Vorbereitungen zum Artillerie-Angriff.

Was die für den Süd- incl. Nebenangriff zur Verfügung gestellten personellen Kräfte anbetrifft, so waren bis Ende Januar im Ganzen 35½ Festungs-Artillerie-Compagnien (darunter 4½ Bayerische) und 1 Wallbüchsen-Detachement zum Belagerungsdienste bestimmt; 2 Compagnien trafen erst während, 3 Compagnien nach der Beschießung ein.

An Geschützen standen zur Verfügung:

50 lange gezogene Gußstahl 15-Ctm.-Kanonen,
15 kurze „ eiserne „
84 gezogene broncene 12-Ctm.-Kanonen,
40 „ Gußstahl 9-Ctm.- „
6 „ 21-Ctm.-Mörser,
20 25pfündige Bombenkanonen,
20 50pfündige Mörser,
Sa. 235 Geschütze, außerdem noch
50 Zündnadel-Wallbüchsen.

Auf besonderen Antrag der Belagerungs-Artillerie wurden später noch
20 lange gezogene 15-Ctm.-Kanonen (älterer Construction), sowie
20 gezogene 12-Ctm. broncene Kanonen bewilligt, so daß damit im Ganzen 235 gezogene und 40 glatte Geschütze zur Verfügung standen.

Außerordentliche Schwierigkeiten bereitete der Munitions-Transport. Bis zur Beendigung der Beschießung wurden im Ganzen 151,269 Granaten und Bomben herangeschafft, wobei zu bemerken ist, daß die Munition für 25pfündige Bombenkanonen in Nanteuil zurückblieb, weil auf die Verwendung dieses Geschützes später Verzicht geleistet wurde. Die oben mitgetheilte Zahl erhöhte sich bis zum 4. Februar auf 172,064 Schuß und Wurf.

Der Artilleriepark war wie schon früher erwähnt bei Villacoublay etablirt, etwa 7500 Schritt von Fort Issy entfernt, also noch innerhalb der wirksamen Schußweite der Geschütze dieses Werkes.

Zwischen-Depots wurden angelegt:
Nr. I. bei Fontenay für die Batterien des rechten Flügels,
„ II. bei Plessis-Piquet für die Batterien bei Moulin de la Tour,
„ III. für die Batterien bei Clamart,
„ IV. desgleichen bei Meudon,
„ V. für Batterie Nr. 1. bei St. Cloud.

Das Bettungs-Material war den Preußischen Festungen entnommen, die Unterkunftsräume wurden im Ingenieurdepot vorbereitet, sobald der Bau mit besonderen Schwierigkeiten verknüpft war.

Was den Batteriebau*) anbetrifft, so umfaßte die zuerst projectirte Geschütz-Aufstellung nur 15 Batterien, von denen 13 zur directen Bekämpfung des Feuers der Forts bestimmt waren, und zwar gegen Fort Issy 4 Demontir- und Enfilir-Batterien Nr. 3, 4, 5, 7 mit 24 gezogenen langen 15-Ctm.-Kanonen und eine Wurf-Batterie Nr. 13 mit 2 gezogenen 21-Ctm.-Mörsern.

Gegen Fort Vanvres 4 Demontir- und Enfilier-Batterien Nr. 6, 8, 9 und 10 mit 18 gezogenen langen 15-Ctm.-Kanonen, 8 gezogenen 12-Ctm.-Kanonen und einer Wurf-Batterie Nr. 14 mit 2 21-Ctm.-Mörsern.

Gegen Fort Montrouge 2 Demontir- und Enfilier-Batterien Nr. 11 und 12 mit 8 gezogenen 15-Ctm.-Kanonen, 8 gezogenen 12-Ctm.-Kanonen und 1 Wurf-Batterie Nr. 15 mit 2 21-Ctm.-Mörsern.

Zur Sicherung des linken Flügels gegen feindliche Batterie-Anlagen an der Seine bei Boulogne und Billancourt, sowie zur Bekämpfung des Feuers der Kanonenboote und der Stadtenceinte bei Point du jour waren die Batterien Nr. 1 und 2 mit zusammen 14 gezogenen 12-Ctm.-Kanonen ausgerüstet. (Später wurden 7 12-Ctm.-Kanonen durch eine ebenso große Anzahl 15-Ctm.-Kanonen umgetauscht, da das Feuer der Stadtenceinte zu heftig wurde.)

Zur Sicherung der Batterien des rechten Flügels gegen Ausfälle von Cachan und Arcueil wurden ferner Seitens des Bayerischen Corps Feld-Artillerie-Emplacements für 12 9-Ctm.- und 6 12-Ctm.- Feldgeschütze und zwar bei Fontenay und Sceaux angelegt; eine Mitrailleur-Batterie zu 6 Geschützen war zur Bestreichung des offenen Terrains zwischen Bourg la Reine und Bagneux bestimmt.

Außerdem wurde auf wiederholte Anregung des General-Inspecteurs der Artillerie die Führung eines Nebenangriffs von den Stellungen des VI. Armee-Corps beschlossen, wodurch eine weitere Sicherung des rechten Flügels der Angriffs-Batterien erreicht werden sollte. Zu diesem Zwecke konnten Ende Dezember 12 12-Ctm.-Kanonen mit zwei Festungs-Artillerie-Compagnien dem VI. Corps zur Verfügung gestellt werden.

---

*) Ende November waren im Artilleriepark vorhanden etwa 11,480 Schanzkörbe, 2960 Faschinen, 10,600 Faschinenbündel 2c.

Die Anlage von feindlichen Batterien westlich von Iffy und in dem Terrain zwischen den anzugreifenden Forts, veranlaßte die Anlage von noch zwei Batterien, von denen

Nr. 16 (4 gezogene 12-Ctm.-Kanonen) gegen die Emplacements bei Iffy und

Nr. 17 (6 gezogene 12-Ctm.-Kanonen) gegen die Emplacements zwischen Iffy und Banvres

wirken sollte. — Mit diesen 17 Batterien, welche also zusammen mit

50 langen 15-Ctm.-Kanonen,
40 12-Ctm.-Kanonen (excl. der 12 Kanonen des Nebenangriffs),
6 21-Ctm.-Mörsern,

also 96 Geschützen armirt waren, sollte Anfang Januar das Feuer des **Haupt-Angriffs** gegen die Forts der Südfront eröffnet werden.

B. Der Artillerie- und Ingenieur-Angriff.

Nachdem die Armirung der Batterien beendet war, wurden in der Nacht vom 3./4. Januar die Vorposten bis zu der äußeren Lisière von Bellevue, Dorf Meudon, Fleury und Clamart vorgeschoben, und begannen die Pioniere sofort mit der Befestigung der ohne Mühe eroberten Positionen. Die bei Moulin de la Tour stehenden Vorposten rückten bis an den Fuß des Berges vor und setzten sich dort in Schützengräben fest. Als General-Reserve wurden mehrere Bataillone der Garde-Landwehr-Division bestimmt, die auf dem Plateau von Saclay cantonnirten und dem General du jour direct unterstellt waren.

Das Dorf Clamart wurde unter der Leitung des Oberstlieutenant Windisch von der Bayerischen Festungs-Genie-Division in Vertheidigungszustand gesetzt. Insbesondere wurden die französischen, an der Südlisière liegenden Verschanzungen beseitigt und die nördlichen Ausgänge und Lisièren verbarrikadirt, resp. zur Vertheidigung eingerichtet.

Mit der Leitung der Befestigungsarbeiten in Meudon und Fleury war Major Schultz beauftragt worden, der bereits in der Nacht vom 2./3. Januar mit den zur Ausführung der Arbeiten beauftragten Offizieren eingehende Recognoscirungen vorgenommen hatte. Bisher folgte die deutsche Vorpostenstellung dem inneren Theile des Bergabhanges zwischen Meudon und Fleury, welcher ziemlich weit zurückspringt und eine tiefe Mulde bildet, in welcher eine Mitrailleusenfabrik liegt. Etwa 400 Schritt nördlich der letzteren zog sich die Vorpostenstellung durch den Park von Clamart nach dem Dorfe Clamart. —

Die Dörfer Meudon und Fleury lagen bisher größtentheils außerhalb der Vorpostenlinie, während das Schloß Meudon von dem Gros der Vorposten besetzt war.

Befestigung von Meudon.

Nachdem die französischen Vorposten zur Räumung des Dorfes gezwungen waren, begannen 2 Festungs-Pionier-Compagnien unter der speciellen Leitung des Hauptmann Westphal am 4. Januar, Abends 8 Uhr, mit der Ausführung der ausgedehnten Arbeiten, die sich besonders auf Befestigung der nördlichen Lisière erstreckten. Es wurden binnen 8 Stunden im Ganzen 75 laufende Schritt Verhaue, 100 laufende Schritt solide Barrikaden und etwa 800 laufende Schritt Bruchsteinmauern von 0,5 bis 1 Mtr. Stärke zur Vertheidigung ein= gerichtet, endlich 30 Oeffnungen von 1—2 Mtr. Breite in verschiede= nen Mauern hergestellt. Am 4. Januar Morgens 6 Uhr hatte die Position bereits einen genügenden Grad von Widerstandsfähigkeit erhalten.

Die Befestigung von Fleury

wurde von der 1. Festungs=Pionier=Compagnie VI. Armee=Corps (Hauptmann Schimrigk) ausgeführt. — Dieser langgestreckte Ort hat nach Norden zu nur eine geringe Frontentwickelung; indessen gewährt der sich östlich an das Dorf schließende Park von Clamart eine gute Vertheidigungslinie, — vor letzterem liegt ravelinartig ein mit dichter Nadelholzhecke umschlossener Garten. —

Zunächst wurde der auf der Nordseite von Fleury liegende von hohen Mauern eingefaßte Garten zur Vertheidigung eingerichtet, auch der Anschluß mit der Befestigung von Meudon durch einen flankirten Verhau bewerkstelligt, sowie der nördliche Eingang von Fleury durch eine hohe Barrikade geschlossen. — Die nördlichen Mauern des Parks von Clamart waren von den Franzosen auf verschiedenen Stellen ge= öffnet worden; diese Oeffnungen wurden durch starke Astverhaue ge= schlossen, gleichzeitig auch 50 Mauerscharten ausgebrochen. — Die Befestigung des ravelinartig vorspringenden, 3 Gebäude einschließenden Gartens lag außerhalb der höheren Orts genehmigten Disposition, wurde jedoch vom Major Schulz selbstständig angeordnet. —

In derselben Nacht ließ der Ingenieur=Stabsoffizier du jour (Major Crüger) das Schußfeld der Batterien vollständig freilegen und in Batterie Nr. 10 eine große Traverse zur Deckung gegen Villejuif ꝛc. erbauen. Gleichzeitig recognoscirten Hauptmann Bornemann und Lieutenant Theinert die französische Schanze Notre Dame de Clamart, die noch vom Feinde besetzt war.

Wegen des starken Nebels konnte das Feuer nicht, wie beabsich= tigt war, am 4. Januar eröffnet werden. Dieser Nebel machte es jedoch möglich, schon an diesem Tage mit den Vorbereitungen zum Bau einer neuen weiter vorgeschobenen Batterie Nr. 18 (6 lange 15·Ctm.=Kanonen) zu beginnen, welche zur Bekämpfung von Montrouge und zum Bombardement der Stadt bestimmt war.

5. Januar.

Am 5. Januar 8¾ Uhr Morgens eröffneten die Batterien des Centrums ihr Feuer gegen die Forts, gleichzeitig begannen die beiden Batterien des VI. Armee=Corps, unterstützt durch schwere Feld=Bat= terien, den Kampf mit der Schanze Haute Bruyères.

Die ausgegebene Feuerordnung machte die Schnelligkeit des Feuers von dem Verhalten des Feindes abhängig, sowie von der nothwendigen genauen Beobachtung jedes einzelnen Schusses und dem pro 24 Stunden zur Disposition gestellten Munitionsquantum, das unter keinen Um= ständen überschritten werden sollte. Für den ersten Tag waren pro Geschütz 60 Granaten und 6 Shrapnels, für den folgenden Tag 50 Granaten und 5 Shrapnels ausgeworfen.

Das Feuer wurde sofort von den 3 Forts und den seitwärts liegenden Emplacements erwidert; die Batterien des rechten und linken Flügels konnten bei ihrer größeren Entfernung von den feindlichen Werken und bei dem am Morgen noch herrschenden Nebel die ihnen zugewiesenen Ziele nicht sehen und begannen daher das Feuer erst gegen Mittag.

Nach heftigem Geschützkampfe stellte Fort Issy nach 2 Uhr Mit= tags sein Feuer ein, auch die östlich und westlich dieses Forts placirten Geschütze schwiegen, Fort Vanvres und die beiden seitwärts gelegenen Emplacements antworteten jedoch lebhaft. Das Feuer von Montrouge, welches zum größten Theil die Batterien des Centrums flankirte, wurde ebenfalls fortgesetzt und konnte durch die Batterien Nr. 11 und 12 nicht zum Schweigen gebracht werden. Die Geschütze der Stadtenceinte betheiligten sich nur in geringem Maaße am Kampfe; das Feuer nahm indessen am 6. Januar an Intensität zu.

Seitens der Ingenieure wurden im Laufe des Tages die Be=
festigung von Meudon und Fleury beendigt. Ferner recognoscirte der
Oberstlicutenant Windisch während des Artilleriekampfes die französische
Redoute Notre Dame de Clamart, besetzte dieses vom Feinde geräumte
Werk gegen Mittag mit Mannschaften der 2. Feld=Genie=Division
und richtete dasselbe zur Vertheidigung ein. Der Feind versuchte ver=
gebens die 4. Feld=Genie=Compagnie aus der Schanze durch Granat=
feuer zu vertreiben; dieselbe wurde erst gegen Abend von den Vor=
posten besetzt und in die diesseitige Vertheidigungslinie hineingezogen.
Unter dem Ingenieur=Offizier du jour (Major Rotte) leitete der
Hauptmann Bornemann die Befestigungsarbeiten, für welche 3 Preu=
ßische und 2 Bayerische Pionier=Compagnien zur Verfügung standen.

Der Feind versuchte die Arbeiten vom Fort Issy aus durch
heftiges Granatfeuer zu stören; dieselben wurden indessen ohne Unter=
brechung fortgesetzt.

6. Januar.

Nachdem die Vorposten bis an die äußere Lisière von le Val
und bis zur Redoute Clamart vorgeschoben waren*), wurde das
Feuer am 6. Januar bei hellem Wetter fortgesetzt. Ein Geschütz der
Batterie Nr. 8 (langes 15=Ctm.=Rohr) hatte schon am 5. Januar
das Bombardement der Stadt und zwar auf Entfernungen bis zu
10,000 Schritt begonnen.**)

Das Feuer der 17 Batterien wurde mit gutem Erfolg fortgesetzt.
Im Fort Issy waren fast alle Geschütze zurückgezogen, nur die linke
Flanke des Westbastions feuerte von Zeit zu Zeit; die Batterie bei
Station Clamart schwieg, die Batterie neben Vanvres feuerte von
Zeit zu Zeit, ebenso die Forts Vanvres und Montrouge. — Die
Stadtenceinte bei Point du jour feuerte heftig; am Nachmittage auch
Fort Valerien gegen Batterie 1.

---

*) Les Moulineaux war momentan von den Vorposten genommen worden,
konnte aber wegen des von Bas Meudon und Issy aus erfolgenden heftigen
Feuers nicht behauptet werden.

**) Um diese großen Schußweiten zu erzielen, waren verstärkte Ladungen
und sehr große Elevationen erforderlich (über 30°). Letztere konnten nur
dadurch erreicht werden, daß die Richtschraube entfernt und dagegen ein Stück
Holz in das Marschlager gelegt wurde, auf welchem das Bodenstück ruhte.

An demselben Tage beschlossen die Artillerie= und Ingenieurstäbe den Bau einer Bombardements=Batterie Nr. 18 bei Bagneux (wozu bereits die Vorbereitungen am 4. Januar getroffen waren), sowie von 2 Batterien Nr. 19 und 20 rechts und links neben der Schanze Notre Dame de Clamart mit zugehörigen Communi= cationen, endlich den Bau eines bombensicheren Unterstandsraumes für das Repli der Vorposten im Graben der genannten Schanze. In der Nacht vom 6./7. Januar wurde nach den Anordnungen des Ingenieur=Offiziers du jour (Major May) die Verstärkungsarbeiten bei Notre Dame de Clamart fortgesetzt.

Das Wetter war inzwischen milder geworden und begann es be= reits zu thauen.

7. Januar.

Das Feuer der Batterien 1 bis 17 wurde mit gutem Erfolg fortgesetzt. —

Der vom VI. Armee = Corps geführte Neben = Angriff hatte bereits seinen Zweck vollständig erfüllt, da das Anfangs sehr lebhafte Feuer der Schanze Haute Bruyères nach und nach abnahm, auch der Hauptangriff fernerhin nicht wieder belästigt wurde. Es konnten daher den Batterien A. und B. im Ganzen 4 Geschütze entnommen werden und zur Armirung einer neuen Batterie C. benutzt werden. Diese im Park von l'Hay am Ostende des Bièvre= Thales erbaute Batterie erhielt die wichtige Aufgabe, das Feuer des Fort Montrouge von dem Hauptangriff abzulenken.

Nach den näheren Anweisungen des Ingenieur=Stabsoffiziers du jour (Oberstlieutenant Windisch) wurde die Vervollständigung der Communicationen vorgenommen; der Feind beschoß die Arbeiten am Tage lebhaft.

In der Nacht vom 7./8. Januar fand die Armirung der Batterie Nr. 18 statt.

8. Januar.

Das Feuer der Angriffsbatterien wurde ununterbrochen fortgesetzt. Die Forts Issy und namentlich Montrouge antworteten lebhaft. Nach den Anordnungen des Ingenieur= Stabsoffiziers du jour (Major Kern) erbauten die Pionier=Bereitschaften Communicationen und Traversen bei Batterie Nr. 17.

In der Nacht vom 8./9. Januar wurde Paris aus sämmtlichen Geschützen der Batterien Nr. 8 und 18 (in Summa 12 langen 15=Ctm.=Kanonen) bombardirt.

Jedes Geschütz gab etwa 50 Schuß ab. Wegen des im Laufe der Nacht beginnenden und am folgenden Tage anhaltenden Nebels ließ sich die Wirkung dieses Bombardements nicht beobachten, doch hörte man in der Stadt Geschrei und Sturm läuten, was auf entstandene Brände schließen ließ*).

An demselben Tage wurde mit dem Bau der vorhin schon erwähnten Batterien Nr. 19 und 20 begonnen, die gegen die Forts Issy und Vanvres wirken sollten. Dafür gingen dann ein, die Batterien Nr. 4 (welche 4 gezogene 15=Ctm.=Kanonen an Batterie Nr. 19 abzugeben hatte), ferner Nr. 6 (deren 6 gezogene 15=Ctm.=Kanonen zur Armirung der Batterie Nr. 20 dienen sollten), endlich Nr. 10. An Stelle der letzteren Batterie, welche durch feindliches Feuer (namentlich Bomben= und Flankenfeuer von Montrouge) viel zu leiden hatte, sollte weiter vorwärts bei Chatillon die Demontir=Batterie Nr. 21 gegen Fort Vanvres (6 gezogene kurze 15=Ctm.=Rohre) erbaut werden. Diese Batterie, deren Bau das heftige feindliche Feuer, sowie schlechte Witterung wesentlich verzögerte, konnte erst am 15. Januar in Thätigkeit treten.

Am 8. Januar wurde ferner beschlossen, eine neue Demontir= und Enfilier=Batterie Nr. 22 (6 gezogene 12=Ctm.=Kanonen) gegen Fort Montrouge zu erbauen, und dafür die weiter rückwärts liegende Batterie Nr. 11 eingehen zu lassen.

Oberstlieutenant Fogt übernahm die Ausführung der Communicationen zwischen den Batterien Nr. 15, 18 und 22.

---

*) Im weiteren Verlauf der Beschießung wurde aus je einem Geschütz der Batterien Nr. 8, 18 und 19 das Bombardement der Stadt in der Art fortgesetzt, daß jedes Geschütz in ¼ Stunde, später in ½ Stunde 1 Schuß abfeuerte, wobei Ladungen, Elevation und Richtung so gewechselt wurden, daß alle Stadttheile auf dem linken Seineufer und auf dem rechten Ufer Auteuil und Passy unter Feuer gehalten werden konnten. An mehreren Tagen waren Brände zu bemerken, die indessen keine größere Ausdehnung annahmen. Aus den in Paris erschienenen Zeitungen war ersichtlich, daß die Granaten sogar die etwa 11,000 Schritt entfernt liegende Insel St. Louis erreicht hatten. Diese Angaben werden im Allgemeinen vom General Vinoy bestätigt, der die erreichten Maximal=Schußweiten zu 7000—7500 Mtr. angiebt. (1 Deutsche Meile.)

9. Januar.

Das Feuer der sämmtlichen Batterien wurde bei milder Witterung fortgesetzt.

Auf Grund der am 7. Januar vom Hauptmann Thelemann II. und Premierlieutenant Otten vorgenommenen Recognoscirungen wurden die Dörfer le Val und les Moulineaux vom Feinde gesäubert und nach den speciellen Anordnungen des Stabsoffizier du jour (Major Schultz) zur Vertheidigung eingerichtet. In les Moulineaux hielten die Vor-posten nur die dem Eisenbahndamm zunächst gelegenen beiden Häuser besetzt. Die Dammlinie wurde zur Vertheidigung eingerichtet, und die Vertheidi-gungslinie am Einschnitt entlang bis zum nächsten Viaduct fortgesetzt, gleichzeitig auch nach den Anordnungen des Oberstlieutenant Wischer die Schanze Notre Dame de Clamart mit le Val durch gedeckte Com-municationen verbunden.

Gegen Morgen (3½ Uhr) machte der Feind einen Ausfall und fand die Tranchee bei Notre Dame de Clamart entgegen der vom Ingenieur en chef ausgegebenen und vom Ober-Commando genehmigten Disposition nicht besetzt. Der Feind ging bis über die Schanze Notre Dame hinaus und hob den dort befindlichen Posten auf.

10. Januar.

Die Batterie Nr. 19 eröffnete am Morgen ihr Feuer. Die Park-Batterie westlich von Issy, das Fort selbst und einige Mitrailleusen feuerten von Zeit zu Zeit auf die Arbeiten bei Notre Dame de Clamart. Unter Leitung des Stabsoffizier du jour (Major Crüger) wurden die Arbeiten bei Notre Dame de Clamart, namentlich die Anschlüsse bei le Val durch Infanteriehülfsarbeiter fortgesetzt, ebenso die Vertheidigungs-Einrichtungen am Eisenbahndamm vervollständigt.

11. Januar.

Die Batterie Nr. 20, deren Bau auf Schwierigkeiten gestoßen war, konnte am Morgen ihr Feuer eröffnen.

Der Stabsoffizier du jour (Major Bayer) ließ mit Hülfe von Infanterie-Mannschaften die Erweiterungs-Arbeiten fortsetzen und in Notre Dame de Clamart Hohlräume herstellen.

12. Januar.

Das Artilleriefeuer hatte seinen regelmäßigen Fortgang, mußte aber wegen des Nebels häufig unterbrochen werden.

Ingenieur=Angriff. Stabsoffizier du jour: Major Rotte.

Zunächst ließ Hauptmann von Gärtner die Vertheidigungs=
Einrichtungen bei Meudon vervollständigen, wobei zu bemerken ist, daß
der Feind einen Theil des Dorfes les Moulineaux besetzt hatte, jedoch
durch das Feuer der Wallbüchsen zum Rückzug gezwungen werden konnte.

Am Abend konnte Hauptmann Bornemann mit der Herstellung
der Communicationen zwischen Clamart und Chatillon beginnen, und
standen demselben zu diesem Zweck 6½ Pionier=Compagnien sowie 600
Mann Infanterie zur Verfügung.

Ferner wurde die Eindeckung der Hohlräume in Notre Dame de
Clamart beendigt und die stark beschädigte Batterie Nr. 19 ausgebessert.

13. Januar.

Die Batterie Nr. 22 eröffnete am Morgen ihr Feuer gegen Fort
Montrouge, welches fortwährend den Angriffsbatterien sehr unbequem
blieb. Das Wetter war wieder rauher geworden und in Frost über=
gegangen.

Ingenieur=Angriff. Stabsoffizier du jour: Major May.
Mit Hülfe von 2 Infanterie=Compagnien wurden die Erweiterungs=
Arbeiten 2c. in den Tranchéen bei Notre Dame fortgesetzt und bei dieser
Gelegenheit verschiedene electrische Leitungen aufgefunden, welche zu den
vor der Schanze angelegten Fladder=Minen führten. —

Im Laufe des Tages besetzte der Feind die Schützengräben westlich
Haute Bruyères, wurde aber durch Schrapnelfeuer der Batterien des
VI. Corps zum baldigen Rückzuge gezwungen.

In der Nacht vom 13./14. Januar fanden Ausfälle gegen die
Stellungen des II. Bayerischen und XI. Corps statt, die indessen mit
Leichtigkeit zurückgewiesen werden konnten.

14. Januar.

Das Feuer der Belagerungs=Artillerie nahm in der bisherigen
Weise seinen Fortgang.

Ingenieur=Angriff. Stabsoffizier du jour: Oberstlieutenant
Windisch.

Auf Veranlassung des Ingenieur en chef wurde mit dem Bau
einer Batterie für 4 gezogene 9=Ctm.=Kanonen an der Bahnhofsstation
Meudon begonnen. Diese von den Pionieren unter Leitung des Haupt=

mann Thelemann erbaute und mit genügenden bombensicheren Unter=
standsräumen versehene*) Batterie sollte hauptsächlich den hinter Fort
Issy liegenden Park unter Feuer halten, in welchem der Feind wieder=
holt Ausfälle vorbereitet hatte.

An demselben Tage wurde hinter der Brustwehr des Werkes Notre
Dame eine Mörser=Batterie erbaut.

15. Januar.

Die Batterie Nr. 21 eröffnete am Morgen ihr Feuer gegen Fort
Vanvres.

Was den Neben=Angriff des VI. Armee=Corps anbetrifft, so
gab die niedere Schanze bei Cachan, welche bereits seit dem 11. Januar
geschwiegen hatte, wieder vereinzelte Schüsse ab. — Die Wirkung gegen
Montrouge ließ sich wegen der großen Entfernung nicht genau beobachten,
doch war es zweifellos, daß die Energie der Vertheidigung dieses Forts
unter der Einwirkung der Batterien des VI. Corps erheblich litt.

Am 15. Januar Nachmittags versuchte die Schanze Haute Bruyères
mit den anliegenden Batterien ihr Feuer gegen Batterie C. zu concentriren,
ohne indessen besondere Resultate zu erzielen.

In den Tranchéen wurden die Erweiterungs=Arbeiten unter Leitung
des Stabsoffiziers du jour (Major Kern) fortgesetzt; insbesondere erhielt
die Mörser=Batterie ein Pulvermagazin.

16. bis 19. Januar.

Das Wetter war wieder rauh geworden und erschwerte der häufig
eintretende Nebel die Beobachtung der Schüsse.

Die Artillerie setzte ihr Feuer ganz in derselben Weise fort, ohne
daß hervorragende Resultate sichtbar waren. — Man schritt daher zum
Bau von zwei Wurf=Batterien Nr. 23 und 24 (à vier 50pfündige Mörser),
welche die Forts Issy und Vanvres bewerfen sollten. Von diesen
Batterien wurde indessen nur die Batterie 23 bis zum 19. Januar
beendigt (die andere erst am 26. Januar).

Ingenieur=Angriff. Stabsoffiziere du jour: Majors Schultz,
Crüger, Bayer und Rotte.

---

*) Die Batterie hatte später durch feindliche Geschütze, welche ungesehen
hinter den sehr steilen Abhängen von Issy bis auf 900 Schritt herangeschafft
waren, erheblich zu leiden, so daß am 15. Januar die Desarmirung befohlen wurde.

Die Communicationen wurden, soweit die disponiblen schwachen Arbeitskräfte es zuließen, erweitert und vervollständigt. Der Bau der Tranchee zwischen Clamart und Chatillon schritt soweit vor, daß die Besetzung derselben mit einem Gliede möglich war. Eine hinter der Mitte des Laufgrabens gelegene Gypsbrennerei, unter welcher sich Steinbrüche von beträchtlicher Ausdehnung befanden, wurde mit dem Laufgraben verbunden und hierdurch ein bombensicherer Unterstands= raum gewonnen. Seitens der Infanterie waren im Ganzen täglich 250 Mann gestellt.

Die Angriffsarbeiten wurden während der am 19. Januar statt= findenden Schlacht am Mont Valerien in keiner Weise gestört.

20. bis 23. Januar.

Die Artillerie setzte ihr Feuer wie bisher fort; am Abend des 21. Januar flog das mit Eisenbahnschienen eingedeckte Pulvermagazin Nr. 23 in die Luft; am 23. Januar gleichfalls das Magazin in Batterie Nr. 21. In letztgenannter Batterie war am Eingang eine Bombe crepirt, während die Explosion des Magazins in Batterie Nr. 23 durch eine die Brustwehr durchschlagende Granate veranlaßt worden war. Den Dienst des Ingenieur=Stabsoffiziers du jour versahen an diesen Tagen die Majors May, Kern, Schultz und Crüger.

Die Ingenieur=Arbeiten beschränkten sich auf die Vervollständigung der Communicationen, sowie Beseitigung der durch das Auffliegen der beiden Pulvermagazine veranlaßten Schäden.

Das zu Zeiten heftige, sich auf einzelne Punkte concentrirende Feuer war die Veranlassung, daß die Beschaffung von soliden bomben= sicheren Unterstandsräumen mehr wie vorher in das Auge gefaßt wurde. Namentlich sollte die Schanze Notre Dame soviel Hohlräume als irgend möglich erhalten.

24. bis 26. Januar.

Die Angriffs=Batterien setzten in derselben Weise wie bisher ihr Feuer fort.

Ingenieur=Angriff. Stabsoffiziere du.jour: Majors Bayer, Rotte und May.

Der Bau der Mörser=Batterie Nr. 24 mit einer nach Chatillon führenden Communication wurde begonnen. Theilweise große Schwie= rigkeiten verursachte die Trockenlegung der stellenweise mit Wasser ge= füllten Communicationen.

Am 26. Januar um Mitternacht fiel den höheren Befehlen ge=
mäß der letzte Schuß, da die Capitulationsverhandlungen eingeleitet
waren.

27. bis 29. Januar.

Bis zum Abschluß dieser Verhandlungen wurden die Arbeiten
unter Leitung des Oberstlieutenant Windisch und des Major Kern
fortgesetzt, auch die erforderlichen Recognoscirungen zur Anlage einer
Belagerungs=Batterie bei Bellevue (am Bahndamm) vorgenommen.
Am Mittage des 29. Januar wurden die Forts besetzt, und hörte
damit der Trancheedienst auf. — Als letzter Ingenieur=Stabs=Offizier
du jour fungirte Major Schultz.

Artilleristische Ergebnisse und Beobachtungen.

Bis zur Beendiguug des Feuers der Batterien des Südangriffs
war an Munition verbraucht worden:

a) von den Batterien Nr. 1—23 des
    Hauptangriffs   53,527 Schuß und Wurf,
b) von den Batterien A. B. C. des
    Hülfsangriffs (excl. Feld=Bat=
    terien)   6,324   „   „

      Mithin im Ganzen 59,851 Schuß und Wurf.

Im Allgemeinen befolgte der Feind folgendes Verhalten:
Während der Nacht und bei dunklem nebeligen Wetter gab er
nur einzelne Schüsse in unregelmäßigen Pausen ab, er ließ einzelne
Werke, wenn dieselben mit starkem Feuer überschüttet wurden, ganz
schweigen, und griff dann plötzlich von mehreren Werken aus gleichzeitig
in das Gefecht ein, um gegen einen Punkt zu wirken. In der Regel
feuerte der Feind dabei lagenweise, setzte eine Zeit lang sein Feuer
fort und schwieg dann plötzlich. — Augenscheinlich standen sowohl die
einzelnen Forts unter sich, als auch mit den Emplacements und der
Stadtenceinte in telegraphischer Verbindung, da trotz des häufigen
Wechsels der Stellungen und der Feuerrichtungen stets ein gemein=
schaftliches Wirken nach einem Punct ersichtlich war.

Nur die 32=Ctm.=Mörser=Batterie, welche bei Bahnhof Clamart
hinter einem fast 10 Mtr. hohen Eisenbahndamm lag, und deren
Lage daher diesseits während der Beschießung nicht genau ermittelt

werden konnte, setzte ihr Feuer während der Beschießung ungestört fort; ebenso war es auch sehr schwierig, die häufig wechselnden Emplacements von 1 bis 2 Geschützen westlich von Montrouge und in dem dahinter liegenden Park zum Schweigen zu bringen¹, weil das Einschießen nach denselben wegen der Terraindeckungen und wegen der großen Ent= fernungen mannigfache Schwierigkeiten bot.

Eine wesentliche Unterstützung für die Forts und die dazwischen liegenden Emplacements gewährte die Stadtenceinte.

Von den beiden Bastionen 66 und 67 des Point du jour an bis zu den Bastionen 77 resp. 78 waren sämmtliche Bastione der Stadt= front zur Geschütz=Aufstellung mit Scharten versehen, und es traten hier abwechselnd bis zu 40 Geschütze des schwersten Kalibers (15 Ctm. bis 19 Ctm.) in Thätigkeit. Außerdem befanden sich neben Point du jour zu beiden Seiten der Seine Emplacements, die mit etwa 12 schweren Geschützen armirt waren. — Die Geschütze der Stadtenceinte concentrirten ihr Feuer zunächst hauptsächlich gegen die Batterien des Centrums Nr. 7, 8, 9; später gegen die weiter vorgeschobenen Batterien 18—22.

Wenn auch im Allgemeinen das Feuer aus der Stadtenceinte wegen der bedeutenden Entfernungen keinen im Verhältniß zu dem großen Munitions=Aufwand stehenden Schaden anrichtete, so verur= sachten doch einzelne der mit großen Einfallswinkeln einschlagenden Geschosse große Verwüstungen in den theilweise zu schwach construirten Sicherheitsständen und Pulvermagazinen. Am unsichersten waren die Communicationen, namentlich die nach der Bayernschanze führenden, deren zu schwache Brustwehren an vielen Stellen durchschossen oder gänzlich verschüttet wurden.

Eine Bekämpfung dieses Feuers bis zur völligen Niederhaltung desselben war nicht durchführbar, weil die großen Entfernungen genaue Beobachtungen unmöglich machten; namentlich konnte gegen das Feuer der Bastione 70 bis 77 ein merkbarer Erfolg nicht erzielt werden.

Die zur Sicherung des linken Flügels erbauten Batterien Nr. 1 und 2 hatten ihre Aufgabe mit großer Gewandheit gelöst, indem der Feind schon am ersten Tage die auf der Halbinsel Billancourt erbauten Emplacements, sowie Schützengräben ꝛc. verließ. Nur die am Eingang des Boulogner Holzes erbaute Batterie konnte nicht zum Schweigen gebracht werden. — Dagegen richtete der Mont Valerien, die Bastione 62—67 und die Batterien bei Point du jour ein sehr überlegenes

Feuer gegen Nr. 1., welches von letzterer nur mit äußerster Un=
strengung bekämpft werden konnte. Der Bruftwehrkörper wurde zum
Theil gänzlich durchschossen, so daß die Ausbesserung der Batterie
während der Nacht sehr große Arbeitskräfte erforderte.

Die Batterie Nr. 2 vertrieb die Kanonenboote, welche zum
Theil bis hinter die Insel St. Germain vorgegangen waren, auch der
Eisenbahnviaduct der Gürtelbahn wurde durch unsere Geschosse zerstört,
so daß der Betrieb ganz eingestellt werden mußte. Zur vollständigen
Niederhaltung des feindlichen Feuers erschienen noch 24 Geschütze
erforderlich, und sollten die betreffenden Batterien hinter dem Eisen=
bahneinschnitt zwischen le Val und Bellevue erbaut werden.

Wie schon früher bemerkt, hatten die vom VI. Corps zur Sicherung
des rechten Flügels erbauten Batterien, unterstützt durch das Feuer
einiger schweren Feldbatterien ihren Zweck vollständig erreicht. Durch
diese Flügel=Batterien war es ermöglicht, den Batterien des Süd=
Angriffs eine Frontentwickelung von 1½ Meilen Länge zu geben, so
daß die 3 angegriffenen Werke ziemlich umfaßt werden konnten. —

Eine besonders gute Wirkung hatten die mit kurzen 15=Ctm.=
Kanonen ausgerüsteten Batterien Nr. 20 und 21 gehabt, da die Lang=
granaten nicht allein die nach der Südfront schlagenden Scharten
der Forts Isfy und Vanvres, sondern auch die Bruftwehren, sowie
die nicht gedeckten Escarpenmauern der Süd=Courtinen zum Theil
vollständig zerstörten.

Die in den Forts vorhandenen Kasernen waren hauptsächlich
durch das Feuer der 21=Ctm.=Mörser zusammengeschossen und un=
bewohnbar. Der Aufenthalt im Innern der Forts war durch das
Mörserfeuer fast unmöglich gemacht, die Kehlmauern derselben waren
zerstört und in den Graben gestürzt. Das Feuer der Forts Isfy und
Vanvres schwieg daher in den letzten Tagen fast vollständig. Fort
Isfy gab in der Regel am Tage nur noch (ohne zu zielen) Salven ab.
In Fort Vanvres machten sich die auf der Süd=Courtine aufgestellten
zahlreichen Mörser hier und da noch bemerkbar.

Die Forts wurden am 29. Januar besetzt und ist das Nähere
über den Zustand derselben bei der Uebergabe im V. Kap. mitgetheilt.

II. Angriff gegen die Nordfronten.

A. Vorbereitungen.

Nachdem das große Hauptquartier Ende September einen Hülfs-Angriff gegen St. Denis in Aussicht genommen hatte, veranlaßte das Ober-Commando der Maas-Armee die sofortige Beschaffung der zur Eröffnung eines regelmäßigen Angriffs erforderlichen Strauchmaterialien. Demzufolge wurden von den disponiblen Pionier-Compagnien des Garbe- und IV. Armee-Corps bis zum 25. October unter Hülfe-leistung der Infanterie außer anderen Materialien im Ganzen etwa 6000 Sappenkörbe, sowie 2000 Bekleidungs- und Krönungsfaschinen angefertigt.

Das Ober-Commando hatte vom 1. October den Plan zur Besitzergreifung der Halbinsel Gennevilliers näher in das Auge gefaßt, um bei einem eventuellen Angriff auf St. Denis diese Stadt möglichst weit umfassen zu können.

Als geeignetste Stelle für einen eventuellen Uebergang ergab sich nach den von den Ingenieurstäben vorgenommenen Recognoscirungen der Lauf der Seine in der Nähe der Brücken von Argenteuil. — Obgleich hier der Fluß eine bedeutende Breite hatte (ca. 180 Mtr.), so war dieses doch die einzige Stelle, an welcher der Uebergang voll-ständig gegen Sicht gedeckt werden konnte und gewährten außerdem die Deiche des linken Ufers den zur Sicherung des Brückenschlagens überzusetzenden Truppen vorzügliche Deckung.

Die Seinehalbinsel wurde am 3. Oktober durch 6 Ingenieur-Offiziere des IV. Armee-Corps im Speciellen recognoscirt. Jedem derselben wurden einige Pioniere und Infanteristen, sowie 2 Boote überwiesen, und war außerdem bei Argenteuil, Bezons und am Fuße des Mont Plätre je ein Zug Infanterie als Soutien auf-gestellt. — Das General-Commando hatte den Befehl ertheilt, daß die Recognoscirungs-Patrouillen sich auf kein Gefecht einlassen sollten.

Die Recognoscirung ergab hauptsächlich folgende Resultate:

a. Beschaffenheit der feindlichen Werke.

Es befanden sich in dem fraglichen Terrainabschnitt außer einigen längs des Seinedeiches getroffenen Vertheidigungs-Vorrichtungen drei Hauptwerke und zwar:

1) das noch unvollendete bastionirte Fort zwischen Colombes und Gennevilliers. Der Graben hatte etwa 4,5 Mtr. Tiefe; die

Contrescarpe war revetirt, die Kehle pallisabirt und durch ein massives Blockhaus vertheidigt. — Eine eingehendere Recognoscirung wurde durch die Besatzung des Forts verhindert.

2) Eine Halbredoute etwa 100 Schritt von der Westlisière von Colombes gelegen, die Front parallel der Seine. Das Werk wurde von der Chaussee durchschnitten, hatte eine Grabenflankirung und Kehlpallisabirung, Geschützbänke in beiden Saillants. Das benachbarte Gehöft war zur Vertheidigung eingerichtet.

3) Eine Flesche südlich der Chausseebrücke von Bezons etwa 800 Schritt vom Seineufer mit Grabenflankirung, pallisabirter Kehle, sowie einigen Hohlräumen und Blendagen. Nordwestlich des Werkes lagen mehrere Reihen Schützengräben terrassenförmig übereinander.

Die sub 2 und 3 genannten Werke waren nicht besetzt.

Die von den Lieutenants Höfer und Mannkopf vorgenommene Recognoscirung hatte festgestellt, daß die Umwandlung dieser 3 Werke für diesseitige Vertheidigungszwecke sich im Wesentlichen in einer Nacht hätte bewerkstelligen lassen.

b. **Beschaffenheit der Dörfer Gennevilliers und Colombes.**

In Gennevilliers waren keine Vertheidigungs-Einrichtungen getroffen, Colombes wurde vom Feinde besetzt-gefunden.

Nach dem Ergebniß der von den Premier-Lieutenants Kluge und Hartmann vorgenommenen Recognoscirung mußte bezweifelt werden, daß die genannten Dörfer, die unter dem wirksamsten Geschützfeuer des Feindes lagen, binnen einer Nacht in vertheidigungsfähigen Zustand gesetzt werden könnten.

c. **Herstellung eines Brückenkopfes auf dem linken Seine-Ufer.**

Nach genauer Erwägung aller Verhältnisse schlugen die mit der Recognoscirung beauftragten Hauptleute Tetzlaff und Knappe vor, den mit Bäumen bestandenen Eisenbahndamm soweit als erforderlich freizulegen und zu verhauen, sowie die Dammkrone, den Chausseedamm und einen Theil des Deiches südlich zu aptiren, endlich einen Abschluß zwischen dem Deich und der Seine unter Benutzung der vorhandenen massiven Häuser herzustellen. Mit verhältnißmäßig geringen Arbeitskräften hätte sich eine Vertheidigungslinie von etwa 3000 Schritt Länge herstellen lassen.

Mit Genehmigung des großen Hauptquartiers nahm das Ober=Commando der Maas=Armee von der Besetzung der Seinehalbinsel einstweilen Abstand und sollte der Uebergang eventuell erst nach Ein=treffen der Belagerungsgeschütze vorgenommen werden. Dagegen wurde die Erbauung von 3 Batterien südlich vom Mont d'Orgemont und bei Argenteuil befohlen, welche die zwischen Colombes und Genne=villiers belegene Schanze, sowie die ganze Halbinsel unter Feuer neh=men sollten.

Die Vorbereitungen zum Uebergange wurden inzwischen während des Monat October fortgesetzt.

Nach bewirkter Sperrung der Seine bei Argenteuil (siehe 3. Kap.), bereitete die 1. Garde=Pionier=Compagnie die Wiederherstellung der theilweise zerstörten Chausseebrücke vor. Der Oberbau dieser etwa 170 Mtr. langen Brücke bestand aus 7 hölzernen Bogenträgern, à 22 Mtr. lichte Weite, die Höhe der massiven Pfeiler über dem mittleren Wasserstand betrug 8 Mtr., die durchschnittliche Tiefe der Seine 3—4,5 Mtr. — Vier der Träger und zwar je 2 auf jeder Uferseite waren vom Feinde zerstört worden. Zum Ersatz für diese Träger wurden 4 Sprengwerke construirt, die in der Mitte noch durch Stempel unterstützt werden sollten. —

In der Nacht vom 9./10. October wurde unter Leitung des Premierlieutenant von Tschudi die Aufstellung der auf Flößen ruhenden Rüstung vorgenommen und sodann das erste Sprengwerk auf die Pfeiler gebracht.

Der Feind entwickelte an den folgenden Tagen ein heftiges Feuer gegen diese Arbeiten, so daß einzelne Theile der neu hergestellten Brücke zertrümmert wurden und mußte die Wiederherstellung der letzteren auf höheren Befehl sistirt werden.

In derselben Zeit bereitete die genannte Pionier=Compagnie eine Floßbrücke vor, und wurden 24 kleine Flöße (à 4 Mtr. breit und durchschnittlich 7 Mtr. lang) auf dem Lande hergestellt, die durch Klappen verbunden werden sollten. Die auf das Wasser gebrachten Flöße wurden sodann zu 4 großen Gliedern verbunden, die zur Ueberbrückung der Seine vollständig ausgereicht haben würden.

Endlich wurde noch eine 20 Mtr. lange und 6 Mtr. breite Zugfähre aus einzelnen kleinen Flößen zusammengesetzt und in das Wasser gebracht.

Die 1. Feld-Pionier-Compagnie IV. Armee-Corps hatte inzwischen bis zum 16. October den Bau einer 200 Mtr. langen Tonnenbrücke vorbereitet, ferner 50 Kähne und Nachen gesammelt, mittelst welcher etwa 250 Mann übergesetzt werden konnten. Zum Uebergange über die Seine standen außerdem die Ponton-Trains des Garde- und IV. Armee-Corps, sowie 3 leichte Feldbrücken-Trains zur Verfügung. Da diese 5 Trains indessen für den Bau von zwei Seinebrücken nicht ausreichten, so wurde Seitens des Ingenieur-Stabes der Maas-Armee noch die Heranziehung eines 3. Ponton-Trains beantragt. — Es hätten dann in kurzer Zeit 3 Colonnen- und 2 Laufbrücken hergestellt werden können, welche in Verbindung mit den Fähren und Nachen, sowie den disponiblen Pontons voraussichtlich für alle Fälle aus- gereicht haben würden. Am 23. October mußten indessen alle Vor- bereitungen sistirt werden, indem der Seine-Uebergang vollständig auf- gegeben war.

B. Der Ingenieur- und Artillerie-Angriff.

1. Maßregeln zur Sicherung von le Bourget.

Nachdem der Feind nach dem verunglückten Sturmversuch auf le Bourget vom 21. Dezember mit großer Energie vollständige Trancheen gegen le Bourget eröffnet hatte, die von Drancy bis Courneuve den im hohen Grade exponirten Posten umklammerten, glaubte das Garde- Corps, daß le Bourget auf die Dauer nicht behauptet werden könnte. Das Ober-Commando stimmte am 25. Dezember mit dem Garde- Corps darin überein, daß le Bourget bei dem energischen offensiven Vorgehen des Feindes nur mit schweren Verlusten zu halten sein würde und ertheilte daher zur eventuellen Räumung des genannten Dorfes seine Genehmigung, wobei die Bestimmung des Zeitpunktes dem Garde-Corps überlassen wurde. Dabei bemerkte das Ober-Com- mando, daß dasselbe einen großen Werth auf die Behauptung des Dorfes lege und stellte dem Garde-Corps anheim, wenn irgend möglich le Bourget nicht vor Eröffnung des Feuers gegen dem Mont Avron räumen zu lassen, weil anzunehmen wäre, daß der Feind hierdurch von weiterem offensiven Vorgehen in nördlicher und nordöstlicher Richtung abgehalten werden würde. —

Bereits am 24. Dezember war das Commando der Belagerungs-Artillerie aufgefordert, vor Eröffnung des Feuers gegen den Mont Avron 2 neue Batterien zu erbauen, welche die Ebene von St. Denis, hauptsächlich aber den Bahnhof Noisy le Sec und das verschanzte Dorf Bondy unter Feuer nehmen sollten. —

Am 25. Dezember recognoscirte der Hauptmann von Krause die Angriffs-Arbeiten des Feindes. Letzterer hatte an diesem Tage bereits auf 1000 Schritt von le Bourget eine 3. Parallele ausgehoben, in der 2. etwa 400 Schritt weiter rückwärts liegenden Parallele Batterien erbaut, desgleichen in Drancy und von einer gepanzerten Eisenbahn-Batterie aus zum Theil die Mauern von le Bourget in Bresche gelegt.

In Gemeinschaft mit dem Artilleriestabe des Garde-Corps wurden am folgenden Tage die geeigneten Batteriestellungen ermittelt. — Gleichzeitig wurde die Anlage eines Barackenlagers sowie des Belagerungs-Parks bei la Patte d'Oie (östlich Gonesse) beschlossen.

Am 28. Dezember Abends begann der Batteriebau unter Hülfeleistung der 3. Garde-Pionier-Compagnie, sowie der Sappeur-Compagnien des IV. Armee-Corps und zwar wurde zuerst erbaut: Batterie No. 18. (6 lange 15-Ctm.-Kanonen) zwischen Aulnay und le Blanc Mesnil unter Benutzung eines bereits vorhandenen Geschütz-Emplacements. Der Bau dieser Batterie, die vom Fort d' Aubervilliers 5000 Schritt entfernt lag, wurde von der Artillerie am 30. Dezember fortgesetzt und am folgenden Tage der 3. Feld-Pionier-Compagnie IV. Armee-Corps (Hauptmann von Wasserschleben) zur Vollendung übergeben.

Am 1. Januar wurde Batterie No. 20 (6 12-Ctm.-Kanonen) rechts von Pont Iblon (Front gegen Courneuve) unter Leitung des Hauptmann von Wasserschleben begonnen und trotz der schneidenden Kälte bis zum 3. Januar vollendet, nachdem im Ganzen 3200 Arbeitsstunden eines Pioniers zum Bau erforderlich gewesen waren. — Wegen des nebeligen Wetters konnte der Bau zum Theil bei Tage ausgeführt werden.

Die Pionier-Compagnien des IV. Armee-Corps beendigten am 4. Januar die rechts von le Blanc Mesnil von der Artillerie begonnene Batterie No. 19. (6 12-Ctm.-Kanonen.)

Diese 3 Batterien beherrschten das Vorterrain über le Bourget hinaus und verstärkten somit in hohem Grade die Inundationsfront. Eine Wirkung gegen die feindlichen westlich le Bourget erbauten

Batterien war aber nicht zu erwarten, da die Entfernung zum Theil mehr wie 6000 Schritt - betrug. — Ein weiteres Vorschieben der Batterien bis in die Höhe von le Bourget wurde am 2. Januar von dem Garde=Corps einstweilen nicht als opportun betrachtet, jedoch die Erbauung einer 15=Ctm.=Kanonen=Batterie dicht hinter le Bourget vorgesehen, um von derselben aus la Chapelle, la Villette und event. Belleville bombardiren zu können. — Ebenso war die Placirung einer größeren Zahl schwerer Geschütze nordwestlich von le Bourget im Auge behalten, mittelst welcher sowohl St. Denis als Courneuve wirksam beschossen und le Bourget flankirt werden konnte.

Obgleich die Batterien No. 19 bis 20 schon am 4. Januar schußbereit waren, so konnte doch wegen des starken Nebels das Feuer erst am 5. Januar Nachmittags eröffnet werden.

Um den Haupt=Angriff auf die Südfronten möglichst zu unter= stützen, wurde gleichzeitig das Garde= und XII. Corps angewiesen, in den nächsten Tagen die Aufmerksamkeit des Feindes auf die Nord= und Ostfronten zu ziehen und zu diesem Zweck ostensible Truppenbewegungen und Recognoscirungen gegen Mont Avron, Drancy, Graulay=Ferme zc. vorzunehmen, wobei jedoch unnöthige Verluste vermieden werden sollten.

Der Feind beantwortete das gegen Drancy und Courneuve ge= richtete Feuer ununterbrochen aus der bei Courneuve errichteten Batterie.

2. Einleitungen zum Angriff auf St. Denis.

Das große Hauptquartier hatte am 4. Januar auf Antrag des Ober=Commandos befohlen, daß die nach der Einnahme von Mezières disponibel gewordenen schweren Geschütze zur Beschießung von St. Denis zur Verfügung gestellt werden sollten.

Das Ober=Commando disponirte am 6. Januar im Ganzen über 119 Geschütze und zwar: 46 lange 15=Ctm.=Kanonen,
18 kurze do.
52 12=Ctm.=Kanonen,
3 gezogene 21=Ctm.=Mörser.

Von diesen Geschützen wurden für die Ostfronten 38 Stück be= stimmt, so daß für den Nordangriff
32 lange 15=Ctm.=Kanonen,
14 kurze do.
32 12=Ctm.=Kanonen,
3 gezogene 21=Ctm.=Mörser,
im Ganzen 81 Geschütze disponibel blieben.

Zur Deckung des linken Flügels des Garde-Corps resp. zur Wirkung gegen Drancy, Groslay Ferme 2c. sollte die Batterie Nr. 18 dauernd mit 6 langen 15-Ctm.-Kanonen armirt bleiben. Von dem Commando der Belagerungs-Artillerie wurden sodann in Gemeinschaft mit dem Ingenieurstabe des Garde-Corps folgende Batterien projectirt:

a) Bei le Bourget Batterie Nr. 21 für 8 lange 15-Ctm.-Kanonen.

b) Auf der Höhe von Stains

Nr. 22 für 6 lange 15-Ctm.-Kanonen,

„ 23 „ 6 kurze do.

„ 24 „ 8 12-Ctm.-Kanonen,

„ 25 „ 8 do.

Die Batterien Nr. 21 und 22 wurden von der Belagerungs-Artillerie, Nr. 24 und 25 von der Feld-Artillerie, Nr. 23 von den Sappeur-Compagnien des IV. Armee-Corps erbaut. Letztgenannte Batterie wurde am 5. Januar begonnen und am 7. Januar beendigt, nachdem in 3 Nächten je 2 Schichten à 100 Mann 5 Stunden lang gearbeitet hatten. Der Bau dieser sämmtlichen Batterien machte wegen des bis auf 0,7 Mtr. Tiefe gefrorenen Bodens außerordentliche Schwierigkeiten.

c) In der Nähe der Eisenbahn-Station Pierrefitte

Nr. 26 für 4 kurze 15-Ctm.-Kanonen,

„ 27 „ 4 gezogene Mörser.

d) Auf der Höhe von Montmagny

Nr. 28 für 8 12-Ctm.-Kanonen.

e) Westlich von les Carnaux

Nr. 29 für 6 lange 15-Ctm.-Kanonen.

f) Bei la Barre

Nr. 30 für 4 kurze 15-Ctm.-Kanonen,

„ 31 „ 8 12-Ctm.-Kanonen.

g) Bei Ormesson

Nr. 32 für 6 lange 15-Ctm.-Kanonen.

Mit der Erbauung der sub. c bis g bezeichneten Batterien war die Feld-Artillerie des Garde- und IV. Corps beauftragt. Eine Flankirung der Batterien bei Ormesson und la Barre durch feindliche Kanonenboote, sollte durch Feld-Batterien des IV. Corps sowie durch die bei Argenteuil verlegten Torpedos verhindert werden. Zu den Bat-

terien Nr. 29—32 wurden zum Theil die bisherigen Geschütz-Emplacements benutzt.

Endlich ist zu bemerken, daß der Belagerungs-Park in der Nähe
des Bahnhofs Gonesse angelegt werden sollte, und daß zum Geschütz-
mit Munition-Transport ein Fuhrenpark von 700 Wagen als erfor-
derlich erachtet wurde. — Dieser Entwurf erlitt, wie wir später sehen werden, bei der Ausführung noch verschiedene Modificationen. Der Artillerie-Park wurde
bei Villiers le Bel etablirt, und die erforderlichen umfassenden Einrichtungen alsbald von der 3. Garde-Pionier-Compagnie (Premier-
Lieutenant von Wittenburg) begonnen, nachdem diese Compagnie die
für den Park bei Patte d'Oie erforderlichen Barackenlager ꝛc. beendet
hatte. Die beiden Sappeur-Compagnien des IV. Corps sorgten für
die Herstellung der erforderlichen Communicationen.

Gleichzeitig wurde befohlen, daß die bereits im October angefertigten Strauchmaterialien (worunter 3000 Sappenkörbe und 900
Faschinen) der Belagerungs-Artillerie zur Verfügung gestellt werden
sollten.

Der Ersatz der unbrauchbar gewordenen Geschütze gleichwie die
Heranschaffung der Munition machte auch bei dem Nord-Angriff viele
Schwierigkeiten. — Am 6. Januar waren beispielsweise nur pro
15-Ctm.-Kanonen 118 Schuß vorhanden, und eine große Anzahl dieser
Geschütze war unbrauchbar geworden.

Der Bau der Batterien Nr. 22, 24, 25 begann am 10. Januar
Abends, Batterie 21 sollte erst später erbaut werden. In den folgenden Nächten wurden Seitens der Pioniere verschiedene Communicationen zwischen den Batterien hergestellt. Insbesondere erhielt der
Hauptmann von Wasserschleben den Auftrag, in den Nächten vom
11./12. und 12./13. Januar eine etwa 400 Schritt lange gedeckte
Communication zwischen Batterie 23 und 24 auszuheben.

Die 2. Sächsische Pionier-Compagnie, (die dem Garde-Corps am
11. Januar zur Disposition gestellt war), erbaute in den Nächten
vom 12./13. und 13./14. Januar Communicationen zwischen den
Batterien 22 und 23, sowie 24 und 25 und ließ zur Sicherung der
linken Flanke der Batteriestellung bei Stains den Croud-Bach aufeisen.

Der Feind verhielt sich im Allgemeinen außerordentlich passiv;
nur in der Nacht vom 13./14. Januar entspann sich auf beiden Seiten
eine zwecklose Kanonade, indem jede Partei glaubte, einen Angriff be-

fürchten zu müssen. — Nach französischen Angaben erwartete man einen umfassenden Angriff, und hielten daher die Forts Noisy und Romainville das Vorterrain von Drancy und Groslay unter Feuer; die ganze Affaire beschränkte sich aber auf Vorpostengeplänkel. Die Batterien Nr. 18, 19, 20 griffen mit den am Tage innegehabten Richtungen in das Gefecht ein, eine Wirkung war aber wegen Dunkelheit und dichten Nebels nicht zu beobachten.

Nachdem in Folge des Falles von Peronne der ganze vor Mezières zur Verwendung gekommene Belagerungs-Park (71 brauchbare Geschütze), dem Ober-Commando der Maas-Armee zur Verfügung gestellt war, konnte am 13. Januar eine stärkere Dotation der Belagerungs-Batterien vorgenommen werden.

Für den Ostangriff wurden demgemäß 52 Geschütze zur Verfügung gestellt, und blieben dann noch für den Nord-Angriff disponibel:

$$38 \text{ lange } 15\text{-Ctm.-Kanonen,}$$
$$10 \text{ kurze } \qquad \text{ "}$$
$$44 \text{ 12-Ctm.-Kanonen,}$$
$$3 \text{ gezogene } 21\text{-Ctm.-Mörser,}$$

Sa. 95 Geschütze.

Gleichzeitig wurde bestimmt, daß auch Batterie Nr. 19 zur Bestreichung des Terrains östlich von le Bourget mit 6 12-Ctm.-Kanonen armirt bleiben sollte, um den Bedenken des Garde-Corps gegen Anlage einer Batterie bei le Bourget noch mehr als schon geschehen, Rechnung zu tragen.

Gegen die östlichen Stützpunkte der feindlichen Angriffsarbeiten vor le Bourget sollten die Batterien I., XIV. und XV. des Ostangriffs (18 Geschütze), gegen die westlichen Stützpunkte dieser Arbeiten (Courneuve, Auberbilliers und be l'Est) die Batterien 22, 23 und 24 (20 Geschütze) feuern, während die Batterie 21 (8 Geschütze) die Deckung der Front zu übernehmen hatte. Am 13. Januar war der Bau der Batterien 22—32 soweit gediehen, daß derselbe bis zum 16. Januar vollendet sein konnte; der Tag der Eröffnung des Feuers konnte jedoch nicht angegeben werden, da der Belagerungs-Train in seiner ganzen Stärke noch nicht eingetroffen war. Bis dahin sollte auch der Bau der sehr exponirt liegenden Batterie 21 (bei le Bourget) ausgesetzt werden.

Nach den Meldungen des Garde-Corps wurde in der Nacht vom 14./15. Januar und am Abend des 15. le Bourget angegriffen, beide Angriffe konnten aber mit geringer Mühe zurückgeschlagen werden.*) Am 16. Januar Abends konnte die Armirung der Batterien 22—25 vorgenommen werden; dieselben erhielten jedoch den Befehl, die Geschütze der Sicht des Feindes zu entziehen (indem das Feuer erst bei Beginn des allgemeinen Bombardements eröffnet werden sollte) und nur bei großen Ausfällen einzugreifen.

Am 17. Januar trafen von Mezières die der Maas-Armee zugetheilten beiden Festungs-Pionier-Compagnien vom I. und II. Armee-Corps (Hauptmann Andreae und Premierlieutenant Siewert) vor St. Denis ein. Dieselben wurden dem Garde-Corps überwiesen und traten in Folge dessen die beiden Sappeur-Compagnien des IV. Armee-Corps zu ihren Divisionen zurück.

3. Eröffnung des Feuers gegen St. Denis.

Am 21. Januar begann die Beschießung der Befestigungen von St. Denis, nachdem zuvor das Schußfeld der Batterien von Stains von der Festungs-Pionier-Compagnie des I. Armee-Corps, sowie der 2. Sächsischen Pionier-Compagnie freigelegt worden war, und zwar aus den Batterien Nr. 22 bis 32 zusammen aus 69 Geschützen, während die bei le Bourget erbauten Batterien Nr. 21 und 33 erst am 24. Januar ihr Feuer gegen das Fort Aubervilliers und die hinter der Nordenceinte von Paris gelegenen Ortschaften la Vilette, la Chapelle und Belleville eröffneten. Als eins der Hauptziele wurde den Batterien das Schloß Villetaneuse bezeichnet, um den Feind zur Räumung desselben zu zwingen. Das Feuer sollte hauptsächlich gegen die drei Forts und erst in 2. Linie gegen die Stadt Denis gerichtet, dabei jedoch die Kathedrale auf Allerhöchsten Befehl soviel wie irgend möglich geschont werden.

---

*) Nach „de la Roncière" war der Kampf am 14. Januar nur eine Recognoscirung, zu der jedes der Ostforts 40 Marine-Soldaten commandirt hatte. Außerdem hätte man am 16. Januar, „dem Geburtstage des Kaiser Wilhelm", einen großen Angriff befürchtet, weshalb die Forts während der Nacht ein heftiges Feuer gegen die deutschen Stellungen eröffneten. Der Admiral führt an, daß die Neigung der Nationalgarden, ihre Flinten abzuschießen, sehr oft falsche Allarmirungen veranlaßt hätte, wodurch die Truppen sehr ermüdet und entmuthigt wären.

Zur Deckung des Baues der Batterien Nr. 21 und 33 wurden in der Nacht vom 21./22. Januar rechts und links von le Bourget zwei Infanterie-Emplacements begonnen und zwar von der 2. Garde-Pionier-Compagnie, sowie der 1. Festungs-Pionier-Compagnie I. Armee-Corps. Desgleichen wurde in der Nacht vom 23./24. von Batterie Nr. 21 nach le Bourget zu, eine etwa 200 Schritt lange gedeckte Communication hergestellt, sowie das Schußfeld dieser Batterien und des Infanterie-Emplacements freigelegt.

Was die Wirkung der im Ganzen mit 69 Geschützen (vergl. Batterie-Tabelle) armirten Batterien Nr. 22 bis 32 anbetrifft, so war dieselbe trotz ihrer großen Entfernungen (3600—6000 Schritt) eine sehr bedeutende und wurde das Feuer von den französischen Werken durchschnittlich ziemlich heftig beantwortet; der Feind war nach seinen eigenen Angaben auf das Bombardement vorbereitet und hatte recht-zeitig die erforderlichen Maßregeln ergriffen, so daß er am 21. Januar nur geringe Verluste erlitt. — Ein Hauptvortheil der aber erreicht wurde, war der, daß der Feind das ganze, vor den Forts double Couronne und la Briche liegende Terrain mit allen Trancheen und fortificatorischen ·Abschnitten aufgab.

Ohne Kampf konnten in Folge dessen bereits am 22. Januar Abends die Feldwachen des IV. und Garde-Corps bis in die Linie Redoute d'Epinay = le Temps perdu = Schloß Villetaneuse = Eisenbahn-Uebergang südlich Pierrefitte=Moulin de Stains einrücken. Ein alter französischer Laufgraben zwischen Schloß Villetaneuse und dem Eisenbahn-Uebergang südlich Pierrefitte wurde· schon in der Nacht vom 22./23. Januar von den Pionieren zur Vertheidigung eingerichtet und mit der Befestigung von le Temps perdu und Schloß Villetaneuse resp. der Umänderung der französischen Befestigungen begonnen.

Die Beschießung der Forts, sowie der Stadt St. Denis wurde am 22. Januar und den folgenden Tagen ohne Unterbrechung fort-gesetzt. Das Fort l'Est wurde von 216 Granaten, das Fort la Briche (dessen Zugbrücke beschädigt wurde) von 800 Granaten innerhalb 24 Stunden getroffen. In double Couronne wurde ein Schutzhohl-raum durchschlagen, und eine große Anzahl Leute verwundet, das ganze Fort war mit Granaten bedeckt; in der Stadt St. Denis brachen Brände aus, die indessen bald gelöscht wurden. Fast alle oberirdischen Telegraphen-Verbindungen wurden zerstört. Die Kathedrale wurde nach französischen Angaben wiederholt getroffen.

Trotzdem hielten die Vertheidiger Stand und besserten in den Nächten die Brustwehren 2c. wieder aus. Das meistens in Salven abgegebene Feuer war jedoch wirkungslos.

Am 24. Januar hatten auch die Batterien bei le Bourget ihr Feuer eröffnet, um den Feind zum Aufgeben des Vorterrains von Aubervilliers zu zwingen, was auch theilweise gelang. Das Feuer wurde vom Feinde lebhaft erwidert.

4. Entwürfe zum weiteren Vorgehen gegen St. Denis.

Am 22. Januar beauftragte Generallieutenant von Kameke den Ingenieur en chef mit der Aufstellung eines Angriffs=Entwurfs gegen die Befestigungen von St. Denis.

Oberstlieutenant Oppermann reichte am 27. Januar den befohlenen vom Ober=Commando der Maas=Armee genehmigten An= griffs=Entwurf ein. Die von dem Hauptmann Knappe, sowie dem Lieutenant Mannkopff in den Nächten vom 23./24. und 24./25. Januar vorgenommenen Recognoscirungen der Werke la Briche und double Couronne hatten ergeben, daß das Glacis derselben noch stark vom Feinde besetzt war und daß an der Vervollständigung der Hinderniß= mittel (Drahtzäune) während der Nächte gearbeitet wurde, so daß ein Handstreich nur geringe Chancen haben konnte. Es wurde daher die Einleitung eines regelmäßigen Angriffs angeordnet. —

Die gegen St. Denis gerichteten 69 Geschütze hatten wegen der großen Entfernungen von den Zielen das feindliche Geschützfeuer nicht zu dämpfen vermocht, obgleich das diesseitige Feuer unausgesetzt 5 Tage und 5 Nächte hindurch unterhalten wurde.

Das Ober=Commando befahl daher ein succeffives Vorschieben der Belagerungs=Batterien auf günstigere Schußweiten (vergl. nachstehende Tabelle), gleichzeitig aber auch die Ausführung von fortificatorischen Sicherheitsmaßregeln. Zur Schonung der bereits auf das Aeußerste in Anspruch genommenen Kräfte der Artillerie und Pioniere sollten zunächst nur die am ungünstigsten gelegenen Batterien Nr. 24, 25, 29 und 30 weiter vorgeschoben werden.

Tabelle der weiter vorzuschiebenden Batterien.

Nummer der Batterie.	Zahl.	Armirung. Kaliber.	Entfernung von dem Ziele. Schritt.	Ziel und Zweck ec.
22	6	lange 15-Ctm.-Kanonen	2500—2800	Bekämpfung des Fort l'Est, Demontiren der nordöstlichen und Enfiliren der nördlichen Front von double Couronne, Bombardement des Centrums von la Vilette und Belleville auf 10,000 Schritt Entfernung.
23	6	kurze dto.	dto.	
24	8	12-Ctm.-Kanonen	1600—1800	Demontiren der nördlichen und nordöstlichen Fronten von double Couronne, Enfiliren der nordwestlichen Front desselben Werkes (auf 2100 Schritt).
25	8	dto.	dto.	
26	3	gezogene 21-Ctm.-Mörser	1800—2000	Inneres der Werke la Briche und double Couronne (behält die bisherige Lage).
27	6	lange 15-Ctm.-Kanonen	3500	Nördliche Front von double Couronne. Demolirung der Straßendurchführung auf dieser Front.
28	8	12-Ctm.-Kanonen		Behält einstweilen die bisherige Lage, ist event. später neben die große nördliche Straße zu verlegen, um auf 1000 Schritt Entfernung die Verbindung von double Couronne mit St. Denis zu unterbrechen.
29	6	lange 15-Ctm.-Kanonen	2600	Demontiren von double Couronne und la Briche. Breschiren der Kehlmauer von la Briche über den Cavalier hinweg auf 2900 Schritt Entfernung. Zerstören des Dammes und Batardeau an der nordwestlichen Front von la Briche.

Nummer der Batterie	Zahl	Armirung. Kaliber.	Entfernung von dem Ziele. Schritt.	Ziel und Zweck 2c.
30	8	12=Ctm.=Kanonen	2500 resp. 1800	Demontiren der nordwestlichen Fronten von double Couronne und la Briche. Demoliren der Flanken=Kasematte des südwest=lichen Halbbastions V. von la Briche.
31	4	kurze 15=Ctm.=Kanonen	1100	Breschiren der Eisenbahn und Straßendurchführung zwischen la Briche und dem an der Seine liegenden Halbbastion event. linke Face Bastion IV.
32	6	lange 15=Ctm.=Kanonen	2500	Dieselbe Aufgabe; zunächst jedoch Demontiren der nordwestlichen Front von la Briche und En=filiren der hinter diesem Werke liegenden Straßen und Eisen=bahnen.
Sa.	69	Geschütze.		

Ein weiteres Vorschieben der Batterien war von dem Commando der Belagerungs=Armee nicht für opportun erachtet, besonders weil der Feind dann eine wirksame Anwendnng von Mörserfeuer machen konnte, welches mit den disponiblen Artillerie=Mitteln kaum zu dämpfen gewesen sein würde. Ebenso erschien wegen der starken feindlichen Batterien auf der Halb=Insel, sowie bei St. Quen eine weitere Aus=dehnung des rechten Flügels des Angriffs nicht angängig.

Fortifikatorische Maaßregeln zur Sicherung der Batterien.

Die vom Feinde aufgegebenen Tranchéen und befestigten Oert=lichkeiten sollten zur Sicherung der Batterien 2c. benutzt werden, namentlich das alte Schloß Villetaneuse mit seinen breiten Wasser=gräben, welches als Stützpunkt für alle weiteren Belagerungs=Opera=tionen sehr gute Dienste leisten konnte. Von der südwestlichen Ecke desselben (1500 Schritt von la Briche) führte ein französischer

Laufgraben bis 800 Schritt an dieses Werk. — Es wurde beschlossen, diesen Laufgraben zu aptiren und in westlicher Richtung auf dem in der Ansumpfung liegenden Dammwege bis an das Seine-Ufer etwa 1200 Schritt von la Briche zu führen. Der Anschluß an das genannte Ufer sollte durch ein Emplacement für 6 Feldgeschütze und hierdurch gleichzeitig die Sicherung gegen Kanonen-Boote und Unternehmungen von der Isle St. Denis und dem gegenüber liegenden Seine-Ufer bewirkt werden.

In südöstlicher Richtung führte ebenfalls vom genannten Schloß ein französischer Laufgraben bis Moulin de Stains, der gleichfalls zur 1. Parallele erweitert und als solche in südöstlicher Richtung auf la Couronne bis zur Inundation des Rouillon=Baches 1100 Schritt von double Couronne fortgeführt werden sollte. Zur Flügel=deckung war ein Emplacement für 6 Feldgeschütze in Aussicht genommen.

Die erste Parallele gegen la Briche hätte dann eine Entwickelung von 2200 Schritt gehabt und nach den Cantonnements=Orten Epinay, Enghien und Villetaneuse drei rückwärtige Communicationen besessen, deren Gesammtlänge etwa 3200 Schritt betragen haben würde.

Die in gleicher Weise auszuführende 1. Parallele gegen double Couronne erhielt eine Länge von 3400 Schritt; die 4 rückwärtigen Communicationen (4500 Schritt lang) würden auf dem rechten Flügel die Verbindung mit der Parallele vor la Briche, sowie mit Villetaneuse, in der Mitte mit dem Dorfe Pierrefitte und auf dem linken Flügel mit Stains bewerkstelligt haben.

Nach dem Belagerungs=Entwurfe sollte es von der Wirkung der vorgeschobenen Belagerungs=Batterien abhängen, (namentlich davon, ob die feindlichen Geschütze vollständig zum Schweigen gebracht und in beiden Werken breite practicable Breschen eröffnet werden konnten, —) ob ein gewaltsamer Angriff in Aussicht zu nehmen sei oder nicht. Unter allen Umständen schien aber noch die Anlage einer 2. Parallele mit rückwärtigen Communicationen erforderlich, und zwar in einer Entfernung von etwa 400 Schritt von den angegriffenen Werken, damit die Sturm=Colonnen in kürzester Zeit an die Breschen gelangen könnten.

Für die 2. Parallele vor la Briche war eine Länge von 500 Schritt für erforderlich erachtet, in der 2 Sturm=Colonnen à 2

Compagnien Platz finden konnten. Der Sturm sollte von der rechten Colonne gegen die südwestliche Kehlmauer des Forts vorgehen, nachdem vorher die in der Verbindungs-Mauer zwischen den Halbbastionen V. und VI. hergestellte Bresche passirt worden wäre; die linke Colonne sollte hauptsächlich demonstriren. —

Für die 2. Parallele vor double Couronne erschien dagegen eine Länge von 800 Schritt erforderlich, um Platz für 2 Sturm-Colonnen à 2 Compagnien zu gewinnen, die gegen die Courtine und zwar gegen die 3 großen Straßendurchführungen vorgehen sollten.

Der Entwurf verhehlte nicht, daß die Herstellung dieser 2. Parallele mit den rückwärtigen Communicationen im wirksamen Bereich des Granat- und Chassepotfeuers bedeutende Verluste erfordern würde.

Selbst wenn diese Verluste nicht gescheut werden sollten, so mußte es doch sehr fraglich sein, ob mit der Einnahme der beiden Forts die baldige Besitznahme der Stadt St. Denis erreicht wäre. Voraussichtlich würde man sehr hartnäckige und blutige Kämpfe zu bestehen gehabt haben, um die zwischen den beiden Forts und der Stadt liegende Ueberschwemmung auf den wenigen Dämmen unter den Kanonen des Forts de l'Est zu überschreiten. Auch die zur Vertheidigung eingerichtete Häuserlisière der von den Einwohnern verlassenen Stadt, sowie die zahlreichen Barrikaden hätten den Sturm-Colonnen bei einer energischen Vertheidigung große Schwierigkeiten bereiten können.

Selbst wenn man trotzdem Herr der Stadt geworden wäre, so mußte es noch immerhin zweifelhaft erscheinen, ob es möglich sein würde, Bombardements-Batterien gegen Paris auf Punkte vorzuschieben und zu erhalten, welche in der linken Flanke vom Fort de l'Est (auf 1700—2000 Schritt), in der rechten Flanke von der dominirenden Position von St. Quen (auf 2800 Schritt) bekämpft werden konnten, während in der Front die 6000 Schritt lange gradlinige nördliche Enceinte von Paris allein im Stande war, das Feuer der wenigen zur Disposition stehenden Geschütze zu erdrücken.

5. Fortsetzung der Angriffs-Operationen.

Die Angriffs-Operationen nahmen nach dem im Vorstehenden skizzirten Plan am 24. Januar ihren Anfang.

Zur einheitlichen Leitung der Pionier-Arbeiten übernahm der Oberstlieutenant von Elster das Commando über die zur Verfügung gestellten 7 Pionier-Compagnien*).

Die Hauptleute Bornemann und Knappe wurden dem Stabe zur Dienstleistung überwiesen.

Zur Ausführung der technischen Arbeiten wurden in maximo von der 1. Garde-Infanterie-Division, sowie der 7. Infanterie-Division je 200 Mann Infanterie commandirt. Da die 7 Pionier-Compagnien höchstens 800 Mann stellen konnten, so waren mithin im Ganzen nur etwa 1200 Arbeiter disponibel, eine Zahl, welche mit der großen Ausdehnung der Arbeiten nicht im richtigen Verhältniß stand, und um so weniger, da keine Ablösung durch Tage-Arbeiter erfolgen konnte.

Später wurde die Arbeiterzahl durch weitere 200 Mann von der 8. Infanterie-Division vermehrt, welche das IV. Armee-Corps bereitwilligst zur Verfügung gestellt hatte.

Material und Schanzzeug.

Durch Befehl des Ober-Commandos vom 5. Januar waren alle von den Pionieren im September und October angefertigten Strauch-Materialien dem Commandeur der Belagerungs-Artillerie zur Verfügung gestellt worden, da ein Ingenieur-Angriff in nächster Zeit nicht angenommen werden konnte. So kam es, daß alle für einen regelmäßigen Angriff erforderlichen Materialien von Neuem angefertigt werden mußten.

An Schanzzeug standen zwar die 3 Schanzzeug-Colonnen der Maas-Armee zur Verfügung; indessen war der Bestand derselben durch die vielfachen Cernirungs-Arbeiten sehr reducirt worden, namentlich fehlte es an starken Hacken für den gefrorenen und an sich schon sehr festen steinigen Boden.

Erst am 28. Januar trafen von Mezières 2000 Spaten und 600 Hacken ein, so daß die Schanzzeug-Colonnen completirt werden konnten.

---

*) 3. Garde-Pionier-Compagnie (Premierlieutenant von Wittenburg), 1. Feld-Pionier-Compagnie IV. Armee-Corps (Hauptmann Schulz I.), 2. Feld-Pionier-Compagnie IV. Armee-Corps (Premierlieutenant Mensch), 3. Feld-Pionier-Compagnie IV. Armee-Corps (Hauptmann von Wasserschleben), 2. Sächsische Pionier-Compagnie (Hauptmann Richter), 1. Festungs-Pionier-Compagnie I. Armee-Corps (Hauptmann Andreae), 1. Festungs-Pionier-Compagnie IV. Armee-Corps (Premierlieutenant Siewert).

Ausführung der Belagerungs=Arbeiten.

Am Abend des 25. Januar richtete der Hauptmann von Wasser=
schleben mit 1 Pionier= und 2 Infanterie=Compagnien*) das Gehöft le
Temps perdu zur Vertheidigung ein und aptirte die alte französische
nach Chateau Villetaneuse führende Tranchee (auf 800 Schritt Länge).
Gleichzeitig ließ der Premierlieutenant Mensch mit 1 Pionier=
und 1 Infanterie=Compagnie eine etwa 560 Schritt lange Communi=
cation zur Batterie Nr. 39 ausheben. Die Arbeit stieß auf bedeutende
Schwierigkeiten, namentlich in der Nähe des Chateau, woselbst schon
auf 0,6 Mtr. Tiefe der Untergrund morastig wurde. —

Hauptmann Schulz I. stellte mit 3 Pionier=Compagnien und
einer Infanterie=Compagnie Communicationen zu beiden Seiten der
Batterie Nr. 38 her, und zwar rechts derselben den Abhang hin=
unter bis zu dem zwischen Dorf und Schloß Villetaneuse liegenden
Gehöft (zusammen 870 Schritt), links die Höhe hinauf (370 Schritt).

Lieutenant Jordan I. übernahm mit einer Pionier= und einer
Infanterie=Compagnie die Herstellung eines 300 Schritt langen Schützen=
grabens bei Batterie Nr. 37, der auf den Kreuzungspunkt von
Eisenbahn und Chaussee südlich Pierrefitte gerichtet war, desgleichen
einer Communication zwischen den Batterien Nr. 37 und 36 (160
Schritt lang), und die Fortsetzung der Vertheidigungs=Einrichtungen
in Chateau Villetaneuse.

Endlich ließ Hauptmann Andreae mit einer Pionier= und
einer Infanterie=Compagnie eine 325 Schritt lange Communication
ausführen, sowie auf speciellen Wunsch des Garde=Corps den vom
Feinde verlassenen Abschnitt längs des von Moulin de Stains in
südöstlicher Richtung bis zur Inundation führenden Weges aptiren.
Der Abschnitt bestand theilweise aus einer 3—4 Mtr. starken Erd=
brustwehr mit Gräben auf beiden Seiten, theils aus vertheidigungs=
fähig hergestellten Mauern und Gebäuden. — Ein 250 Schritt langes
Stück des französischen Laufgrabens wurde umgearbeitet und durch
einen 210 Schritt langen Schützengraben mit dem linken Flügel der
Batterie Nr. 37 in Verbindung gebracht.

Gegen Fort de l'Est war dieser Abschnitt defilirt, gegen Fort
Aubervilliers, welches 6—7000 Schritt entfernt lag, konnten die vor=
handenen Gehöfte als Traversen dienen.

*) Die Infanterie=Compagnien hatten eine Durchschnittsstärke von 100
Mann excl. Unteroffiziere.

Dieser Abschnitt gewährte eine vorzügliche Frontal-Vertheidigung gegen double Couronne*) und war bereits am 25. Januar Abends von den Vorposten der 1. Garde-Division besetzt gewesen. Der linke Flügel der 1. Parallele konnte in Folge dessen um 100—200 Schritt weiter vorgerückt werden.

In derselben Nacht wurden Seitens der Artillerie die Batterien 36, 37 und 39 erbaut und armirt; Nr. 38 wurde nicht fertig. (Es waren dieses die weiter vorgeschobenen Batterien Nr. 24, 25, 29 und 30.)

Das Feuer wurde am Morgen des 26. Januar energisch fortgesetzt, namentlich aus eben bezeichneten Batterien, und gewann die Belagerungs-Artillerie jetzt entschieden das Uebergewicht.

In der Nacht vom 26./27. Januar setzte Hauptmann von Wasserschleben mit 2 Pionier- und 2 Infanterie-Compagnien die Befestigungsarbeiten in Temps perdu fort; rechts von diesem Gehöft wurden Schützengräben ausgehoben. Premierlieutenant Mensch vollendete mit 1 Pionier-Compagnie die begonnenen Communicationen zwischen den Batterien Nr. 39 und 38, desgleichen die Umwandlung des französischen Laufgrabens zwischen le Temps perdu und Chateau Villetaneuse. Der von diesem Schlosse bis zur Eisenbahn südlich Pierrefitte geführte französische Laufgraben wurde durch 1½ Pionier-Compagnien (Hauptmann Schultz) vollständig aptirt, ebenso die Fortsetzung dieses Laufgrabens bis zur Bahn, sowie die quer über dieselbe geführte Brustwehr. Die 3. Garde-Pionier-Compagnie setzte die Befestigung von Chateau Villetaneuse fort.

Hauptmann Andreae vervollständigte mit 1 Pionier- und 2 Infanterie-Compagnien den von den Vorposten der 1. Garde-Division besetzten Abschnitt. Als Stützpunkt dieses Abschnitts diente die Poudrette, ein großes von Mauern umgebenes Gehöft, welches zur Vertheidigung eingerichtet und mit rückwärtigen Verbindungen versehen wurde.

---

*) Nach »de la Roncière« waren in double Couronne die Schutzhohlräume durchschlagen und gewährten keine genügende Deckung; auch erschienen die Pulvermagazine sehr gefährdet. Im Ganzen wären nur noch 10 Geschütze im Stande gewesen, den Kampf mit den nördlichen Batterien aufzunehmen; im Fort Briche waren 15 Lafetten demontirt Die bereits mehrere Mal reparirte Zugbrücke war zerstört, und ein Pulvermagazin so stark gefährdet, daß es sofort geräumt werden mußte.

Wenngleich von Mitternacht des 26./27. Januar an das Feuer nach gegenseitiger Uebereinkunft schweigen sollte, so wurde es doch für rathsam gehalten, die Arbeiten während der Nächte fortzusetzen.

Demzufolge wurden die Befestigungs=Arbeiten im Chateau Ville= taneuse zum Abschluß gebracht, und von dem Graben der alten fran= zösischen Schanze Communicationen nach der aptirten Tranchee le Temps perdu — Chateau Villetaneuse, sowie nach der Straßen= Barrikade geführt, welche westlich dieses Schlosses lag. Hauptmann von Wasserschleben ließ am 27. Januar den Laufgraben von le Temps perdu in westlicher Richtung nach dem Eisenbahn=Durchgang verlängern, die Bahn durch Barrikaden sperren, sowie die Schützengräben jenseits der Bahn bis zur Inundation erweitern und am 28. Januar eine Com= munication von 800 Schritt Länge von vorgenanntem Schützengraben bis nach Epinay herstellen.

Ferner wurden verschiedene Arbeiten südlich Pierrefitte ausgeführt, die eine bessere Verbindung zwischen der Chaussee und Eisenbahn bezweckten, da die französischen Laufgräben nicht horizontal defilirt waren.

Hauptmann Richter ließ östlich der Straße Pierrefitte — St. Denis den alten französischen Laufgraben aptiren (600 Schritt lang) und von dem Bruchpunkte einen neuen Schlag (200 Schritt lang) nach dem früher erwähnten Vertheidigungs=Abschnitt der Vor= posten der 1. Garde=Infanterie=Division ausheben. Diese Arbeiten wurden von den Hauptleuten Schulz I. und Andreae zum Abschluß gebracht resp. vervollständigt.

Damit war die Linie, welche in dem Angriffs=Entwurfe als 1. Parallele bezeichnet war, in ihrer ganzen Ausdehnung von etwa 6000 Schritt durchweg vertheidigungsfähig, hatte überall fast 2 Mtr. Deckung und auf dem rechten Flügel auch bereits eine 820 Schritt lange Communication nach Epinay erhalten.

Dieses Resultat, welches in Anbetracht der so geringen Arbeits= kräfte, der ungünstigen Witterungs= und Boden=Verhältnisse, sowie des theilweise ungenügenden Schanzzeuges als ein außerordentlich günstiges bezeichnet werden muß, war wohl nur dadurch ermöglicht, daß ein großer Theil der französischen Tranchéen mit verhältnißmäßig geringer Arbeit hatte benutzt werden können.

Was schließlich den Batteriebau anbetrifft, so wurden in der Nacht vom 28./29. Januar die vorgeschobenen Batterien No. 40, 41,

42, 43 (frühere No. 22, 23, 31 und 32) erbaut; dieselben wurden aber nicht mehr armirt, da am folgenden Morgen die Forts von St. Denis besetzt werden sollten.

III. Angriffs=Operationen gegen den Mont Avron und die Ostfronten.

Am 4. Dezember, also unmittelbar nach der Schlacht bei Villiers, hatte das große Hauptquartier dem Ober=Commando der Maas=Armee den Bau von Belagerungs=Batterien zur Bekämpfung der neuerdings vom Feinde occupirten Positionen befohlen. Die Batterien sollten etwa östlich von Noisy le Grand, sowie auf dem Plateau von Mont= fermeil angelegt werden und in der Lage sein, feindliche Truppen=An= sammlungen im Marne=Thal, sowie das Schlagen von Brücken zu erschweren.

An Belagerungs=Geschützen nebst zugehöriger Munition wurden für gedachten Zweck zunächst

   30 gezogene lange 15=Ctm.=Kanonen,
   10   „   kurze   „
   36   „   12=Ctm.=Kanonen,

und außerdem, wenn erforderlich,

   20 25pfündige Mörser,
   40 7pfündige   „

zur Verfügung gestellt.

Das Ober=Commando der Maas=Armee wurde angewiesen, die erforderlichen Recognoscirungen sofort vornehmen zu lassen, und sodann mit dem Bau der Batterien vorzugehen, dagegen von der Durchführung des früher gegen die Nordwestfront beabsichtigten Neben=Angriffs fortan definitiv abzusehen.

Der zum Ingenieur en chef für den Ostangriff ernannte Oberst= lieutenant Oppermann recognoscirte in Gemeinschaft mit dem Comman= deur der Belagerungs=Artillerie, Oberstlieutenant Himpe,*) am 5. und 6. Dezember die Vorpostenstellung auf den Plateaus von Raincy und Montfermeil, sowie die Stellungen an der Marne. Die Recognoscirung ergab, daß die in Frage stehenden theils schon armirten, theils noch in der Ausführung begriffenen französischen Werke auf dem südlichen

---

*) Später übernahm der Oberst Bartsch die Functionen des Commandeurs der Belagerungs=Artillerie für die Ost= und Nordfronten.

Plateaurande des Mont Avron bei Pelouse lagen und, soweit sich von entfernten Standpunkten aus beurtheilen ließ, aus einer Batterie von 6 Geschützen mit der Front gegen Raincy und 3 Batterien mit der Front gegen Chelles resp. Neuilly fur Marne bestanden, deren Armirung auf mindestens je 6 schwere Geschütze geschätzt wurde, und deren Wirkung über Chelles und Noisy le Grand hinausreichte. Außerdem waren Schützengräben, Zeltlager 2c. auf dem Mont Avron zu bemerken.

Zur Bekämpfung der Batterien boten die Plateaus von Raincy und Montfermeil, sowie auch auf dem linken Ufer der Marne der Plateaurand bei Noisy le Grand eine genügende Anzahl zu Batterie= Anlagen geeigneter Punkte, deren Entfernung von den feindlichen Batterien des Mont Avron 3500—6000 Schritt betrug. — Alle diese Punkte lagen aber auch gleichzeitig im Geschützbereich der feindlichen Forts Noisy resp. Rosny und Nogent; außerdem ließ die Anlage der beabsichtigten Belagerungs=Batterien feindliche offensive Massen=Unter= nehmungen gegen die Position des XII. Armee=Corps erwarten, so daß die eigentliche Vertheidigungslinie bis auf den Rand des Plateaus von Montfermeil und Raincy vorgeschoben und in einer dem Schutz der diesseitigen Batterien entsprechenden Weise durch Truppen verstärkt werden mußte.

Wahl der Batterie=Emplacements.

Vorzugsweise bot das Plateau von Raincy geeignete Punkte zur Bekämpfung der feindlichen Batterien, sowie zur Dämpfung des Feuers von Fort Rosny. Die Position auf dem Plateaurand von Montfermeil gestattete neben einer Wirkung gegen die Batterien auf Mont Avron auch eine sehr gute Wirkung in das Marne=Thal, ferner eine Position östlich Noisy eine wirksame Bestreichung des Marne=Thales und des Thales von Villemomble. Endlich konnte von einer untergeordneten Position südwestlich Noisy le Grand neben der Bekämpfung des Plateaurandes eine Flankirung der Abhänge des Mont Avron erreicht werden. Demgemäß sollten auf dem Plateau von Raincy 22 Geschütze, auf dem Plateau von Montfermeil in der nach Gagny zu liegenden westlichen Ecke des Randes 24 Geschütze Verwendung finden, ferner in der Position zwischen Noisy le Grand und Gournay am einspringenden Marne=Winkel 12 Geschütze, und in der Position südwestlich Noisy le Grand 18 Geschütze. Oestlich und in unmittel= barer Nähe von Noisy le Grand war das Terrain so bedeckt, daß hier vortheilhafte Geschützpositionen nicht aufzufinden waren. Eine Ver=

wendung der glatten Mörser war durch die großen Entfernungen aus=
geschlossen.

Als vortheilhafteste Stelle für den Geschützpark wurde Brou vor=
geschlagen, welcher Ort in der Nähe der improvisirten Eisenbahnstation
Baires lag. Es wurde daher dem Ober=Commando anheimgegeben,
das gesammte Artillerie=Material mittelst der Straßburger Eisenbahn
heranzuziehen, und den Geschütztransport auf der Bahn Soissons=
Paris aufzugeben, um dadurch den schwierigen Landtransport gänzlich
zu vermeiden. Zur Bedienung der Geschütze wurden 12 Festungs=
Artillerie=Compagnien als erforderlich erachtet, während die der Maas=
Armee zugetheilten Pioniere als ausreichend erschienen. Endlich wur=
den zum Munitions=Transport nach den Batterien 300 landesübliche
Karren als erforderlich bezeichnet.

Das große Hauptquartier erklärte sich unter dem 9. Dezember
mit den Vorschlägen der leitenden Artillerie= und Ingenieur=Offiziere
durchweg einverstanden; der Transport der Geschütze mußte zum Theil
auf der Eisenbahn Soissons=Paris vorgenommen werden, da die Ge=
schütze von Lafère und Soissons herangezogen wurden.

Inzwischen hatte sich herausgestellt, daß die von der Würtembergischen
Feld=Division bei Noisiel erbaute Marne=Brücke für schweres Festungs=
Geschütz nicht brauchbar sei, und wurde in Folge dessen die Garde=
Pontonier=Compagnie mit der Verstärkung der oben bezeichneten Brücke
beauftragt.

Am 17. Dezember wurden die Plätze zur Anlage der Belagerungs=
Batterien im Speciellen bestimmt, und zwar in folgender Weise:

1. Plateau von Raincy (dicht am Rande).

Batterien Nr. 1—4 (zusammen 6 lange 15=Ctm.=Kanonen,
10 kurze 15=Ctm.=Kanonen, 6 12=Ctm.=Kanonen), die haupt=
sächlich das Fort Rosny, die Ostecke des Avron und das Dorf
Avron unter Feuer nehmen sollten. (Maximal=Schußweite 7500
Schritt.)

2. Plateau von Montfermeil (an dem nach Gagny vorsprin=
genden Plateaurande resp. hinter dem nach Maison blanche
führenden Wege der Parkmauer).

Batterien Nr. 5—8 (6 lange 15=Ctm.=Kanonen und 18
12=Ctm.=Kanonen).

Hauptziel: Ostecke des Avron und Dorf Avron.

3. Oeſtlich Noiſy le Grand am einſpringenden Marne=
Winkel.

Batterien Nr. 9 und 10 (12 12=Ctm.=Kanonen).

Zweck: Verhinderung von Truppen=Anſammlungen im Marne=
Thal und Beſchießung des Südoſtrandes des Avron.

4. Südweſtlich von Noiſy le Grand am Plateaurande.

Batterien Nr. 11, 12 und 13 (18 lange 15=Ctm.=Kanonen).

Hauptziel: Südoſtrand des Avron und Fort Roßny.

Die Geſammtzahl der Geſchütze betrug

30 lange 15=Ctm.=Kanonen,
10 kurze   „
36 12=Ctm.=Kanonen,

zuſammen 76 Geſchütze.

Gleichzeitig bezeichnete der Ingenieur en chef im Einverſtändniß
mit dem Commandeur der Belagerungs=Artillerie (Oberſt Bartſch)
an Ort und Stelle diejenigen fortifikatoriſchen Maaßregeln, die im Cer=
nirungs=Rayon des XII. Armee=Corps erforderlich ſchienen. Es waren
dieſes folgende:

1. Für das Plateau von Raincy. Der Rand des Plateaus
ſollte mit einem Schützengraben umſäumt werden, welcher, an der
Kuppe zunächſt dem Fabrik=Gebäude der Avenue Raincy beginnend,
in bogenförmiger, die Flankirung des Hanges begünſtigender Führung
ſich vor den Batterien No. 1—3 fortzog und vor Batterie No. 3 ſich
an eine, zur Vertheidigung einzurichtende Mauer anſchloß. Durch
letztere und einen auf der Kuppe oberhalb Gagny vorſpringenden
Schützengraben ſollte der Anſchluß an dieſes, zur Vertheidigung ein=
gerichtete Dorf bewirkt werden. Vom rechten Flügel ab, und ſoweit
es ſonſt thunlich erſchien, ſollte der Schützengraben zugleich als ge=
deckte Communication dienen und daher trancheeartige Abmeſſungen
erhalten. Für die von dem Plateaurande etwas zurückgelegten Bat=
terien No. 3 und 4 aber ſchien die Anlage beſonderer gedeckter Ver=
bindungen erforderlich.

2. Auf dem Plateau von Montfermeil erforderte die
Lage der Batterien No. 5—8 die Umſchließung des ganzen Randes
der vorſpringenden Kuppe zwiſchen Gagny und der Parkmauer von
Preſſoir mit einem Schützengraben, welcher vom rechten Flügel ab,
und ſoweit er die Batterien mit einander verband, zur rückwärtigen

Communication für Mannschaften bestimmt wurde und dementsprechend eine Deckungshöhe von 2,25 Mtr. erhalten mußte. Die Länge dieses traversirten Schützengrabens betrug etwa 400 Schritt, und sollte derselbe bei Batterie No. 7 an einem gewöhnlichen Schützengraben (von ꝛc. 600 Schritt Länge) schließen, der bis zur Parkmauer von Pressoir reichen würde. — Die dichte Bewachsung dieses Parks gewährte der Batterie 8 eine gedeckte rückwärtige Verbindung.

Da das Plateau vom Feinde völlig eingesehen war; so konnte die Ausführung dieser Vertheidigungs-Anlagen nur gleichzeitig mit dem Batteriebau Nachts und in ihrer ganzen Ausdehnung auf ein Mal stattfinden.

Zum Geschütz-Transport in die Batterien No. 5 und 7 war allein der bei Maison Guyôt vorbeiführende Weg zu benutzen, der jedoch nur theilweise eine genügende Festigkeit besaß, so daß hier die Anlage einer Bohlenbahn in Aussicht genommen war.

Der zur Batterie 8 führende Weg bedurfte gleichfalls großer Nachhülfe; die Verbesserungen konnten indessen bei Tage vorgenommen werden.

3. Zur Aufstellung der Reserven hinter der Vertheidigungslinie mußten Deckungen gegen das feindliche Granatfeuer geschaffen werden, und war deßhalb auf solche Oertlichkeiten Rücksicht zu nehmen, in denen dieser Schutz mit möglichst geringen Mitteln bewirkt werden konnte. Vorläufig wurden 4 solcher Aufstellungspunkte in Aussicht genommen, und zwar sollten die Außenseiten von Mauern durch Anschütten von starken und hohen Brustwehren dazu vorgerichtet werden. —

Zur Herstellung dieser neuen, durch die Belagerungs-Batterien bedingten Vertheidigungslinie, sowie zu anderen, hiermit zusammenhängenden Arbeiten wurden dem Ingenieur-Major Klemm am 18. Dezember die 2. und 3. Garde-Pionier-Compagnie*) und die 3. Feld-Pionier-Compagnie des IV. Armee-Corps überwiesen.

Die Arbeiten auf dem rechten Flügel vom alten Chateau in Raincy auf eine Länge von circa 1100 Schritt übernahmen die 2. Garde-Pionier-Compagnie und die 2. sächsische Pionier-Compagnie, während der linke Flügel (gleichfalls circa 1100 Schritt lang) der 4. sächsischen Pionier-Compagnie, sowie der 3. Garde-Pionier-Compagnie übertragen wurde.

*) Am 21. Dezember wurde die 3. Garde-Pionier-Compagnie durch die 2. Feld-Pionier-Compagnie des IV. Armee-Corps abgelöst.

Die 3. Feld=Pionier=Compagnie des IV. Armee=Corps wurde mit der Herstellung der Wege von der Allee Montfermeil bis nach den Batterien 5—8 beauftragt. — Die noch disponible 3. sächsische Pio= nier=Compagnie baute die für den großen Artillerie=Park 2c. erforder= lichen Baracken 2c. Im Ganzen waren auf dem Plateau von Raincy etwa 500 Schritt Verbindungsgräben von 1,20 Mtr. Tiefe und gleicher Sohlbreite, sowie 2200 Schritt Vertheidigungs=Gräben (0,60 Mtr. Tiefe und 1,20 Mtr. Sohlbreite) auszuführen; auf dem Plateau von Pressoir 650 Schritt Verbindungs= und 1000 Schritt Ver= theidigungs=Gräben. Die Länge der zu verbessernden Wege betrug 2500 Schritt.

Wie wir früher gesehen haben, hatte der Feind am 21. Dezember die ganze Front der Maaß=Armee angegriffen; le Bourget war zum Theil genommen, jedoch wieder zurückerobert worden; große Massen des Feindes standen bei Bobigny und Drancy, anscheinend in der Absicht, gegen Aulnay vorgehen zu wollen; eine feindliche Division, von den Batterien des Mont Avron unterstützt, ging im Marne=Thal von Neuilly aus gegen den linken Flügel des XII. Corps vor und nahm zeitweilig Maison blanche, sowie Ville Evrard, konnte aber kein Terrain gewinnen, weil 2 Würtembergische Batterien vom linken Marne=Ufer her sehr wirksam eingriffen.

Es erschien daher dringend wünschenswerth, mit dem Bau der Batterien 2c. vorzugehen, und wurde derselbe in der Nacht vom 21. zum 22. Dezember begonnen, (und zwar zunächst Batterien Nr. 1 bis 4, sowie 9 und 10). — Gleichzeitig hoben die Pioniere die damit zusammenhängenden Communicationen aus.

Die 4. Sächsische und die 3. Garde=Pionier=Compagnie stellten die Communication zu und zwischen den Batterien 3 und 4 her. Außerdem wurde die vorliegende Mauer bankettirt und zum Theil mit einer 1,5 Mtr. starken Erdmaske versehen.

Die 2. Garde=Pionier=Compagnie aptirte die Gartenmauer vor Batterie 2 und stellte einen Theil der dorthin führenden Communi= cationen her, während die 2. Sächsische Compagnie 140 Schritt Parallele hinter dem Observatorium aushob.

Die Batterien 1—4 waren in der Nacht vom 21. zum 22. Dezember etwa zur Hälfte vollendet. — Dieselben wurden in der Nacht armirt und im Laufe des 23. Dezember mit Unterstützung der Pioniere vollständig beendigt.

In der Nacht vom 21. zum 22. Dezember wurden die auf dem linken Marne-Ufer projectirten Batterien Nr. 9 und 10 armirt, eine dieser Batterien war es, welche am 22. Dezember Morgens beim Versuch des Feindes, im Marne-Thal vorzugehen, mit großem Erfolg in Wirksamkeit trat.

Am Abend des 23. Dezember wurden alle diejenigen Arbeiten von den Pionieren ausgeführt, die vom Feinde gesehen werden konnten. Diese Arbeiten wurden nach Verlassen des Arbeitsplatzes möglichst sorgfältig durch Ueberdecken mit Strauchwerk dem feindlichen Auge entzogen.

In der Nacht vom 25./26. Dezember wurden die Batterien 5—8 von der Festungs-Artillerie gebaut und bis zur Hälfte der Brustwehr-stärke vollendet, gleichzeitig auch die noch restirenden Pionier-Arbeiten insbesondere die Verbindungen mit Raincy ausgeführt.

Die Arbeiten in Raincy wurden trotz des hart gefrorenen steinigen Bodens bei dreimaliger Ablösung der Pioniere und Infanterie-Arbeiter bis Morgens 7 Uhr vollendet. —

In Folge des scharfen Frostes verursachte die Herstellung der Wege keine großen Schwierigkeiten, und war der Bau der projectirten Bohlenbahn, für welche das Material am 26. Dezember von Chalons sur Marne eintraf, nicht mehr erforderlich.

In der Nacht vom 25. zum 26. Dezember wurden die Batterien 5—8, desgleichen 11—13 (auf dem linken Marne-Ufer) von der Artillerie armirt. Die sämmtlichen Pionier-Arbeiten konnten gleichfalls beendet und die Schußfelder frei gemacht werden; somit stand der Eröffnung des Feuers für den folgenden Tag Nichts mehr im Wege. — Nach den von der 24. Infanterie-Division erlassenen Befehlen besetzte die ganze Division die Positionen, und war für den Fall eines feindlichen Angriffs die Behauptung des Plateaus von Raincy, sowie des Abschnittes Pressoir le Chenai bis zur Marne befohlen.

Zum Schutz der Armirung der Batterien wurde die Vorposten-linie bis an den westlichen Fuß des Plateaus von Raincy nach Station Villemomble und dann östlich längs der Straßburger Eisenbahn über Maison blanche und le Chenai bis zur Marne etablirt. — Die Dörfer Raincy und Gagny sollten stark besetzt und möglichst fest-gehalten werden. Zum Schutz der Batterien wurden 3 Bataillone an passenden Stellen in Reserve gehalten. — Gleichzeitig war befohlen, daß, wenn Maison blanche*) unbesetzt oder nur von schwachen Kräften vertheidigt gefunden würde, von der 24. Division zu occupiren sei.

Bau der Batterien ꝛc. auf dem linken Marne=Ufer.

Der Bau der Batterien wurde vom 12. Dezember ab von der Würtembergischen Artillerie, sowie den Pionieren vorbereitet, nachdem die beiden Compagnien das zur Deckung der Belagerungs=Batterien sehr wichtige Dorf Noisy in guten Vertheidigungs=Zustand gesetzt und längs der Marne mit der Herstellung von Verhauen begonnen hatten. Die Batterien waren bereits am 22. Dezember armirt und wurden in der Nacht vom 22. zum 23. Dezember von den Pionieren, sowie 230 Mann Infanterie durch eine 300 Schritt lange Communication verbunden. Gleichfalls wurde in der folgenden Nacht eine neue 200 Schritt lange Communication zwischen der Hauptstraße und der Batterie 10 begonnen.

Die Communication zwischen den Batterien 11, 12 und 13 wurde am 25. Dezember und an den folgenden Tagen von der Pontonier=Compagnie hergestellt, nachdem vorher das Schußfeld frei gemacht worden war.

Eröffnung des Feuers.

Am 27. Dezember Morgens etwa 8 Uhr begannen 76 schwere Geschütze trotz des ziemlich starken Nebels ihr Feuer gegen die Batterien des Mont Avron, sowie gegen die Forts Rosny, Noisy und Nogent. Der Feind antwortete lebhaft mit allen ihm zu Gebote stehenden Geschützen, die im Laufe der letzten Tage in Voraussicht des beginnenden Geschützkampfes noch vermehrt worden waren. Am Mittag erhielt Batterie Nr. 1. Flankenfeuer von Bondy, und zwar ganz unerwartet. — Die Belagerungs=Batterien wurden nicht wesentlich beschädigt, indessen mehrere Geschütze, die auf schadhaften Laffeten ruhten, durch ihr eigenes Feuer beschädigt. — Die Belagerungs=Artillerie, die ihre Schüsse wegen des Nebels nicht corrigiren konnte, glaubte keine wesentlichen Vortheile dem Feinde gegenüber erreicht zu haben, und beantragte daher auf telegraphischem Wege die schleunige Uebersendung der 2. Munitions=Rate.

Nach französischen Angaben wirkte das concentrische, gegen den Avron gerichtete Feuer schon in kurzer Zeit vernichtend, und wurden

---

*) Dieses sehr exponirte Gehöft war von dem XII. Armee=Corps aufgegeben worden.

der Besatzung viele Verluste verursacht, da keine genügenden bomben=
sicheren Räume vorhanden waren; es wurden mehrere Geschütze demon=
tirt, aber alsbald durch neue ersetzt. Die Truppen befanden sich zum
größten Theil in den Trancheen, da jeden Augenblick ein Angriff er=
wartet wurde. Das Fort Rosny wurde von 60 Granaten getroffen;
die Kasernen mußten sofort geräumt werden.

Am 28. Dezember Morgens 8 Uhr begann das Feuer von Neuem,
nachdem in der Nacht nur wenige Schüsse abgegeben waren. Die auf
dem Avron stehenden, gegen die strenge Witterung und das concentrische
Feuer ungenügend gedeckten Truppen litten außerordentlich, so daß der
Gouverneur Trochu die Räumung des Plateaus für die folgende Nacht
befahl.

Das Feuer gegen die Forts Rosny und Nogent wurde an diesem
Tage ziemlich lebhaft fortgesetzt, ohne daß der Feind erhebliche Ver=
luste erlitt. Gleichzeitig beschossen die Belagerungs=Batterien Nr. 1
und 2 mit gutem Erfolg den Bahnhof Noisy le Sec sowie Bondy.

Die Räumung des Mont Avron fand in der Nacht vom 28./29.
Dezember statt, und wurden sämmtliche Geschütze mit Ausnahme von
zweien zurückgebracht, von denen das eine demontirt, das andere in einen
Graben gestürzt war.*) Gleichzeitig wurde vom Feinde auch ein Theil der
bei Bondy errichteten Batterien (in denen im Ganzen 32 schwere Ge=
schütze aufgestellt gewesen) desarmirt und blieben daselbst vorläufig
nur 9 Geschütze zurück, welche sorgfältig maskirt wurden und nur im
Fall eines Angriffs der Belagerungs=Armee zur Thätigkeit kommen
sollten. —

In der Nacht vom 28./29. Dezember wurden die Communicationen
an einigen Stellen vertieft und traversirt, gleichzeitig auf dem rechten
Flügel der Batterie Nr. 1 zwei neue Batterien Nr. 14 und 15 erbaut
(zum Theil von der 2. und 4. Sächsischen Pionier=Compagnie), und
zwar unter Benutzung der bereits vorhandenen Schützengräben. Diese
Batterien sollten von den Batterien Nr. 1 und 2 aus armirt werden
und die Ebene von St. Denis unter Feuer nehmen. Die erforder=
lichen Verbindungsgräben wurden von der Sächsischen 2. Pionier=
Compagnie hergestellt.

Die Premierlieutenants von Tschudi und Hoffmann recognoscirten
am 30. Dezember im Speciellen die französischen Befestigungen.

---

*) Doch wurden diese beiden Geschütze in den folgenden Nächten vom
Feinde in Sicherheit gebracht.

Letztere hatten durch das Feuer unserer Artillerie wenig oder gar nicht gelitten; dagegen waren die auf dem Berge stehenden Häuser vielfach beschädigt, und war das ganze Plateau mit Geschoßsplittern übersät. Schon vor Eröffnung des Feuers, und zwar am 25. Dezember, hatte das Ober-Commando der Belagerungs-Artillerie Directiven für den Fall ertheilt, daß die Batterien des Mont Avron zum Schweigen gebracht würden.

Da es nicht in der Absicht und Aufgabe der Maas-Armee lag, eine Belagerung der Ostfronten durchzuführen, und ebenso wenig den Geschützkampf mit den Forts aufzunehmen, so sollten die Batterien folgende Aufgaben erfüllen:

1) Beherrschung des Mont Avron.
2) desgleichen des Marne-Thals, um einen eventuellen Brückenschlag zu verhinden.
3) Beschießung des Bahnhofes Noisy le Sec, des Dorfes Bondy, überhaupt der Ebene von St. Denis.
4) Bewerfen des rückwärts der Forts Nogent, Rosny und Noisy liegenden Plateaus und speciell der auf demselben liegenden Orte.
5) Bekämpfen der vom Feinde gegenüber le Bourget angelegten Batterien.

Da es nicht beabsichtigt war, das Plateau des Mont Avron, welches von den Forts vollständig beherrscht werden konnte, dauernd zu besetzen, so erhielten die Sächsischen Pionier-Compagnien den Befehl, die Einebnung der französischen Befestigungen und Batterien vorzunehmen. Insbesondere wurden die östlichen Mauern des Dorfes Avron niedergelegt, die Schanzen, sowie Traversen und Hohlräume theils eingeebnet, theils durch vorgenommene Sprengungen vernichtet. Auf höhere Veranlassung wurden ferner vom 3. Januar ab verschiedene Demonstrationen gegen die Ostfront vorgenommen, und in Folge dessen von der 3. Sächsischen Pionier-Compagnie auf dem Mont Avron Schanzen abgesteckt und profilirt. — Der Feind beschoß alle diese Arbeiten auf das Lebhafteste, so daß dieselben zum Theil nur bei Nacht resp. durch Zuhülfenahme von Sprengungen ausgeführt werden konnten. Die Einebnungsarbeiten wurden bis zum 17. Januar beendigt.

Das Fort Rosny litt in hohem Grade durch das Feuer der Belagerungs-Batterien und namentlich am 29. Dezember, da fast sämmtliche ungedeckte Mauern im Innern des Forts durchschlagen

waren und die Kasematten, sowie Pulver=Magazine keine genügende
Sicherheit gegen die schweren Geschosse darboten. Die Franzosen
arbeiteten daher in der Nacht vom 29. zum 30. Dezember mit allen
Anstrengungen, um die erlittenen Schäden auszubessern. Das Feuer
gegen die östlichen Forts wurde an den folgenden Tagen fortgesetzt,
ohne daß der Feind antwortete, indem derselbe auf Befehl des
Gouverneurs den Geschützkampf eingestellt hatte, um an Munition
zu sparen.

Am 31. Dezember hatten bereits die Batterien Nr. 14 und 15
ihr Feuer gegen die Ebene von St. Denis eröffnen können, und zwar
mit 8 Geschützen.

Am 4. Januar hatte der Vertheidiger sämmtliche schweren Geschütze,
über welche er auf den Ostfronten disponiren konnte, in den Forts
resp. Batterien aufgestellt. Es waren im Ganzen 41 Geschütze, von
denen in den Forts Rosny, Noisy und Romainville im Ganzen
22 standen, während der Rest in der Lünette Noisy, sowie in 5
Annex=Batterien aufgestellt war. Mit diesen Geschützen wurde am
Nachmittag des 5. Januar ein sehr heftiges Feuer gegen die noch auf
den Plateaus von Raincy und Montfermeil in Thätigkeit befindlichen
Batterien eröffnet. Namentlich hatte Batterie Nr. 1 einen sehr
schweren Stand, weil von allen 6 Geschützen, die schon ziemlich stark
ausgebrannt waren, nur 1 Geschütz schußfähig war; die Armirung
wurde jedoch durch rasch herbeigeschaffte 12=Ctm.=Kanonen verstärkt.
Auch am folgenden Tage antwortete der Feind wieder sehr heftig und
verursachte der Batterie mehrfache Verluste.

Nachdem im Anfang Januar der Angriff gegen die Nordfronten
befohlen war, mußte eine Reduction der vor den Ostfronten in
Batterie stehenden Geschütze vorgenommen werden. Zur Niederhaltung
des feindlichen Feuers wurden von dem Commando der Belagerungs=
Artillerie 38 Geschütze als erforderlich erachtet, welche Zahl sich später
auf 52 (incl. 8 Reserve=Geschütze) erhöhte, von denen bei der Würtem=
bergischen Division in den neu gebauten Batterien 16 und 17, 6 12=
Ctm.=Kanonen und 4 kurze 15=Ctm.=Kanonen, in den Batterien 11 bis 13
8 lange 15=Ctm.=Kanonen, bei dem XII. Armee=Corps (auf den
Plateaus von Raincy und Montfermeil) in Batterie 1 resp. 14, 6 lange
15=Ctm.=Kanonen, in Batterie 2 resp. 15, 6 12=Ctm.=Kanonen, in
Batterie 3, 6 kurze 15=Ctm.=Kanonen, in Batterie 6 und 8, 8 12=Ctm.=
Kanonen aufgestellt werden sollten, wobei es der Würtembergischen

Division überlassen blieb, die Batterien 9 und 10 mit Feldgeschützen zu armiren. — Nachdem diese 44 Geschütze in Thätigkeit waren, konnte das feindliche Feuer niedergehalten, auch von dem linken Marne=Ufer aus die Batterie von St. Maur zum Schweigen gebracht werden. Seit der Eröffnung des Angriffs gegen die Forts Issy und Vanvres richtete der Feind seine Aufmerksamkeit überhaupt mehr nach Süden, so daß |der Geschützkampf auf den Ostfronten im Allgemeinen an Heftigkeit nachließ.

Im Ganzen waren vom 22. Dezember bis zum 26. Januar von den Batterien Nr. 1 bis 17 31951 Schuß abgegeben (worunter 192 Shrapnels und 1165 Brandgranaten).

5. Kapitel.

Uebergabe und Armirung der Forts.

I. Allgemeine Verhältnisse.

Am 28. Januar wurde ein 21tägiger Waffenstillstand und gleichzeitig eine militärische Convention abgeschlossen, wonach die Uebergabe der sämmtlichen Forts von Paris, sowie die Desarmirung der Haupt= Enceinte stattfinden sollte. In einer Zusatz=Convention wurden die Demarkationslinien näher bestimmt, und dabei die französische Linie im Allgemeinen durch die Stadt=Enceinte gebildet.

Die im Westen von Paris dem Laufe der Seine folgende deutsche Demarkationslinie lief im Süden etwa 500 Mtr. nördlich der Süd= Forts bis zur Marne=Mündung, folgte sodann der West= und Nord= lisière des Dorfes Charenton, durchschnitt das Bois de Vincennes und lief dann etwa 500 Mtr. westlich resp. südlich der Ostforts.

Das Schloß Vincennes blieb in französischem Besitz, durfte aber nur von einer Compagnie besetzt werden.

Im Norden bildete die südliche Lisière von Aubervilliers die Gränze der deutschen Vorposten, und schloß sich der rechte Flügel der letzteren in der Gegend von St. Quen an die Seine.

14*

An demselben Tage befahl das große Hauptquartier die baldigste Armirung der Forts 2c. gegenüber der Enceinte von Paris, sowie die fortifikatorische Verstärkung der weiter vorzuschiebenden Cernirungs-Linien. —

Es handelte sich dabei:

1) Um die Besetzung und Armirung der Forts.

2) Um möglichst baldige Vorbereitung derjenigen Maaßregeln, welche zu treffen wären, wenn der Feind die Bedingungen des Waffen-stillstandes nicht erfüllen, oder wenn auf den Waffenstillstand kein Friede erfolgen sollte, für welchen Fall ein allseitiges Bom-bardement und gleichzeitig der Angriff gegen die Haupt-Enceinte in Aussicht genommen war.

Als Emplacements für die Bombardements-Batterien wurden Courbevoie unterhalb des Mont Valerien, sowie die Forts Montrouge, Bicètre und Romainville in das Auge gefaßt, von denen die ganze Stadt unter Feuer gehalten werden konnte.

Für den förmlichen Angriff der Haupt-Enceinte erschien die Nordost-Ecke vor der Vorstadt Villette in militairischer und zugleich auch politischer Beziehung am geeignetsten, da hier die volksreichsten Stadtviertel in Mitleidenschaft gezogen worden wären.

Nachdem die Generale von Kamcke und Prinz Hohenlohe dem großen Hauptquartier das Resultat der stattgehabten Special-Recognos-cirungen mitgetheilt und hieran verschiedene Wünsche bezüglich der Art und Weise, wie die Vertheidigungs-Einrichtungen vorzunehmen seien, geknüpft hatten, wurden am 2. Februar die nachfolgenden **Grundzüge für die Armirung der Forts** emanirt:

I. Die Forts Issy, Vanvres, Montrouge, Charenton, Nogent, Rosny, Noisy, de l'Est, Double couronne und la Briche, sowie die Redouten Gravelle und Faisanderie sind nur insoweit gegen die Stadt-Enceinte zu armiren, daß sie der Einschließung als Halt dienen und gegen den gewaltsamen Angriff vollständig sicher gestellt sind. —

Es ist nicht beabsichtigt, von ihnen aus einen offensiven Geschütz-kampf gegen die Enceinte zu beginnen; eine Aushülfe an preußischem Geschütz ist ihnen daher nicht zu gewähren. Die Herstellung von Unterkunftsräumen, um die Garnison gegen ein etwa überlegenes Feuer der Stadt-Enceinte zu decken, ist dagegen kräftig zu fördern.

II. Die etwa nothwendig werdende Fortführung des förmlichen Angriffs soll gegen die Nordost-Ecke vor der Vorstadt Villette gerichtet, und dieser Angriff durch gleichzeitiges Bombardement der ganzen Stadt von den Forts Valerien (beziehungsweise vom Fuß desselben bei Courbevoie) Bicètre und Romainville unterstützt werden. Die Bom= bardementspositionen Valerien und Bicètre müssen dabei gegen das Feuer der ihnen gegenüber liegenden Enceinte durch starke Batterien geschützt werden, welche neben Bicètre und in und am Fort Ivry zu etabliren sind. — Hier wie am Valerien wird die Hinzufügung preußischer Geschütze nothwendig, und wird zu diesem Zweck der III. Armee das bisher ihr zugewiesene Material ausschließlich sämmtlicher gezogener und glatter Mörser und der gezogenen kurzen 15=Ctm.= Kanonen zur Verfügung gestellt. Letztere Geschützarten, sowie das bisher im Bereich der Maas=Armee zur Verwendung gekommene Material sind zur Durchführung des förmlichen Angriffs bestimmt.

Hiernach hat die artilleristische und Ingenieur=Arbeit in den Forts Valerien, Aubervilliers, Romainville, Ivry und Bicètre unverzüglich zu beginnen und namentlich folgende Punkte in's Auge zu fassen:

1. Aufstellung von möglichst vielen Geschützen auf allen gegen die Stadt schlagenden Linien.

2. Herstellung von Bombenschirmen zwischen den Geschützen.

3. Sicherung der Eingänge der vorhandenen Munitionsräume und, wo es nöthig ist, Verlegung dieser Eingänge nach der andern Front.

4. Anlage von Batterien neben den Forts, wo es möglich.

5. Traversirung, wo solche nicht ausreichend vorhanden ist.

6. Herstellung von Gebrauchs=Pulver=Magazinen und Geschoß= räumen.

7. Herstellung von Unterstandsräumen für die Bedienung und Bedeckung der außerhalb der Forts liegenden Batterien.

III. Bei sämmtlichen Forts ꝛc. sind folgende Arbeiten aus= zuführen:

1. Sicherung gegen den gewaltsamen Angriff auf allen Fronten.

2. Herstellung von gesicherten Eingängen.

3. Schutz der Wohnräume gegen Feuer aus der Stadt.

4. Herstellung der telegraphischen Verbindung zwischen allen Forts.

5. Untersuchung des Terrains vor der der Stadt zugewendeten Front nach etwaigen Leitungsdräthen.

IV. Es ist festzustellen, welche von den vorgefundenen franzöfischen Gefchützen für unfere Zwecke jetzt ſchon nicht mehr brauchbar ſind. Die Laffeten derſelben ſind zu zertrümmern, die eiſernen Rohre durch Einſchlagen des Bodenſtücks mittelſt Dualin unbrauchbar zu machen*), die broncenen Rohre ſobald als angängig nach der Heimath zu transportiren.

In Folge genauerer Recognoscirungen wurde von Etablirung der Bombardements=Batterien bei Courbevoie Abſtand genommen, und blieben daher nur noch die Forts Valerien, Bicètre und Romainville für den genannten Zweck in Betracht zu ziehen.

Zum Schutz der Bombardements = Batterien in Fort Bicètre ſollten die Forts Bicètre und Jvry außerdem durch 42 Preußiſche Belagerungs=Geſchütze verſtärkt werden; den Schutz der Bombardements= Batterien im Fort Romainville würde der gleichzeitig mit dem Bombardement beginnende Angriff auf die Nordoſt=Ecke von Paris gewährt haben.

Zu dieſem artilleriſtiſchen Angriff bot die Linie Fort Aubervilliers — Romainville die beſte Gelegenheit, weil die genannte Ecke umfaßt und vom Fort Romainville aus das ſichtbare Mauerwerk der Stadt= Enceinte auf günſtige Diſtancen direct in Breſche gelegt werden konnte, während das Fort Aubervilliers die Vertheidigung der Breſche in der Flanke faßte. Das Fort Romainville bot ferner auf ſeiner der Stadt zugewendeten Front Gelegenheit zur günſtigen Placirung von mehr als 100 Geſchützen; auch das Fort Aubervilliers mit ſeiner öſtlichen Umgebung geſtattete eine große Geſchütz=Entwickelung. —

Auf Vorſchlag der genannten Generale befahl daher das große Hauptquartier am 6. Februar:

1. Die Armirung ſämmtlicher Forts gegen den gewaltſamen Angriff iſt thunlichſt zu beſchleunigen.

2. Im Fort Bicètre (oder in der Nähe deſſelben), desgleichen im Fort Valerien ſind Bombardements=Batterien von je 8 gezog. 15=Ctm.=Kanonen zu erbauen; im Fort Romainville Batterien für 16 Geſchütze von gleichem Kaliber. Zu dieſen Bombardements=Batterien ſind franzöſiſche Geſchütze (mit den ſtärkſten Ladungen) zu verwenden.

---

*) Die bezüglichen Arbeiten wurden auf den Südfronten von dem Pr.= Lieutenant von Förſter, auf den Nordfronten von dem Lieutenant Jordan I. geleitet; als Spreng=Material diente aus Cöln bezogener Lithofracteur.

3. Zum Schutz der Bombardements=Batterien sind die erforder=
lichen preußischen Geschütze, und zwar in dem gedeckten Wege oder zur
Seite der Forts aufzustellen.

4. Es wird anempfohlen, die Geschütze in großen Batterien von
gleichem Kaliber zu vereinigen.

5. Die Arbeiten sind so zu beschleunigen, daß das Feuer er=
forderlichen Falls am 19. Februar Mittags 12 Uhr eröffnet und mit
ungestörter Kraft dauernd fortgesetzt werden kann. —

Von den in den Forts vorgefundenen Geschützen wurden zur
Armirung gegen den gewaltsamen Angriff im Ganzen gegen
500 broncene Rohre verwendet*).

An preußischen Geschützen waren außerdem von der Maas=
Armee 96 Stück und von der III. Armee 72 Stück aufgestellt.

Erforderlichen Falls konnte Paris am 19. Februar aus 313
Geschützen bombardirt werden.

Am 18. Februar wurde dem großen Hauptquartier berichtet,
daß sämmtliche Forts gegen den gewaltsamen Angriff gesichert und
Eingänge in der der Stadt abgekehrten Seite, wo es nothwendig
war, geschaffen seien. Ebenso waren Munitions= und Laberäume an=
gelegt, und die Wohnräume gegen das Feuer aus Paris sicher
gestellt.

Die Untersuchung der nächsten Umgebung der Forts nach Minen=
anlagen hatte stattgefunden — und zwar zum Theil mit Unterstützung
französischer Offiziere — ebenso war bereits die telegraphische Ver=
bindung zwischen den Forts ausgeführt.

Demnach war vor Ablauf des Waffenstillstandes Alles vorbereitet,
die Stadt Paris zur Uebergabe auf Gnade und Ungnade zu zwingen.
Am 26. Februar wurde jedoch der Präliminar=Frieden unter=
zeichnet, welcher den deutschen Armeen die Thore der Hauptstadt öffnete**).

Die bereits einige Tage später erfolgte Ratification der Friedens=
Präliminarien hatte sowohl die Räumung der Stadt wie die der Forts
des linken Seine=Ufers Seitens der deutschen Armeen zur Folge.
Unter ihren Augen entwickelte sich jedoch bald darauf das tragische

---

*) Außer den Festungsgeschützen wurden noch 602 Feldgeschütze abgeliefert,
so daß die Total=Summe der vor Paris erbeuteten Geschütze die Zahl von
1900 erheblich überschritt.

**) General=Lieutenant von Kameke wurde zum Commandanten von Paris
ernannt.

Nachspiel der denkwürdigen Cernirung: die Besitzergreifung der Stadt Seitens der Commune und die Belagerung der Forts und Enceinte durch die Reste der französischen Armee, die nach Rückkehr der ent= lassenen Kriegsgefangenen allmälig wieder erstarkte. —

Seitens der Cernirungs=Armee, die nach den Friedens=Präliminarien noch das ganze linke Seine=Ufer besetzt hatte, waren bis zum 18. März (dem Tage des Ausbruchs der Revolution) fast sämmtliche Batterien und Forts bereits desarmirt und schon ein großer Theil der Geschütze nebst Munition nach Deutschland zurückgeschafft.

Die noch in der Ausführung begriffenen Desarmirungs=Arbeiten wurden daher inhibirt, und befahl das Obercommando der Occupations= Armee am 23. März die sofortige Armirung des Forts Charenton mit disponiblen preußischen Geschützen, ebenso einige Tage später, daß die Stadt Paris feindlich zu behandeln sei, sobald die Nord=Enceinte armirt werden sollte.

Als am 23. April bei dem Obercommando die Nachricht einlief, daß das Schloß Vincennes zum Theil mit Geschützen besetzt sei, wurde sofort die Armirung des Forts Nogent, sowie der Redouten Gravelle und Faisanderie verstärkt und gleichzeitig die Commune von Paris zur schleunigen Desarmirung von Vincennes aufgefordert, widrigenfalls das Schloß bombardirt werden würde.

Diese Sommation hatte den gewünschten Erfolg.

Als die Verhältnisse in Paris Anfangs Mai immer kritischer zu werden drohten, wurde am 10. Mai ein Angriff auf die Haupt= Enceinte und zwar gegen die Bastione 17, 18, 19 näher in das Auge gefaßt, und am 14. Mai die sofortige Concentration der III. Armee gegen Paris und Versailles befohlen*).

Die Armee bestand zu dieser Zeit aus dem Garde=, IV., VI., XI. sowie dem I. und II. Bayerischen Armee=Corps, endlich der 4. und 5. Cavallerie=Division.

Gleichzeitig wurden alle Vorbereitungen zur Eröffnung der Be= lagerung getroffen und das XI. Armee=Corps (welches die Linie Chelles=Lury besetzt hatte) mit der sofortigen Anfertigung von Bat= terie=Baumaterialien beauftragt.

---

*) Nach Auflösung des Verbandes der Maas=Armee wurde der Ingenieur= Stab der III. Armee demobilisirt und übernahm der Oberstlieutenant Opper= mann am 15. April die Geschäfte des Commandeurs der Ingenieure und Pioniere der III. Armee.

Wenn auch die politischen Verhältnisse im Anfang Juni eine Reduction der Occupations=Armee zuließen, so wurde doch noch Ende Juni der Armirungs=Zustand der Forts in jeder Beziehung aufrecht erhalten. Zu dieser Zeit waren die Forts des rechten Seine=Ufers im Ganzen noch mit 164 Geschützen armirt; außerdem befanden sich 62 Geschütze im Park von Villiers le Bel; die Forts waren sowohl gegen einen Handstreich, wie gegen den gewaltsamen Angriff völlig sicher gestellt. —

Erst am 8. September traf der Befehl ein, daß mit der Zurück= sendung des Belagerungs=Materials und der Räumung der Forts sofort begonnen werden solle, und war dieselbe am 17. September 1871 vollständig beendet, also fast genau ein Jahr nach Beginn der Cernirung von Paris.

II. Besetzung und Armirung der Forts im Speciellen.

A. Nord= und Ost=Forts.

Die Maas=Armee occupirte im Laufe des 29. Januar das ge= sammte Terrain auf dem rechten Marne= und rechten Seine=Ufer, so= wie den nördlichen Theil der Halbinsel Gennevilliers. Es besetzten:

Die 7. Infanterie=Division*) St Denis mit den nördlichen Forts, sowie alle Befestigungs=Anlagen bis zum Fort de l'Est.

Das Garde=Corps die Forts de l'Est und Aubervilliers, sowie alle Fortifikationen bis zum Ourcq=Canal.

Das XII. Armee=Corps die Forts Romainville, Noisy, Rosny und Nogent, ferner alle Befestigungen bis zur Straßburger Straße, endlich

Die Würtembergische Division die Redouten Gravelle und Fai= sanderie bis an die Marne=Brücke bei Charenton.

Die Besetzung der Forts machte in keiner Weise Schwierigkeiten.

An Geschützen wurden vorgefunden:

a) in den Forts der Nordfronten

129 gezogene Kanonen
114 glatte do.
42 Mörser
Sa. 285 Geschütze.

---

*) Das IV. Armee=Corps schied am 10. Februar aus dem Verbande der Maas=Armee aus, wurde der II. Armee zugetheilt und rückte nach Chartres ab. —

b) in den Forts der Oftfronten (bis Gravelle)

178 gezogene Kanonen

123 glatte do.

55 Mörfer

Sa. 356 Geschütze.

An geladener Munition in den Forts der Nord= und Oftfronten, 102,433 Schuß für gezogene Geschütze, 58,835 Schuß= und Wurf für glatte Geschütze resp. Mörser, außerdem etwa 100,000 Schuß unge= ladene Granaten und über 5 Millionen Chaffepot=Patronen 2c. 2c.

Den höheren Directiven entsprechend wurde alsbald die forti= fikatorische und artilleristische Armirung der Forts in die Wege geleitet, wobei Oberstlieutenant Oppermann als Ingenieur en chef fungirte.

Zunächst kam es darauf an, die Halbinsel Gennevilliers mit dem rechten Seineufer zu verbinden, und wurde daher die Garde=Pontonier= Compagnie mit der Herstellung der nöthigen Uebergänge bei Argenteuil beauftragt. Demgemäß ließ Hauptmann von Bock daselbst eine Pontonbrücke schlagen und mit der Wiederherstellung der zerstörten Chausseebrücke beginnen, wozu, wie wir bereits früher gesehen haben, im October die erforderlichen Vorbereitungen getroffen waren.

Zur Vertheidigung der Forts Double Couronne und Briche genügte die Benutzung der vorhandenen Kehlverschlüsse; außerdem wurden die Straßen und Bahndämme durch Barrikaden gesperrt und zur Beherrschung der wichtigsten Communicationen an verschiedenen Stellen Geschütz=Emplacements erbaut. Die Hauptvertheidigungslinie des IV. Armee=Corps ging vom Fort be l'Eft aus, folgte dem Canal und lief dort, wo derselbe die Biegung nach Nordosten macht, unter Benutzung der Umfriedigungen von Fabrik=Etabliffements quer über die Seine nach dem linken Ufer dieses Flusses. Die Häuser vor der Kettenbrücke in Villeneube la Garenne wurden zu einem Brückenkopf eingerichtet.

Dem Commandeur der Ingenieure des IV. Armee=Corps waren zur Ausführung der technischen Arbeiten außer den Pionieren des Corps die beiden Festungs=Pionier=Compagnien vom I. und IV. Armee= Corps zur Disposition gestellt.

Die Vertheidigungs=Stellung des Garde=Corps wurde an die Straße nach Courneube verlegt und dabei ein Theil der französischen Verschanzungen benutzt. Die Forts be l'Eft und Aubervilliers waren ohne besondere Einrichtungen vertheidigungsfähig. Die von dem

XII. Corps, sowie der Würtembergischen Division eingenommenen Stellungen bedurften gleichfalls keiner besonderen Einrichtungen.

Zur Verstärkung der technischen Truppen der Nordfront wurde das bisher bei dem Südangriff thätig gewesene 2. combinirte Festungs-Pionier-Bataillon (Major Schulz) bestimmt. Dasselbe begann am 8. Februar mit den Vorbereitungen zur Geschütz-Aufstellung in den Forts Romainville und Aubervilliers.

Die Nordostecke der Hauptenceinte von Paris sollte im Ganzen von 152 Geschützen unter Feuer genommen werden, und zwar waren die Batterien in folgender Weise armirt:

Batterien Nr. 47, 48, 49, 44, zusammen mit 20 langen und 8 kurzen 15=Ctm.=Kanonen.

Fort Aubervilliers (Kehlseite) mit 24 schweren französischen Geschützen.

Batterien 45, sowie 50 bis 55 mit 8 langen und 8 kurzen 15= Ctm.=Kanonen, 24 12=Ctm.=Kanonen und 9 gezogenen 21=Ctm.= Mörsern.

Fort Romainville und Retranchement, sowie gedeckter Weg mit 11 kurzen 15=Ctm.=Kanonen und 32 französischen Geschützen.

Batterie Nr. 46 mit 8 langen 15=Ctm.=Kanonen.

Mit diesen Geschützen hoffte man erforderlichen Falls in kurzer Zeit Bresche legen zu können, da vorausgesetzt wurde, daß die Durch= führung eines regelmäßigen Angriffs nicht erforderlich sein, sondern, daß es im äußersten Fall auf die Besetzung eines vom Feinde geräumten Walles ankommen werde.

B. Süd= und West=Forts.

Die III. Armee hatte am 29. Januar bis gegen Abend die der= selben zugewiesenen Positionen ohne besondere Zwischenfälle besetzt. Die Garde=Landwehr=Division, welche den linken Flügel bildete, über= nahm die Brücke bei Neuilly; einen andern Seine-Uebergang stellte die I. Feld=Pionier=Compagnie des IV. Armee=Corps bei Chatou her und vermittelte dadurch die directe Communication bei St. Germain. Das V. Corps besetzte den Mont=Valérien, das XI. Corps das Fort Issy, das II. Bayerische Corps die Forts Vanvres und Montrouge, während die Forts Bicêtre und Ivry mit den Schanzen bei Villejuif von dem VI. Armee=Corps, das Fort Charenton von dem I. Bayeri= schen Corps übernommen wurden.

Ueberall sprachen die französischen Soldaten und Einwohner, soweit sie mit den Truppen in Berührung kamen, ihre unverholene
Freude über das Ende der Belagerung aus; nur ganz vereinzelt
wurden Unzufriedenheiten beobachtet; ähnliche Verhältnisse hatten auch
bei der Maas-Armee stattgefunden.

Den Besatzungen der Forts wurden je 2 Artillerie-Compagnien
und 1 Pionier-Compagnie beige eben und Artillerie- resp.
Ingenieur-Offiziere vom Platz (oder vielmehr Posten-Offiziere) in jedem einzelnen
Forts ernannt (vide Beilage I. zu Theil I.).

Zustand der Werke.

Diejenigen Werke, gegen welche der Süd-Angriff gerichtet worden
war, wurden bei der Uebergabe in folgendem Zustande gefunden*).

1. **Fort Issy.** Die 4 Kasernen waren vollkommen zerstört resp.
unbrauchbar, die mangelhaft gedeckten Pulver-Magazine dienten als
Wohnräume.

Unter der Courtine 2—3 befanden sich 19 zur Wohnung eingerichtete Kasematten, von welchen 5 vollständig durchschlagen waren,
während auch die übrigen mehr oder weniger Beschädigungen erlitten
hatten. Die Oeffnungen waren nothdürftig durch Sandsäcke wieder
verstopft; die 5 durchschossenen Kasematten mit der darüber liegenden
Brustwehr bildeten eine Art von Bresche.

Die auf dem Wallgange in den Bastionen 2, 3 und 4 befindlichen Traversen waren ebenso wie die Brustwehr selbst stark abgekämmt und zum Theil vollständig durchschlagen; der Feind hatte die
im Anfange der Beschießung augenscheinlich versuchte Ausbesserung der
Brustwehr und Traversen später unterlassen, so daß die Brustwehr
an vielen Stellen keine genügende Deckung bot.

2. **Geschütz-Emplacements bei Issy.** Die Mörser-Batterien hinter dem Eisenbahn-Damm zeigten keine Spur von Geschoß-
wirkung, ebenso auch die Kirchhofs-Batterie, welche Letztere aber erst
in den letzten Tagen während des Nebels wieder ausgebessert resp.
umgebaut zu sein schien; auch die Wald-Batterie hatte wenig gelitten.—
Anders war es mit der Bahnhofs-Batterie, welche sowohl in ihrer
Brustwehr als im Batteriehofe die Spuren vieler Treffer zeigte.

---

*) Detaillirte deutsche Berichte liegen nur bezüglich der Werke der Süd-
fronten vor; nach französischen Angaben sind die Nord- und Ostforts zum
Theil in ähnlichem Zustande gewesen.

3. **Fort Vanvres.** Die beiden im Innern gelegenen Kasernen waren gänzlich zerstört; die in den Bastionen liegenden jedoch ausge= räumten Pulver=Magazine an mehreren Stellen durchschlagen; die Brustwehren zum großen Theil abgekämmt; ein großer Theil der Scharten war vollständig verschüttet und zerstört. Die Escarpen= Mauer an der dem Angriff zugekehrten Linie zeigte sich stark be= schädigt, die Kehl=Tablettmauern waren beinahe gänzlich zerschossen und in den Graben gestürzt. Das Innere des Forts war dergestalt von den eingeschlagenen Granaten zerwühlt, daß dasselbe fast ungang= bar schien.

4. **Emplacements bei Vanvres.** In den west= und ostwärts des Forts liegenden 3 Emplacements waren mehrere Scharten stark beschädigt worden, 2 Geschütze gänzlich demontirt und 5 Geschütze be= schädigt; eine aus starkem Holz hergestellte Blendage war von einer 21=Ctm.=Granate vollständig durchschlagen.

5. **Fort Montrouge.** Der Feind hatte dieses Fort vor der Uebergabe mit vieler Sorgfalt und Umsicht in Stand gesetzt.

Die zahlreichen demontirten Geschütze waren ausgewechselt. Der Hauptwall zeigte namentlich im Nordwest= und Südwest=Bastion eine ähnliche Zerstörung wie im Fort Vanvres. Die Kehlmauern waren an mehreren Stellen zusammengeschlossen, die beiden Kasernen vollständig zerstört.

Im wieder aufgeräumten Hofe waren ebenso wie in den Forts Vanvres und Montrouge quer durchgehende Laufgräben her= gestellt, auch die zahlreichen großen Trichter von 3—5 Mtr. Durch= messer und 1—2 Mtr. Tiefe mit Sandsäcken zugefüllt.

6. **Emplacement bei Montrouge.** Dieses für 6 15=Ctm.= Geschütze eingerichtete Emplacement hatte starke Beschädigungen erlitten. Dasselbe besaß weder Traversen noch Bombenschirme. 4 Geschütze waren vollständig demontirt, 2 Rohre ziemlich erheblich verletzt.

7. **Schanze Haute=Bruyère.** Der Feind hatte vor der Uebernahme des Werkes die Scharten fast vollständig ausgebessert; man fand nur vielfache Geschoßaufschläge im Innern namentlich auf der rechten nicht armirten Flanke. Eine auf der rechten Face angelegte Hohltraverse war von Granaten durchschlagen.

Aufgefundene Geschütze nebst Munition.

In den Forts der Südfronten vom Mont Balerien bis incl. Charenton, sowie in den dazwischen liegenden Emplacements wurden im Ganzen

309 gezogene Geschütze und
369 glatte Geschütze, sowie Mörser

Sa. 678 Geschütze gefunden; ferner an Munition
87,653 Granaten und Schrapnels für gez. Geschütze,
95,870 Schuß resp. Wurf für glatte Geschütze resp. Mörser.
16,417 Kartätschschuß für glatte und gez. Geschütze.

Sa. 199,940 Schuß und Wurf,
außerdem 800,000 Chassepot=Patronen.

Armirung der Forts.

Mit der artilleristischen und fortifikatorischen Armirung der Forts wurde den höheren Directiven entsprechend sofort nach der Uebergabe begonnen. Da, wie bereits mitgetheilt, ein eventueller Angriff auf die Stadt=Enceinte von der Maas=Armee geführt werden sollte, so beschränkten sich die Arbeiten im Bereich der III. Armee mehr auf die Sicherung der Forts gegen Handstreich, sowie auf die zum Bombarde= ment von Paris erforderlichen Vorkehrungen.

Was zunächst die artilleristische Armirung anbetrifft, so wurden die Werke zusammen mit 255 Geschützen besetzt, worunter 28 preußische (15=Cmtr.= und 12=Cmtr.=) Kanonen. Außerdem wurden noch in der Nähe von Bicêtre Batterien gegen die Stadt erbaut, und No. 1, 2, 3 und 6 mit je 8 gezogenen 12=Cmtr.=Kanonen, No. 4 und 5 mit je 6 langen 15=Cmtr.=Kanonen armirt.

Der Geschütz=Aufstellung lag die Absicht zu Grunde, eintretenden Falls aus den in den Forts Balerien, Bicêtre und Jvry, sowie in den Batterien 4 und 5 aufgestellten preußischen und französischen ge= zogenen 15=Cmtr.=Kanonen die Stadt zu bombardiren, während die in diesen Forts und in den Batterien No. 1, 2, 3 und 6 aufgestellten 12=Cmtr.=Kanonen den Geschützkampf gegen die Stadt=Enceinte auf= nehmen sollten; die in der Kehle der Forts Montrouge, Bicêtre und Jvry aufgestellten schweren Mörser hatten die Aufgabe, die Stadt= Enceinte und die hinter derselben liegenden Communicationen, sowie die Vorstädte zu beunruhigen.

Nach Abschluß der Friedens-Präliminarien wurden bis zum 20. März sämmtliche Forts geräumt.

Die fortifikatorische Armirung der Forts wurde nach den Anordnungen des General-Major Schulz und unter specieller Leitung der 1. Ingenieur-Offiziere resp. Feldgenie-Directoren der Corps von den betreffenden Posten-Offizieren ausgeführt.

Die Arbeiten waren am 11. Februar soweit vorgeschritten, daß die Forts für vollständig vertheidigungsfähig angesehen werden konnten. Das V. Armee-Corps war inzwischen durch die Garde-Landwehr-Division abgelöst und der II. Armee zugetheilt; die 22. Infanterie-Division kehrte dagegen mit der 1. und 3. Feld-Compagnie zum XI. Corps zurück. Die Pontonier-Compagnie des V. Corps verblieb jedoch mit den beiden Brückentrains bei der III. Armee.

Zur Verbindung der beiden Seineufer waren bereits am 10. Februar bei Choisy le Roi und Villeneuve 3 Pontonbrücken und zwar mit dem Brückenmaterial des V. und VI. und der beiden Bayerischen Corps hergestellt. Dieselben mußten zum Theil von den schweren Belagerungs-Geschützen bei deren Rücktransport nach Deutschland passirt werden, und war deßhalb die Brücke bei Choisy le Roi 6-borbig gebaut.

Das VI. Corps ließ dagegen am 28. Februar bei Bas Meudon eine Pontonbrücke herstellen, die von den in Paris einrückenden Truppen benutzt wurde. —

Nach erfolgter Räumung des linken Seineufers besetzten die französischen Truppen die Forts; die letzteren fielen jedoch bald den Insurgenten in die Hände, und es ereignete sich der interessante Fall, daß die Truppen des französischen Gouvernements zum Theil die deutschen Batterien und Trancheen zur Wiedereinnahme der Forts benutzten und von unseren Batterien aus gegen ihre eigene Hauptstadt ein Bombardement eröffneten, welches weit größere Zerstörungen anrichtete, als das „barbarische" Bombardement der Deutschen Armeen.

6. Kapitel.

Schluß=Bemerkungen.

1) Die vorstehenden Blätter ergeben wohl zur Genüge, welchen Antheil die Ingenieur=Waffe an den zur Sicherung der Cernirungsstellungen getroffenen Maßregeln ge= nommen hat, und würden demgemäß wohl die in Broschüren und militairischen Zeitschriften aufgestellten entgegenstehenden Be= hauptungen einer Berichtigung bedürfen. Die Anordnung der ausgedehnten Arbeiten blieb (wenn man von einem vereinzelten Falle absieht), stets in der Hand der Ingenieur=Offiziere, wäh= rend die verhältnißmäßig geringe Zahl von Pionieren allerdings nur zur Ausführung der schwierigen Arbeiten ausreichte, so daß der Infanterie manchmal nur wenige Instructoren überwiesen werden konnten.

2) Was die Wahl der Cernirungsstellungen anbetrifft, so haben sich die vor Metz**), wenn auch theilweise unter anderen Verhältnissen gemachten Erfahrungen in allen Punkten bestätigt.

Insbesondere hat sich die Nothwendigkeit herausgestellt, die Cernirungsstellungen von vornherein so zu bestimmen, daß die= selben gegen das Feuer der schweren Festungs=Geschütze möglichst gesichert erscheinen, und sind auch demgemäß vor Paris die Ge= fechtsstellungen meistens 4000 bis 6000 Schritt von der Linie der Forts gewählt worden. Ueberall dort, wo die Gefechts= stellungen weiter vorgeschoben waren, haben sich die größten Uebelstände bemerkbar gemacht.

Auch die Wahl von zu weit vorgeschobenen Vorpostenstellungen giebt nach den vor Paris und Metz gemachten Erfahrungen zu den ernstesten Bedenken Veranlassung. Der Feind wird dadurch

---

*) Die beim Ingenieur= und Artillerie=Angriff gemachten Er= fahrungen gehen zum Theil schon ohne Weiteres aus den bezüglichen Dar= stellungen hervor; der Verfasser behält sich vor, am Schlusse dieses Werkes die vor sämmtlichen französischen Festungen im Feldzuge 1870/71 erzielten Resultate c. in übersichtlicher Weise zusammen zu fassen.

**) Vergl. Theil I. Cernirung von Metz, pag. 158 ff.

zu fortwährenden, fast immer mit Erfolg gekrönten Unterneh=
mungen provocirt, wodurch das Vertrauen des Festungs=Verthei=
digers gestärkt wird, das der Cernirungstruppen dagegen auf die
Dauer deprimirt werden muß, insbesondere wenn später blutige
Treffen ja Schlachten geschlagen werden müssen, um die verlore=
nen Vorpostenstellungen wieder zu nehmen, wobei dem Feinde
die Mehrzahl der von der Cernirungs=Armee getroffenen Ver=
theidigungs=Vorkehrungen zu Gute kommen wird.

Lassen die Terrain=Verhältnisse oder andere Umstände die Be=
hauptung von weiter vorgeschobenen Posten wünschenswerth oder
erforderlich erscheinen, so müssen in solchen Fällen die gegen feind=
liches Geschütz= und Wurffeuer zu sichernden Vertheidiger in den
Stand gesetzt werden, überlegenen Angriffen gegenüber Widerstand
leisten zu können. Daß die feindabwärts belegenen Lisièren solcher
vorgeschobenen Dörfer 2c. vollständig nieder zu legen sind, um dem
Feinde die Festsetzung zu erschweren, ist selbstverständlich.

Außerdem sind, wenn irgend möglich, den Cernirungs=Corps
leichte Festungsgeschütze (9= und 12=Ctm.=, sowie unter Um=
ständen einige kurze 15=Ctm.=Kanonen) zur Verfügung zu
stellen, die in rückwärtigen sturmfreien, vollständig traversirten,
mit zahlreichen Granatschirmen und Hohlräumen versehenen
Batterien aufgestellt, im Stande sein müssen, das Festsetzen des
Feindes in den bei großen Ausfällen aufzugebenden Vorposten=
stellungen zu erschweren.

Ebenso wird es dann möglich sein, das weitere Vorschieben
der feindlichen Haupt=Vertheidigungslinie resp. die Herstellung
von gedeckten Sammelplätzen zu verbieten, von denen aus der
Feind in überraschender Weise die Cernirungs=Positionen an=
greifen könnte.

Diese Positions=Artillerie soll nicht den Kampf mit den Festungs=
Geschützen aufnehmen, sie soll nur bereit sein, in das vom Feinde
eröffnete Gefecht einzugreifen, letzteren aus den eroberten Positionen
delogiren und der Feld=Artillerie in dem so ungleichen Kampfe
eine größere Freiheit der Bewegung ermöglichen. Ohne Positions=
Artillerie werden die Cernirungs=Corps manchmal in ähnlicher
Situation sein wie der Belagerte, der nach ruhmvollen aber
ungleichen Kämpfen die Waffen strecken muß.

Während die zur Bekämpfung der feindlichen Truppen bestimmten leichteren Kaliber in der Lage sein müssen, erforderlichenfalls einen Stellungswechsel vorzunehmen und daher als ambulante Batterien zu formiren sind, (in ähnlicher Weise wie sich der Festungs-Vertheidiger hilft) können die meisten 12-Ctm.-Rohre, sowie die kurzen 15-Ctm.-Geschütze in der Regel indirect und mit künstlichen Zielpunkten gegen die vom Feinde besetzten Dörfer 2c. feuern und sind diese Geschütze dann im Stande, selbst überlegenem Feuer gegenüber, ihre Stellung zu behaupten*).

3) Bei den ausgeführten Verschanzungen finden wir, gleichwie bei der Cernirung von Metz, die mannichfaltigsten Formen, so daß es schwer fällt, irgend ein festes Princip zu erkennen.

Die Individualität der einzelnen höheren Truppenbefehlshaber sowohl, wie die der Ingenieur-Offiziere wird bei so ausgedehnten Anlagen stets ihre speciellen Anschauungen zur Geltung bringen. Das Terrain und die gegebene Arbeitszeit, sowie die zur Verfügung stehenden personellen und materiellen Mittel werden die Befestigungsformen bestimmen.

Was im Speciellen die Anwendung von Verschanzungen betrifft, so haben sich vor Paris wie vor Metz in dieser Beziehung die verschiedensten Auffassungen bemerkbar gemacht. Vor Paris hatte das Obercommando der Maas-Armee die Aufstellung von Feldgeschützen in den Schanzen direct verboten, während bei der II. Armee in vereinzelten Fällen und theilweise auch vor Metz Schanzen mit Geschütz-Vertheidigung erbaut worden sind. Schanzen sind vor Paris nur in sehr geringer Anzahl erbaut; die Werke, die diesen Namen führten, waren ihrer großen Mehrzahl nach nichts weiter als stark profilirte Schützengräben,

---

*) Die Bayerische 12-Ctm.-Kanonen-Batterie hatte nach dem Bericht der 12. Infanterie-Division am 29. November vorzügliche Dienste geleistet; diese Batterie zog das Feuer der feindlichen Werke auf sich und demontirte die Scharten der Schanze bei Cachan. Die auf dem linken Marneufer, sowie auf der Nordostfront von Paris erbauten Belagerungs-Batterien griffen zu wiederholten Malen mit großem Erfolg in das Gefecht ein. Aehnlich war es auch vor Metz; die vom III. Armee-Corps beabsichtigte Beschießung der sehr unbequem liegenden feindlichen Batterien bei Woippy mittelst der zur Verfügung stehenden 12-Ctm.-Geschütze kam in Folge der Capitulation nicht mehr zur Ausführung.

die einen gewiſſen Terrainpunkt umſchloſſen. Als Ausnahme können nur die vom VI. Armee-Corps und I. Bayeriſchen Corps, ſowie die auf dem Plateau von Villacoublay (hauptſächlich zur Sicherung des Belagerungsparks) erbauten Schanzen betrachtet werden; letztere waren mit Feſtungsgeſchützen (auf hohen Rahmen-Laffeten) armirt und hatten daher mehr den Character von Batterien.

Bei dem heutigen Standpunkt des Geſchützweſens, ſowie bei den außerordentlichen Schußweiten der neuen Infanterie-Gewehre iſt es wohl zweifellos erforderlich, bis Höhe der dem Feinde ſichtbaren Ziele ebenſo zu beſchränken, wie die Tiefen-Aus-dehnung der letzteren, da die Wahrſcheinlichkeit des Treffens bekanntlich mit der Höhe und Tiefe des Zieles in ſehr ſtarker Progreſſion zunimmt. —

Berückſichtigt man ferner, daß die Infanterie zunächſt möglichſte Deckung verlangt, daß einzelne Schanzen nur einem kleinen Theil der Truppen dieſe Deckung verſchaffen können, daß ferner nach vielſeitigen im Feldzuge 1870/71, ſowie bereits in den anderen Kriegen der Neuzeit gemachten Erfahrungen in den ſeltenſten Fällen die perſonellen und materiellen Mittel zur Verfügung ſtehen, um ſtark profilirte auf 3000 Schritt im Umkreis zu defilirende Schanzen in kurzer Zeit herſtellen zu können, — daß endlich dieſe Schanzen die Infanterie-Beſatzung an beſtimmte Punkte feſſeln, die einem verheerenden concentriſchen Artillerie- und Schützenfeuer ausgeſetzt ſind, ſo bleibt nur eine Form von Deckungen, welche gleichzeitig den meiſten Anforderungen entſpricht, und das iſt der Schützengraben in ſeinen verſchiedenſten Ge-ſtalten, von der primitivſten Form (0,5 Mtr. Tiefe und gleiche Sohlbreite) bis zu dem Profil der bei dem Angriffe von Feſtungen üblichen Laufgräben, die ſelbſt ſchwerem Feſtungs-Geſchütz gegen-über die erforderliche Sicherheit gewähren.

Die langgeſtreckten Schützengräben bedürfen indeſſen feſter Stützpunkte, die möglichſt im Terrain zu ſuchen ſind, alſo aus befeſtigten Gehöften, Dörfern, Waldparcellen ꝛc. beſtehen werden. Sind ſolche Stützpunkte nicht vorhanden, ſo müſſen in der Linie der Schützengräben derartige auch in der Kehle geſchloſſene Punkte künſtlich geſchaffen werden, und zwar entweder Infanterie-Schanzen oder Laufgräben, die durch Verhaue, Draht-hinderniſſe ꝛc. möglichſt ſturmfrei zu machen ſind.

Die Schanzen dürften nur dann genügende Wiberstandsfähigkeit besitzen, wenn sie möglichst flach gestreckt und mit Traversen, sowie granatsicheren Unterstands-Räumen für den größten Theil der Besatzung ausgestattet sind. Letztere kann in maximo vielleicht auf 1 Infanterie-Compagnie angenommen werden.

Auf die früher so beliebten, großen inneren Lagerräume muß bei der Feldbefestigung heutigen Tages wohl ebenso Verzicht geleistet werden, wie es bereis in der permanenten Fortifikation geschehen ist.

Die Feld-Artillerie bedarf den so weit tragenden Gewehren und dem Massenfeuer der Infanterie gegenüber besonders guter Deckungen, die in den seltendsten Fällen in gewöhnlichen Schanzen gefunden werden können, in denen die Artillerie in der Regel mehr exponirt sein dürfte, als wenn sie in großen Intervallen auf freiem Felde hinter Terrainwellen steht, ganz abgesehen davon, daß es sehr bedenklich erscheint, die Geschütze von ihren Bespannungen zu trennen, die sich doch nicht in oder unmittelbar hinter den in erster Gefechtslinie liegenden Schanzen aufhalten können.

Die gesammte Feld-Artillerie muß unbedingt die vollste Bewegungsfreiheit haben, damit sie in geeigneten Momenten zur Offensive übergehen kann. Diese Freiheit geht verloren, wenn die Artillerie in Schanzen steht, und die engen Défiléen der Kehleingänge im Gefechte passiren muß.

Die Artillerie kämpft auf freiem Felde in Intervallen, um möglichst geringe Zielflächen darzubieten, und muß auch in ähnlicher Weise hinter solchen Verschanzungen kämpfen, die einen Stellungswechsel ermöglichen, weßhalb für die Protzen in möglichster Nähe der Geschütze Aufstellungen geschaffen werden müssen.

Endlich bedarf die Artillerie in der Feldschlacht besonderer Deckung durch andere Waffen, deren Hauptaufgabe in der Fernhaltung der feindlichen Tirailleure besteht.

Es liegt kein Grund vor, weßhalb von diesem Verfahren in der Befestigungskunst abgewichen, und der Artillerie dieselbe Gefechtsstellung wie der Particular-Bedeckung angewiesen werden soll. Früher hatte dieses eine gewisse Berechtigung, da das Kartätschfeuer der Artillerie den Schützenschwärmen gegenüber eine große Ueberlegenheit hatte, während jetzt die Artillerie des Angreifers über die Köpfe der Infanterie hinweg ihr Feuer so lange fortsetzen kann, bis die Sturmcolonnen in der Nähe der Schanzen angelangt sind, in welchem Augenblick voraussichtlich die in letzteren aufgestellten Geschütze demontirt sein werden.

Die heutige Feld-Artillerie darf nur im äußersten Nothfall in der ersten Gefechtslinie kämpfen, besonders da die Wahrscheinlichkeit des Treffens bis zu Entfernungen von etwa 2000 Schritt nicht bedeutend abnimmt; es würde also sehr bedenklich sein, die Artillerie principiell zu zwingen, im wirksamsten Bereich des feindlichen Gewehrfeuers zu kämpfen, was auf die ruhige Bedienung der Geschütze und sorgfältige Beobachtung der Wirkungen im höchsten Grade störend einwirken muß.

Insofern nicht Terrain-Verhältnisse und besondere Umstände Ausnahmen verlangen, erscheint es daher am zweckmäßigsten, die Geschütze einer Batterie in Emplacements oder in geschlossenen Batterien von geringer Feuerhöhe aufzustellen, in denen möglichst Sorge für Deckung zu tragen ist, und die erforderlichenfalls durch Hindernißmittel sturmfrei zu machen sind.

Die Infanterie wird von den Batterien zu trennen sein; eine starke Wache würde für die Sicherung der letzteren in der Regel ausreichen. Die Vertheidigungslinie der Infanterie ist je nach den Terrainverhältnissen (vielleicht 500 bis 1000 Schritt) vorwärts und seitwärts zu schieben und der Kampf von den Schützengräben aus durchzuführen, denen durch natürliche oder künstliche feste Punkte (kleine Infanterie-Schanzen, Blockhäuser ꝛc.) der nöthige Halt zu geben ist.

Was an Sturmfreiheit vielleicht durch derartige Anordnungen verloren gehen sollte, wird durch die bessere Deckung und die dadurch ermöglichte, ausgiebigere Waffenwirkung mehr wie ausgeglichen. Es ist dabei nicht außer Acht zu lassen, daß bei der Treffsähigkeit und der großen Feuergeschwindigkeit der heutigen Feuerwaffen die Anforderungen an die Sturmfreiheit ebenso gut im Feldkriege herabgesetzt werden können, wie es im Festungskriege bereits vielfach geschehen ist.

4) Der große Vortheil, der dadurch für die Sicherung der Cernirungsstellungen entsteht, daß die Armee-Corps in den ihnen bei Beginn der Cernirung zugewiesenen Positionen nicht abgelöst werden, hat sich vor Paris evident herausgestellt. Ueberall wo ein mehrfacher

Wechsel in der Besetzung der Positionen eintrat, machten sich vor Paris gleichwie vor Metz die größten Uebelstände bemerkbar.

5) Um eine einheitliche Leitung in der Ausführung der technischen Arbeiten zu ermöglichen, ist ganz besonders ein Wechsel in der technischen Truppe zu vermeiden. Jeder Infanterie=Division müßte zu Befestigungs=Einrichtungen mindestens eine Pionier=Compagnie unausgesetzt zur Verfügung stehen, die Infanterie=Pioniere, die (von einzelnen Fällen abgesehen) weder vor Metz noch vor Paris zur größeren Thätigkeit gekommen sind, könnten dann der Infanterie zur Verbesserung ihrer Lager=Einrichtungen überwiesen werden, so daß die Pioniere von dieser ihnen vielfach zugemutheten Arbeit befreit sind. —

6) Die Nothwendigkeit, rechtzeitig für gesicherte Fluß=Uebergänge zu sorgen, hat sich wie bei Metz so auch vor Paris herausgestellt. Die Seine war zeitweilig nach Zerstörung der Brücken durch Hochwasser und Eisgang oberhalb Paris nur auf großen Umwegen (über Corbeil) zu überschreiten, so daß eine rasche gegenseitige Unterstützung im Fall eines großen Ausfalls unmöglich war.

Es sind daher sofort bei Beginn der Cernirung wenigstens einige, gegen Eisgang und Hochwasser unter allen Umständen gesicherte Brücken mit den erforderlichen Straßen herzustellen, deren Construction, wenn nur Zeit und Arbeitskräfte zur Verfügung stehen, keine Schwierigkeiten darbieten kann.

7) Auch hat sich vor Paris gleichwie vor Metz die Nothwendigkeit ergeben, rechtzeitig Baracken resp. Zeltlager zu erbauen, aus welchen die stets gefechtsbereiten Reserven möglichst rasch zur Unterstützung der bedrohten Stellungen herangezogen werden können.

Sind solche Vorkehrungen getroffen und hat die erste und gleichzeitig Haupt=Gefechtsstellung einen genügenden Grad von Widerstandsfähigkeit erhalten, so dürfte in der Regel pro Meile Front eine Infanterie=Division genügen, so daß die geschlossenen Reserve=Brigaden und Divisionen etwa eine Meile von der Linie der Forts entfernt cantonniren können, (also außerhalb des Feuers der weit tragendsten Geschütze) und doch noch im Stande sind, rechtzeitig in den verschiedensten Richtungen einem größeren Ausfall gegenüber zu treten.

Schließlich sei noch bemerkt, daß die deutschen Cernirungs=Arbeiten selbst die Anerkennung des Feindes gefunden haben.

Dem Admiral de la Roncière ist die außerordentlich große Verschiedenheit bezüglich der Construction der Werke 2c. aufgefallen und glaubt derselbe, daß es den betreffenden Offizieren ganz überlassen sei, welche Formen sie anwenden wollten. Im Allgemeinen wären die deutschen Werke mit einem Minimum von Arbeitskraft hergestellt, meistens eingeschnitten und daher wenig sichtbar gewesen. General Vinoy hält die Ausführung der deutschen Feldbefestigungen für weniger gelungen als die der französischen Werke, giebt aber zu, daß erstere practischer angelegt waren, als letztere, und daß unsere Batterien wegen ihrer sehr günstigen und dem Terrain angepaßten Lage der französischen Artillerie sehr überlegen gewesen wären. — Uebrigens bemerkt der General, daß die deutschen Vorpostenstellungen westlich von Paris keinen großen Widerstand hätten leisten können.

Viollet de Duc (Exlieutenant colonel de la légion auxiliaire du génie, ein berühmter Archäologe) spricht sich sehr eingehend über die deutschen Cernirngsarbeiten aus.

Dieselben, sagt er, machten sich weder durch ihre Ausdehnung noch durch starke Profile (aspect formidable), noch durch gute Ausführung beson= ders bemerkbar. — Wenn man sie von einem Luftballon aus betrachtete, so erinnerten sie mehr an die kleinen Erdaufwürfe, welche von den „Barbaren" bei ihrem Ueberfall der Gallier im V. bis X. Jahrhundert hergestellt wären, als an die Arbeiten der Militair=Ingenieure unserer Zeit. Aber wenn man sich ihnen mehr näherte, wenn man das Tracé auf dem Terrain studirte, fände man sehr bald, daß sie auf einer sehr genauen Kenntniß der Localitäten und auf einer sehr sorgsamen Benutzung der natürlichen und künstlichen Terrain=Gegenstände beruhten. Jede Terrainfalte, jede Mauer, jedes Gehöft sei mit seltener Klugheit (rare sagacité) zu Vertheidigungszwecken benutzt. Unendliche Vorsichtsmaaß= regeln seien getroffen, nicht nur zur Deckung der Mannschaften, sondern auch zur Verbergung der Werke gegen die französischen Recognoscirungen; während mehrstündiger Kämpfe wären die deutschen Truppen nicht bemerkt worden, obwohl deren Feuer große Verluste angerichtet hätte. Diese Art zu kämpfen hätte die französischen Truppen in hohem Grade entmuthigt.

Fünfter Abschnitt.

Die Operationen im Süden und Westen von Paris.

I. Kapitel.

Operationen der Armee-Abtheilung des Generals von der Tann bis zur Räumung von Orleans.

Zur Sicherung der Cernirung von Paris gegen die sich an der Loire sammelnden feindlichen Streitkräfte war bereits im Laufe des Monat September die 4. Cavallerie-Division, unterstützt durch Bayerische Truppen-Abtheilungen, gegen Orleans, Chartres und Chateaudun vorgeschoben. Als der Feind Anfangs October auf der Straße Orleans-Paris mit größeren Truppenmassen vorrückte, wurde der General von der Tann beauftragt, mit dem I. Bayerischen Corps, der 22. Infanterie-Division, sowie der 2. und 4. Cavallerie-Division die Offensive zu ergreifen. Nach dem siegreichen Treffen bei Artenay (10. October) setzte der General seinen Vormarsch gegen Orleans fort und nahm bereits am folgenden Tage die hartnäckig vertheidigte Stadt*) in Besitz. Der Feind zog sich in der Richtung auf Bourges zurück.

Das Bayerische Corps, sowie die 22. Infanterie-Division erhielten am 12. October den Befehl, Recognoscirungs-Abtheilungen in der Richtung auf Chateaudun, Tours, Vierzon und Chateauneuf vorzuschieben. Da die eingelaufenen Nachrichten übereinstimmend ergaben,

---

*) Die Franzosen hatten zur Vertheidigung der Stadt verschiedene Vorkehrungen getroffen. So war z. B. die Pariser Straße bei Cercottes verbarrikadirt und in zweiter Linie durch den sehr stark befestigten Bahnhof „les Aubrais" gesperrt. — Zur Vertheidigung der Straße Orleans-Chateaudun waren à cheval derselben bei Ormes ausgedehnte Schützengräben rc. angelegt und Gehöfte befestigt; ein Feldwerk war noch unvollendet. — Als 2. Vertheidigungs-Abschnitt diente der 2 Mtr. hohe Eisenbahndamm mit eingeschnittenen Infanterie-Banquets.

daß der Feind namentlich auf dem linken Loire-Ufer mit stärkeren Kräften stehe, so wurde dem General von der Tann befohlen, in Orleans stehen zu bleiben und sich fortan auf die Defensive zu beschränken.

Die der 22. Infanterie-Division zugetheilte 3. Feld-Pionier-Compagnie XI. Armee-Corps (Premierlieutenant Pagenstecher) hatte am 14. October die zerstörte Brücke über den Loiret bei Ollivet wieder hergestellt, desgleichen die Eisenbahn-Brücke bei Orleans für Infanterie und einzelne Reiter passirbar gemacht. In der Nacht vom 15./16. October erhielt die Compagnie den Befehl, die Eisenbahn Tours-Orleans bei Beaugency „nachhaltig und ohne viel Zeitaufwand" zu zerstören. Die deutschen Vorposten standen bei St. Ay, 1¼ Meilen von Beaugency entfernt und wurde in Folge dessen die Pionier-Compagnie nebst einer Infanterie-Compagnie und einer Escadron gegen die genannte vom Feinde nicht besetzte Stadt vorgeschoben. Zur gründlichen Zerstörung der Eisenbahn wurde in dem vor Beaugency liegenden Viaduct eine Oeffnung von 9 Mtr. Weite gesprengt und kehrte das Detachement am 17. October nach Orleans zurück.

Da die 22. Infanterie-Division bei Orleans entbehrlich schien, so erhielt dieselbe den Befehl, zur Cernirungs-Armee von Paris zurückzukehren und zwar auf dem Umwege über Chateaudun, Chartres und Dreux, um gleichzeitig diese Gegenden vom Feinde zu säubern.

Die Division rückte mit der 4. Cavallerie-Division am 17. October in der Richtung auf Chateaudun vor und traf am folgenden Tage vor dieser vom Feinde stark besetzten Stadt ein. Letztere war zur hartnäckigsten Vertheidigung eingerichtet und konnte als ziemlich sturmfrei bezeichnet werden.

An dem Angriff auf die Stadt, der zu heftigen Straßenkämpfen führte, betheiligte sich auch die oben genannte Pionier-Compagnie. Dieselbe hatte durch ein einer Cavallerie-Brigade beigegebenes Detachement die Eisenbahn nach Tours flüchtig zerstören lassen, und schloß sich das Detachement nach Erledigung dieses Auftrages dem 94. Infanterie-Regiment an, während der Rest der Compagnie mit dem 32. Infanterie-Regiment gegen die Stadt vorging. Der Kampf dauerte fast die ganze Nacht und endete erst, als ein Theil der Stadt in Flammen aufgegangen war*).

*) Die Compagnie erhielt vom Commandeur des 32. Infanterie-Regiments den Auftrag, beim Vorgehen gegen die Stadt ein einzeln stehendes

Am 19. October wurde die Eisenbahn bei Chateaudun durch Sprengung eines 18 Mtr. weiten Viaducts grünblich zerstört (mittelst 3 Centner Pulver) und trat darauf die Pionier=Compagnie am 20. October mit der 22. Infanterie=Division den Marsch nach Chartres an. Ein Theil der Compagnie (Premierlieutenant von Hemsferf) zerstörte am folgenden Tage die Eisenbahn Chartres=le Mans bei Amilly. Das unter Commando des genannten Offiziers gestellte Detachement mußte sich mit einer nur flüchtigen Zerstörung der Eisenbahn begnügen, da der Feind dieselbe mit stärkeren Abtheilungen besetzt hielt. Die 22. Infanterie=Division (deren Operationen durch die 4. und außerdem noch durch die 6. Cavallerie=Division, sowie 3 Bayerische Batterien unterstützt wurden) griff am 21. October Chartres an, welche Stadt nach leichtem Gefecht in Besitz genommen werden konnte. Die Division blieb in Chartres stehen und klärte das Vorterrain bis Dreux und Umgegend durch mobile Colonnen auf.

Am 23. October wurde eine Streif=Colonne nach Courville geschickt, um die daselbst über die Eure führende etwa 12 Mtr. weit gespannte Eisenbahnbrücke zu zerstören, was den der Colonne bei= gegebenen Pionieren vollständig gelang.

Am 24. October wurde eine andere Streif=Colonne nach Dreux abgeschickt, ebenfalls mit dem Auftrage, die dortige Eisenbahn zu zerstören; das Pionier=Detachement, welches nur noch 2½ Centner Pulver zur Verfügung hatte, konnte indessen diese Sprengung nur unvollständig ausführen.

Im Anfang des Monat November änderte sich die Situation an der Loire vollständig. Der Feind hatte große Verstärkungen herangezogen, ergriff bereits am 8. November die Offensive und rückte an diesem Tage über Beaugency gegen Coulmiers vor. General von der Tann concentrirte in Folge dieser feindlichen Bewegungen

---

Gehöft zu besetzen und zur Vertheidigung einzurichten. — Gegen 3 Uhr Nachmittags gingen die Pioniere mit dem Füsilier=Bataillon gegen die Lisière vor und beseitigten dort verschiedene Hindernisse, richteten Mauern zur Ver= theidigung ein 2c. —

An dem Sturm, den das 32. Infanterie=Regiment in der Nacht auf den noch vom Feinde besetzten Theil der Stadt=Lisière unternahm, betheiligte sich die Pionier=Compagnie gleichfalls und ging an der Tête der Infanterie zum Aufräumen der Barrikaden vor. Verschiedene Häuser wurden zur Ver= theidigung eingerichtet, andere angezündet.

das 1. Bayerische Corps bei Coulmiers und ließ in Orleans nur eine schwache Truppen-Abtheilung zurück.

Am 9. November wurde das Corps mit großer Uebermacht bei Coulmiers angegriffen, bevor Verstärkungen herangezogen werden konnten. Die Folge des Kampfes war die vollständige Räumung von Orleans und der Rückzug nach Toury, wohin sich auch das Gros der in Chartres stehenden Streitkräfte in Marsch gesetzt hatte.

Was die Besetzung von Orleans anbetrifft, so hatte das 1. Bayerische Armee-Corps den Auftrag erhalten, diese Stadt zur Vertheidigung einzurichten. Die erforderlichen Anordnungen wurden von dem Feld-Genie-Director Oberstlieutenant Riem getroffen, dem der Stab der 1. Feld-Genie-Division mit der 3. Feld-Genie-Compagnie zu diesem Zweck zur Verfügung stand. Die Genie-Compagnie wurde indessen bereits am 18. October nach Toury abcommandirt.

Seitens des Feld-Genie-Directors wurden vom 17. bis 19. October die erforderlichen Terrain-Recognoscirungen vor Orleans unternommen. Von einer Befestigung der Stadt wurde Abstand genommen, da bei einem Angriff von Süden her das linke Loire-Ufer nicht hartnäckig behauptet werden sollte. Für einen eventuellen Rückzug waren die Dispositionen derartig getroffen, daß die Cavallerie und Artillerie, sowie ein Theil der Infanterie die Chausseebrücke benutzen sollte, deren Ausgang durch die vorhandenen starken eisernen Gitterthore gesperrt werden konnte. Der Rest der Infanterie sollte seinen Rückzug über Laufbrücken bewerkstelligen, die große Eisenbahnbrücke aber gesprengt werden.

Am 25. October wurde ein Detachement der 3. Feld-Genie-Compagnie (Oberlieutenant Haib) von Toury wieder herangezogen, welches den Auftrag erhielt, im Verein mit Infanterie-Pionieren zwei Brücken herzustellen.

Unter der Leitung des Oberlieutenant von Freyberg wurde zunächst unterhalb der Stadt aus unvorbereitetem Material, sowie aus Schiffsgefäßen eine 2,5 Mtr. breite Brücke hergestellt, die mit den erforderlichen Uferbrücken eine Länge von etwa 330 Mtr. erhalten mußte.

Das Genie-Detachement begann sodann mit der Herstellung einer Laufbrücke oberhalb der Stadt; mußte die Arbeit aber aufgeben, da es in Folge des starken Anwachsens der Loire erforderlich war, die vorhin erwähnte Brücke höher zu legen, so daß dieselbe eine Länge von ꝛc. 375 Mtr. erhielt.

Die Vorbereitungen zur Sprengung der gewölbten Eisenbahnbrücke wurde dem Hauptmann Haid übertragen, welchem außer Infanterie-Pionieren nur 7 Mann von der Bayerischen Feldtelegraphen-Abtheilung zur Disposition gestellt werden konnten. — Die ungeübten Arbeitskräfte gestatteten nur die Sprengung eines Bogens durch Anbringung der Pulverladung in einer Rinne über dem Gewölbenschluß. Die Vorbereitungen wurden bis zur Ladung getroffen, Pulver und Leitungen in der Nähe der Brücke untergebracht, auch Verdämmungs-Materialien bereit gelegt.

Endlich ist noch zu bemerken, daß der Oberlieutenant von Freyberg zwei über den Loiret führende Brücken zerstören, zwei andere Uebergänge dagegen zum Verbrennen vorbereiten ließ. —

Als die Stadt am 8. November von dem wieder vorrückenden Feinde bedroht wurde, erhielt der Oberlieutenant Haid den Auftrag, die Brücken zu zerstören, was auch in der Nacht vom 8./9. November geschah.

Am folgenden Tage wurde, wie wir oben gesehen haben, Orleans von den deutschen Truppen geräumt; die Sprengung der Eisenbahnbrücke unterblieb. —

2. Kapitel.

Operationen der Armee-Abtheilung des Großherzogs von Mecklenburg bis zur Wiedereinnahme von Orleans.

Als das große Hauptquartier im Anfang des Monat November vermuthete, daß der Feind einen Hauptstoß von Orleans und Chateaudun gegen die im Süden von Paris stehenden deutschen Streitkräfte beabsichtige, wurde die von nun ab dem Großherzog von Mecklenburg unterstellte Armee-Abtheilung durch die 17. Infanterie-Division und 6. Cavallerie-Division verstärkt und am 12. November in der Linie Oudaville — Toury — Janville — Ymonville concentrirt.

Die 22. Infanterie-Division hatte beabsichtigt, die Dörfer Janville und le Puisset in Vertheidigungszustand zu setzen, und waren die hierzu erforderlichen Vorkehrungen bereits Seitens ihrer Pionier-Compagnie getroffen; inzwischen wurde aber der Abmarsch der Armee-

Abtheilung in der Richtung auf Chartres befohlen, da es den Anschein gewann, als ob der Feind von Westen her gegen Paris vordringen wollte, um Versailles, sowie den großen Belagerungs=Park zu bedrohen. In Toury blieb daher nur eine Cavallerie=Division zurück. Die Dispositionen wurden am 14. November dahin abgeändert, daß das Gros der Armee=Abtheilung zwischen Chartres und Toury stehen bleiben, und nur die 22. Infanterie=Division mit der 6. Cavallerie= Division nach Chartres rücken sollte. Hier ließ die 22. Infanterie= Division zur Sicherung ihrer rechten Flanke eine Defensiv=Stellung einrichten, die westlich der Stadt gewählt wurde und sich hauptsächlich auf die Dörfer Moudonville und Ouiray stützte. Die Stellung wurde am 15. November von den Divisions=Pionieren und einem Infanterie= Bataillon zur Vertheidigung eingerichtet, und bestanden die Arbeiten hauptsächlich in der Verstärkung der Dorf=Lisière durch Schützengräben und Verhaue, Creneliren der Mauern ꝛc. Der Mangel an Schanz= zeug*) ließ ausgedehntere Arbeiten nicht zu. Am folgenden Tage erbaute die Compagnie eine Brücke über die Eure (unter Zuhülfe= nahme eines schon seit längerer Zeit mitgeführten improvisirten Brücken=Trains).

Inzwischen nahm es wieder den Anschein, als ob der Feind in westlicher Richtung einen Vorstoß gegen Versailles unternehmen wolle, und wurde daher die Linie Toury=Chartres hauptsächlich nur durch die Cavallerie=Divisionen besetzt, während das Bayerische Corps, sowie die 17. Infanterie=Division näher an Versailles herangezogen wurden.

Die in Eilmärschen von Metz auf der Straße Troyes=Orleans heranrückende II. Armee erhielt am 15. November den Auftrag, die Deckung der Cernirungs=Armee von Paris gegen Süden zu übernehmen, während der Armee=Abtheilung die Sicherung gegen Westen und Süd= westen übertragen wurde. In Folge dieser Bestimmungen setzte sich der Großherzog in der Richtung auf Dreux in Bewegung. Die 17. Infanterie=Division nahm diese Stadt am 17. November in Besitz und rückte am folgenden Tage weiter westlich nach Laons, während das Gros der Armee=Abtheilung die Linie Chateauneuf — Digny — Courville einnahm. Die 22. Infanterie=Division ging am 20. November auf

---

*) Die ganze Armee=Abtheilung besaß außer der Bayerischen 3. Feld= Genie=Compagnie an technischen Truppen zu dieser Zeit nur eine Preußische Pionier=Compagnie (ohne Brücken=Trains und Schanzzeug=Colonne).

la Loupe und am folgenden Tage nach Zurückwerfung des Feindes gegen Nogent le Rotrou vor. Bei Bretoncelles entspann sich am 21. November ein ziemlich heftiges Gefecht, an welchem sich die der Division seit Mitte November zugetheilte 1. Feld=Pionier = Compagnie XI. Armee=Corps betheiligte*).

Es gelang der Armee=Abtheilung nicht, dem Feinde bei Nogent le Rotrou eine entscheidende Niederlage beizubringen, da derselbe den für den 22. November beabsichtigten concentrischen Angriff gegen diese Stadt nicht abwartete, sondern sich mit seinen Hauptkräften an= scheinend auf le Mans zurückzog. Die Armee=Abtheilung beabsichtigte daher, am 22. November die Offensive in der Richtung auf le Mans fortzusetzen, die Truppen jedoch derart zu echeloniren, daß dem Feinde das Angriffs=Object möglich wenig erkennbar wurde. Zwei Infanterie= Divisionen wurden daher in westlicher Richtung gegen Alencon vor= geschoben.

Das große Hauptquartier hatte indessen bereits am 22. November es als sehr wahrscheinlich gehalten, daß die Hauptkräfte des Feindes der II. Armee bei Orleans gegenüber ständen und zwar in verschanzter Stellung, so daß eine Cooperation der Armee=Abtheilung nothwendig erscheinen mußte. Letztere erhielt daher den Befehl, die Verfolgung in der Richtung auf le Mans hauptsächlich nur noch durch Cavallerie zu bewirken und mit allen anderen Truppen in Eilmärschen nach der Loire und zwar nach Beaugency oder Blois abzurücken. — Das große Hauptquartier bezeichnete es dabei als wünschenswerth, daß sich die Armee=Abtheilung durch überraschendes Vorgehen in Besitz eines festen Loire=Ueberganges setze. Für den Fall, daß dieses nicht gelänge, so sollte mit Hülfe des von der II. Armee zur Verfügung zustellenden Ponton=Trains eine Kriegsbrücke hergestellt werden.

Demgemäß trat die Armee=Abtheilung ihren Links=Abmarsch am 24. November an, und wurde dieselbe am folgenden Tage bis auf Weiteres dem Ober=Commando der II. Armee unterstellt.

---

*) Diese Compagnie nahm im Verein mit dem 83. Infanterie=Regiment an dem Sturm auf das Dorf Theil, bei welcher Gelegenheit der Compagnie= Commandeur schwer verwundet wurde. — Premierlieutenant Priem, der das Commando übernommen hatte, betheiligte sich mit einem Detachement speciell bei dem Sturm auf den Bahnhof.

Die 3. Compagnie des XI. Armee=Corps wurde als Particular=Bedeckung für die Artillerie verwendet.

Auf die am 25. November eingelaufenen Meldungen, daß sich größere feindliche Abtheilungen von Bonneval und Chateaudun her im Vormarsch auf Brou befänden, concentrirte sich die Armee-Abtheilung am 26. November auf der Linie Brou-la Bazoche-Arville und erreichte in Folge dessen erst am folgenden Tage den Loir-Fluß bei Chateaudun und Bonneval. Seitens der II. Armee war der Vormarsch gegen den Loir insofern indirect unterstützt worden, als ein Theil der 18. Infanterie-Division nach Orgères resp. Loigny detachirt wurde. — Der Feind hatte indessen auf eine hartnäckige Vertheidigungs-Linie des Loir Verzicht geleistet. —

Nach dem am 28. November erfolgten Vorstoß des Feindes gegen den linken Flügel der II. Armee (bei Beaune la Rolande) erschien es dem Ober-Commando nicht unwahrscheinlich, daß Seitens des Feindes versucht werden sollte, von hier aus gegen Paris zu operiren. Unter diesen Umständen wurde der concentrische Angriff auf Orleans einstweilen aufgegeben, und erhielt die Armee-Abtheilung den Auftrag, die Sicherung der Straße Orleans-Paris in der Gegend von Toury zu übernehmen. —

Gleichzeitig wurde der Armee-Abtheilung die Ponton-Colonne des III. Armee-Corps überwiesen, so daß damit ausreichendes Brücken-material für Herstellung eines Loire-Ueberganges zur Verfügung stand, besonders nachdem auch die der 17. Infanterie-Division zugetheilte 1. Feld-Pionier-Compagnie IX. Armee-Corps mit dem leichten Feldbrücken-Train wieder bei der Division eingetroffen war.*)

Damit standen Ende November der Armee-Abtheilung eine Ponton-Colonne, 2 leichte Feldbrücken-Trains, sowie 3 Bayerische Brücken-Equipagen zur Verfügung, mit denen im Ganzen gegen 450 laufende Meter Brücken hergestellt werden konnten. An technischen Truppen hatte die Armee-Abtheilung Ende November 3 Preußische Pionier-Compagnien (ohne Schanzzeug-Colonne) und 1 Bayerische Genie-Compagnie. — Als erster Ingenieur-Offizier fungirte Major Schumann vom Stabe des Ober-Commandos der III. Armee.

Bezüglich des technischen Dienstes bei dem I. Bayerischen Corps ist noch zu bemerken, daß dasselbe am 24. November die Vereinigung der Infanterie-Pioniere bei jeder Infanterie-Division befohlen hatte.

---

*) Diese Compagnie befand sich Anfangs November vor Mezières und traf am 25. dieses Monats bei der 17. Infanterie-Division ein.

Dieselben wurden sodann dem Genie=Hauptmann des Divisionsstabes unterstellt und auf diese Weise eine Aushülfe für die zur Cer= nirungs=Armee von Paris abcommandirten beiden Genie=Compagnien geschaffen. — Jedes dieser den Avantgarden zugetheilten Detachements führte zur raschen Ueberbrückung der sehr häufig vorkommenden Straßen= Abgrabungen das Material zu einer kleinen Nothbrücke (auf 2 requirirten Karren) mit. Die Feldbrücken=Equipagen befanden sich in der Regel bei der Corps=Reserve.

Vom 1. Dezember ab richteten die Preußischen Pionier=Compagnien die südlich von Toury bezogene Stellungen theilweise zur Vertheidigung vor. Während die 17. Infanterie=Division die Stellung Baigneaux= Cards fortifikatorisch verstärken ließ, geschah ein Gleiches Seitens der 22. Infanterie=Division in Bezug auf das Dorf Oison.

Am 1. Dezember wurde der rechte Flügel der Armee=Abtheilung vom Feinde mit überlegenen Kräften angegriffen und zurückgedrängt, so daß eine Concentrirung auf der Linie Tanon=Baigneaux erforder= lich erschien. Einem am folgenden Tage beabsichtigten Vorgehen der ganzen Armee=Abtheilung kam der Feind zuvor, da der letztere bereits am 2. Dezember Morgens 9½ Uhr die deutschen Stellungen angriff, indessen überall zurückgeworfen wurde. Der heftigste Kampf fand bei Loigny statt, welches Dorf von der 17. Infanterie=Division umfaßt und in Sturm genommen werden mußte.

Die 1. Feld=Pionier=Compagnie des IX. Armee=Corps (Haupt= mann Lilie) betheiligte sich an der Erstürmung des Dorfes und fand bei dieser Gelegenheit mehrfach technische Verwendung.*)

Auf dem linken Flügel der Armee=Abtheilung kämpfte die 22. Infanterie=Division gegen 2 feindliche Divisionen, die über Poupry vorgegangen waren, indessen aus diesem Dorfe vertrieben wurden. Die der 44. Infanterie=Brigade zugetheilten, zu einem Halb=Bataillon vereinigten, beiden Pionier=Compagnien wurden bei dieser Gelegenheit wiederholt als Infanterie verwendet.**)

---

*) Insbesondere durchbrach die Compagnie die Mauern des Dorfes behufs Herstellung von Communicationen und hatte bei dieser Gelegenheit mehrfache Verluste.

**) Die beiden Pionier=Compagnien des XI. Corps nahmen an dem Angriff auf Poupry Theil und deckten insbesondere die linke Flänke des 94. Regiments. Nachmittags 4 Uhr wurden dieselben zur Ablösung des Füsilier= Bataillons des 83. Infanterie=Regiments vorgezogen, welches mit der Deckung

Nachdem der Feind auf Terminiers und Artenay zurückgeworfen war, erbat sich die Armee-Abtheilung die Genehmigung des Ober-Commandos, den linken Flügel des Feindes am folgenden Tage angreifen zu dürfen, in der Voraussetzung, daß die II. Armee den Angriff gegen Artenay führen und die Straße Orleans-Paris besetzen würde. Diesem Antrage und gleichzeitig höheren Weisungen entsprechend wurde am späten Abend des 2. Dezember der concentrische Angriff auf Orleans befohlen. Während die II. Armee, wie wir später sehen werden, den Feind aus Artenay und Chilleurs vertrieb, ging die Armee-Abtheilung gegen Chevilly vor. Die 17. und 22. Infanterie-Division nahmen am Abend des 3. Dezember diesen Ort in Besitz, während das I. Bayerische Corps auf dem rechten Flügel kämpfte und la Provenchère, westlich von Chevilly besetzte.

Am 4. Dezember konnte endlich der entscheidende Schlag gegen Orleans geführt werden. Während die II. Armee gegen die Nord- und Ostseite von Orleans vorging, gelang es der Armee-Abtheilung, nach hartnäckigen Kämpfen das westliche, theilweise stark verschanzte Vorterrain in Besitz zu nehmen, und bei Beginn der Dunkelheit in die Stadt einzudringen.*) Um Mitternacht wurde Orleans von der Armee-Abtheilung besetzt. Die genannten 3 Pionier-Compagnien nahmen auch am 3. und 4. Dezember an den Kämpfen der beiden Infanterie-Divisionen in den Avantgarden Theil. Die Pionier-Compagnie des IX. Armee-Corps wurde am 4. Dezember während der Schlacht mit der Vertheidigungs-Instandsetzung eines Dorfes beauftragt und sodann als Particular-Bedeckung für die Avantgarden-Artillerie verwendet.

einer südlich von Poupry aufgefahrenen Batterie bestimmt war. — Die Compagnien erhielten in der folgenden Nacht den Auftrag, im Verein mit einem Infanterie-Bataillon sechs Batterien zu decken, die zur Munitions-Completirung nach Lumeau zurück dirigirt waren.

*) Das I. Bayerische Corps stieß bei Gidy auf ein mit Marine-Geschützen armirtes Batterie-Emplacement, welches die Aufstellungen des Corps der Länge nach enfilirte. Beim Vormarsch zur Gewinnung der Straße Chateaudun-Orleans mußte erst die von einem Schützengraben umschlossene Ferme le Coudray vor Boulay genommen werden. — Vielfach standen die feindlichen Geschütze hinter Deckungen, die Protzen dagegen waren stets ungedeckt.

3. Kapitel.

Operationen der II. Armee bis zur Einnahme von Orleans.

Vergegenwärtigen wir uns zunächst die Situation, in der sich Ende October die Cernirungs-Armee vor Paris befand.

Die sechswöchentliche Einschließung hatte den Widerstand der Hauptstadt noch nicht zu brechen vermocht, die begonnenen Vorbereitungen zur Belagerung wurden größtentheils sistirt, da sich die Unmöglichkeit herausstellte, den Belagerungs-Park in der erforderlichen Weise zu completiren (Vgl. Abschnitt IV.); der Feind hatte in der Organisation der Vertheidigung große Fortschritte gemacht, begann seine Truppen durch kleinere Ausfälle und Unternehmungen zu aguerriren und sich auf den Moment vorzubereiten, daß die Entsatz-Armeen der Hauptstadt zu Hülfe eilen würden.

Die Cernirungs-Armee war bereits genöthigt gewesen, starke Detachirungen nach Süden und Norden vorzunehmen. — Nur 7 Armee-Corps blieben gegen Ende October zur Cernirung von Paris disponibel, zu welchen noch rechtzeitig das II. Armee-Corps von Metz herangezogen werden konnte.

Daß sich auf dem linken Loire-Ufer eine große Armee neu formirte, war schon Anfangs October allgemein bekannt und daher die rechtzeitige Capitulation von Metz von den wichtigsten Folgen für den Verlauf der Operationen.

Welche Aufgaben der II. Armee erwachsen würden, vermochte das große Hauptquartier am 1. November noch nicht zu übersehen, dagegen wurden die Städte Bourges, Chalons sur Saone und Nevers der Armee als Operations-Objecte bezeichnet, durch deren Einnahme dem militairischen Frankreich die empfindlichsten Wunden geschlagen werden könnten. Am 7. November glaubte das große Hauptquartier, daß in der nächsten Zeit ein ernsthafter Versuch zum Ensatz von Paris gemacht werden würde und wünschte daher einen beschleunigten Vormarsch der II. Armee, deren rechter Flügel auf Fontainebleau dirigirt werden sollte.

Die aus dem III., IX. und X. Armee-Corps, sowie der 1. Cavallerie-Division bestehende Armee erreichte am 10. November die Linie Troyes-Chaumont, an welchem Tage die Nachricht der Räumung von Orleans einlief.

Expedition gegen Langres.

Das X. Armee=Corps, welches auf dem linken Flügel der Armee marschirte, erhielt in Chaumont den Befehl, ein Detachement zur Be= obachtung der Festung Langres zurückzulassen. Das aus der 40. In= fanterie=Brigade, 2 Escabrons, 2 Batterien und der 2. Feld=Pionier= Compagnie bestehende Truppen=Detachement unter Befehl des General von Kratz=Koschlau, welchem auch der 1. Ingenieur=Offizier des Corps Oberstlieutenant Cramer beigegeben war, zerstörte am 14. November die Eisenbahn Langres=Chaumont bei Foulain flüchtig und unternahm am 16. November eine gewaltsame Recognoscirung der genannten Festung.

Für den Fall, daß der Feind wenig Widerstandskraft zeigen, auch die Armirung der Festung schwach erscheinen sollte, war beabsichtigt, die Stadt mit den disponiblen 12 Feldgeschützen zu beschießen.

Der Feind hatte das ganze Vorterrain der Festung besetzt. Es gelang indessen dem Detachement, auf der Ostseite bis Pesgney, auf der Westseite bis auf das Plateau vorzudringen. Die detachirten Forts sowie die zahlreichen provisorischen Werke eröffneten indessen auf die anmarschirenden Colonnen ein heftiges Feuer, die Besatzung der Festung ging zum Angriff gegen den diesseitigen linken Flügel vor, so daß von einem weiteren Vordringen, sowie einer Beschießung der Festung Abstand genommen werden mußte.

Der Detachements=Kommandeur hatte indessen am 19. November den Plan zu einem gewaltsamen Angriff auf die Festung noch nicht aufgegeben und glaubte eventuell von dem westlichen Plateau aus die feindlichen Batterien zum Schweigen bringen und sodann die Stadt kräftig beschießen zu können. Dabei wurde indessen nicht verkannt, daß bei der Ausdehnung der Festung mit ihren weit vorgeschobenen Forts, und bei der Nothwendigkeit, die Besatzung dieser letzteren durch kräftige Demonstrationen festzuhalten (um dadurch den Feind zu verhin= dern, mit 2= oder 3facher Ueberlegenheit dem Angriff entgegenzutreten), die zu Gebote stehenden Streitkräfte der Zahl nach allerdings sehr ge= ring erscheinen mußten.

Im Begriff, mit dem Detachement einen gewaltsamen Angriff auf Langres zu versuchen, erhielt der Kommandeur den Befehl, mit dem Gros seiner Truppen alsbald dem X. Corps zu folgen und nur einen kleinen Theil des Detachements in Chaumont zurückzulassen.

16*

Vormarsch des Gros der Armee.

Die II. Armee hatte inzwischen bereits am 17. November mit ihrem rechten Flügel (dem IX. Armee-Corps) die Straße Orleans-Paris bei Angerville erreicht, während das III. Armee-Corps, welches das Centrum der Armee bildete, einige Tage später auf die Straße Pithiviers-Orleans dirigirt wurde. Das IX. Corps ließ am 17. November eine Stellung recognosciren, die fortificatorisch verstärkt werden sollte, und erhielt die hessische (25.) Division demgemäß den Befehl, die Linie Andonville-Arbouville zu besetzen, sowie den letztgenannten Ort mit einigen in der Nähe gelegenen Waldparzellen zur Vertheidigung vorzubereiten, während die 18. Infanterie-Division die Linie Roudray-St. Denis bis zur Pariser Eisenbahn übernahm. Die Stellung wurde Seitens des Ingenieur-Stabes, sowie der 3. Feld-Pionier-Compagnie des IX. Armee-Corps recognoscirt und waren alle Vorkehrungen zur schleunigen Befestigung getroffen.

Das **III. Armee-Corps** concentrirte sich am 20. November bei Pithiviers, während die Avantgarde des X. Corps an diesem Tage bereits in der Nähe von Montargis stand. Dasselbe hatte auf seinem Vormarsch die Kettenbrücke über die Yonne bei Villevalier theilweise zerstört gefunden; es gelang indessen der 1. Pionier-Compagnie, die Brücke in kurzer Zeit wiederherzustellen, so daß der Vormarsch des Corps keinen Aufenthalt erlitt. Ebenfalls ließ das Corps von Montargis aus durch seine Pioniere die zerstörten Brücken über den Kanal von Briare wiederherstellen und rückte dann der leichteren Verpflegung wegen in echelonirten Brigaden nach Beaune la Rolande.

Am 24. November wurden vom Ober-Kommando der II. Armee Recognoscirungen der feindlichen Stellungen befohlen.

Während das IX. Armee-Corps bis Artenay vordrang und diesen Ort besetzte, vermochte das III. Corps den in Neuville aux Bois in stark verschanzter Stellung stehenden Feind nicht zurückzuwerfen.

Das **X. Corps** hatte den Befehl erhalten, sich bei Beaune la Rolande zu concentriren.

Die 37. Infanterie-Brigade, die als 3. Echelon am 24. November von Montargis aus auf Beaune über Ladon dirigirt war, fand letzteren Ort vom Feinde besetzt, der ihr den Weg zum Gros nach Beaune verlegen wollte, indessen nach längerem Gefechte zur Seite gestoßen wurde und die Concentrirung nicht hindern konnte. Die der

Brigade zugetheilte 3. Feld-Pionier-Compagnie, sowie ein Detachement der 1. Compagnie wurde bei dieser Gelegenheit als Particular-Bedeckung für die Artillerie verwendet. — Am Abend des 24. November war das ganze Corps mit Ausnahme der vor Langres belassenen Brigade bei Beaune concentrirt. — An demselben Tage hatten ziemlich scharfe Recognoscirungsgefechte die Anwesenheit starker feindlicher Streitkräfte in der Linie Bois commun-Bellegarde-Ladon (im Süden von Beaune) constatirt.

Schon seit dem Vormittag hatte die 1. Feld-Pionier-Compagnie im Verein mit der Infanterie die Süblisière von Beaune zur Vertheidigung eingerichtet, da man auf baldige Angriffe gefaßt sein mußte. Die Lisière bestand aus etwa 2,5 Mtr. hohen, 0,6 Mtr. starken zu einer hartnäckigen Vertheidigung vorzüglich geeigneten Mauern. Dieselben wurden theils crenelirt, theils mit Schafaubagen versehen, und sodann die dem Südwesteingange benachbarten Häuser zur Vertheidigung eingerichtet, die Fenster versetzt, Scharten eingebrochen und die Dächer für die Logirung von Schützen theilweise abgedeckt, endlich noch die zur Verbarrikadirung der Straßen erforderlichen Materialen bereit gelegt. Die Vertheidigungs-Einrichtungen konnten indessen an den folgenden Tagen Seitens der Pioniere nicht fortgesetzt werden, weil für die genannte Compagnie ein Cantonnements-Wechsel angeordnet wurde. Die Infanterie setzte daher die Befestigungs-Arbeiten nach den gegebenen Anleitungen fort.

Die 2. Pionier-Compagnie erhielt am 26. November den Befehl, die Eisenbahn in möglichster Nähe von Montargis derartig zu zerstören, daß zur Herstellung derselben wenigstens 3 Tage erforderlich sein würden. Die Compagnie führte diesen Auftrag in der Weise aus, daß in der Nähe von Mignerette ein gewölbter Wasser-Durchlaß (mittelst 2 Centner Pulver) gesprengt, und dadurch eine etwa 9 Mtr. weite Oeffnung in dem Eisenbahndamm hergestellt wurde. Während der Sprengung entspann sich ein Vorposten-Gefecht, indem der Feind von Ladon aus vorging und zeitweilig bis Lorcy vordrang. Die Sprengung konnte indessen unentdeckt vom Feinde vorgenommen werden, da die Arbeitsstelle der directen Einsicht durch ein Gebüsch entzogen war.

Da der Feind am 27. November auf der Eisenbahn von Gien aus Truppen gegen Montargis vorgeschoben hatte, die Eisenbahn-Gien-Montargis-Paris aber bisher deutscherseits noch nicht unterbrochen war, so wurde die vorgenannte Pionier=Compagnie am 28. November mit dieser Zerstörung beauftragt. Der Compagnie=Kommandeur (Hauptmann Lindow) rückte am frühen Morgen mit einem Detachement über Chateau Landon nach Dorbièves und sprengte daselbst die über den Bez=Bach führende eiserne Gitter=Brücke (von 16 Mtr. Spannung),*) so daß in dem Bahnkörper eine etwa 20 Mtr. weite Oeffnung erzeugt wurde, deren Ueberbrückung längere Zeit erfordert haben würde.

Schlacht bei Beaune.

Inzwischen hatte sich am 28. November seit Morgens 8 Uhr ein heftiger Kampf bei Beaune entsponnen, indem die 3 Brigaden des X. Corps auf der ganzen Front von sehr überlegenen Kräften angegriffen wurden.

Es gelang jedoch, alle feindlichen Angriffe zurückzuweisen und die Stellung zu behaupten, nachdem auch am Nachmittage die 5. Infanterie=Division zur Unterstützung herbeigeeilt war. Die in Beaune getroffenen Vertheidigungs=Einrichtungen des X. Corps hatten ganz wesentlich zu der äußerst hartnäckigen Vertheidigung dieses Schlüssels und somit auch zur günstigen Entscheidung beigetragen.

Von den Pionieren des X. Armee=Corps wurde die 1. Feld=Pionier=Compagnie während der Schlacht als Infanterie verwendet.

Ein Theil der bei den vorerwähnten Brückensprengungen nicht zur Thätigkeit gekommenen 3. Pionier=Compagnie war am 28. November bei der Allarmirung des X. Corps nach dem Bahnhofe Beaune gerückt und hatte denselben zur Vertheidigung eingerichtet, sowie besetzt gehalten; ein Angriff gegen den Bahnhof erfolgte jedoch nicht.**)

---

*) Die Arbeiten begannen Abends 5 Uhr. Es wurden 2 Schächte hinter einem Landpfeiler der eisernen Brücke abgeteuft und zusammen mit 2½ Centner Pulver geladen. Die Zündung erfolgte noch vor 7 Uhr Abends und hatte vorzügliche Resultate.

**) Die Compagnie (Hauptmann Kleist) erhielt den Befehl, sich dem 57. Infanterie=Regiment anzuschließen und besetzte später die Ost= und Nordostlisière des Ortes im Anschluß an die Schützenlinie des 16. Infanterie=Regiments. Die Compagnie verblieb in der, ein dreifaches Etagenfeuer gestattenden Position des Windmühlenberges nebst angrenzenden Gebäuden und nahm an dem sich mit größeren und kleineren Pausen je nach den französischen Vorstößen entwickelnden Feuergefecht regen Antheil. Das Gefecht wurde besonders kurz nach 5 Uhr sehr heftig, als feindliche Colonnen von Südwesten her bis auf 200 Schritt gegen Beaune vordrangen.

Ein Detachement der 1. Compagnie (Lieutenant v. Kaup), welches der 39. Infanterie-Brigade zugetheilt war, hatte am 27. November Mittags mit der Vertheidigungs-Einrichtung des Dorfes les Coteles begonnen und letztere am folgenden Tage, so lange dasselbe in unserem Besitz blieb, fortgesetzt. Namentlich wurde das Schußfeld vor der Südlisière des Dorfes freigemacht.

Das **IX. Armee-Corps**, welches, wie wir gesehen haben, den rechten Flügel der Armee bildete, stand am 17. November bei Angerville und hatte die 1. und 2. Cavallerie-Division in die Linie Toury-Bazoches les Gallerandes vorgeschoben. Zur Sicherung seiner Front hatte das Corps am 19. November durch die 2. und 3. Pionier-Compagnie die zwischen Bouvray, St. Denis und Arbouville gelegene Wald-Parcelle zur Vertheidigung einrichten lassen.

Am 23. November beabsichtigte das Corps, welches bis dahin weiter nach Süden vorgerückt war, in der Linie Petites Maisons-Sautilly-Chateau Gaillard eventuell eine Schlacht anzunehmen, in welcher Linie sich eine Terrain-Erhebung fand, welche nach Norden und Süden hin dominirte. Die 2. und 3. Pionier-Compagnie stellten in dieser Linie am 23. und 24. November einige Vertheidigungs-Vorkehrungen her und zwar im Dorfe Sautilly le Vieux.

Wie wir schon früher gesehen haben, hatte ein Theil der 18. Infanterie-Division (durch eine Cavallerie-Brigade unterstützt) am 27. November einen Vorstoß gegen Orgères und Loigny unternommen und wurde das letztgenannte Dorf von der 2. Feld-Pionier-Compagnie fortifikatorisch verstärkt. Die Division kehrte indessen wieder in ihre Cantonnements zurück, da der Feind überall zurückgewichen war.

In Folge des feindlichen Angriffs auf Beaune wurde am 29. November eine Verstärkung des linken Flügels der II. Armee in der Weise vorgenommen, daß das IX. Armee-Corps sich bei Pithiviers, das III. Corps bei Boynes concentrirte, während das X. Corps bei Beaune stehen blieb und die am 29. November von Langres resp. Chatillon zurückgekehrte Brigade zur Sicherung des linken Flügels der Armee in das Loing-Thal detachirte. —

Seitens des **X. Armee-Corps** wurde am 30. November ein starkes Truppen-Detachement mit 2 Pionier-Compagnien nach Montargis entsendet, um diese Stadt zu besetzen und mehrere Sprengungen von Eisenbahn-Brücken vorzunehmen. Der Auftrag kam indessen nicht zur Ausführung, da in Folge der eingelaufenen Meldungen, daß der Feind wieder zum Angriff vorginge, der Rückmarsch nach dem Bahnhof Beaune angetreten wurde.

Zur Sicherung der Front und des linken Flügels der Stellung vor dem Bahnhof Beaune wurde der ppr. 1000 Schritt von demselben gelegene Höhenzug alsbald mit etwa 800 Schritt langen Schützengräben und Geschütz-Emplacements gekrönt, und dadurch die nach Bellegarde führende Straße vollständig beherrscht. Diese Stellung wurde von den beiden Pionier-Compagnien an den folgenden Tagen noch verstärkt, besonders durch Einrichtung einer Aufnahmestellung nördlich von Cotelles (durch die 3. Feld-Pionier-Compagnie). Es wurden Geschütz-Emplacements und Schützengräben ausgehoben, 2 Gehöfte zur Vertheidigung eingerichtet und die Schußfelder frei gemacht.

Das III. Armee-Corps hatte am 30. November stärkere Recognoscirungs-Abtheilungen vorgeschoben, die überall auf den Feind gestoßen waren.

Von der 3. Feld-Pionier-Compagnie wurden die Dörfer Nerville sowie Nancray verbarrikadirt und zur Vertheidigung eingerichtet. Diese Arbeiten wurden in der folgenden Nacht fortgesetzt und die diesseitigen in Bois commun aufgestellten Vorposten, die dem Feinde auf etwa 200 Schritt gegenüberstanden, eingegraben.

Die 2. Feld-Pionier-Compagnie des Armee-Corps war mit der 5. Infanterie-Division am 30. November nach Beaune gerückt und wurde, da ein feindlicher Angriff in Aussicht stand, zur Befestigung des Vorterrains vorgezogen. Die von der Compagnie ausgeführten Arbeiten bestanden im Anschluß an die vom X. Corps begonnenen Befestigungen in der Anlage von Schützengräben und Geschütz-Emplacements auf den beiden Windmühlen-Bergen von Beaune, und wurden durch Herstellung von Traversen, sowie durch Schließen der Lücken in den Lisièren des Ortes vervollständigt. Diese Arbeiten wurden am 1. Dezember fortgesetzt und beendet.

Angriff auf Orleans.

Als die am 1. und 2. Dezember stattgehabten Recognoscirungen und Kämpfe ergeben hatten, daß die Hauptkräfte des Feindes südlich von Artenay standen, wurde der concentrische Angriff gegen Orleans befohlen.

Das IX. Armee-Corps erhielt den Auftrag, Artenay von Norden her anzugreifen, und gelang es auch, den Feind bis nach Chevilly zurückzuwerfen.

Die 3. Feld=Pionier=Compagnie*) war während des Kampfes mit der Vertheidigungs=Einrichtung der genommenen Positionen be= auftragt. Zunächst wurde das Dorf Dambron und sodann nach der Ein= nahme von Artenay, der südliche Ausgang dieses Ortes zur Verthei= digung eingerichtet.

Im weiteren Verlauf des Gefechts wurde noch das Schloß Au= villiers, sowie die Dörfer Craigy, Essereux, Laas und Ascon mit den nöthigsten Einrichtungen versehen.

Das III. Armee=Corps ging von Pithiviers gegen Chilleurs vor und warf den Feind bis zum Abend des 3. Dezember hinter Loury zurück, woselbst das Gros des Corps gegen Abend eintraf:

Die im Walde von Orleans vielfach vom Feinde hergestellten Hindernisse wurden von den Pionier=Compagnien aufgeräumt, um den Vormarsch frei zu machen.

Das X. Armee=Corps, welches zur Deckung des linken Flügels der Armee nur eine schwache Infanterie=Brigade, sowie die 1. Caval= lerie=Division bei Beaune zurückgelassen hatte, erreichte durch einen Nachtmarsch Pithiviers und stieß dann in weiterem Vormarsch am Abend des 3. Dezenber bei Neuville aux Bois auf den Feind. Die= ses Dorf wurde zwar genommen, konnte aber nicht behauptet werden. Zur Sicherung des Dorfes Chilleurs, welches vom Gros des X. Armee= Corps besetzt wurde, trafen die 1. und 3. Pionier=Compagnie am Abend des 3. Dezember, sowie während der folgenden Nacht verschie= dene Vertheidigungs=Vorkehrungen.

Am 4. Dezember gelang es der II. Armee nach lebhaften Käm= pfen, an denen sich besonders die 18. Infanterie=Division betheiligte, bis in die Vorstädte von Orleans vorzudringen und den Bahnhof von Orleans zu besetzen. Die der Division zugetheilte 3. Feld=Pionier= Compagnie IX. Armee=Corps richtete auch wiederum an diesem Tage die eroberten feindlichen Positionen (besonders bei Cercottes und in den Vorstädten) zur Vertheidigung ein.

Ein Gleiches geschah auch Seitens des III. Armee=Corps, indem die Pioniere dieses Corps die Dörfer Bourgneuf, Pont de Boigny 2c. fortifikatorisch verstärkten.

---

*) Die 2. Feld=Pionier=Compagnie des IX. Corps war auf Befehl des Ober=Commandos am 1. Dezember mit einem Gefangenen=Transport nach Lagny geschickt und verblieb dort bis zum Waffenstillstand.

Wie früher erwähnt, hatte der Großherzog von Mecklenburg be=
reits am Abend des 4. Dezember (11½ Uhr) Orleans eingenommen
und war damit das nächste Ziel der Operationen erreicht.

4. Kapitel.

Von der Wiederbesetzung der Stadt Orleans bis Anfang Januar.

Die Stadt Orleans wurde im Laufe des 5. Dezember von dem
Gros der II. Armee, sowie der Armee=Abtheilung besetzt. Die Ge=
schäfte des Kommandanten wurden dem Oberst Leuthaus übertragen,
der vom Ingenieur=Stabe der II. Armee unterstützt, diesen Dienst bis
zum Wiederbeginn der Feld=Operationen versah.

Die von der 3. Feld=Pionier=Compagnie des IX. Armee=Corps
vorgenommene Untersuchung der beiden Loire=Brücken constatirte, daß
die in der großen Chaussee=Brücke vorhandenen Minen=Kammern nicht
geladen, während an der Eisenbahnbrücke überhaupt keine Vorkehrun=
gen zur Sprengung getroffen waren.

Was die weiteren Operationen anbetrifft, so war zunächst eine
möglichst energische Verfolgung des Feindes angeordnet worden.

Das große Hauptquartier hatte am 6. Dezember der II. Armee
als Operationsrichtung die Linie Bourges, Nevers, Chalons sur
Saône angegeben, in welcher sich successive die Corps der Generale von
Zastrow und von Werder anschließen sollten, so daß die II. Armee
ausreichend stark erschien, den Elsaß und die Belagerung von Belfort
gegen Süden zu sichern oder event. gegen Lyon vorzugehen.

Diese Directiven wurden später dahin vervollständigt, daß die II.
Armee ohne ganz besondere Veranlassung die Linie des Cher Tours=
Bourges=Nevers nicht überschreiten solle, dabei wurde anheimgegeben,
die Hauptkräfte in Orleans bereit zu halten. Die Sicherung gegen
Westen sollte der Armee=Abtheilung des Großherzog von Mecklenburg
übertragen werden.

. Während auf dem rechten Loire=Ufer das III. Armee=Corps
in der Richtung auf Gien und die Armee=Abtheilung des Groß=
herzogs von Mecklenburg auf Beaugency vorging, sollte die 6.
Cavallerie=Division auf dem linken Loire=Ufer gegen Vierzon, ferner

das X. Corps in der Richtung auf Bourges vorrücken, endlich das IX. Corps einstweilen die Loire abwärts entsendet werden, um die Armee-Abtheilung des Großherzogs zu cotoyiren.

Detachirung des III. Armee-Corps nach Gien bis zur Rückkehr desselben nach Orleans.

Das III. Armee-Corps ließ bei seinem Vormarsch gegen Gien durch den Ingenieur-Stab die vom Feinde zerstörten Loire-Brücken bei Jargeau, Chateauneuf und Sully recognosciren, wobei constatirt wurde, daß dieselben sämmtlich so gründlich zerstört waren, daß eine baldige Herstellung unmöglich erscheinen mußte.

Das Corps traf am 8. Dezember in Gien ein und fand auch hier die massive Brücke zerstört.*) Der Feind hatte kurz vor dem Eintreffen der Avantgarde zwei Bogen der Brücke gesprengt und dadurch die letztere auf ppr. 40 Mtr. Weite geöffnet. Mit der Wiederherstellung der Brücke wurde die 2. Feld-Pionier-Compagnie beauftragt, und begann dieselbe sofort mit dieser Arbeit, die vom Feinde vom linken Ufer des Stromes fortwährend belästigt wurde. Zur Vertreibung der feindlichen Schützen setzten Infanteristen und Pioniere auf Kähnen über den Fluß und übernahmen fortan die Sicherung der Brücken-Arbeiten.

Da die Herstellung der gesprengten Brücke längere Zeit erfordern mußte, so wurde am 9. Dezember von der 1. Pionier-Compagnie der Bau einer fliegenden Brücke (mit Benutzung von Loire-Kähnen) in Angriff genommen und mit den erforderlichen 35 Mtr. langen Landbrücken bis zum Abend des 10. Dezember fertig gestellt. Die inzwischen von der 3. Pionier-Compagnie übernommenen Arbeiten zur Wiederherstellung der zerstörten Brücke wurden am 10. Dezember eingestellt, da das Armee-Corps in Folge der veränderten Situation den Befehl erhalten hatte, sofort nach Orleans zurückzukehren und nur ein Detachement in Gien zurück zu lassen. Zuvor wurde die Eisenbahn Gien-Nevers bei Briare zerstört; zur Bedienung der fliegenden Brücke bei Gien blieb ein Pionier-Detachement zurück.

---

*) Da der Ponton-Train des III. Corps der Armee-Abtheilung überwiesen war, so fehlte es überall an Brücken-Material. Weder das IX. noch das X. Corps besaß Ponton-Trains.

Detachirung der 6. Cavallerie = Division nach Vierzon.

Die 6. Cavallerie=Division erhielt am 6. Dezember den Auftrag, den Eisenbahn = Knotenpunkt Vierzon möglichst schleunig zu erreichen, um dort die drei Eisenbahn=Verbindungen Vierzon=Bourges resp. Chateauroux und Tours nachhaltig zu unterbrechen. Der Division wurde die 3. Feld=Pionier=Compagnie IX. Armee=Corps (Hauptmann Schulz) beigegeben.

Die Pionier = Compagnie folgte am 8. Dezember dem Vormarsch der Cavallerie bis Salbris, welcher Ort nach kurzem Gefechte vom Feinde geräumt wurde. Da Vierzon noch von starken feindlichen Kräften besetzt war, so sollte die befohlene Zerstörung durch 2 Detachements versucht werden, welche östlich und westlich der Haupt= straße vorgingen, während das Gros der Division auf der Hauptstraße avancirte.

Das rechte Seiten = Detachement gelangte auch bis Menneton und sprengte hier einen kleinen Wasserdurchlaß, wodurch in dem Bahn= körper eine unbedeutende Oeffnung erzielt wurde.

Das linke Seiten = Detachement konnte erst bei beginnender Dunkelheit bis Neuvy und anderen Tages bis an den Cher rücken.

Da inzwischen Vierzon von der Cavallerie=Division besetzt war, so konnte am folgenden Tage die Sprengung der Eisenbahnbrücke vorgenommen werden.

Es gelang, mit dem disponiblen Pulver die Brücke auf eine Weite von etwa 18 Mtr. zu öffnen. Außerdem wurden die Bahnen noch an anderen Punkten auf einige Tage unfahrbar gemacht, besonders die Bahn Vierzon=Tours bei Villefranche und Selles sur Cher.

Die Cavallerie=Division wurde nach Ausrichtung ihres Auftrages Mitte Dezember über Contres wieder an das IX. Armee=Corps herangezogen.

Operationen an der unteren Loire in der Richtung auf Blois.

Die Armee=Abtheilung des Großherzog von Mecklenburg ging, wie vorhin schon erwähnt, auf dem rechten Loireufer gegen Beaugency vor.

Da der Feind alle Loirebrücken zwischen Orleans und Blois zerstört hatte, so vermittelten die dem IX. Armee=Corps zugetheilten

Preußischen und Hessischen Pioniere die Verbindung der beiden Loire=
Ufer durch Fähren resp. Pontons.

Der Armee=Abtheilung gelang es, am 7. Dezember den Feind
aus der starken Stellung Meung le=Bardon zu werfen und war hier
besonders die 17. Infanterie=Division engagirt. Der rechte Flügel
der Armee=Abtheilung trieb den Feind in den Wald von Marchenoir
zurück.

Am folgenden Tage entwickelte sich abermals ein harter Kampf,
nach welchem es schließlich gelang, Beaumont zu behaupten. Die 22.
Infanterie=Division hatte bei. Cravant, die 17. Infanterie=Division
bei Beaugency und Vernon glücklich gekämpft; der an Zahl sehr
überlegene Gegner wurde überall zurückgeworfen.

Eine Unterstützung vom linken Loireufer her war am 8. Dezember
nicht möglich, da es schien als ob die Loire bei dem starken Eisgang
nicht zu überbrücken wäre*). Die erforderlichen Verstärkungen mußten
daher von Orleans herangezogen werden. —

Als es immer wahrscheinlicher wurde, daß der Feind seine
Hauptkräfte zur Deckung von Tours concentrire, erhielt das Ober=
Commando der II. Armee den Auftrag, im Verein mit der Armee=
Abtheilung gegen diese sowohl in politischer als militairischer Beziehung
sehr wichtige Stadt vorzugehen.

Das Ober=Commando befahl demgemäß am 9. Dezember, daß
das IX. Armee=Corps auf dem linken Loireufer weiter vorrücken und
hier eventuell von dem III. Armee=Corps unterstützt werden sollte.
Das X. Corps erhielt den Befehl, bis Beaugency vorzugehen, während der
größte Theil des Bayerischen Corps mit der Besatzung von Orleans
beauftragt wurde, welche Stadt fortifikatorisch verstärkt werden sollte.

Am 9. Dezember entbrannte der Kampf abermals auf der Linie
Beaugency=Cravant, indem der Feind den rechten Flügel der diesseitigen
Stellung Cravant=Villechaumont zu umfassen suchte. Es gelang jedoch
der Armee=Abtheilung, nicht nur alle Angriffe des Feindes zurück=
zuweisen, sondern auch die Dörfer Origny, Villorceau und Ville=
marceau zu erstürmen und zu behaupten.

---

*) Außerdem ist zu bemerken, daß die Brückentrains am 8. Dezember
sich zu weit hinter der Armee befanden, um rechtzeitig herangezogen werden
zu können. — Fast sämmtliche Trains cantonnirten am 8. Dezember und an
den folgenden Tagen in und bei Orleans. —

Die der 22. Infanterie-Division überwiesenen beiden Pionier-
Compagnien des XI. Armee-Corps betheiligten sich mehrfach an den
Kämpfen und wurden dabei theils als Infanterie, theils zur Ausführung
von fortifikatorischen Verstärkungen in den eroberten Positionen verwendet. So wurde insbesondere durch die 1. Feld-Pionier-Compagnie
(Premierlieutenant Priem) am 9. Dezember das vom Feinde unterdessen heftig beschossene Dorf Cravant zur Vertheidigung eingerichtet.
Der Kampf wiederholte sich am 10. Dezember, indem der Feind mit
überlegenen Kräften die diesseits besetzten Dörfer Origny und Villejouau
angriff und die 17. Infanterie-Division zur periodischen Räumung
derselben zwang.

Das inzwischen zur Unterstützung herbeigeeilte X. Armee-Corps
übernahm die Verfolgung des am 11. Dezember in westlicher Richtung
abziehenden Feindes.

Brückenschlag über die Loire.

Unter den vorliegenden Umständen mußte eine baldige Verbindung
der beiden Loireufer für den weiteren Verlauf der Operationen von
der äußersten Wichtigkeit werden, besonders da das IX. Armee-Corps
bereits am 10. Dezember in die auf dem linken Loireufer liegende
Vorstadt von Blois eingedrungen war und sich in einer sehr exponirten
Lage befand. — Der Feind hielt das rechte Loireufer bei Blois noch
mit stärkeren Kräften besetzt, so daß von der Herstellung der zerstörten
Brücke bei Blois einstweilen Abstand genommen werden mußte. Es
kam zunächst darauf an, die Brücke bei Beaugency, in welcher eine
Oeffnung von 32 Mtr. Weite gesprengt war, für die Infanterie
practicabel zu machen.

Die 2. Feld-Pionier-Compagnie des X. Armee-Corps führte diese
durch den starken Eisgang und Strom sehr erschwerte Arbeit am 10.
und 11. Dezember in der Weise aus, daß eine Brücke aus requirirten
Schiffsgefäßen hergestellt und mit dem stehengebliebenen hochgelegenen
Strom-Pfeiler durch Treppen verbunden wurde. — Die Communication war am 11. Dezember Vormittags 11 Uhr hergestellt. Gleichzeitig verstärkte die Compagnie einzelne Theile der Lisière von
Beaugency fortifikatorisch.

Um noch eine bessere Verbindung der beiden Loireufer zu erhalten, sollte auf Vorschlag des Ingenieur-Stabes des X. Armee-Corps
2000 Schritt oberhalb der Brücke von Beaugency eine Pontonbrücke

'geschlagen werden, deren Herstellung möglich schien, nachdem der Eis=
gang etwas nachgelassen hatte.

Mit der speciellen Leitung des am 11. Dezember vorgenommenen
Brückenschlages wurde der Hauptmann Lilie beauftragt, dem die Pon=
tonier=Compagnie der 17. Infanterie=Division, sowie fast sämmtliche
Pioniere des X. Armee=Corps mit dem Pontontrain des III. Armee=
Corps und den leichten Feldbrückentrains des IX. und X. Armee=
Corps zur Verfügung gestellt wurden.

Trotz des ziemlich starken Eingangs konnte die etwa 240 Mtr.
lange Brücke nach 10stündiger angestrengter Arbeit am späten Abend
des 11. Dezember vollendet werden. Der eigentliche Brückenschlag
erforderte etwa 4 Stunden, die übrige Zeit beanspruchte die Heran=
ziehung der Trains, die erst successive eintrafen.

Wegen der inzwischen veränderten militairischen Situation befahl
das Ober=Commando am Abend des 12. Dezember, daß die Ponton=
brücke, (in welcher das den beiden leichten Feldbrückentrains des
IX. und X. Armee=Corps entnommene Material durch Bayerisches
Brückenmaterial ersetzt worden war, um jene für den weiteren Vor=
marsch des Corps disponibel zu machen), abgebrochen und etwa 3
Meilen unterhalb (zwischen Suèvres und St. Dié) wieder aufgeschlagen
werden sollte. Die Brücke wurde daher in Glieder zerlegt und am
13. Dezember die Loire stromabwärts geschafft.

Unweit St. Dié theilt sich der Loire=Strom in zwei durch eine
150 Mtr. breite Insel getrennte Arme. Während der rechte schmalere
Arm mit dem preußischen Material vollständig überbrückt wurde,
begann gleichzeitig von beiden Ufern des linken Armes der Bau der
anderen Brücke durch Bayerische und Preußische Pontonier=Compagnien.
Mit äußerster Anstrengung der erschöpften Mannschaften gelang es,
die im Ganzen ppr. 320 Mtr. lange Brücke in vollständiger Dunkel=
heit bis zum Tagesanbruch des 14. Dezember herzustellen.*)

An diesem Tage wurde die Stadt Blois vom X. Armee=Corps
besetzt und schob dasselbe starke Abtheilungen bis gegen Vendome vor,

---

*) An dem unter Leitung des Oberst Leuthaus ausgeführten Brückenbau
nahmen Theil: die 3. Pionier=Compagnie des III. Armee=Corps, die I. Pionier=
Compagnie des IX. Armee=Corps, sowie die 3. Bayerische Feld=Genie=Com=
pagnie (Hauptmann Zimmermann). Die Recognoscirung der Brückenstelle
hatte der Oberst=Lieutenant Cramer ausgeführt —

während das IX. Armee=Corps auf dem linken Ufer der Loire bei Blois stehen blieb.

Seitens des Ingenieur=Stabes des IX. Armee=Corps war schon am 9. Dezember die vom Feinde zerstörte Brücke bei Blois recognoscirt worden; eine Wiederherstellung derselben wurde aber durch den noch in Blois stehenden Feind verhindert.*)

Als die Stadt am 13. Dezember von den Franzosen geräumt war, wurden sofort Hessische Truppentheile auf Pontons über die Loire gesetzt. An demselben Tage erhielt die Mairie vom Ingenieur= stabe des IX. Armee=Corps den Auftrag, die zerstörte Brücke wieder herstellen zu lassen.

Da diese Arbeiten indessen nicht mit der nöthigen Energie gefördert wurden, übernahm die 3. Pionier=Compagnie des inzwischen in Blois eingerückten X. Armee=Corps, unterstützt durch Gespanne der Hessischen Pionier=Compagnie, die Fertigstellung der genannten Brücke, und gelang es, dieselbe bis zum 15. Dezember, Nachmittags 2½ Uhr dem Verkehr zu übergeben, wobei zu bemerken ist, daß in der Brücke zwar nur eine Oeffnung von 22 Mtr. lichter Weite gesprengt war, daß aber die Brückenbahn etwa 7 Mtr. über dem Wasserspiegel liegen mußte. — Von diesem Tage ab standen mithin der II. Armee unterhalb Orleans 2 Colonnenbrücken und eine Laufbrücke zur Verfügung.**)

Operationen in der Richtung auf Vendome und Tours.

Auf dem äußersten rechten Flügel ging der Großherzog von Mecklenburg am 13. Dezember bis in die Linie Oucques=Marchenoir vor, und wurde die Armee=Abtheilung am 14. Dezember mit ihrem rechten Flügel bis an den Loir bei Morée geschoben. Gleichzeitig hatte die den rechten Flügel der Armee=Abtheilung deckende 4. Cavallerie= Division constatirt, daß Chateaudun gleich wie Cloyes noch vom Feinde besetzt seien.

---

*) Am 12. Dezember war eine Art von factischem Waffenstillstand zwischen dem Feinde und dem IX. Corps abgeschlossen. Die gegenseitigen Posten standen sich an der zerstörten Brücke gegenüber.

**) Die Trümmer des gesprengten Bogens ragten soweit aus dem Wasser hervor, daß dieselben als Unterlage für die senkrechten Unterstützungen dienen konnten.

Das X. Armee-Corps war dem in der Richtung auf Mer und Vendôme abziehenden Feinde gefolgt und hatte am 15. Dezember Vendôme erreicht, welche Stadt hartnäckig vertheidigt und erst am folgenden Tage in Besitz genommen werden konnte. Der Feind hatte versucht, die 3 Loirbrücken bei seinem Abzuge zu sprengen, was ihm jedoch nur in sehr unvollständiger Weise gelang, so daß die Brücken von der 2. Feld-Pionier-Compagnie (Pr.-Lieutenant Bertram) in ganz kurzer Zeit wieder hergestellt werden konnten.

Das III. Armee-Corps war, wie wir früher gesehen haben, von Gien nach Orleans zurückgekehrt und sodann als Armee-Reserve in der Richtung nach Vendôme abgerückt. Als der Feind überall zurückwich, konnte das Corps am 14. Dezember wieder nach Beaugency und Meung sur Loire zurückkehren, woselbst Cantonnements-Quartiere bezogen wurden.

Die vom II. Bayerischen Corps eingegangene Nachricht, daß das in Gien stationirte Detachement am 15. Dezember durch den von Briare aus vorgehenden Feind zurückgedrängt sei, hatte das Ober-Commando veranlaßt, die Armee mehr in der Nähe von Orleans zu concentriren und hatte demgemäß auch das IX. Armee-Corps den Befehl erhalten, nach Orleans zurückzukehren, woselbst eine Division dieses Corps bereits am 17. Dezember eintraf.

Das X. Corps erhielt den Auftrag, gegen Tours vorzustoßen, während die Armee-Abtheilung des Großherzogs von Mecklenburg gleichzeitig auf dem rechten Ufer des Loir vorgehen sollte.

Die Avantgarde des Corps hatte zugleich den Auftrag, die Zerstörung der von Tours nach le Mans und Vendôme führenden Eisenbahnen zu versuchen und war hierzu die 2. Feld-Pionier-Compagnie bestimmt. Die Bahn Tours-Vendôme wurde bei Crofelle flüchtig zerstört, aber alle Versuche, die 3 Meilen von der rechten Flanke entfernt liegende Bahn Tours-le Mans mit kleinen durch Cavallerie gedeckten Pionier-Abtheilungen zu erreichen, scheiterten, da der Feind die Bahn zu stark besetzt hatte. Erst nach Ankunft der 19. Infanterie-Division gelang es, am 20. Dezember Monnaie zu besetzen und am 21. Dezember gegen Tours vorzurücken.

Es war ursprünglich Seitens des X. Armee-Corps beabsichtigt, die sämmtlichen Brücken in der Nähe von Tours zerstören zu lassen, und war bereits die 3. Pionier-Compagnie nach dem Knoten-Punkt der Eisenbahnen Tours-Vendôme und Tours-le Mans abgeschickt, um die daselbst liegende Brücke zu sprengen.

Da Tours noch vom Feinde besetzt war, wurde das Detachement zurückgerufen, so daß diese Eisenbahn=Zerstörung ebensowenig zur Ausführung kam, wie die Sprengung der Loire=Brücken, weil das X. Corps wegen unzureichender Kräfte auf eine Besetzung der ausgedehnten Stadt Verzicht leistete und seinen Rückmarsch in die Linie Blois = Vendôme antrat. — Von Blois aus ließ das Corps verschiedene Eisenbahnen und Brücken zerstören. Die 2. Feld=Pionier=Compagnie machte am 27. Dezember die Eisenbahn Tours=Vendôme durch theilweise Sprengung des über 50 Mtr. hohen Brenne=Viaducts unfahrbar, indem es gelang, mit den disponiblen 5 Centnern Pulver eine Oeffnung von ppr. 18 Mtr. in der Uebermauerung des Viaducts herzustellen, dessen Bogen und Pfeiler indessen intact blieben. Die durch ein Truppen=Detachement gedeckte 3. Feld=Pionier=Compagnie zerstörte am 26. Dezember die bei Ouzain (etwa 2 Meilen unterhalb Blois) über die Loire führende Drahtbrücke. Binnen 40 Minuten waren die Drahtseile durchschnitten und stürzte die ganze 500 Mtr. lange Brücke mit den 3 Strompfeilern zusammen. Ferner wurde die wiederhergestellte wichtige Brücke von Blois noch mit einer Hänge=Construction versehen, welche die stehenden Unterstützungen eventuell entbehrlich machte und dadurch eine größere Sicherheit gegen Eisgang und Hochwasser gewährte. Gleichzeitig traf die Compagnie die erforderlichen Vorbereitungen zur sofortigen Sprengung dieser Brücke.

Auf Veranlassung des Ober=Commandos der II. Armee recognoscirte der Ingenieur=Stab des III. Armee=Corps in Gemeinschaft mit Generalstabsoffizieren am 22. Dezember den Wald von Marchenoir namentlich in Bezug auf den Baumbestand, da vom Ober=Commando die Möglichkeit einer Abholzung des ganzen Waldes, der dem Feinde eine gedeckte Annäherung und günstige Aufstellungs=Punkte gewährte, in das Auge gefaßt war. Da indessen der Wald eine Ausdehnung von etwa einer Quadratmeile besaß, so mußte von der Abholzung desselben Abstand genommen werden.

Dislocirung der II. Armee, sowie der Armee=Abtheilung Ende Dezember.

Vorstehendem zufolge stand die II. Armee gegen Ende Dezember auf der Linie Gien = Orleans=Blois=Vendôme. Da das große Hauptquartier am 25. Dezember noch ohne alle positive Nachricht über die Absichten des unter dem General Bourbaki stehenden Theiles der französischen Loire-Armee war, so sollte die Armee die weiteren Maaßnahmen des Feindes abwarten.

Als die bei Suèvres geschlagene Pontonbrücke am 17. Dezember wegen des starken Eisganges abgefahren werden mußte, standen der Armee drei feste Brücken bei Blois und Orleans*) zur Disposition, während die Verbindung auf den anderen Punkten durch fliegende Brücken und Fähren aufrecht erhalten wurde.

Orleans wurde als Centrum der Position befestigt (vergl. 6. Kap.), so daß die Loirelinie gegen einen Angriff von Süden her genügend gesichert erscheinen konnte. Zur Deckung des linken Flügels dieser Aufstellung wurde das Corps des General von Zastrow nach Auxerre herangezogen.

Es bleibt noch übrig, der Armee-Abtheilung des Großherzogs von Mecklenburg zu folgen.

Dieselbe erhielt am 16. Dezember den Befehl, nach Chateaudun abzurücken und die Verbindung mit der durch Garde-Landwehr-Infanterie und 4 Batterien verstärkten 5. Cavallerie-Division, die in der Gegend von Bonneval stand, aufzunehmen.

Am 18. Dezember bezog die Armee-Abtheilung à cheval des Loiret-Baches zwischen Freteval und Cloyes Cantonnements und erhielt am 20. Dezember den Befehl, bis auf Weiteres die Offensive nicht fortzusetzen, sondern zunächst eine centrale Aufstellung mit der Front nach Westen zu nehmen, zu welchem Zweck der Abmarsch nach Dreux und Chartres erfolgte.

Am 1. Januar erhielt die der 17. Infanterie-Division zugetheilte 1. Feld-Pionier-Compagnie des IX. Armee-Corps den Auftrag, die Süd- und Südostseite der Stadt Chartres zu befestigen. Da zu diesen ausgedehnten Arbeiten nur eine geringe Anzahl Hülfsarbeiter gestellt wurde, so konnte die Befestigung auch nur eine beschränkte Ausdehnung erhalten.

---

*) Die Laufbrücke bei Beaugency war gleichfalls in Folge des starken Eisganges abgebrochen.

5. Kapitel.

Operationen der II. Armee von Anfang Januar 1871 bis zum Waffenstillstand.

Die im großen Hauptquartier am 1. Januar eingelaufenen Nachrichten hatten ergeben, daß die Armee des General Bourbaki in der Gegend von Bourges stand. Der demnächstige Vormarsch auch dieser Streit= kräfte wurde erwartet, nachdem der Feind schon Ende Dezember die Offensive gegen Vendôme und andere Punkte ergriffen hatte.

Es schien daher geboten, gegen die nächsten feindlichen Heeres= gruppen mit überlegenen Streitkräften vorzugehen und den Feind einzeln zu schlagen.

Demgemäß erhielt die durch das XIII. Arme=Corps (17. und 22. Infanterie=Division), sowie durch die 2. und 4. Cavallerie=Division verstärkte II. Armee den Auftrag, sofort die Offensive gegen die von Westen heranrückenden feindlichen Streitkräfte zu ergreifen. Die rechte Flanke der Armee sollte durch die 5. Cavallerie=Division gedeckt werden, während zur Sicherung der linken Flanke nicht allein das Corps des General von Zastrow wieder nach westlicher Richtung herangezogen wurde, sondern auch das aus der Cernirungs=Armee von Paris ab= gelöste II. Armee=Corps in der Richtung auf Montargis vorrückte, woselbst die Tête am 5. Januar eintreffen sollte.

Gleichzeitig wurde befohlen, daß Orleans, Gien und Blois besetzt gehalten werden sollten und wurde hierzu die durch Cavallerie verstärkte 25. Infanterie=Division bestimmt.

Das Detachement in Blois erhielt vom Ober=Commando die Instruction, die Loire=Brücke durch kleinere Befestigungs=Anlagen zu sichern, falls eine Räumung der Stadt erforderlich werden sollte, die Brücke zu zerstören und sich nach Orleans zurückzuziehen. —

Bezüglich der Besetzung von Orleans war das Ober=Commando am 3. Januar der Ansicht, daß die südliche Vorstadt gegen nicht überlegene Angriffe bereits einigen Halt besitze, und daß der Feind keinen Angriff gegen die Stadt versuchen würde, weil die Sprengung der Loire=Brücken denselben von weiterem Vordringen abhalten würde. Im Uebrigen wurde die Festhaltung von Orleans für nöthig erachtet, einmal des moralischen Eindrucks halber, dann aber weil in dieser

Stadt 4000 französische und deutsche Verwundete lagen, endlich weil das Central-Magazin der II. Armee daselbst etablirt und eine Eisenbahn-Verbindung mit der Cernirungs-Armee vorhanden war.

I. Operationen bis zur Schlacht von le Mans.

Den rechten Flügel der Armee bildete das XIII. Armee-Corps, welches zunächst das Thal der Huisne erreichen sollte, daran schloß sich das III. Corps, dessen Gros die Straße Vendôme - le Mans einschlug, während das X. Corps den linken Flügel einnahm und für seinen Vormarsch die Straße Montoire--la Chartre-Grand Lucé benutzte. Später dehnten sich die Flügel, wie wir sehen werden, bis zu den Straßen le Mans-Bellême resp. le Mans-Tours aus. Das IX. Armee-Corps (excl. 25. Infanterie-Division) folgte dem III. Armee-Corps als Reserve.

Das **XIII. Armee-Corps** hatte am 7. Januar mit seinem rechten Flügel Nogent le Rotrou genommen, nachdem der Feind Tags zuvor bei la Louppe zurückgeworfen war. Der linke Flügel erreichte an diesem Tage Authon und Montmirail*).

Bei dem weiteren Vormarsch auf le Mans stieß das Corps in der Gegend von Sceaux (Huisne-Thal) auf zähen Widerstand. Die Avantgarde gelangte am 9. Januar bis Conneré und wurden die Uebergänge bei Pouvray und Sceaux in Besitz genommen.

Da der Feind bei Conneré Stand hielt, beabsichtigte das Corps am 10. Januar, auf das rechte Ufer des Huisne-Baches überzugehen, um die Straße Bellême-le Mans zu gewinnen und gegen die Sarthe oberhalb le Mans vorzurücken. Demgemäß überschritt die 22. Infanterie-Division den genannten Bach bei Sceaux**).

Die 17. Infanterie-Division, welche bei Conneré den Uebergang vornehmen wollte, wurde hier von überlegenen feindlichen Kräften

---

*) Der Vormarsch des Corps wurde dadurch erheblich verzögert, daß zuvor die vielen Wegecoupirungen und Sperrungen von den Pionieren beseitigt werden mußten.

**) Die von den Pionier-Compagnien am 9. Januar vorgenommenen Recognoscirungen des Huisne-Baches, der eine durchschnittliche Breite von 20—30 Mtr. hatte, ergaben, daß derselbe eine schwache nicht passirbare Eisdecke trug und daß die Brücken bei Sceaux und Pouvray intact waren, ebenso wurde am 10. Januar constatirt, daß eine Forcirung des Ueberganges bei Pont de Gesnes wegen des sich zur hartnäckigen Vertheidigung eignenden rechten Ufers schwierig zu bewerkstelligen sein würde.

angegriffen, so daß nur das Terrain bis zum Bahnhof Conneré be=
hauptet werden konnte.

Die Avantgarde hatte verfucht, den Bach bei Pont de Gesnes zu
überschreiten, welcher Ort aber so stark besetzt war, daß von dem
Uebergang Abstand genommen werden mußte.

Die 17. Infanterie=Division überschritt demzufolge am 11. Januar
den Bach bei Conneré, nachdem der Feind daselbst den Rückzug ange=
treten hatte. Die 22. Infanterie=Division ließ indeffen durch ihre Pioniere
zwischen Chateau Breteau und Duneau eine Brücke über den in 3
Arme getheilten Bach herstellen, so daß eine genügende Zahl von Ueber=
gängen zur Verfügung stand.

Das Corps erreichte am Abend des 11. Januar im Vormarsch
gegen die Straße le Mans=Bellême die Linie la Chapelle=Lombron
und ließ von seinen Pionieren die gewonnenen Stellungen durch forti=
fikatorische Anlagen verstärken. Insbesondere wurden die Stellungen
im Huisne=Thal bei Beillé verstärkt, sowie das Chateau Coullon zur
Vertheidigung eingerichtet.

Das III. Armee=Corps rückte am 5. Januar aus seinen Can=
tonnements ab und überschritt am folgenden Tage den Loir=Fluß auf
der schon früher von den Pionieren des X. Corps hergestellten Brücke
bei Meslay.

Ein rechtes Seiten=Detachement, dem die 1. Feld=Pionier=Compagnie
mit dem leichten Feldbrücken=Train zugetheilt war, überschritt den Fluß
auf einer bei Fosse Darre geschlagenen Brücke. Dieses Detachement
passirte die Brücke gegen 1 Uhr Mittags und griff sofort in das Gefecht
ein, welches sich um den Azay=Abschnitt entspann. Die genommenen
Stellungen wurden theilweise von der 2. Feld=Pionier=Compagnie zur
Vertheidigung eingerichtet (so unter anderen Massangé).

Das Corps trat am 7. Januar den Vormarsch gegen den Braye=
Abschnitt an. Jenseits Epuisay mußte das Terrain schrittweise erkämpft
werden. Der Feind hatte besonders die einzelnen Fermen zur Verthei=
bigung eingerichtet, so daß fast jede derselben mit Sturm genommen
werden mußte.

Da jedoch die Franzosen in der Nacht vom 7./8. Januar den
westlichen Rand des Abschnitts räumten, konnte das Corps am 9.
Januar Arbonnay in Besitz nehmen und bis an den Narrais=Bach
vorbringen, während ein rechtes Seiten=Detachement bis an den Huisne=
Bach entsandt wurde.

Die der Avantgarde zugetheilte 2. Pionier-Compagnie hatte am 9. Januar bei Gué eine Brücke über die Aune geschlagen, und betheiligte sich die Compagnie am folgenden Tage an dem Sturm auf Gué la Harb.

Unter fortwährenden Kämpfen drang das Corps am 11. Januar in die Nähe von le Mans vor und beschäftigte den Feind, um den Flügeln Zeit zu lassen, die befohlenen umfassenden Bewegungen auszuführen.

Am 11. Januar wurde von der genannten Pionier-Compagnie das Dorf Changé zur Vertheidigung eingerichtet und am 12. Januar vorwärts desselben verschiedene Schützengräben und Batterie-Emplacements ausgehoben, aus denen le Mans beschossen werden sollte.

Das X. Armee-Corps hatte, wie wir früher gesehen haben, Ende Dezember Cantonnements in Blois und Vendôme bezogen. Am 31. Dezember wurde die 20. Division bei Vendôme von sehr überlegenen Kräften angegriffen, so daß die 2. Pionier-Compagnie den Befehl erhielt, die etwa 26 Mtr. lange hölzerne Loire-Brücke bei Meslay abzubrennen.

Nachdem der Feind abgezogen war, wurde die Brücke von derselben Compagnie am 2. Januar und den folgenden Tagen wiederhergestellt und gleichzeitig mit der fortifikatorischen Verstärkung der vor den Vorstädten von Vendôme ausgewählten Stellung begonnen. Diese Arbeiten wurden bis zum 5. Januar fortgesetzt.

Das Corps trat am 5. Januar seinen Vormarsch in südwestlicher Richtung an, stieß aber schon bei St. Amand auf den Feind, der in der linken Flanke, sowie im Rücken des Corps bedeutende Streitkräfte entwickelt hatte. Es mußte daher ein stärkeres Truppen-Detachement (1 Infanterie- und 1 Cavallerie-Brigade) zurückgelassen werden, welches bei den Operationen gegen le Mans nicht weiter zur Verwendung kam, am linken Ufer des Loir verblieb und auch die Sicherung von Blois übernahm.

Die dem Detachement zugetheilte 3. Pionier-Compagnie zerstörte am 10. und 11. Januar die Bahn Vendôme-Tours in nachhaltiger Weise durch Sprengung eines größeren Wasser-Durchlasses in der Nähe von Chateau-Renault.

Am 6. Januar gelangte das Corps nach Montoire und ließ hier, sowie bei les Roches durch die 1. und 2. Feld-Pionier-Compagnie verschiedene Brücken herstellen resp. neu erbauen.

Das Corps konnte in Folge der vom Feinde vorgenomenen Zer=
störung der Straßen und Brücken erst am 8. Januar Abends den Bray=
Abschnitt und am 10. Januar nach fortwährenden Kämpfen Grand
Lucé erreichen.

Da es von großer Wichtigkeit war, den lebhaften Truppen=Ver=
kehr zwischen le Mans und Tours zu unterbrechen, so unternahm der
Hauptmann Neumeister (vom Ingenieur=Stabe des X. Corps) mit
einem Pionier=Detachement (Premierlicutenant Nemitz), sowie einer
kleinen Jäger=Abtheilung den Versuch, die betreffende Eisenbahn zu
zerstören.*) Das im Ganzen nur 40 Mann starke Detachement gelangte
von St. Vincent aus nach einem Marsch von 3½ Meilen gegen Mit=
ternacht und bei starkem Schneegestöber an die oben bezeichnete Eisen=
bahn bei Ecommoy. Nachdem der Telegraph zerstört war, wurden
die Schienen an 2 Stellen gesprengt und dadurch die Eisenbahn, wenn
auch nur auf kurze Zeit, unfahrbar gemacht. Bei dem Rückmarsch
stieß das Detachement mehrfach auf feindliche Patrouillen, traf jedoch,
ohne Verlust erlitten zu haben, bei Tagesanbruch wieder in St.
Vincent ein, um von hieraus den vormarschirenden Truppen zu folgen,
und hatte dasselbe vom Morgen des 10. bis zum Abend des 11.
Januar 14 deutsche Meilen zurückgelegt.

Am 11. Januar schob sich das Gros des X. Armee=Corps nach
links auf die Straße Tours=le Mans und ließ auf der bisher ver=
folgten Straße nur schwache Truppen=Abtheilungen vorgehen. Das
Corps gelangte am Abend mit seinem linken Flügel bis etwa eine
Meile von le Mans, mit dem rechten Flügel bis Parigné l'Eveque.

Das IX. Armee=Corps, welches meistens in Reserve gehalten
wurde, indessen am 7. Januar bei Epuisay gefochten hatte, erstürmte
am 11. Januar den Höhenzug links des Huisne=Baches zwischen
Champagné und Yore. — Noch im Verlauf des Tages wurden über
die intacte Brücke bei Champagné Detachements auf das rechte Ufer
des genannten Baches geschoben. Die 3. Pionier=Compagnie besetzte

---

*) Das Corps hatte am Nachmittage des 10. Januar von Grand Lucé aus
gemeldet, daß von der Entsendung eines Detachements gegen die Eisenbahn
Abstand genommen werden müsse, weil die Straße le Mans=Tours wahrschein=
lich noch vom Feinde besetzt sei und die Cavallerie bei der starken Glätte nicht
vorwärts könne. — Das Detachement des General von Hartmann versuchte
am 11. Januar die Bahn bei Neuillé Pont Pierre zu zerstören, der Versuch
mißlang jedoch, da der Feind diesen Punkt zu stark besetzt hatte.

die Brücke, und traf gleichzeitig verschiedene Einrichtungen zur nach=
haltigen Vertheidigung der letzteren.

Wir sehen also am Abend des 11. Januar die feindlichen Stel=
lungen vor le Mans umfaßt, so daß der concentrische Angriff auf die
Stadt für den folgenden Tag befohlen werden konnte.

Der Feind verlor indessen schon in der Nacht die entscheidende
Position les Tuileries auf seinen rechten Flügel, als Truppen des X.
Corps daselbst einen Angriff unternahmen.

Dieser Verlust und die große Demoralisirung seiner Truppen
bewog den General Chanzy, den Rückzug schon vor Tagesanbruch in
der Richtung auf Alençon und Laval anzutreten, so daß es dem III.
und X. Armee=Corps mit verhältnißmäßig geringen Opfern im Laufe
des 12. Januar gelang, le Mans in Besitz zu nehmen.

II. Operationen der II. Armee nach der Schlacht von
le Mans (bis zum Waffenstillstand).

Werfen wir zunächst einen Blick auf die Situation der übrigen
deutschen Armeen in der Mitte des Januar, so sehen wir, daß die
französische Nordarmee durch herangezogene Verstärkungen von Neuem
in den Stand gesetzt war, die Offensive zu ergreifen. Da aus
diesem Grunde auch die I. Armee verstärkt werden mußte, erhielt das
XIII. Armee=Corps den Befehl, über Alençon sofort nach Rouen
abzurücken.

Die lange Ungewißheit über das Verbleiben der Bourbakischen
Armee hatte sich dahin aufgeklärt, daß dieselbe nach den im großen
Hauptquartier am 15. Januar eingetroffenen Nachrichten zwischen dem
Doubs und der oberen Saône stand. An diesem Tage ließ sich nicht
erkennen, ob Bourbaki gegen Belfort oder gegen Nancy vorrücken
würde. — Die neu formirte deutsche Süd=Armee (II. und VII. Corps) war
jedoch im vollen Anmarsch von Chatillon sur Seine aus begriffen, um
dem General von Werder zu Hülfe zu eilen, der den Feind in fester
Stellung vor Belfort erwartete.

Die in Paris eingeschlossenen Armeen bereiteten sich zum letzten
Verzweiflungskampfe vor und so befand man sich abermals vor einer
Krisis.

Der II. Armee konnte es daher nicht gestattet werden, die Ope=
rationen in westlicher Richtung fortzusetzen und erhielt deshalb das
Ober=Commando den Befehl, die Armee binnen Kurzem in die Linie

Chartres-Orleans zu dirigiren. Bevor indessen dieser Abmarsch eintrat, erschien es sehr wünschenswerth, diejenigen Verbindungen des
Feindes gründlich zu zerstören, welche für die Organisation und Verwendung der feindlichen Streitkräfte nutzbringend sein mußten.

Die Bahn-Verbindung zwischen den nördlich der Loire gelegenen
Landestheilen und dem Süden Frankreichs sollten neben den Coupirungen
bei le Mans und Alençon wenn irgend möglich durch Zerstörung der
Flußübergänge bei Angres abgeschnitten werden. Es waren dieses
die Maine-Brücke unterhalb Angres und die Loire-Brücke zwischen
Chalonnes sur Loire und St. Georges.

Das III. Armee-Corps, welches mit dieser wichtigen Expedition
beauftragt werden sollte, erhielt bereits am 18. Januar vom Ober-
Commando den Auftrag, ein genügendes Quantum Sprengpulver in
Bereitschaft zu halten.

Die Verfolgung des Feindes sollte nur durch stärkere Streifcolonnen
ausgeführt werden, so daß sich inzwischen das Gros der Armee von
seinen außerordentlichen Anstrengungen erholen konnte.

Das XIII. Armee-Corps. Die 22. Infanterie-Division stieß
beim Vormarsch auf Alençon bereits vor Beaumont auf den Feind,
der überall zurückgedrängt wurde. Die Division ließ durch die ihr
beigegebenen Pioniere die genommenen Positionen in Vertheidigungszustand setzen, und wurden insbesondere die Uebergänge über die Sarthe
durch fortifikatorische Anlagen gedeckt. Außerdem wurde die Eisenbahn
zwischen Ballon und Beaumont unfahrbar gemacht und das Dorf la
Hutte zur Vertheidigung eingerichtet.

Das Armee-Corps nahm am 16. Januar Besitz von Alençon
und ließ sofort die nach dem Norden führende Eisenbahn durch die 1.
Feld-Pionier-Compagnie des IX. Armee-Corps gründlich zerstören.
Auf den weiteren Vormarsch nach Rouen wurden die verschiedenen nach
Westen führenden Bahnlinien ebenfalls unterbrochen (wenn auch
wegen Mangels an Pulver theilweise nur unvollständig), dagegen
kleinere Brücken bei l'Aigle und über die Orne durch vorgenommene
Sprengungen auf längere Zeit unfahrbar gemacht. Das Armee-Corps
traf am 25. Januar in Rouen ein und übernahm daselbst die vom I.
Armee-Corps vorbereiteten Stellungen.

Das X. Armee-Corps, welches den Befehl erhalten hatte, dem
Feinde auf dem rechten Sarthe-Ufer mit starken gemischten Detachements

zu folgen und sodann mit dem Gros nach Laval zu rücken, gleichzeitig ein Detachement nach dem befestigten Lager von Conlie zu senden, fand letzteres vom Feinde verlassen. Da dieser mit größeren Streitkräften auf der Straße le Mans=Laval Stand hielt, wurde das IX. Corps mit der Besetzung des genannten Lagers, sowie der Zerstörung der nicht transportablen Vorräthe rc. beauftragt.

Das X. Corps gelangte theilweise unter heftigen Gefechten am 16. Januar bis Baiges und schob seine Vortruppen über den Joanne= Bach bis gegen Laval vor. Da der Feind diese Stadt stark besetzt, auch anscheinend drei Mayenne=Brücken gesprengt hatte, so wurde von einem Angriff auf Laval Abstand genommen. Das Corps wurde da= rauf durch das bis dahin in le Mans verbliebene III. Armee=Corps abgelöst und bezog in dieser Stadt Contonementsquartiere.

Die 38. Infanterie=Brigade wurde am 15. Januar mit der Besetzung von Blois beauftragt und kehrte das daselbst stationirte Detachement des IX. Corps nach Orleans zurück, während das bei den Arbeiten an der dortigen festen Brücke beschäftigt gewesene Pionier=Detachement des X. Corps (Lieutenant Tappen) sich jetzt mit seiner der Brigade zugetheilten (3.) Compagnie wieder vereinigte. — Letztere setzte die bereits begonnenen Vorarbeiten zur eventuellen Sprengung der Loire=Brücke fort, da bereits zu dieser Zeit angenommen wurde, daß der Feind einen Versuch unternehmen würde, Blois mit überlegenen Kräften anzugreifen.

Inzwischen waren Nachrichten eingelaufen, daß Tours nur von schwachen Kräften besetzt sei, und wurde daher die 1. Cavallerie=Division, sowie die 38. Infanterie=Brigade mit einer Expedition gegen diese wichtige Stadt beauftragt, wobei jedoch in Blois ein Detachement verblieb. Bei dem Vormarsch gegen Tours erhielt die an der Expedition theilnehmende 3. Pionier=Compagnie den Auftrag, die Eisenbahnbrücke über die Loire bei Montlouis zu sprengen. Die Sprengung wurde am Abend des 18. Januar von einem Pionier=Detachement ausgeführt; das vorhandene Pulver (3 Centner) genügte aber nur, einen Brückenbogen so zu erschüttern, daß die Passage für Fuhrwerk unterbrochen war. —

Die Stadt Tours wurde am 19. Januar besetzt, und erhielt die genannte Pionier=Compagnie sofort den Auftrag, die Loire=Brücken auf Minen zu untersuchen eventuell das Zünden derselben zu verhindern und die Sprengung der großen Eisenbahnbrücken bei Tours und Cinq Mars vorzubereiten.

Zur Sprengung standen einstweilen 8½ Centner Pulver zur Verfügung, die aus Blois herbeigeschafft waren.

Zunächst wurde die gewölbte Brücke bei Cinq Mars gesprengt und zwar in der Weise, daß über den Schenkeln eines Bogens nahe einem Pfeiler 2 Minen=Oefen hergestellt und zusammen mit 4½ Centner Pulver geladen wurden. — Die Brücke hatte 15 Bogen à 22 Mtr. Spannung; das Resultat der am 23. Januar ausgeführten Sprengung war ein vollständig ausreichendes, indem ein Bogen seiner ganzen Länge nach zusammenstürzte, so daß eine Oeffnung von etwa 30 Mtr. Weite erzeugt wurde.

Am 24. Januar wurde die Brücke bei Tours gesprengt und zwar in ähnlicher Weise mit 4 Centner Pulver. — Die Brücke besaß 15 Oeffnungen, die mit flachen, leicht construirten Korbbogen über= wölbt waren. — Das Resultat war ein günstiges, indem in der Brückenbahn eine Oeffnung von etwa 36 Mtr. hergestellt wurde. Einige Tage später stürzte noch eine Spannung nach. —

Am 25. Januar wurde ferner eine über den Cher führende Drahtbrücke von 65 Mtr. Spannung bei Villandry zerstört, des= gleichen am folgenden Tage die Eisenbahn Tours=Orleans resp. Vierzon durch Zerstörung einer Kanal=Brücke auf längere Zeit unfahrbar gemacht.

Nachdem am 27. Januar abermals 10 Centner Pulver ein= getroffen waren, wurde die Hälfte davon zur vollständigeren Sprengung der Brücke bei Montlouis verwendet. Die Sprengung gelang indessen wieder nur unvollständig, obgleich dieselbe genau in derselben Weise vorbereitet war, wie bei den bereits zerstörten Brücken. — Durch spätere Anbringung von 1 Centner Pulver über dem Scheitel des sehr solide construirten Bogens gelang es indessen, am Abend des 28. Januar den Bogen vollständig zu zerstören, so daß in der Brücke eine Oeffnung von 35 Mtr. hergestellt war.

Das Ober=Commando legte ein außerordentlich großes Gewicht auf die hartnäckigste Vertheidigung der Stadt, und war die Pionier= Compagnie daher schon bei ihrem Eintreffen in Tours mit der Ver= theidigungs=Instandsetzung der Stadt beauftragt (namentlich der Ostseite).

Da der am 28. Januar abgeschlossene Waffenstillstand erst am 31. Mittags beginnen sollte und zwar auf Grundlage des Status quo, so glaubte das Ober=Commando, daß es der Feind noch vorher versuchen werde, sich in den Besitz des in militairischer und politischer Beziehung so wichtigen Punktes zu setzen, und wurde daher dem General von Hartmann am 29. Januar befohlen:

„Alles anzuwenden, um selbst einem überlegenen Feinde schritt= weise von Häuserviertel zu Häuserviertel bis zur Brücke den Besitz der Stadt streitig zu machen".

Demgemäß wurden schleunigst alle erforderlichen Vertheidigungs= Vorkehrungen vervollständigt. Insbesondere erhielt die Pionier= Compagnie in der Nacht vom 29./30. Januar den Befehl, die Minen in der großen Loirebrücke bis zum Tagesanbruch zu laden und die beiden Kettenbrücken zur Zerstörung vorzubereiten. Der Compagnie=Commandeur ließ alle Anordnungen bis zum 30. Januar Morgens 7½ Uhr treffen, so daß die Zerstörung der drei Brücken binnen ½ Stunde vorgenommen werden konnte. — Außerdem wurden noch die über den Loire=Cher=Kanal führenden Brücken zum Abbrennen vorbereitet resp. durch Anlage von Hindernißmitteln ungangbar gemacht. —

Da der Feind keinen Angriff auf die Stadt unternahm, so konnten damit die drei Loirebrücken vor Zerstörung bewahrt werden*).

Von le Mans aus ließ das X. Armee=Corps außerdem noch ver= schiedene andere Eisenbahnzerstörungen vornehmen. So ließ die 1. Pionier=Compagnie die Eisenbahnlinie le Mans=Laval durch Sprengung einer größeren Wegeüberführung außerhalb der diesseitigen Vorposten= stellungen gründlich zerstören, indem der Bahnkörper auf eine Länge von 30 Mtr. geöffnet wurde.

Desgleichen wurden die bereits von den Pionieren des III. Armee= Corps begonnenen Vorbereitungen zur Sprengung der fünf in und bei le Mans belegenen (über die Sarthe und den Huisne führenden) Brücken durch die 1. Pionier=Compagnie beendigt, so daß die Zerstörung erforderlichen Falls in kurzer Zeit bewerkstelligt werden konnte.

---

*) Als am 28. Januar, wie vorausgesehen, ein überlegener heftiger Angriff der Franzosen auf Blois erfolgte, der dort zum Aufgeben des linken Ufers zwang, hatte das in Blois zurückgelassene Pionier=Detachement die provisorische Holzbrücke im heftigsten feindlichen Feuer unpassirbar gemacht, was theils durch Sprengen mit Pulver=Kasten, theils durch Abbrennen aus= geführt wurde. Das Pionier=Detachement hatte bei dieser Gelegenheit einige Verluste zu erleiden.

Endlich zerstörte die 2. Pionier=Compagnie am 29. Januar die Eisenbahn le Mans=Angers durch eine Sprengung der Sarthebrücke bei La Suze*).

Wir sehen also gegen Ende Januar die den Norden Frankreichs mit dem Süden verbindenden Eisenbahnen und großen Brücken in systematischer Weise zerstört, oder doch zur sofortigen gründlichen Zerstörung vorbereitet, so daß bei Wiederbeginn der Operationen die Situation der französischen Armee viel ungünstiger als im Dezember oder Anfangs Januar gewesen sein würde.

Wäre es möglich gewesen, die Eisenbahnbrücken bei Tours im Laufe des Dezember bereits vollständig zu zerstören, so hätte die Armee des General Chancy die reichen Hülfsquellen des Südens nicht so ausnutzen können, wie dieselbe es zum großen Nachtheil der II. Armee im Januar ermöglichen konnte.

Auf Befehl des großen Hauptquartiers vom 21. Januar wurde von der früher erwähnten Expedition nach Angers behufs Zerstörung der dortigen äußerst wichtigen Brücken Abstand genommen, da der in Laval stehende Feind die Flanke des Expeditions=Corps bedroht haben würde, mithin größere Streitkräfte vor diesem Orte hätten zurück= gelassen werden müssen, die nicht zur Verfügung standen.

Wenn somit auch die Eisenbahn=Verbindung der beiden Loireufer nicht ganz aufgehoben war, so ist doch nicht außer Acht zu lassen, daß diese Verbindung nur auf großen Umwegen stattfinden konnte, die dadurch noch erschwert war, daß zum Theil nur eingeleisige Bahnen zur Verfügung standen.

Von Seiten des Ober=Commandos wurde nach der Einnahme von le Mans für die Herstellung der rückwärtigen Eisenbahn=Verbindungen sofort Sorge getragen. Da keine Eisenbahn=Abtheilungen disponibel waren, wurde die 2. Feld=Pionier=Compagnie III. Armee=Corps mit der Einrichtung der Strecke le Mans=Sandelles beauftragt, welche Arbeit bis zum 18. Januar vollendet war**).

*) Zur Sprengung eines im Halbkreis gewölbten 6 Mtr. weit ge=
spannten Bogens wurden in zwei Strompfeilern je 2 Minen=Oefen 3,5 Mtr.
unter dem Geleise angelegt und zusammen mit 8 Centner Pulver geladen.
Es wurden hierdurch zwar etwa 36 laufende Mtr. Brückenlänge zerstört,
indessen blieb ein Theil des Bogens stehen (in einer Breite von 2,5 Mtr.,)
der eine Wiederherstellung der Brücke sehr erleichtert haben würde.

**) Mit der Herstellung der zerstörten Eisenbahnbrücke bei Sandelles
war die Bayerische Eisenbahn=Abtheilung beauftragt.

Das **III.** Armee-Corps hatte das X. Corps in seiner Aufstellung gegen Laval abgelöst und am 24. Januar die Linie Sillé le Guillaume-Sablé eingenommen und beabsichtigte im Fall eines starken feindlichen Angriffs, auf dem dominirenden Plateau östlich der Straße Conlie Chassilé eine Aufstellung zu nehmen.

Das Gros des IX. Armee-Corps erhielt am 21. Januar den Befehl, nach Orleans abzurücken, so daß nur das III. und X. Corps in und westlich le Mans stehen blieben.

Das Lager von Conlie.

Das ausgedehnte befestigte Lager von Conlie liegt mit seinem Haupttheil nördlich, mit seinem kleineren Theil südlich der Chaussee Mayenne-le Mans resp. Eisenbahn Laval-le Mans und maß in seinem Umfang etwa $1\frac{1}{4}$ deutsche Meilen.

Die Befestigungen bestanden südlich der Chaussee in einem geschlossenen Werke, welches im Wesentlichen die ganze Stellung domi-nirte und zu einer starken Artillerie-Position hergerichtet war. Nach Norden zu waren die Befestigungs-Anlagen erst wenig vorgeschritten und nur an einzelnen Stellen zur Artillerie-Vertheidigung eingerichtet. Die Süd-Redoute hatte ein Developpement von etwa 1100 Schritt und bildete ein geschlossenes Werk von unregelmäßiger, dem Terrain angepaßten Form, dessen Westfront am Meisten vorgeschritten war. (4 Mtr. Brustwehrstärke, 2,25 Mtr. Feuerhöhe, 3 Mtr. Graben-tiefe ꝛc.) Es waren im Ganzen 32 Geschützbänke für schwere Geschütze vorhanden, ferner 12 Pulver-Magazine, dagegen nur 2 Hohlräume für Mannschaften. Der Hof war durch mehrere Längen- und Quer-Traversen defilirt; Grabenflankirungen fehlten. Zur Flankirung der Ostfront sowie zur Bestreichung einer nicht eingesehenen Terrainfalte war eine kleine Redoute von 80 Schritt Feuerlinie vorgeschoben, die durch gedeckte Communicationen mit dem Hauptwerke verbunden war.

Die Befestigung der nördlichen Lager-Hälfte war durchaus unvoll-ständig und hatte die Brustwehr erst eine Höhe von ppr. 2 Mtr., der Graben eine ebenso große Tiefe erreicht.

Die Ost- und Westfronten waren im Ausbau ziemlich vollendet und fanden sich hier bereits einige Geschützbänke vor.

Die beiden Pionier-Compagnien des IX. Armee-Corps demolirten vom 19. bis 21. Januar das Lager durch Zerstörung der Geschütz-Bettungen und Scharten, Verbrennen der Munitions-Magazine, Baracken ꝛc.

Am 22. Januar kehrten die Compagnien mit dem Corps nach Orleans zurück.

Am folgenden Tage besetzten Abtheilungen des III. Armee-Corps das Lager. Das General-Commando bestimmte, daß die Süd-Redoute zur Besetzung und Vertheidigung eingerichtet werden sollte, und wurden die erforderlichen Arbeiten von der 2. Pionier-Compagnie alsbald begonnen.

Nach abgeschlossenem Waffenstillstand wurde das Lager vollständig geräumt.

6. Kapitel.

Die Besetzung und Befestigung von Orleans.

(Vom 5. Dezember 1870 bis zum Waffenstillstand.)

(Hierzu Taf. IV.)

I. Bayerische Arbeiten.

Zur Ausführung des vom Ober-Commando ertheilten Befehls, die Brücken von Orleans gegen Angriffe von Süden fortifikatorisch zu sichern, wurde am 13. Dezember eine Commission niedergesetzt, welche einen vollständigen Befestigungs-Entwurf aufstellen sollte. Die Commission ging von dem Gesichtspunkte aus, daß der zwischen Loiret und Loire liegende Terrain-Abschnitt keine Chancen für eine erfolgreiche Vertheidigung darböte, und daß man sich lediglich darauf beschränken müsse, die dem Angreifer zur Verfügung stehenden Communicationen entweder zu zerstören oder unter wirksamem Artillerie-Feuer zu halten.

Demgemäß wurde beschlossen:

1) Die 3 auf dem linken Loireufer belegenen groß Straßen durch vorgeschobene Posten zu sperren.

Zu diesem Zwecke sollten alle Uebergänge über den Loiret mit Ausnahme der massiven Brücke der Blois'er Straße zur Zerstörung vorbereitet werden.

Für letztgenannte Brücke waren keine Arbeitskräfte disponibel; dieselbe sollte indessen durch 12 auf dem rechten Loireufer placirte Geschütze unter Feuer genommen werden.

Ferner war beabsichtigt, den Kirchhof von Marceau, welcher die Verbindung mit der hier zu coupirenden Straße vermittelte, zur Vertheidigung einzurichten, desgleichen eine an der Straße nach Sandillon gelegene Ferme, sowie den östlich des Eisenbahn=Dammes liegenden Theil der Vorstadt St. Jean le Blanc in die Vertheidigungslinie mit hinein zu ziehen.

Diese Posten sollten von den Batterien des rechten Ufers, sowie von einem am Bahndamm angelegten Emplacement für 2 Geschütze flankirt werden, desgleichen von 2 Geschützen aus dem Tambour der Eisenbahnbrücke. Diese 4 Geschütze konnten auch das Terrain zwischen dem Eisenbahndamm und Marceau unter Feuer nehmen.

2) Vertheidigungs=Einrichtung der Vorstadt Marceau. Die compacten Gebäudemassen sollten von den Truppen zur Vertheidigung eingerichtet und die nach Blois und Toulouse führenden Straßen durch defensible Barrikaden geschlossen werden.

Ebenso war die Herstellung einer Vertheidigungslinie vorgesehen, die von der Blois'er Straße (nordöstlich des Botanischen Gartens) nach der Loire lief und aus Schützengräben bestehen sollte, welche durch Hindernißmittel gegen den ersten Anlauf zu sichern waren.

3) Behufs Sicherung des Zugangs zu den beiden Brücken sollte jede derselben einen vertheidigungsfähigen Abschnitt für 1 Compagnie Infanterie und 2 Geschütze erhalten.

4) Die Hauptvertheidigung der Loire=Brücken sollte durch Artillerie=Feuer von dem bedeutend dominirenden rechten Ufer aus erfolgen, und waren für diesen Zweck projectirt:

a) Zwei Emplacements für je 6 Geschütze, nordöstlich la Chapelle, südlich der Straße nach Beaugency zur Beherrschung des Dreiecks Loire=Loiret=St. Marceau.

b) Ein Emplacement für 6 Geschütze in einem Park des Faubourg Madelaine zur Flankirung und Beherrschung der Kehle von St. Marceau, sowie der Chaussee=Brücke.

c) Ein Emplacement für 4 Geschütze in einem Garten, westlich des Bahndamms zur Flankirung des Brückentambours, des Terrains zwischen Bahndamm und St. Marceau, sowie zur Bestreichung der Eisenbahnbrücke.

d) Ein Emplacement für 6 Geſchütze, etwa 300 Schritt öſtlich
der Eiſenbahnbrücke in einem Park des Faubourg Bourgogne
zur Flankirung des Brückenkopfes.

e) Zwei Emplacements für je 6 Geſchütze, etwa 1200 Schritt
öſtlich der Eiſenbahnbrücke in Gärten der Vorſtadt Bourgogne
zur Beherrſchung des ſtromaufwärts gelegenen linken Loire-
Ufer und zur Flankirung der vorgeſchobenen Poſten.

Somit wären im Ganzen 40 Geſchütze auf dem rechten und 8
Geſchütze auf dem linken Loire-Ufer zur Thätigkeit gekommen.

Im Großen und Ganzen war für dieſe Geſchütze genügendes
Schußfeld vorhanden, und ſollte erforderlichen Falls eine Zone von
400 Schritt Breite vor den zu flankirenden Befeſtigungen vollſtändig
frei gemacht werden.

Endlich war beabſichtigt, ſämmtliche Straßenabgrabungen, um
den Verkehr nicht zu unterbrechen, durch zum Verbrennen vorbereitete
Holz-Conſtructionen zu überbrücken.

———————

Dieſe projectirten Befeſtigungs-Anlagen konnten indeſſen bis zum
24. Dezember nur zum Theil ausgeführt werden.

Da die beiden Feld-Genie-Compagnien des I. Bayeriſchen Armee-
Corps ſich bei der Cernirungs-Armee von Paris befanden, die etats-
mäßig nur einen ſehr geringen Effectivſtand beſitzende 3. Compagnie
hingegen für den Pontonier-Dienſt beſtimmt war, ſo machte ſich der
Mangel an techniſch durchgebildeten Truppen für den Umfang, ſowie
die Ausführung der Befeſtigungs-Anlagen auf das Empfindlichſte
fühlbar, ebenſo auch der Mangel an Schanz- und Werkzeug.

Nach den Directiven des Feld-Genie-Directors Oberſtlieutenant
Riem begannen die den Infanterie-Diviſionen zugetheilten Genie-
Offiziere am 13. Dezember mit der Ausführung der entworfenen Be-
feſtigungs-Anlagen, und ſtanden hierzu, außer einem kleinen Genie-
Detachement, nur die Infanterie-Pioniere, ſowie einige Infanterie-
Hülfs-Mannſchaften und Civil-Arbeiter zur Verfügung.

Die Arbeiten an der Eiſenbahn-Brücke übernahmen die Genie-
Offiziere der 1. Infanterie-Diviſion, Hauptmann Haid und Oberlieutenant von Freyberg.

Zunächſt wurde auf dem Planum der Bahn, etwa 100 Schritt
vom Rande des linken Ufers entfernt, eine ſtark profilirte Batterie
für 2 Geſchütze erbaut, an welche ſich Schützengräben, Palliſadirungen,

sowie aus Bahnschwellen hergestellte Holzbrustwehren schlossen, die insgesammt einen etwa 60 Schritt breiten und 100 Schritt langen Tambour bildeten, dessen Seiten durch angehängte Schultern flankirt wurden. Zur besseren Sicherung der Schützen waren auf dem massiven Brückengeländer, sowie an anderen Stellen, Sandsack=Scharten hergestellt; der Tambour erhielt defensible Thorverschlüsse, ein Hand=Pulver=Magazin, sowie eine Wachthütte, besaß aber im Uebrigen nur einen geringen Grad von Sturmfreiheit.

Zu erwähnen ist noch, daß zur Festhaltung des umliegenden Terrains die auf etwa 350 Schritt Entfernung parallel zum Ufer laufenden Parkmauern durch Anschüttung eines Infanterie=Banquets und durch Creneliren der Mauern zur Vertheidigung eingerichtet wurden. Die Lisière von Marceau erhielt hierdurch eine Verbindung mit dem Bahndamm.

Was die specielle Sicherung der Chausseebrücke anbetrifft, so wurden von den Infanterie=Pionieren der 2. Division unter Leitung des Genie=Hauptmanns Körbling die zunächst des Brücken=Eingangs belegenen Häuser zur Vertheidigung eingerichtet, und die Straßen durch starke Pallisadirungen gesperrt, in welchen die erforderlichen Barrieren angebracht waren. Die Hauptstraße konnte von Geschützen unter Feuer genommen werden. Durch Pallisadirungen, die sich an die Quais schlossen, wurde in ähnlicher Weise, wie bei der Eisenbahnbrücke, ein vollständiger Tambour gebildet. Eine besondere Sicherung erhielt die Chausseebrücke dadurch, daß die auf dem rechten Ufer vorhandenen hohen eisernen Gitterthore mit Bohlen bekleidet und zur Infanterie=Vertheidigung eingerichtet wurden.

Ferner ließ das Bayerische Corps die Vorbereitungen zur Zerstörung der Uebergänge über den Loiret treffen, desgleichen die nach Blois und Toulouse führenden Straßen coupiren.

Die Geschütz=Emplacements nebst Vertheidigungs=Einrichtungen für die Particular=Bedeckungen wurden Seitens der Artillerie hergestellt, mit Ausnahme der nordöstlich la Chapelle projectirten beiden Emplacements, deren Erbauung nicht so nothwendig erschien, weil das sehr dominirende Terrain bereits einige Deckung darbot.

Endlich ist noch zu bemerken, daß in der Nacht vom 22./23. Dezember alle über den Loiret=Bach führenden Uebergänge mit Ausnahme der bei Olivet und St. Hilaire liegenden Brücken zerstört und die St. Marceau durchschneidenden Straßen verbarrikadirt wurden.

18*

II. Preußische Arbeiten.

Am Abend des 21. Dezember erhielt Oberst Leuthaus vom Ober=Commando der II. Armee den Auftrag, einen Entwurf zur Befestigung der südlichen Vorstadt von Orleans aufzustellen, zu deren Besetzung von jetzt ab eine Hessische Infanterie=Brigade mit der er= forderlichen Cavallerie und Artillerie bestimmt wurde, während die Besatzung der Stadt Orleans als allgemeine Reserve betrachtet werden sollte.

Der Oberst recognoscirte am 22. Dezember mit seinem Stabe das betreffende Terrain und reichte noch an demselben Abend einen Entwurf ein, der im Wesentlichen der späteren Ausführung zu Grunde gelegt wurde und wie folgt motivirt war:

Das nähere Vorterrain der südlichen Vorstadt von Orleans ist, von einzelnen ganz leichten wellenförmigen Erhebungen, sowie den hohen Loire=Deichen resp. Eisenbahn=Dämmen abgesehen, durchgehends eben, dagegen ist die Gangbarkeit und Uebersichtlichkeit durch zerstreut liegende Gehöfte, Baumgruppen, Parks und Weinberge außerordentlich beschränkt. Die Vorstadt selbst bildet keinen geschlossenen Häuser= complex und keine zusammenhängende Lisière. Die radial von der steinernen Hauptbrücke aus laufenden Wege, und unter diesen vorzüglich die 3 nach Tours, Toulouse und Sancerre führenden großen Straßen, sind mit Häuserreihen eingefaßt, zwischen denen eine größere Anzahl Gehöfte ꝛc. zerstreut liegt.

Etwa eine Meile unterhalb der Stadt ergießt sich der Loiret in die Loire. Dieser Nebenfluß hat nur auf seinem unteren Laufe bis zur Eisenbahn Orleans=Vierzon eine erhebliche Breite, die bis zu etwa 50 Mtr. wächst, und bildet dort einen vollständigen Terrain= Abschnitt; weiter östlich ist der Wasserlauf unbedeutend.

Höhenzüge treten unmittelbar an den Loiret heran und dominiren das rechte Ufer desselben erheblich (um 10—20 Mtr.), so daß eine Vertheidigung der Loiretlinie sehr erschwert wird, dieselbe vielmehr nur als ein passives Hinderniß verwerthet werden kann.

Da die zur Besetzung des linken Loireufers disponiblen geringen Truppenkräfte ein weites Vorschieben nicht rathsam erscheinen ließen, so hätte auch schon aus diesem Grunde von der Vertheidigung der Loiretlinie Abstand genommen werden müssen.

Ueber die Loire führen zwei gewölbte Brücken, von denen die obere für den Eisenbahn-Verkehr bestimmt ist. Die Verbindung der beiden Ufer des Loiret wird durch eine größere Anzahl Brücken vermittelt. Bei der Bestimmung der Vertheidigungs-Position sollte eine Linie gewählt werden, welche die Ausgänge der beiden Loirebrücken umfaßte, eine möglichste Uebersicht auf das vorliegende Terrain ohne zu ausgedehnte Demolirungen gestattete, desgleichen die Benutzung von vorhandenen Gebäuden, Mauern und Dämmen als Stützpunkte der Vertheidigung. Die Zwischenräume sollten durch Schanzen, Geschütz-Emplacements, Schützengräben ꝛc. geschlossen werden.

Die Vertheidigungslinie begann auf dem rechten Flügel an der westlichen Grenze des champ de manoeuvre, folgte in östlicher Richtung dem Loire-Damm und erreichte mittelst der Parkmauern des Schlosses Guinegault die Straße nach Tours, deren südliche Häuserreihe auf ca. 600 Schritt rückwärts zur Vertheidigung eingerichtet werden sollte. Der Abschnitt zwischen den Straßen nach Tours und Toulouse bot der Vertheidigung in vorhandenen Baulichkeiten keinerlei Stützpunkte dar. Die Vertheidigungslinie sollte die Straße nach Toulouse etwa 2000 Schritt südlich der Loirebrücke überschreiten und demnächst unter Benutzung der Gehöfte La Binoche, la Cour, sowie les Vallées einer flachen wellenförmigen Erhebung des Terrains bis zum Eisenbahn-damm folgen. Es war beabsichtigt, letzteren bis zum Gehöfte les Varennes zur Vertheidigung zu aptiren und von diesem aus über die Gehöfte le Pont de Bois, le Plat d'Etain, Mont Plaisir und le Courroy den Anschluß an die obere Loire zu erreichen. Die ganze Vertheidigungslinie war etwa ¾ deutsche Meilen lang.

Zur speciellen Vertheidigung der Brücken sollten endlich die bereits von dem I. Bayerischen Corps angelegten Vertheidigungs-Einrichtungen beibehalten und verstärkt werden, während auf dem rechten Ufer der Loire unterhalb bei St. Laurent und oberhalb bei St. Loup die Anlage von zwei Batterien zur Flankirung der Anschlüsse der Befestigung an die Loire in Aussicht genommen war. — Ferner wurde beabsichtigt, das Vorterrain der anzulegenden Befestigungen, wenn möglich, auf 500—600 Schritt, mindestens aber auf 300 Schritt vollständig frei zu legen, sowie die Uebergänge über den Loiret mit alleiniger Ausnahme der an den Straßen nach Tours und Toulouse liegenden zu zerstören, letztere aber durch gesicherte Posten von angemessener Stärke zu überwachen.

Endlich war noch die Herstellung einer 3. Loirebrücke unterhalb der Stadt in Aussicht genommen.

Die Ausführung der Befestigungs=Arbeiten begann am 25. De=zember unter Leitung des Hauptmann Sommer. Für die ausgedehnten Arbeiten standen nur 2 Pionier=Compagnien zu Verfügung*) und wurden demgemäß zwei durch die Toulouser Straße getrennte Abschnitte gebildet.

Die Arbeiten im östlichen Abschnitt leitete im Speciellen der Hauptmann Brentano (von der Hessischen Pionier=Compagnie), dem bis zum 3. Januar täglich durchschnittlich etwa 450 Mann Infanterie zur Verfügung gestellt wurden. Die Ausführung entsprach im Wesentlichen dem ersten Entwurf und war bis Ende Dezember soweit gediehen, daß eine zusammenhängende Vertheidigunglinie hergestellt war, (worunter etwa 4000 laufende Schritt Schützengräben). Die Batterien wurden sobann nach und nach zu sturmfreien Schanzen ausgebaut, auch die Schußfelder in ausgedehnter Weise frei gemacht.

Am 27. Dezember wurden ferner 3 Brücken resp. Brückenstege, die über den Loiret führten, abgebrannt, außerdem eine Furth un=brauchbar gemacht. Am 1. Januar begann die Compagnie mit der Vorbereitung zur Sprengung der Eisenbahnbrücke und legte zu dem Zwecke in einem Strompfeiler der gewölbten Brücke 2 Minen=Oefen (à 6 Centner Pulver) an.

In dem westlichen Abschnitt begannen die Arbeiten ebenfalls am 25. Dezember unter Leitung des Hauptmann Schulz, dem die 3. Feld=Pionier=Compagnie des IX. Armee=Corps, sowie täglich durchschnittlich 650 Mann Infanterie (in 2 Abtheilungen) zur Verfügung standen. Da in dem westlichen Abschnitt eine größere Anzahl Häuser und Mauern in die Vertheidigungslinie hineingezogen werden konnten, so wurden hier verhältnißmäßig weniger Schützengräben wie im öst=lichen Abschnitt hergestellt, dagegen eine größere Anzahl passiver Hin=dernisse geschaffen. Sämmtliche Straßen wurden durch traversirte de=fensible Barrikaden verschlossen und durch die rückwärts angelegten Batterien unter Feuer genommen. Ferner zerstörte die genannte Pionier=Compagnie verschiedene Brücken über den Loiret oder bereitete letztere zur Zerstörung vor, ebenso das am Loiret belegene Schloß

---

*) Die 2. Feld=Pionier=Compagnie des Corps war, wie wir gesehen haben, nach Lagny zum Etappen=Dienst abcommandirt.

Olivet. Endlich wurden in der großen Chaussee=Brücke 3 Minen=
Öfen (à 5 Centner Pulver) angelegt.

Da die beiden genannten Pionier=Compagnien am 3. Januar den
Befehl zum Abrücken erhielten, blieb zur Vervollständigung der Be=
festigungs=Anlagen nur ein Detachement der 3. Feld=Pionier=Compagnie
unter Führung des Lieutenant Brüllow zurück, dem die erforderlichen
Hülfsmannschaften von der Infanterie zur Disposition gestellt wurden.
Die Arbeiten konnten ohne Unterbrechung bis zum 5. Februar fort=
geführt werden, insbesondere wurden die Schützengräben erweitert, die
Verhaue verstärkt und die Demolirungen vervollständigt, endlich noch
die Sprengung der beiden Loirebrücken soweit vorbereitet, daß die Zün=
dung der Öfen in jedem Augenblick vorgenommen werden konnte.

Die Befestigung von Orleans, wenn auch erst spät und gegen
Ende des Feldzuges ausgeführt, gewährte unstreitig der Stellung der
deutschen Loire=Armee im Januar einen außerordentlich festen Stütz=
punkt, zu dessen Behauptung eine Division ausreichte, so daß die Haupt=
kräfte der II. Armee zu entscheidenden Schlägen disponibel blieben.

7. Kapitel.

Dislocation der II. Armee nach dem Waffenstillstand und Schlußbemerkungen.

Im Anfang des Monats Februar wurde die II. Armee durch das IV.
Armee=Corps verstärkt, sowie die Ablösung des IX. Corps durch das
VI. Corps befohlen.

Das V. Corps erhielt die Aufgabe, die bei Bourges sich sammeln=
den feindlichen Streitkräfte zu beobachten, beziehungsweise zu bekämpfen.
Bei den weiteren Operationen war nicht die Besitznahme eines einzel=
nen Punktes oder eines größeren Landgebietes als Ziel hingestellt,
sondern die Vernichtung des feindlichen Heeres.

Gleichzeitig war in Aussicht genommen, daß ein Theil der Süd=
Armee aus der Gegend von Dijon her den Marsch gegen die obere
Loire auf Nevers antreten, während der an der unteren Seine auf=
tretende Feind von Rouen aus bekämpft werden sollte.

Der Waffenstillstand wurde von den technischen Truppen dazu benutzt, um die für etwaige weitere Operationen nothwendigen Communicationen, soweit dieselben zerstört waren, practicabel zu machen.

Insbesondere wurden vom IX. Corps 3 Loir=Uebergänge, vom
V. Corps die Loirebrücke bei Gien wiederhergestellt.*) — Nachdem auch
die am 28. Januar abgebrannte provisorische Brücke bei Blois wieder
hergestellt und dem Verkehr übergeben war, standen der II. Armee
gegen Ende des Waffenstillstandes bei Tours, Blois, Orleans und Gien
im Ganzen 7 feste Loirebrücken zur Verfügung.

Schlußbemerkungen.

In ingenieur=wissenschaftlicher Beziehung berechtigt der Verlauf
des in vorstehenden Blättern skizzirten Feldzuges vielleicht zu folgenden
Schlüssen:

1) Für die französische Landesbefestigung hat sich der Mangel
aller Festungen im Süden von Paris auf das Empfindlichste fühlbar
gemacht. Die primitiven in Orleans und Conlie getroffenen Ver-
theidigungs=Einrichtungen konnten diese fehlenden Festungen nicht
ersetzen; dagegen hat wahrscheinlich die starke provisorische Befestigung
von Bourges das Arsenal Frankreichs vor einer Zerstörung durch
Streifcorps geschützt, in ähnlicher Weise, wie es im Feldzuge der I.
Armee mit dem wichtigen Seehafen le Hâbre der Fall war.

Der Gegensatz zwischen dem nördlichen und südlichen Kriegs=
Theater tritt jedoch in manchen Beziehungen hervor. Während die
sich auf ein ausgedehntes, wenn auch mangelhaftes Festungs=System
stützende französische Nord=Armee im Stande war, den deutschen
Streitkräften einen so erfolgreichen Widerstand zu leisten, daß sich der
General von Göben noch am 6. Januar 1871 nicht verhehlte, daß
bei größerer Ausdauer des Gegners die I. Armee eine Niederlage
hätte erleiden müssen, die für die ganze Kriegslage von verderblichstem
Einfluß werden konnte, gelang es im Süden von Paris, den numerisch
so sehr überlegenen und über reiche Hülfsquellen gebietenden Gegner
von dem Loirestrom, der natürlichen Vertheidigungslinie Mittel=

---

*) Desgleichen wurden die Brücken vor Cinq Mars und Moulains bei
Tours theils durch die französischen Eisenbahn=Gesellschaften, theils durch eigene
Feld=Eisenbahn=Abtheilungen wieder hergestellt.

Frankreichs, abzubrängen und alle auf den Entsatz der belagerten Hauptstadt gerichteten Versuche in glänzender Weise zum Scheitern zu bringen.

2) Die rechtzeitige und gründliche Zerstörung derjenigen Eisen= bahnen und Fluß-Uebergänge, welche dem Feinde die Benutzung seiner Hülfsquellen gestatten und ihn gleichzeitig zu raschen Dislocirungen befähigen, ist so außerordentlich wichtig, daß derartige systematische Zerstörungen mehr wie bisher geschehen in den Bereich der strategischen Combinationen gezogen werden müßten. Zu schwach oder ungenügend ausgerüstete Detachements sind nicht im Stande, so wichtige Aufträge mit ausreichender Sicherheit auszuführen*).

3) Erst gegen Ende des Feldzuges zeigte sich auch bei den deutschen Truppen das Bedürfniß, die genommenen Positionen während der Gefechte zur Vertheidigung einrichten zu lassen. Auch begann man mit der Befestigung der strategisch und taktisch wichtigen Städte, ohne daß indessen diese Arbeiten von vorn herein mit der wünschens= werthen Energie in Angriff genommen werden konnten.

---

*) Beispielsweise wäre das X. Armee=Corps im Dezember 1871 nicht im Stande gewesen, die so wichtigen Brücken von Tours zu zerstören, weil es dem Corps an ausreichendem Sprengmaterial fehlte.

Sechster Abschnitt.

Zur Sicherung der rückwärtigen Verbindungen der vor Paris und im Norden Frankreichs kämpfenden Armeen war im Verlauf des Feldzuges die Einnahme der Festungen Toul, Soissons und Longwy mehr oder weniger dringend erforderlich geworden.

Mit den Belagerungs=Operationen wurden selbstständige, den General=Gouvernements unterstellte Truppen=Detachements beauftragt.

1. Kapitel.

Belagerung von Toul.

Hierzu Plan IV.

I. Allgemeine Lage 2c.

Die Festung Toul liegt auf dem linken Ufer der Mosel an der großen von Nancy nach Paris führenden Heerstraße, 37 Meilen von der französischen Hauptstadt, 8 Meilen von der großen Mosel=Festung Metz entfernt. — Die Mosel, welche innerhalb des französischen Gebiets im Allgemeinen von Süden nach Norden fließt, wendet sich 1 Meile oberhalb Toul nach Westen und bildet hier einen scharf vorspringenden Bogen. Auf eine gleiche Entfernung unterhalb der Stadt bei Frouard nimmt der Fluß wiederum einen graden Lauf an und vereinigt sich hier mit der Meurthe.

Das im Allgemeinen ziemlich enge und von steilen Höhen eingeschlossene Thal der Mosel erweitert sich 1 Meile ober= und unterhalb der Festung beträchtlich und bildet hier ein etwa 1200 Mtr. breites Wiesenterrain. Auf dieser Strecke führen zahlreiche Brücken über den Fluß; außer der (innerhalb der Festungswerke liegenden) 140 Mtr. langen Bogenbrücke sind von besonderer Wichtigkeit die 4 unterhalb

Toul bei Fontenay, Liverdun und Frouard erbauten Brücken, auf welchen die von Nancy nach Paris resp. Metz führenden Eisenbahnen den vielfach gewundenen Lauf der Mosel überschreiten. — Auch besitzt der Fluß ober= und unterhalb der Festung viele Fuhrten, zu denen man indessen wegen der steilen Thalränder größtentheils nur mit Schwierigkeiten gelangen kann. Bei Benutzung dieser Fuhrten ist große Vorsicht geboten, da der Fluß bei Regengüssen in wenigen Stunden anschwillt und sodann eine reißende Strömung bildet.

Die Festung Toul sperrt eine Anzahl wichtiger nach allen Rich= tungen führenden Straßen; das Terrain gestattet jedoch, wenn die Jahreszeit nicht zu ungünstig, eine Umgehung des Straßenknoten= punktes. Von besonderer Wichtigkeit war jedoch die Festung im Feldzuge 1870/71, weil dieselbe die Eisenbahn Frouard=Paris sperrte. Diese von dem Rhein=Marne=Canal begleitete Bahn berührt Toul auf der Nordseite, verläßt sodann das Mosel=Thal, verfolgt in westlicher Richtung das Thal des Ingressin und durchbringt sodann mittelst eines Tunnels die Wasserscheide zwischen Mosel und Maas. — Die Terrain=Verhältnisse hätten jedoch auch die Herstellung einer Umgehungs=Eisenbahn im Nor= den in verhältnißmäßig kurzer Zeit gestattet.*)

Die Höhen des linken Moselufers fallen im Allgemeinen sanft gegen die im Thal liegende Festung ab und nahen sich den Werken bis auf 500 Schritt, während die Höhen des rechten Ufers erst etwa 1000 Schritt von der Festung beginnen.

Von diesen Höhen, deren Abhänge meistens mit Wein bebaut sind, wird die Festung vollständig dominirt, besonders aber von dem Mont St. Michel und der Cote Barine; diese beiden Höhenpunkte sind jedoch von der den Festungswerken abgewendeten Seite aus schwer zu erreichen.

Die übrigen Höhenzüge erleichtern gleichwie das ganze Vor= terrain, welches vielfache Deckung darbietet, die Angriffsarbeiten in hohem Grade. — In dieser Beziehung sind die nur 600—800 Schritt von den Festungswerken entfernten zahlreichen Gebäudecomplexe 2c. zu erwähnen, besonders der Bahnhof mit seinen massiven Gebäuden

---

*) Unter der Voraussetzung, daß genügende personelle und materielle Mittel zur Ausführung gestellt würden, hatten sich Anfangs September die leitenden deutschen Eisenbahn=Ingenieure bereit erklärt, binnen 18 Tagen eine Umgehungs=Bahn zur Ausführung zu bringen.

und der etwa 250 Schritt entfernt liegenden Fayencerie, sowie die beiden Vorstädte St. Mansuy und St. Evre, deren massive Gebäude sich vielfach bis an das Glacis der Festung erstrecken.

Bezüglich der Festungswerke ist Folgendes zu bemerken:

Dieselben bestehen aus einer bastionirten, von Vauban im Jahre 1697 nach seinem ersten System projectirten Enceinte mit 9 Bastionen (3 vollen I., III., IV. und 6 hohlen II., V., VI., VII., VIII. und IX.), 5 Ravelinen, 3 Grabenscheeren, sowie einer Contregarde vor Bastion I. Detachirte Werke sind nicht vorhanden. Der ganze Umzug der Festung beträgt circa 3000 Mtr., der Durchmesser des nahezu regelmäßigen Polygons 900 Mtr. Die nördliche, nach dem Mont Michel zu liegende Front erhebt sich relativ am meisten, die westliche und östliche senkt sich von ihr aus gleichmäßig zur Moselfront. In den Bastionen I., III. und IV. befinden sich Erdcavaliere, deren Feuerlinien etwa 2 Mtr. höher als die der Bastione liegen. Die Escarpe der Hauptumwallung und des Ravelins II.—III. ist in trefflichem Mauerwerk revetirt, der Cordon liegt etwa in gleicher Höhe mit der Glaciscrete und 5 bis 9 Mtr. über der Grabensohle. Letztere ist mit einer Cünette von 3 Mtr. Breite versehen. Die Contre-escarpe ist überall in Erde construirt, nur die Reversseite des Ravelin I.—IX. ist revetirt. Von der Wallstraße aus führen nach dem Wall-gange überall bequeme und zahlreiche Rampen, auf dem Wallgange selbst ist die Communication besonders da, wo Erdcavaliere und Schutz-hohlräume construirt sind, manchmal sehr eng. In den Bastionen der wahrscheinlichen Angriffsfronten (I.—II. und IV.—V.), sowie in den Cavalieren I. und IV. waren im Ganzen 6 Geschützstände erbaut.

Die Verbindung nach Außen wird durch 3 Thore vermittelt: Porte de France — Courtine III.—IV. (Straße nach Paris und Vau-couleur), Porte Moselle — Courtine VI.—VII. (Straße nach Nancy und Epinal) und Porte de Metz — Courtine IX.—I. (Straße nach Metz und Verdun).

Alle Thor- und Zugbrücken-Verschlüsse können aus großer Ent-fernung zerstört werden.

Außer 2 Kriegs-Pulver-Magazinen, von denen das eine (frei-stehende) aller Deckung gegen indirectes Feuer entbehrte, waren zahl-reiche Verbrauchs-Pulver-Magazine vorhanden, während Geschoßräume und Ladestellen fehlten.

Das wichtigste Vertheidigungsmittel der Festung besteht in der geschickten Benutzung der natürlichen und künstlichen Wasser=läufe *). Es gehören hierher:

1) die Mosel,
2) der Ingressinbach,
3) der Rhein=Marne=Canal.

1) Die Mosel. Von ihrem Hauptlauf zweigt sich oberhalb Toul bei Balcourt ein Arm links ab, der die grands Moulins treibt — (in denen während der Belagerungsperiode fast bis zu Ende ungestört der Mehlbedarf für Garnison und Stadt bereitet wurde). — Nahe vor diesen Mühlen ist ein Canal abgeleitet — rigole navigable — der die Verbindung mit dem Rhein=Marne=Canal und der Mosel her=stellt und vor den Fronten VI.—VII.—VIII. zwischen Glacis und Mosel geleitet ist. Er ist neueren Datums als der bis in die Nähe des Bastion VI. geführte Vauban=Canal, der durch das Glacis vor Bastion VI. läuft und am rechten Kehlpunkt des Bastions in die Stadt tritt. Da wo der Canal unter der Wallstraße geführt ist, kann er abgeschlossen werden. Das so angestaute Wasser fließt dann über einen an dem rechten Schulterpunkt von Bastion VI. liegenden Batar=beau in die Festungsgräben vor den Fronten VI., VII., VIII. ab. Die Gräben dieser Fronten werden also durch die Mosel gefüllt und können bis auf 2 Mtr. Wassertiefe angespannt werden. Der Vauban=Canal fließt unterirdisch durch die ganze Stadt bis zum linken Kehlpunkte des Bastion VIII., durchschneidet den Hauptgraben (zwischen 2 Batardeaus) und fließt dann als offener Canal bis an die oben genannte rigole navigable, unter welcher hinweg er sich in die Mosel ergießt.

2) Der auch im Hochsommer noch reichlich fließende Ingressinbach entspringt 1 Meile westlich von Toul und tritt am linken Schulter=punkte des Ravelin II.—III. in die Festungswerke. Sein Hauptlauf geht von hier aus auf einem Damm und Viaduct bis an, und demnächst durch die Courtine II.—III. ins Innere der Stadt und gabelt sich hier in 2 Arme, welche noch innerhalb der Stadt sich mit dem oben erwähnten Vauban=Canal vereinigen. Im gedeckten Wege am Ravelin II.—III. ist die gemauerte Einfassung seiner Ränder mit Versatzsalzen versehen, durch welche ein Abschluß des Baches hergestellt, und dessen Wasser

*) Da diese Wasserspiele bei der Belagerung von großer Wichtigkeit waren, so sollen dieselben näher beschrieben werden.

seitlich ab und die Contreescarpe hinunter auf die Grabensohle des Ravelin II.—III. geleitet werden kann. Ist dies geschehen, so fließt das Wasser um das Ravelin herum, an der Courtine II.—III. entlang und bis zum rechten Schulterpunkte des Bastion IV. Durch den hier befindlichen Batardeau, der die linke Seite des Vauban-Canals abschließt, kann das Wasser bis durchschnittlich auf 2 Mtr. angespannt werden. Es dient also der Ingressinbach zur Anspannung der Gräben der Front II.—III., III.—IV., IV.—V. und V.—VI.

3) Der Rhein-Marne-Canal. Der Rhein-Marne-Canal tritt vor der Spitze des Ravelin II.—III. in das Festungsterrain, bildet vom linken Schulterpunkte des Bastion II. bis zur Spitze des Bastion I. den Festungsgraben und ist von den angrenzenden Festungs= gräben durch 3 Batardeaus abgeschlossen und zwar: a) am linken Schulterpunkt von Bastion II., b) an der Spitze von Bastion I., und c) vor der rechten Face von Contregarde I.

Das Canalwasser tritt durch den Batardeau in die Gräben von der Spitze des Bastion I. bis zum linken Schulterpunkt von Bastion VIII., wo ein ähnlicher Abschlußbatardeau an der linken Seite des Vauban-Canals existirt, wie am rechten Schulterpunkt des Bastion VI., durch den die Hauptgräben dieser Fronten auf 2 Mtr. Wasser angespannt werden.

Auf ähnliche Weise werden die Gräben vor der rechten Face der Contregarde I. und des Ravelin IX.—I. gefüllt. Für den Fall, daß das Wasser des Ingressinbachs nicht ausreicht, um schnell genug die Gräben der Fronten II. bis VII. anzuspannen, kann durch Batardeau a aus dem Canal das fehlende Wasser zugeführt werden. Die Sohle des Canals ist so tief gelegt, daß dieser, auch wenn sein Wasser bis zu den Grundzapfen der Batardeaus a und b zur Füllung der anliegenden Festungsgräben abgelassen ist, noch immer militairische Wassertiefe besitzt. Es war bei der Armirung 1870 nicht nöthig gewesen, diese Maaßregel zu treffen, und darum hatten die Franzosen für den später wirklich eingetretenen Fall, daß die Canalschleusen unterhalb Toul zum Ablassen des Wassers geöffnet, oberhalb Toul aber der Wasserzufluß abgeschnitten würde, bei der Vorstadt St. Mansuy am Uebergangspunkt der Metzerstraße über den Canal, wo eine eiserne Drahtbrücke sich befand, eine Absperrung hergestellt*).

---

*) Es ist das diejenige Absperrung, welche, wie wir später sehen werden bei der Belagerung durch Pulver zerstört worden ist. —

Nach Zerstörung der letzteren mußte das Canal=Wasser zwar ab=
fließen, aber die militairische Tiefe des zurückbleibenden Wassers vor
der Front I.—II. verhinderte eine weitere Ausnutzung dieses Erfolges.

Um diese Stauvorrichtung zu schützen, und auch um den Canal
unterhalb Toul der Länge nach bestreichen zu können, ist quer über
den Canal in der rechten Face der Contregarde I. eine Hangarbatterie
für 2 Geschütze erbaut, die indessen 1870 nicht armirt war.

Es ist noch zu erwähnen, daß die Anfüllung des Grabens des Ravelins
III.—IV. durch eine besondere Ableitung des Ingressinbaches bewirkt
wird, welche am rechten Schulterpunkt des Ravelins in den Graben
mündet, der an den beiden Kehlpunkten durch Batardeaus abgeschlossen ist.

Das nächste Vorterrain der Festung kann an folgenden Fronten
unter Benutzung der erwähnten Wasserläufe inundirt werden:

1) Vor der Front I.—II. durch den Rhein=Marne=Canal.
2) Vor der Front III.—IV. durch den Ingressinbach.
3) Vor der Front IV.—V.—VI. durch den Vauban=Canal.
4) Vor der Front VIII.—IX. durch die rigole navigable.

Von diesen Inundationen ist die letzterwähnte nur ausführbar,
wenn ein Durchstich der Einfassungs=Dämme der rigole navigable statt=
findet; aus diesem Grunde ist sie wahrscheinlich 1870 von den Fran=
zosen nicht zur Ausführung gekommen, während die anderen Inunda=
tionen hergestellt waren.

Schließlich sei noch bemerkt, daß, wenn auch einzelne Batar=
deaus und Stauanlagen theils direct, theils indirect aus der Ferne
getroffen werden können, doch die Versatze in der Hauptsache so ge=
sichert liegen, daß ihre gewaltsame Zerstörung von Außen unmöglich ist.

Die Festung besitzt 2 bombensichere Kasernen in den Bastionen
I. und III. und ein Wallkasemattencorps in der Courtine II.—III.
Außerdem befinden sich in mehreren Courtinen Poternen, die zum
Unterbringen von Vorräthen und Munition benutzt werden können.

Die Besatzungsstärke war französischer Seits auf 3500 Köpfe
normirt, die Zahl der Geschütze auf 76, wovon 59 gegen den gewalt=
samen Angriff bestimmt waren.

Außerdem wurde noch in den Inventarien eine Reserve von über
100 Geschützen nachgewiesen, die jedoch in Metz standen und auch dort
bei Ausbruch des Krieges verblieben.*)

---

*) Hierdurch sind die in den officiellen Telegrammen vorhandenen Irr=
thümer über die Anzahl der eroberten Geschütze veranlaßt worden.

Französischer Seits war die große Wichtigkeit von Toul vollständig erkannt und war auch in den letzten Jahren vor dem Kriege Manches geschehen, um die Widerstandsfähigkeit des Platzes zu erhöhen. Nach den in den Festungs-Archiven vorgefundenen Entwürfen zur Erweiterung der Festung sollte dieselbe durch 4—5 auf den dominirenden Höhen in einer Entfernung von etwa 2000—3000 Schritt von der Stadt anzulegende große detachirte Werke gesichert werden, welche im Allgemeinen ähnlich den Metz'er Forts construirt waren. —

Dieses Project kam indessen glücklicher Weise vor dem Kriege nicht mehr zur Ausführung. —

II. Ereignisse vor der Belagerung.

Wie bereits im I. Theil dieses Werks bemerkt worden, war der am 16. August von einer Brigade des IV. Armee-Corps unternommene Versuch, die Festung durch Handstreich zu nehmen, mißglückt.

Das Obercommando der III. Armee, von der Ansicht ausgehend, daß der Besitz von Toul für die weiteren Bewegungen dieser Armee von besonderer Wichtigkeit sei, beauftragte am 18. August das II. Bayerische Armee-Corps, mit einem Detachement, bestehend aus 1 Infanterie Brigade, 1 Regiment Cavallerie und 2 Batterien, die Festung einzuschließen, und erhielt gleichzeitig der Major Schumann vom Ingenieur-Stabe der III. Armee den Befehl, im Verein mit dem Feld-Genie-Director des II. Bayerischen Corps Oberstlieutenant Fogt die Festung eingehend zu recognosciren. Diese Offiziere sprachen sich dahin aus, daß zur baldigen Einnahme der Festung Preußische Belagerungs-Geschütze erforderlich wären.

Nach den eingegangenen Nachrichten wurde indessen vom Obercommando die Möglichkeit angenommen, daß der Commandant von Toul nach mehrstündigem Bombardement die Festung übergeben würde, und erhielt daher das VI. Armee-Corps am 21. August den Auftrag, die Festung auf dem rechten Moselufer mit 3 Infanterie-Bataillonen einzuschließen, während die daselbst aufgestellten Bayerischen Truppen angewiesen wurden, die auf dem linken Ufer eingenommenen Cernirungs-stellungen zu verstärken.

Da es nicht in der Absicht des Obercommandos lag, die Stadt zu ruiniren, so sollte das Feuer möglichst nur auf die armirten Werke gerichtet werden. Wie wir bereits früher gesehen haben, hatte die am

23. August ausgeführte Beschießung, (bei der 48 Feld = Geschütze zur Verwendung kamen) keinen Erfolg.

Das Ober=Commando der III. Armee beauftragte am 25. August den Oberst von Hippel mit der Cernirung und Beschießung der Festung und wurden demselben zu dem Zwecke 3 Landwehr=Bataillone, 1 Es= cadron und die Bayerische Etappen=Genie=Compagnie zur Verfügung gestellt, sowie eine Anzahl aus Marsal heranzuziehender französischer Geschütze verschiedenen Kalibers. Der Oberst erhielt die Instruction, die Stadt rücksichtslos so lange beschießen zu lassen, bis die Besatzung dieselbe übergeben würde; gleichzeitig wurde das Vortreiben von In= fanterie zur Unterstützung des Bombardements resp. als Demonstration empfohlen, desgleichen die Einleitung eines förmlichen Angriffs, um den Feind dadurch einzuschüchtern.

Das neue Cernirungs=Detachement traf am 27. August vor Toul ein; wegen seiner geringen Stärke war dasselbe jedoch nicht im Stande, die Festung vollständig einzuschließen und mußte sich daher mit einer Sicherung der Etappenstraße begnügen, welche von Gondreville nach Pagny resp. Ecrouves geführt werden sollte.

Die Bayerische Genie=Compagnie (Hauptmann Bauer) begann als= bald mit der Verbesserung dieser Straße, die indessen bei dem großen Verkehr, der über dieselbe geleitet wurde, bei schlechtem Wetter nahezu unpassirbar war. — Es gelang jedoch der Compagnie mit Hülfe einer größeren Zahl requirirter Arbeiter und Fuhrwerke, die Straße einiger= maßen practicabel zu machen resp. zu erhalten.

Am 3. September trafen die zum Bombardement der Festung bestimmten französischen Geschütze vor Toul ein und zwar zunächst 10 gezogene 12=Cmtr.=Kanonen, 4 25pfündige Haubitzen, 5 schwere Mörser unter Begleitung einer Festungs=Artillerie=Compagnie und wurden die erforderlichen Vorbereitungen zum Bombardement alsbald getroffen, welches aus folgenden Batterien vorgenommen werden sollte:

a) Mörser=Batterie für 5 Mörser nördlich der Fayencerie mit 1 50pfündigen und 4 25pfündigen Mörsern, 2000 Schritt vom Mittelpunkt der Stadt, 1500 Schritt von den Festungswerken entfernt.

b) Bombardements=Batterie für 10 12=Cmtr.=Kanonen zwischen der Straße nach Paris und der Eisenbahn (1400 Schritt von der Festung entfernt).

c) Haubitz=Batterie (für 4 25pfündige Haubitzen) neben der Bat=
terie b).

Der Bau dieser Batterien*) wurde unter Hülfeleistung der Baye=
rischen Genie=Compagnie unentdeckt vom Feinde in der Nacht vom
9.—10. September unter Sturm und Regen vorgenommen und fand
die Armirung in derselben Nacht statt.

Der Feind hatte die ihm seit der ersten Beschießung gelassene
Zeit zur Vervollständigung der Armirung benutzt, Schußlinien im
Glacis ausgeholzt, jedoch den Rayon nur sehr unvollständig aufgeräumt,
die Inundation größtentheils zur Wirksamkeit gebracht und den Bau
von Traversen und gedeckten Geschützständen begonnen. Daneben
schob er starke Patrouillen bis auf 600—800 Schritt vom Fuß des
Glacis vor und stieß mit den diesseitigen Vorposten wiederholt (namentlich
in der Gegend der Fayencerie) zusammen.

Das Bombardement begann am 10. September Morgens 7 Uhr
und dauerte bis gegen 5½ Uhr Nachmittags, nachdem im Ganzen
1546 Granaten und Bomben in die Stadt geworfen waren. Die
Beschießung hatte, wie zu erwarten, keinen Erfolg, weil der Feind
durch das nur kurze Zeit dauernde Feuer sich nicht einschüchtern ließ
und die in der Stadt entstehenden Brände keinen großen Umfang
angenommen hatten. Das Feuer wurde am 11. September auf Befehl
des General=Commandos XIII. Armee=Corps mit dem Bedeuten sistirt,
daß zuvor die Preußischen Geschütze abgewartet werden sollten.

III. Belagerung.

Da die baldigste Besitzergreifung von Toul nach dem Vormarsch
der deutschen Armeen gegen Paris sich immer bringender herausstellte,
so hatte das große Hauptquartier am 8. September das XIII. Armee=
Corps mit der Belagerung dieser Festung, sowie gleichzeitig mit der
Sicherung der rückwärtigen Verbindungen beauftragt.

Während das Corps seinen Abmarsch aus der Cernirungslinie
von Metz vorbereitete, erhielten der 1. Ingenieur=Offizier des Corps
Oberst Braun, sowie der Artillerie=Oberstlieutenant Wiebe den Auftrag,
die Festung zu recognosciren, um den Plan für die weiteren Angriffs=
Operationen festzustellen.

*) Der Dienst des Commandeurs der Belagerungs=Artillerie war bis
zum Eintreffen des Oberst Bartsch dem Major Jahn übertragen.

Die genannten Offiziere einigten sich am 12. September mit dem Chef des Generalstabes des XIII. Armee-Corps, sowie dem Major Schumann über die weiteren Angriffs-Operationen.

Von einem gewaltsamen Angriff, sowie einem Bombardement sollte darnach Abstand genommen werden, indem man voraussetzte, daß letzteres nach den bisherigen Erfahrungen resultatlos verlaufen würde.

Nach der vom Oberst Braun am 13. September dem General-Commando eingereichten Denkschrift war daher der förmliche Angriff in das Auge gefaßt, für welchen außerordentlich günstige Verhältnisse obwalteten. Es wurde mit Sicherheit angenommen, daß nach der ersten gründlichen Beschießung der Werke und nach dem Beginn des regelmäßigen Angriffs die Festung capituliren werde, weil der Comman-dant und der Vertheidigungsrath der Festung alsdann voraussichtlich zu der Ueberzeugung gelangen würden, daß ein längerer Widerstand nutzlos, dagegen die militairische Ehre gewahrt sei.

Als Hauptgrundzüge für den Gang des Angriffs wurden bezeichnet:

a) Etablirung einer hinreichenden Anzahl mittlerer und schwerer Kaliber auf dem Mont St. Michel, von welchem aus sämmt-liche Werke, namentlich aber die zum Angriff auserselene Front 4—5 vollkommen beherrscht werden konnten. Diese Geschütze sollten nicht allein die Festungs-Artillerie zum Schweigen brin-gen, sondern auch die rechte Flanke des als Angriffs-Object ausgewählten Bastions 4 direct breschiren und die Bresche noch weiter nach der Face zu ausdehnen. Gleichzeitig sollte noch eine Anzahl Batterien die angegriffenen Werke von der Höhe bei la Justice in der Front bekämpfen, unterstützt durch eine gegen die Stadt gerichtete Geschütz-Aufstellung bei Dommartin.*)

b) Unmittelbar nach der ersten Beschießung sollte die 1. Parallele auf etwa 600 Schritt vor Bastion 4 eröffnet und erforderlichen Falls weiter gegen dasselbe approchirt werden. Es wurde dabei vorausgesetzt, daß die völlige Beherrschung der Angriffsfront eine bedeutende Beschränkung der Approchen gestatten würde, während der Sturm auf das Bastion im äußersten Falle eine Descente, so-wie den Uebergang über den nassen Graben erfordert hätte.

---

*) Von diesem Angriffs-Entwurf wurde indessen, wie wir später sehen werden, in manchen Punkten abgewichen.

Die 17. Infanterie-Division erhielt am 12. September den Befehl, am folgenden Tage Toul zu cerniren und die vor der Festung
stehenden Landwehr-Truppen abzulösen.

Das Belagerungs-Corps bestand aus 13 Linien- resp. Jäger-
Bataillonen, 12 Escadrons, 9 Feld- und Reserve-Batterien = 54
Geschütze, 1. Feld-Pionier-Compagnie IX. Armee-Corps (Hauptmann
Lilie), Bayerische Etappen-Genie-Compagnie (Hauptmann Bauer).

Am 13. September wurde die enge Cernirung der Festung vorgenommen und waren zu dem Behufe folgende Abschnitte gebildet:

a) Der Abschnitt (I.) zwischen Rhein-Marne-Canal und Mosel
(7 Bataillone, 1 Escadron, 1 Batterie).

b) Der östliche Abschnitt (II.) zwischen dem Moselbogen (2 Bataillone, 1 Escadron, 1 Batterie).

c) Der nördliche Abschnitt (III.) (4 Bataillone, 2 Escadrons, 1
Batterie).

Der Rest der Cavallerie nebst einer reitenden Batterie wurde
südlich des Abschnitt I. dislocirt, um in der Richtung auf Langres
recognosciren zu können, während die Corps-Artillerie nördlich Mont
St. Michel Cantonnements bezog.

Die Pionier-Compagnie wurde nach Pierre la Treiche dirigirt,
um daselbst am 14. September zur Verbindung der beiden Moselufer
einen Fähr-Dienst zu organisiren. Die Compagnie wurde sodann bis
auf Weiteres der Belagerungs-Artillerie zur Herstellung von Baracken
und Wege-Arbeiten zur Verfügung gestellt.

Nachdem die Einleitungen zur Belagerung vom General-Commando
des XIII. Armee-Corps getroffen waren, übernahm der Generallieutenant
von Schimmelmann das Commando des Belagerungs-Corps.

Beschießung mittelst Feld-Geschützen.

Bis zum Eintreffen des Belagerungstrains erhielt die Feld-
Artillerie die Aufgabe, die enge Cernirung der Festung zu schützen,
die Vollendung der Armirungs-Arbeiten nach Möglichkeit zu stören,
die sämmtlichen Kasernements und militairischen Etablissements unter
Feuer zu nehmen und die Beobachtung von der Kathedrale aus zu verhindern. Demgemäß wurden in den Nächten vom 13./14. und 14./15.

September Emplacements für 18 schwere Feldgeschütze auf dem Mont St. Michel erbaut und wurde das Feuer nach der Armirung der betreffenden Batterien eröffnet. — Der Feind erwiderte dasselbe im Allgemeinen nur schwach.

Das Feuer dieser 18 Geschütze wurde vom 16. September ab noch durch 1 leichte Batterie verstärkt; außerdem begann man den Bau von Emplacements für 12 Feldgeschütze, von welchen ein Theil auf der Höhe bei Jacobin zur Thätigkeit kommen sollte.

Am Nachmittage des 18. September wurde die Festung aus 40 Feldgeschützen bombardirt, wobei jedes Geschütz 15 Schuß verfeuerte, um den Feind wenigstens zur Entfaltung eines Theiles seiner Kräfte zu bewegen' und seine Aufmerksamkeit von dem Transport des eingetroffenen Belagerungs-Parks abzulenken, der von der Kathedrale aus beobachtet werden konnte. Endlich wollte man noch einmal versuchen, ob durch diese Beschießung nicht bereits die Capitulation der Festung herbeigeführt werden könne. Der erste Zweck wurde vollständig erreicht, da die Geschütze unbelästigt in den Park gelangten; auch wagte der Feind anscheinend nicht mehr von der Kathedrale aus zu recognosciren und eröffnete erst gegen Ende der 1½-stündigen Beschießung ein ziemlich lebhaftes Gewehrfeuer.

Da am 19. September der Befehl eintraf, daß die 33. Infanterie-Brigade nebst den leichten Batterien (excl. einer reitenden), sowie der Cavallerie-Brigade nach Chalons abzugehen habe, bestand das Belagerungs-Corps nur noch aus:

6 Infanterie-Bataillonen,
1 Bataillon Jäger,
4 Escadrons,
4 Feldbatterien,
2 Pionier-Compagnien,
5 Festungs-Artillerie-Compagnien.

Der Belagerungs-Park zählte:

10 preußische lange 15-Cmtr.-Kanonen,
16 „ 12-Cmtr.-Kanonen (bronzene)
10 französische gezogene 12-Cmtr.-Kanonen,
17 „ glatte Mörser und Haubitzen,
Sa. 53 schwere Geschütze.

An Munition standen für die preußischen Geschütze je 500 Granaten und 50 Shrapnels zur Verfügung.

Demnach mußte auch eine andere Besetzung der Cernirungs-Abschnitte eintreten, die in folgender Weise angeordnet wurde:

Abschnitt I. 3 Bataillone, 2 Compagnien Jäger, 1 Escadron.

Abschnitt II. 1 Bataillon, 2 Compagnien Jäger, 1 Escadron.

Abschnitt III. 2 Bataillone, 2 Escadrons.

Inzwischen war der specielle Angriffsplan von dem am 16. September vor Toul eingetroffenen Commandeur der Belagerungs-Artillerie Oberst Bartsch in Gemeinschaft mit dem auch ferner noch als Ingenieur en chef fungirenden Major Schumann festgestellt worden. —

Im Wesentlichen wurde der frühere Entwurf beibehalten, wonach das Bastion 4 als Haupt-Angriffs-Object ausersehen war. — Die Herstellung einer Bresche erschien in diesem Bastion am leichtesten, besonders weil die Escarpen-Mauer von der Höhe la Justice aus auf etwa 1 Meter unter dem Cordonstein sichtbar war. —

Die Angriffs-Disposition war folgende:

Um mit Wahrscheinlichkeit auf das Gelingen eines beschleunigten Angriffs rechnen zu dürfen, sollten die ersten Batterien möglichst nahe an die Angriffsfront herangeschoben und der Mont Michel troß der Steilheit seiner Abhänge mit einer Anzahl 12-Ctm.-Kononen besetzt werden.

Die Belagerungs- und Feldgeschütze sollten zunächst den Kampf mit den feindlichen Geschützen aufnehmen und nur dann die Stadt bombardiren resp. das Breschiren vornehmen, wenn das feindliche Feuer dieses gestatten würde.

Ferner war beabsichtigt, die erste Parallele in der Nacht nach Eröffnung des Feuers mit dem rechten Flügel bei St. Evre und mit dem linken Flügel am Bach 700 Schritt von der Festung entfernt, auszuheben, so daß die Parallele an der Chaussee nach Choloy einen Winkel bildete. Die 3. Parallele sollte das Angriffs-Bastion soweit als erforderlich umfassen. — Um einen eventuellen Sturm der Bresche zu erleichtern, beabsichtigte der Ingenieur en chef einen Batardeau an Bastion 8 demoliren zu lassen, in der Annahme, daß das Wasser im Graben vor Bastion 4 dadurch abfließen würde. (Cfr. Bemerkung in der Batterie-Tabelle.)

Was speciell die artilleristischen Arbeiten anbetrifft, so war der Belagerungs-Park 4500 Schritt von der Festung gegen Sicht gedeckt westlich von Choloy angelegt, das Haupt-Pulver-Magazin lag weiter rückwärts am Rhein-Marne-Canal, ein Neben-Park nördlich der Côte de Barine ebenfalls 4500 Schritt von der Festung. Bezüglich des Batterie-Baues ist folgendes zu bemerken:

Auf dem Mont Michel waren 3 Enfilir-Batterien projectirt, die zusammen mit 12 Feldgeschützen und 4 12-Ctm. Kanonen armirt waren. Die beiden Feld-Batterien Nr. I. und II. waren bereits in den Nächten vom 13./14. resp. 14./15. September erbaut und hatten dieselben zusammen bis zur Eröffnung der Belagerung gegen 700 Granaten verschossen.

Während der Belagerungs-Operation sollten die Batterien I.—III. hauptsächlich als Enfilir-Batterien wirken.

Am Fuße des Mont Michel resp. der Côte Barine waren 2 Batterien projectirt und zwar Demontir-Batterie Nr. IV. westlich der befestigten Fayencerie an der Chaussee nach Ecrouves (6 Feld-Geschütze), sowie

Mörser-Batterie Nr. V. Dieselbe lag in der Nähe des Bahnhofes Toul und 700 Schritt von den Festungswerken entfernt. — Dieser außerordentlich günstige Platz war besonders aus dem Grunde gewählt, weil das erforderliche Material schon vom früheren Bombardement her in der Nähe des Canals lag und weil man wegen der nahen Entfernungen schon die 15-Ctm. Mörser benutzen konnte.

Am Abhang der Höhe von Justice waren die Batterien VI., VII., VIII. und IX. angelegt und zwar dem Angriffsobject Bastion 4 gegenüber in Entfernungen von durchschnittlich 1100 Schritt von den betreffenden Festungswerken.

Diese 4 Batterien, zusammen mit 24 schweren Geschützen armirt, sollten die angegriffene Front demontiren und demnächst die Bresche in Bastion 4 legen. Zur weiteren Umfassung der Angriffsfront wurde der rechte Flügel der Artillerie-Position möglichst weit ausgedehnt und zu dem Zwecke die Enfilir-Batterie Nr. X. am Abhang der Höhe Jacobin erbaut und mit 5 schweren Geschützen armirt, endlich die Enfilir-Batterie Nr. 11 südlich Dommartin, unter Benutzung des schon früher angelegten Emplacements von einer reitenden Batterie besetzt.

Die Festung war durch diese 11 Batterien auf etwa $^2/_3$ ihres Umkreises umfaßt.

Die zur Einleitung des förmlichen Angriffs erforderlichen Ingenieur-Arbeiten wurden am 18. September begonnen. Das Ingenieur-Depot wurde in Ecrouves angelegt und die Anfertigung der Strauch-materialien befohlen.

Gleichzeitig ließ der Ingenieur en chef, um der Festung das Mosel=Wasser zu entziehen, den betreffenden Flußarm abdämmen und unterhalb der Theilung der Mosel und der dort befindlichen Ueberfallwehre Durchstiche anlegen. Die von einem Detachement der Pionier=Compagnie (Premier=Lieutenant Lindow) ausgeführten Arbeiten wurden bis zum 21. September vollendet und erreichten vollständig ihren Zweck, indem das Wasser der Mosel theils durch den sich in Folge der Strömung rasch erweiternden Durchstich, theils durch die durchbrochene Wehre abgeleitet wurde. — Der Feind versuchte diese Arbeiten durch schwaches Geschützfeuer zu stören, aber ohne Erfolg.

Der Rest der Compagnie schlug am 20. September eine Brücke über die Mosel zwischen Pierre la Treiche und Chaudenay (mittelst des leichten Feldbrückentrains unter Zuhülfenahme von unvorbereitetem Material).

Um die Inundation der Festungsgräben möglichst unwirksam zu machen, öffnete die Bayerische Genie=Compagnie die Schleusen im Rhein=Marne=Kanal in der Richtung nach Nancy, ferner wurde ein Detachement dieser Compagnie unter Führung des Oberlieutenant Strobel mit der Zerstörung einer am Fuß des Glacis belegenen Stau=Schleuse beauftragt. Nachdem dieser Offizier an den Abenden des 18. und 19. die erforderlichen speciellen Recognoscirungen vorgenommen hatte, wurde der Abend des 20. September zur Zerstörung des Stau=Dammes bestimmt. — Derselbe lag dicht neben der Canalbrücke und bestand aus starken Versatzhölzern, die nach oberstrom durch Erd=anschüttungen gegen das Durchbringen des Wassers gesichert waren. Die Sprengung erfolgte mittelst einer Ladung von 105 Kilo Pulver, (die hinter den Versatzhölzern angebracht und gut verdämmt wurde), erfordete eine Vorbereitung von etwa 2 Stunden und hatte einen voll=ständigen Erfolg, da das Wasser der Festungsgräben theilweise mit Vehemenz abfloß. —

Die mit großer Umsicht und Kühnheit in unmittelbarer Nähe des Feindes geleitete Arbeit wurde nur durch einige Gewehrschüsse gestört.

Nachdem der Belagerungs=Park im Laufe des 20. September mit einem genügenden Munitionsquantum versehen war, begann am 21. September die eigentliche Belagerung.

Die Vorposten wurden an diesem Tage (21. September) so nahe als möglich an die Festung vorgeschoben und standen in den ersten

Häuserreihen der Vorstädte den Festungswällen direct gegenüber. Der Feind suchte am Nachmittage die Vorposten aus der Vorstadt St. Mansuy zu vertreiben, was ihm aber nicht gelang.

Am Abend wurde das nähere Vorterrain der Festung von dem Hauptmann Lilie sowie den Premierlieutenants Lindow und Mende recognoscirt und die Lage der Parallele genau festgelegt.

22. September. Von den Batterien des Mont Michel aus wurde die Stadt beunruhigt und wurden die Porte de France, sowie die Porte de Metz beherrscht; an dem Feuer nahmen auch die 4 daselbst placirten 12=Ctm.=Geschütze Theil, dasselbe wurde durch die reitende Batterie unterstützt. (Vergleiche Batterie=Tabelle.)

Der Feind schien die Batterie=Depots entdeckt zu haben und beschoß dieselben, jedoch ohne Erfolg.

Während am Abend von der Artillerie die Belagerungsbatterien erbaut wurden, steckten die Ingenieur=Offiziere die 1. Parallele ab, ferner suchte der Oberlieutenant Strobel die Wasser=Verhältnisse vor dem Angriffsbastion näher zu ermitteln, um zu constatiren, ob · eine Ableitung des Festungsgrabens möglich sei. Die Recognoscirung ergab jedoch kein bestimmtes Resultat. *)

23. September. Die sämmtlichen Belagerungs= und Feldgeschütze eröffneten um 6 Uhr Morgens das Feuer und zwar mit gutem Erfolg, insbesondere wurde eine Zugbrücke demolirt. Im Laufe des Vormittags entstanden an mehreren Stellen der Stadt erhebliche Brände; doch zündeten auch die Bomben des Vertheidigers die unsererseits besetzten Vorstädte St. Mansuy und St. Evre.

Nachdem das mit ziemlicher Gleichmäßigkeit bis Nachmittags 3 Uhr fortgesetzte und zuweilen vom Gegner lebhaft erwiderte Feuer verstummt war, wurden von Letzterem Capitulations=Verhandlungen angeknüpft, die auch bald zum Abschluß führten. Von den 11 in der anliegenden Tabelle bezeichneten Batterien waren im Ganzen 2425 Schuß und Wurf abgegeben.

Seitens der Ingenieure waren im Verlauf des Tages alle Vorbereitungen zur Eröffnung der 1. Parallele getroffen. Der großen Nähe der Festung wegen sollte dieselbe größtentheils mittelst der flüch-

*) Nach der Einnahme der Festung stellte es sich heraus, daß diese Ableitung nicht möglich war, daß im Gegentheil durch die beabsichtigte Zerstörung des Batardeaus dem qu. Graben eine größere Wassermasse zugeflossen sein würde.

tigen Sappe hergestellt werden und standen zu diesem Zweck etwa 1000 Sappenkörbe zur Verfügung. —

Die Festung wurde von der 17. Division noch am Abend des 23. September besetzt und fielen damit 2350 Kriegs=Gefangene in unsere Hände, sowie 76 Geschütze, 30,000 Gewehre, endlich sehr be= trächtliche Munitions= ꝛc. Bestände (2200 Centner Pulver ꝛc.) und an Verpflegungs=Vorräthen 143,000 Portionen, sowie 52,000 Rationen.

Der Zustand der Festung bei der Uebergabe bewies, daß die Werke nur wenig, dagegen mehrere Kasernen und viele Privat=Häuser sehr gelitten hatten; der Grad der Zerstörung war indessen mit den in anderen eroberten Festungen (z. B. Thionville, Mezières, Soissons) erzielten Resultaten nicht zu vergleichen.

Die Functionen des Platz=Ingenieurs wurden dem Premier= Lieutenant Meude übertragen, der unter den obwaltenden Verhältnissen, welche den Besitz von Toul völlig gesichert erscheinen ließen, die Ar= mirungsmaßregeln beseitigte, soweit sie die Communicationen und den geregelten Verkehr nach Außen und im Innen hemmten. Die Inundationen wurden abgelassen, die Gräben aber vorläufig gefüllt erhalten. Erst als durch die dauernde Anspannung der letzteren das Grundwasser so hoch gestiegen war, daß den unter Wasser gesetzten Stadt=Kellern ge= sundheitsgefährliche Ausbünstungen entströmten, wurde die Festung auch in dieser Beziehung besarmirt. —

Eine völlige Neuarmirung wurde im Januar 1871 höheren Orts angeordnet, als durch die Ereignisse im Süden und die Ansammlung größerer Franktireur=Banden bei Langres die Möglichkeit einer gewalt= samen Unternehmung gegen Toul nicht ausgeschlossen war.

Die verschiedenen gegen die Festung Toul unternommenen Be= schießungen, die im Ganzen die Zahl von 5 erreichten, hatten zusammen eine Zeit von etwa 6 Wochen erfordert. Bei der Beurtheilung der unternommenen Angriffs=Operationen wird nicht außer Acht zu lassen sein, daß im August und September 1870 noch zu wenige Erfahrungen vorlagen, welchen geringen Widerstand eine kleine Festung einem an= haltenden Bombardement gegenüber zu leisten vermag, wenn dieselbe keine genügenden bombensicheren Räume besitzt und von den Einwohnern nicht verlassen ist. —

Mit dem Fall der Festung war die Eisenbahn in der Richtung nach Paris geöffnet. Ueber den vor Toul zur Verwendung gekommenen Belagerungspark wurde in der Weise disponirt, daß die französischen Geschütze vor Verdun, die preußischen dagegen (sowie 10 den Beständen der Festung entnommene Mörser) vor Soissons Verwendung finden sollten. Wie wir im ersten Theil dieses Werkes gesehen haben, waren die vor Verdun zur Verwendung gekommenen französischen Geschütze nicht im Stande, diese verhältnißmäßig starke Festung zur Uebergabe zu zwingen. Dagegen gelang es, wie wir in den folgenden Blättern sehen werden, die Festung Soissons bei der energischen Leitung der Angriffs-Operationen binnen Kurzem zur Uebergabe zu zwingen und damit die zweite nach Paris führende wichtige Eisenbahnlinie frei zu machen.

2. Kapitel.

Belagerung von Soissons.

(Hierzu Taf. V.)

I. Allgemeine Lage ꝛc.

Etwa 12 Meilen nordöstlich von Paris liegt auf dem linken und zum Theil auch auf dem rechten Ufer der Aisne die Festung Soissons. — Dieselbe sperrt die von Paris über Villers Cotterets nach Laon und Rheims führenden Eisenbahnen und außerdem die 6 Heerstraßen, die nach allen Richtungen hin das wellige, zwischen Marne und Oise liegende Hügelland durchschneiden.

Als die deutschen Armeen die Cernirung von Paris vorgenommen hatten, erhielt die Festung für die französische Landes-Vertheidigung eine hervorragende Bedeutung, weil die wichtige Eisenbahn-Linie Rheims-Soissons-Paris von den deutschen Truppen nicht benutzt werden konnte.

Die Aisne, ein durchschnittlich ꝛc. 60 Mtr. breiter und 2—3 Mtr. tiefer Fluß, der sich bei Compiègne in die Oise ergießt, nimmt südlich von der Stadt den Grise-Bach auf, der nach vorgenommener Anstauung der Aisne eine größere tactische Bedeutung erhält.

Die Thalsohle der Aisne ist durchschnittlich etwa 3000 Schritt breit und besteht aus Ackerfeldern und Wiesen, die zum großen Theil ober=halb der Stadt inundirt werden können. Die Thalränder erheben sich bis zu etwa 100 Mtr. über den Aisne=Spiegel, sind theils mit Waldparcellen, theils (auf dem rechten Ufer) mit Weinbergen bedeckt, umschließen die Festung von allen Seiten und nähern sich derselben bis auf 2000 Schritt.

Was die Befestigungen anbetrifft, so sind die, ein Rechteck von etwa 1500 resp. 1000 Schritt Seitenlänge einschließenden Werke im Allgemeinen nach Baubans I. Manier construirt.

Die Südfront besitzt einen sturmfreien Hauptwall mit etwa 7 Mtr. hohen Escarpenmauern und nicht revetirten Contreescarpen. Von der Rheimser Straße an hebt sich das Terrain beträchtlich bis zu dem an der Südwestecke liegenden Bastion, welches durch ein vorgelegtes Horn=werk geschützt ist. Letzteres hat hohle Bastione, 7 Mtr. hohe revetirte Escarpen mit Gallerien für Gewehrfeuer, crenelirte Kehlmauern, sowie ein Reduit mit Gewehr=Vertheidigung, und ist durch eine unterirdische Communication mit der Haupt=Enceinte verbunden.

Die West= und Nordfronten sind durch 2 revetirte Ravelins gedeckt, wodurch der schwachen Nordwest=Ecke eine für frühere Verhält=nisse ausreichend erscheinende Widerstandsfähigkeit ertheilt worden ist.

Die durch die Aisne gesicherte Ostfront ist durch eine 5—6 Mtr. hohe, 1 Mtr. starke crenelirte Mauer gesichert. — Die weitere Sicherung der Ostfront und zugleich die der beiden massiven resp. eisernen Aisne=Brücken übernimmt der Brückenkopf St. Vast. Derselbe besteht aus einem bastionirten Viereck und besitzt 6 Mtr. hohe Escarpen=Revetements.

Sämmtliche Gräben der Enceinte, sowie des Brückenkopfes können mit Wasser gefüllt werden, mit alleiniger Ausnahme der höher liegenden Gräben der Südfront.

Aus den Terrain= und fortifikatorischen Verhältnissen ergiebt sich wohl ohne Weiteres die geringe Widerstandsfähigkeit der Festung, deren Vertheidigungskraft durch die enggebauten, bis hart an den Hauptwall herantretenden Stadttheile vollständig gelähmt wird.

Wenn die Festung auch als durchaus sturmfrei bezeichnet werden konnte, so war doch Mitte September nicht zu zweifeln, daß dieselbe

zu einem längeren Widerstande unfähig sei, sobald schweres Belage=
rungs=Geschütz herbeigeschafft war. *)

II. Ereignisse vor der Belagerung.

Das IV. Armee=Corps hatte bei seinem Vormarsch auf Paris
die Festung zur Uebergabe auffordern lassen, ohne daß indessen diese
Aufforderung einen Erfolg hatte. Von einer Beschießung der Festung
mittelst Feldgeschützen wurde abgesehen.

Mitte September wurde das General = Gouvernement Rheims
mit der Cernirung der Festung beauftragt und setzte sich demzufolge
am 23. September von Rheims aus ein Detachement, bestehend aus
3 schwachen Landwehr=Bataillonen, 1 Escadron und 1 Reserve=Batterie,
sowie der 2. Festungs = Pionier = Compagnie IX. Armee = Corps (Haupt=
mann Reußner) gegen Soissons in Bewegung.

Da die geringe Truppenzahl zur vollständigen Einschließung der
Festung nicht ausreichte, so wurde am 24. September nur das süd=
östliche Vorterrain von der Aisne bis zur Straße Soissons=Chateau=
Thierry besetzt, nachdem der Feind zur Räumung der Plateaus' ge=
zwungen war. — Seitens der Pionier=Compagnie wurden sofort nach
Beendigung des Gefechts Deckungen für die Feldwachen geschaffen,
sowie verschiedene Vertheidigungs=Vorkehrungen getroffen.

Die Besatzung versuchte die Arbeiten durch Granatfeuer zu stören,
was aber nicht gelang. —

Die Cernirungsstellung konnte an den folgenden Tagen weiter
nach Westen ausgedehnt werden.

Die Pionier = Compagnie traf gleichzeitig die erforderlichen Vor=
arbeiten zur Herstellung einer Floßbrücke über die Aisne, die bei
Venizel (neben der aufgefundenen und wieder in Betrieb gesetzten
Fähre) erbaut werden sollte.

Die geringe Stärke des Cernirungs=Detachements machte ein
möglichstes Festsetzen der Vorposten im Terrain dringend erforderlich.
Die Pionier=Compagnie hob daher namentlich vorwärts Bauxbuin

---

*) Aus den französischen Archiven geht hervor, daß bereits am 7. Juli
1870 Armirungs=Vorkehrungen getroffen waren. Das Comité des fortifica-
tions berichtete am 28. Juli, daß ein hinter der Nordwestfront liegendes
Pulver=Magazin bis zum Fuß von den umgebenden Höhen eingesehen wäre
und deshalb geräumt werden müßte. —

ausgedehnte Schützengräben aus und richtete die vorgeschobenen Gehöfte zur Vertheidigung ein.

Am 27. September wurde die Rheimser Vorstadt von Seiten der Besatzung in Brand gesteckt und entwickelte letztere von da ab eine größere Thätigkeit, ging auch mehrfach zur Offensive gegen die diesseitigen Vorposten über.

Am 28. September war die Verbindung der beiden Ufer der bereits ziemlich stark angestromten Aisne bewerkstelligt, an demselben Tage auch die vom Feinde gesprengte Brücke bei Missy wieder hergestellt. Letztere wurde indessen am 30. September Morgens 2½ Uhr vom Vertheidiger der Festung, der das rechte Ufer des Flusses noch im Besitz hatte, wieder zerstört. — Es blieb daher nichts Anderes übrig, als die Herstellung der Floßbrücke möglichst zu beschleunigen und wurde dieselbe bis zum 3. October beendet. Diese etwa 2,25 Mtr. breite, ca. 80 Mtr. lange und auf 8 großen Flößen ruhende Laufbrücke konnte indessen nur wenige Tage benutzt werden, da das zu den Flößen benutzte frisch gefällte Holz keine genügende Tragfähigkeit besaß.

III. Die Belagerung.

Das zur Belagerung der Festung bestimmte und dem General-Lieutenant von Selchow unterstellte Detachement traf Anfangs October mit dem Belagerungs-Park vor Soissons ein und sollte dasselbe nach dem Befehl vom 29. September bestehen aus:

7 Landwehr-Bataillonen,

4 Escadrons,

2 Reserve-Feld-Batterien,

2 Pionier-Compagnien und zwar:

    1. Feld-Pionier-Compagnie IX. Armee-Corps (Hauptmann Lilie),

    2. Festungs-Pionier-Compagnie IX. Armee-Corps (Hauptmann Reussner),

    sowie

4 Festungs-Artillerie-Compagnien mit

    10 Preußischen langen 15-Ctm.-Kanonen,

    16 Preußischen bronzenen 12-Ctm.-Kanonen

    10 Französischen (15- resp. 23- und 27-Ctm.-) Mörsern,

Sa. 36 schwere Geschütze, die dem preußischen Belagerungs-Park von Toul resp. der Festung Toul entnommen waren.

An Munition stand zur Verfügung:

13473 Schuß für gezogene 12= und 15=Ctm.=Kanonen, (also durchschnittlich etwa 518 Granaten und Schrapnels pro Geschütz),

2490 Bomben (also durchschnittlich 249 Wurf pro Mörser).

Als Commandeur der Belagerungs=Artillerie fungirte der Oberst Bartsch, der am 3. October vor Soissons eintraf, während der Oberst Braun vom Stabe des XIII. Armee=Corps am 2. October den Dienst des Ingenieurs en chef übernahm. —

Der letztgenannte Offizier recognoscirte am 2. und 3. October mit dem Artillerie=Oberstlieutenant Wiebe das Vorterrain der Festung und wurde die Recognoscirung am folgenden Tage in Gemeinschaft mit dem Commandeur der Belagerungs = Artillerie fortgesetzt. Die Recognoscirungen konnten sich indessen nicht auf das nördliche Vorterrain erstrecken, da dasselbe noch vom Feinde besetzt war.

Am 6. October stellten die genannten Offiziere den Angriffsplan fest, wonach ein beschleunigter Angriff gegen das südwestliche Eck=Bastion und das östlich davon gelegene Cavalier=Bastion geführt werden sollte. Wie vorhin schon bemerkt, waren einestheils auf dieser Front keine nassen Gräben vorhanden, anderntheils boten die Plateaus bei St. Genevière und Vauxbuin sehr dominirende und gesicherte Geschütz= Aufstellungen dar. Außerdem lag die gewählte Angriffsfront in strategischer Beziehung günstiger als eine der Nordfronten, zumal da auch der Belagerungspark in der Nähe der nach Chateau Thierry resp. Rheims also den Haupt=Etappen = Orten führenden Straßen angelegt werden konnte.

Von dem Commandeur der Belagerungs = Artillerie waren die zu erbauenden ersten Batterien bereits am 4. October ihrer Lage nach genau bestimmt worden. (Vergl. die angehängte Batterietabelle.)

Nach der am 5. October dem Divisions=Commandeur eingereichten Denkschrift des Oberst Braun sollte von der Höhe + 121 nördlich Vauxbuin Bresche in den Hauptwall gelegt werden. — Als eigentliches Angriffsbastion hätte sich zwar das südwestliche Eck=Bastion zur Breschirung empfohlen, namentlich, da dasselbe keinen Cavalier besaß. Zu schräge Lage der Schußrichtungen bei einer Breschirung der linken Face zwang jedoch zur Breschirung der Courtine, was insofern kein Bedenken erregte, als von den vorerwähnten Geschützaufstellungen aus beide (die Bresche bestreichenden) Bastionsflanken direct demolirt werden konnten.

Der Gang des förmlichen Angriffs, insofern ein solcher durchgeführt werden mußte, war derartig disponirt, daß die ersten Batterien auf den vorerwähnten Höhen in einer Nacht erbaut, in der folgenden Nacht armirt werden sollten, so daß am Tage darauf der Geschützkampf beginnen konnte. — Die Angriffsarbeiten sollte auf normalmäßige Weise vorgenommen und nur die Mörser-Batterien weiter vorgeschoben werden; auch war vorausgesetzt, daß dem Angriff keine besondere Schwierigkeiten entgegenstehen würden. Demgemäß wurde beabsichtigt:

1) die Belagerungs-Artillerie zum Schweigen zu bringen.

2) Durch ein Bombardement, bei dem namentlich die Mörser zur Verwendung kommen sollten, die Stadt möglichst zu zerstören.

3) Durch das Erzeugen einer Bresche noch besonders nachdrücklich auf den moralischen Muth der Besatzung zu wirken und dadurch dem Commandanten einen ausreichenden Grund für die Ueber- gabe zu bieten.

Um diese Zwecke zu erfüllen, sollten zunächst 8 Batterien erbaut werden und zwar:

2 Batterien (Nr. 1 und 2) neben dem Gehöft St. Genevière zusammen armirt mit 6 Feldgeschützen und 4 15-Cmtr.-Kanonen, wodurch einestheils der rechte Flügel des Angriffs gesichert, andererseits hauptsächlich das Cavalier-Bastion unter Feuer ge- halten werden sollte.

Mörser-Batterie Nr. 3 hinter dem Eisenbahndamm, der auf etwa 1300 Schritt parallel der Südfront lief und von keinem Festungswerk eingesehen war.

Bresch-Batterie Nr. 4 auf der Kuppe nördlich Vauxbuin, die mit 6 langen 15-Cmtr.-Kanonen armirt und auf etwa 1800 Schritt Entfernung die oben erwähnte Bresche erzeugen sollte.

Demontir-Batterien Nr. 5 und 6 links neben Batterie 4, zu- sammen mit 12 12-Cmtr.-Kanonen armirt.

Nordwestlich von den vorgenannten Batterien die Ricoschett- und Demolitions-Batterie Nr. 7 (4 12-Cmtr.-Kanonen,) die gegen das Hornwerk, sowie das südwestliche Eck-Bastion und das Cavalier-Bastion wirken sollte.

Batterie Nr. 8 zur Deckung des linken Flügels (6 Feldgeschütze) sowie zur Beunruhigung der Communicationen 2c.

Für den Fall, daß bis zum Abend des ersten Bombardements- tages die Festung nicht capituliren sollte, war beabsichtigt, sofort

auf 800 Schritt Entfernung von den Werken bie 1. Parallele zu eröff=
nen, eventuell den förmlichen Angriff weiter fortzusetzen.

Nach diesem Angriffsplan, der die Genehmigung des Divisions=
Commandeurs erhielt, waren sämmtliche gezogene Geschütze in den Bat=
terien aufgestellt und blieben nur 4 französische Mörser in Reserve. —
Der Beginn der Belagerung verzögerte sich dadurch erheblich, daß
die sämmtlichen Belagerungs=Bedürfnisse von Rheims mittelst Fuhrwerk
herangezogen werden mußten, so daß der am linken Ufer der Crise
südlich Courmelles und 5000 Schritt von der Festung formirte Haupt=
Artillerie=Park, *) erst am 11. October soweit ausgerüstet werden
konnte, daß der erste Bedarf gedeckt war. —

Was den Ingenieur=Belagerungs=Park anbetrifft, so wurden
vom 6. October ab die erforderlichen Vorbereitungen zur Formirung
desselben südlich Vignolles getroffen. Das Schanzzeug wurde aus Toul
requirirt und mit der Anfertigung von Strauch=Materialien begonnen,
nachdem auch die 1. Feld=Pionier=Compagnie des IX. Armee=Corps
eingetroffen war. —

Die Cernirung der Festung konnte erst am 9. October vollständig
bewirkt werden, weil es bis dahin wegen der geringen zur Verfügung
stehenden Truppenzahl nicht möglich gewesen war, die Straße Soissons=
St. Quentin zu besetzen.

Da die Herstellung einer gesicherten Verbindung der beiden Aisne=
Ufer westlich von Soissons erforderlich war, so recognoscirte der In=
genieurstab am 9. October den Fluß und ermittelte eine Brückenstelle
unterhalb der vom Feinde zerstörten Drahtbrücke bei Pommiers. Die
Division hatte bestimmt, daß am Morgen des 10. October sowohl von
Pommiers wie von Crouy aus gleichzeitig je 1 Bataillon auf Cuffies
operiren sollte, um die dort noch stehenden Mobilgarden 2c. abzu=
schneiden.

Demgemäß sollte in der Nacht vom 9./10. October bei Pommiers
eine Brücke mittelst des leichten Feldbrückentrains hergestellt werden.
Da der Feind noch das andere Ufer des Flusses besetzt hatte, so mußte
der Brückenschlag unter Anwendung von Sicherheitsmaßregeln geschehen;
es gelang der Pionier=Compagnie (Hauptmann Lilie), den Brückentrain
unbemerkt bis an den Fluß zu bringen. Wegen des hohen Wasser=
standes reichte indessen das Brücken=Material nicht aus, so daß die

---

*) Auf dem rechten Flügel war außerdem noch ein Nebenpark für die
Batterien 1 bis 3 angelegt.

Infanterie mittelst Fähren übergesetzt werden mußte. Die Brücke konnte später an einer günstigeren Stelle geschlagen werden, so daß damit eine gesicherte Verbindung der beiden Aisne-Ufer erreicht war.

Dagegen wurde statt der bei Bailly hergestellten vorhin erwähnten und am 7. October gesunkenen Floßbrücke von der genannten Pionier-Compagnie eine Schiffbrücke erbaut, die am 11. October dem Verkehr übergeben werden konnte.

Der Bau der Belagerungs-Batterien wurde von der Festungs-Artillerie in der Nacht vom 11./12. October begonnen und unter günstigen Boden- und Witterungs-Verhältnissen in verhältnißmäßig kurzer Zeit beendigt, so daß die Armirung in derselben Nacht erfolgen konnte. Die Mehrzahl der Batterien war bereits um 2 Uhr Morgens schußfertig.

Gleichzeitig hoben die beiden Pionier-Compagnien auf der Höhe von Vauxbuin zwischen und nach den Batterien Nr. 4, 5, 6, und 7 gedeckte Communicationen aus. Der Feind versuchte die Arbeiten durch Granatfeuer zu hindern, jedoch ohne Erfolg.

Am 12. October gegen 6 Uhr Morgens eröffneten die sämmtlichen 32 Geschütze ihr Feuer gegen die Festung. Der Feind antwortete lebhaft und concentrirte namentlich sein Feuer gegen die Breschbatterie, so daß letztere mehrfach genöthigt war, in den Geschützkampf einzutreten. Das Resultat des ersten Tages war im Allgemeinen zufriedenstellend, weniger in Bezug auf die Bresche. — Es hatten etwa 16 Festungs-Geschütze geantwortet, deren Feuer jedoch bereits Nachmittags ermattete.

Am Abend des 12. October wurde Seitens des Ingenieurstabes die Lage der 1. Parallele im Terrain festgelegt.

Am 13. October hatte der Feind neue Geschütze aufgestellt und einige demontirte Rohre ausgewechselt. Da eine am Nachmittage erlassene Capitulations-Aufforderung keinen Erfolg gehabt, wurde das Feuer von beiden Seiten mit Energie fortgesetzt. — Hiernach ließ sich nur vermuthen, daß ein kurzes Bombardement den Fall der Festung nicht herbeiführen würde und mußte daher die Einleitung des förmlichen Angriffs ernstlicher in das Auge gefaßt werden.

Nach dem vom Oberst Braun entworfenen speciellen Angriffsplan sollte die Parallele durchschnittlich 800 Schritt vom Glacis der Angriffsfront entfernt auf dem Rücken einer sanften Terrainerhebung liegen. Der linke Flügel lehnte sich mit einem Bogen an die von Vauxbuin nach Soissons führende Chaussee, der rechte Flügel an den angeſtauten Criſe=Bach. Die ganze Länge der Parallele betrug 1080 Schritt. Auf dem linken Flügel zweigte ſich eine rückwärtige Com= munication ab, welche in 2 Schlägen nach Vauxbuin führte, bei fort= geſetzter Belagerung aber weiter nach rückwärts hätte verlängert werden müſſen. Eine zweite Communication auf dem rechten Flügel wurde vorläufig nicht projectirt, weil die Ueberbrückung des dieſelbe ſchneidenden Criſe=Bachs große Schwierigkeiten verurſacht haben würde.

Auf den Termin für die Eröffnung der erſten Parallele wirkten beſonders 2 Umſtände ein: die Schwäche der Infanterie des Belage= rungs=Corps und das noch fehlende Schanzzeug.*) Die im Ganzen etwa 4000 Mann ſtarke**) Infanterie reichte kaum zum Cernirungs= und Park=Dienſte aus.

Ferner war zu erwägen, daß die Angriffsfront durch das bereits begonnene Breſchelegen decouvrirt war und man auf ein heftiges Be= ſchießen, ſowohl der Bedeckungs=Truppen wie der Arbeiter, gefaßt ſein mußte. — Der Oberſt Braun beabſichtigte daher, einzelne Theile der 1. Parallele ſchon vorher durch die Pioniere ausführen zu laſſen. Theils wurde hierdurch die Zahl der Parallelen=Arbeiter vermindert, theils lag es in der Abſicht, für die Soutiens der Bedeckungs=Truppen geſicherte Aufſtellungs = Punkte zu ſchaffen. Um den Feind auf dieſe Arbeiten nicht beſonders aufmerkſam zu machen, wurde die Infanterie veranlaßt, nördlich der Chauſſee von Vauxbuin nach Soiſſons bis in der Nähe der Aisne Schützengräben anzulegen, was auch alsbald und in ſehr ausgedehntem Maaße geſchah.

Am 14. October wurde das Feuer der Belagerungs=Artillerie mit gutem Erfolg fortgeſetzt, namentlich hatte die Breſchbatterie ſicht= bare Reſultate aufzuweiſen, da ein Theil der Mauer der Courtine bereits einſtürzte. Als das Artilleriefeuer auf den Collateralwerken ſich gegen die beiden Flügel=Batterien 1 und 8 in dem Maaße ver= ſtärkte, daß dieſelben wenig gegen die Angriffsfront wirken konnten, ſo wurden dieſe Batterien desarmirt und ſollten ſtatt derſelben bei la Vuerie die Batterien Nr. 9 und 10 erbaut werden, etwa 300 Schritt hinter der 1. Parallele, während in letzterer eine mit 4 leichten 15=Ctm.=Mörſern zu armirende Batterie projectirt wurde.

In der Nacht vom 14./15. October hob die Feld=Pionier=Compagnie ein Stück des vorderſten Schlages der rückwärtigen Communication

---

*) Das XIII. Corps war mit keiner Schanzzeug=Colonne ausgerüſtet.
**) Später wurden noch 2 Landwehr=Bataillone herangezogen.

aus, während zugleich Infanterie-Mannschaften unter Leitung des Premierlieutenants Lindow etwa 100 Schritt vorwärts der Parallele Schützengräben für die Soutiens der Bedeckungstruppen und wieder etwa 100 Schritt weiter vorwärts Schützenlöcher herstellten.

Am 15. October hatte der Feind ungeachtet des nächtlichen Granat- und Shrapnelfeuers einen Verhau auf der Bresche gebildet, der in Brand gerieth. Nachmittags wurde das feindliche Feuer eine Zeit lang wieder heftiger, aber auch die diesseitigen Geschütze entfalteten eine größere Thätigkeit. — Der commandirende General des XIII. Armee-Corps wünschte Vormittags 10½ Uhr, den Commandanten noch einmal zur Uebergabe aufzufordern und um hierzu eine genügende Veranlassung zu haben, die Eröffnung der 1. Parallele bereits für den Abend des 15. October. Der Beginn der förmlichen Belagerung sollte auf diese Weise ernstlich documentirt werden.

Der Oberst Braun war indessen der Ansicht, daß in den wenigen Stunden, die noch zu Gebote standen, die für die Eröffnung der Parallele nothwendigen Vorbereitungen nicht getroffen werden könnten. Namentlich wurde betont, daß wegen des um 8 Uhr Abends beginnenden Mondscheins die Arbeiter zu dieser Zeit genügende Deckung haben und schon am Nachmittage 3½ Uhr auf den Gestellungsplätzen bereit stehen müßten, daß ferner die Aufstellung der Dispositionen und Instructionen übereilt würde, auch die mündliche Anweisung der Commandeure und Offiziere der Arbeiter-Colonnen, sowie der Bedeckungs-Truppen nicht mit der erforderlichen Ruhe und Sorgfalt stattfinden könnte, was um so wichtiger erscheinen mußte, als nur Landwehr-Truppen zur Verfügung standen. — Das General-Commando genehmigte unter diesen Umständen, daß die Parallele, wie es ursprünglich beabsichtigt war, erst in der Nacht vom 16./17. October eröffnet werden solle. —

Nach der Disposition für die Eröffnung der Parallele waren im Ganzen noch etwa 2000 laufende Schritt Parallele und Communicationen auszuheben und zur Deckung der Arbeiten 5 Compagnien bestimmt.

Alle diese Vorbereitungen wurden indessen gegenstandslos, als der Feind am 15. October Abend 8 Uhr Capitulations-Verhandlungen einleitete, die noch im Laufe der Nacht zum Abschluß führten.

Die Artillerie hatte während der 4½-tägigen Beschießung im Ganzen 8,386 Schuß und Wurf gethan (incl. 1,233 Feld-Granaten) und waren hierdurch bedeutende Zerstörungen in der Stadt, sowie an den Festungswerken angerichtet worden. — Besonders bemerkenswerth war der Erfolg, den die Breschbatterie gehabt. Dieselbe hatte im Ganzen 1,402 15=Ctm.=Granaten (außerdem 172 Shrapnels) verfeuert und war hierdurch eine Bresche erzeugt, die in ihrem oberen Theil 45 Schritt lang war. Die Escarpenmauer war oben etwa 1,25 Mtr., unten gegen 3 Mtr. stark gewesen und war die Bresche ziemlich practi= cabel, da der Böschungswinkel der Schuttmassen etwa 45° betrug. Dieses günstige Resultat ist um so beachtungswerther, da die Entfer= nung der Batterie von dem Ziel etwa 2200 Schritt betrug.*)

Der Einzug in die eroberte Festung erfolgte am 16. October und wurden im Ganzen gegen 3000 Gefangene gemacht, sowie 128 bronzene Geschütze (worunter 47 gezogene) erbeutet; eine größere Zahl von Geschützen und Laffeten war demontirt.

Der Hauptmann Reussner übernahm die Functionen eines Platz= Ingenieurs und wurde derselbe später vom Premier=Lieutenant Joesten abgelöst.**)

Da das General=Gouvernement von Rheims bereits früher den Befehl erhalten hatte, die Werke der bereits besetzten und demnächst noch wegzunehmenden Festungen Toul, Sedan, Soissons, Verdun und Lafère an geeigneten Stellen derart zur Sprengung vorbereiten zu lassen, daß die Befestigungen erforderlichen Falls in kurzer Zeit nieder= gelegt werden könnten, so wurde am 19. October die Inundation ab= gelassen. Im Dezember übernahm der Hauptmann. Tetzlaff den Dienst des Platz=Ingenieurs und ließ derselbe sehr ausgedehnte Vorbereitungen zur Sprengung der Festungswerke treffen.

---

*) Es ist jedoch hierbei nicht außer Acht zu lassen, daß die sehr alte und mürbe Escarpenmauer bis zur halben Höhe sichtbar, jedoch durch einen Non= bengang entlastet war.
**) Wie im I. Theil erwähnt, sollte die 2. Landwehr=Division Ende Octo= ber die Belagerung von Mezières vornehmen und gingen die beiden vor Soissons zur Verwendung gekommenen Pionier=Compagnien dorthin ab.

3. Kapitel.

Belagerung von Longwy.

(Hierzu Taf. V.)

I. Allgemeine Lage 2c.

Die Stadt Longwy, etwa 8½ Meilen von Metz und 4½ Meilen von Luxemburg entfernt, liegt an der Chiers, einem kleinen Gebirgs=fluß, der sich oberhalb Sedan in die Maas ergießt, und zerfällt in zwei Theile: in die befestigte Oberstadt und die offene Unterstadt. Die auf dem rechten Ufer der Chiers liegende Oberstadt erstreckt sich auf dem nordöstlichen Ende eines Plateaus, das im Mittel 120 Mtr. über der etwa 100 Mtr. breiten und von steilen Rändern ein=gefaßten Thalsohle liegt.

Auf dem linken Ufer des genannten Flusses erheben sich einzelne Berge und Höhenzüge, die aber im Allgemeinen 10—15 Mtr. niedriger liegen, als die Höhen des rechten Ufers.

Die große Heerstraße Luxemburg=Paris durchschneidet die Stadt und das vorgenannte Plateau, während die im Thale liegende Chaussee von Metz vor dem Süd=Thore in die Pariser Straße mündet. — Gleichfalls im Flußthale läuft die Eisenbahn von Arlon nach Longuion, woselbst der Anschluß an die Ardennen=Bahn erreicht wird.

Die Festung Longwy hatte, so lange die Neutralität von Belgien und Luxemburg respectirt wurde, keine größere Bedeutung. Eine Ein=nahme derselben erschien erst gegen Ende des Krieges wünschenswerth, als die Ardennen=Bahn dem Betriebe übergeben und daher gegen Unter=nehmungen der sehr thätigen Festungs=Besatzung sicher zu stellen war.

Längs der nur etwa 1600 resp. 4000 Schritt entfernten Belgi=schen und Luxemburgischen Grenze bedecken ausgedehnte Waldungen die Thalränder der Chiers. Das im Westen der Festung liegende Pla=teau kann dagegen als ein offenes und ebenes Terrain bezeichnet werden, welches im Allgemeinen die Belagerungs=Arbeiten außerordentlich be=günstigt. — Insbesondere ist zu bemerken, daß die Luxemburger Straße schon auf 500 Schritt Entfernung vom Glacis der Sicht der Festungs=werke entzogen ist. Ebenso sind die nordwärts gekehrten Hänge des Plateaus und im Südwesten die Schlucht von Pulventeux von der Festung nicht eingesehen.

Auf dem linken Ufer des Flusses und nördlich des Moulainebaches erhebt sich ein langer bewaldeter Höhenrücken: der Mont du Chat, von welchem man auf 1400 Schritt Entfernung die gegen das Thal gerichteten Escarpenmauern sehen kann, auch ist ein Theil der Festung von dem linken Ufer der Chiers und Moulaine einzusehen.

Gute Vicinalwege verbinden die im Umkreise der Festung liegenden Dörfer; im übrigen ist das außerhalb der Straßen liegende Terrain bei schlechtem Wetter schwer zu passiren, während der steinige Untergrund die Belagerungs=Arbeiten in hohem Grade erschwert.

Was die Festungswerke anbetrifft, so bildet die Stadt ein bastionirtes Sechseck von etwa 315 Mtr. resp. 400 Mtr. Polygonseite. In den Bastionen 4 und 5 befinden sich stark profilirte Cavaliere. Die Escarpen aller Werke sind revetirt und haben bedeutende Höhe (zwischen 9 und 25 Mtr.), können aber, wie schon bemerkt, aus großen Entfernungen in Bresche gelegt werden. — An Hohlräumen besitzt die Festung 2 mit Erde umschüttete Kriegs=Pulvermagazine, bombensichere Kasematten in den Bastionen 1, 2 und 5, sowie eine dem directen Feuer exponirte bombensichere Kaserne.

Vor der Front 2—3 liegt ein Hornwerk mit Ravelin, dessen rechte Anschlußlinie dem Chiers=Thal parallel läuft. Außerdem sind noch zwei vorliegende, zur Geschützvertheidigung eingerichtete Lünetten erhalten; alle anderen vorliegenden Werke dagegen verfallen.

Zwei Thore, sowie 6 Poternen vermitteln die Verbindung der Festung mit dem Vorterrain resp. den Außenwerken.

Nach den im Festungs=Archiv von Metz im Dezember 1870 vorgefundenen Armirungs=Plänen war die Armirung auf 132 Geschütze festgestellt (worunter 51 gezogene). Die Besatzung sollte 3500 Mann betragen.

II. Ereignisse vor der Belagerung.

Während der Cernirung von Metz waren bereits Cavallerie=Abtheilungen bis an die Thore der Festung geritten und hatten die Besatzung zur Uebergabe aufgefordert.

Der Commandant von Longwy schien indessen zum ernstlichen Widerstand entschlossen und erließ unmittelbar nach der Capitulation von Metz eine Proclamation, wonach die Garnison zum hartnäckigsten Widerstande entschlossen schien.

Als die 14. Infanterie=Division mit der Belagerung resp. Cer=
nirung der Festungen Thionville und Montmédy beauftragt wurde,
erschien es nothwendig, auch die Festung Longwy zu beobachten, da
die Etappenstraße, sowie die Ardennen=Bahn durch die sehr thätige
Besatzung der Festung mehrfach beunruhigt wurde.

Nach der Einnahme von Montmédy übernahm das Gouvernement
von Metz die Beobachtung der Festung. Auch das neuformirte Cer=
nirungs=Detachement (3 Bataillone, 2 Escadrons und 1 Batterie)
hatte mehrfache Gefechte mit der Besatzung von Longwy zu bestehen.

Am 19. Dezember wurde das Gouvernement von Metz beauf=
tragt, zu ermitteln, ob mit dem vor Montmédy zur Verwendung
gekommenen Belagerungs=Park eine baldige Einnahme des Platzes zu
ermöglichen sei.

Die mit der Recognoscirung beauftragten Ingenieur= und Artillerie=
Offiziere (Oberst Schott, sowie Oberstlieutenant von Wellmann)
berichteten am 22. Dezember, daß, sobald außer den Special=Waffen
8 Infanterie=Bataillone, sowie ein Belagerungs=Park von 42 schweren
Geschützen zur Verfügung ständen, die Capitulation der Festung in
kurzer Zeit zu gewärtigen sei.

Im Einvernehmen mit dem Commandeur des Cernirungs=Detache=
ments (Major Graf Schmettow) schlugen die genannten Offiziere vor,
die Haupt=Artillerieaufstellungen auf dem sich westlich der Festung
erstreckenden Plateau zu wählen, welches sich wegen seiner Gangbarkeit
und Uebersichtlichkeit für alle Angriffsarbeiten vorzüglich eignen würde,
daneben jedoch auf den östlichen und südöstlichen Höhen einige zur
Enfilirung der Angriffsfront und zur Verstärkung des Bombardements
bestimmten Batterien zu erbauen.

III. Belagerung.

Die zum Ingenieur en chef resp. zum Commandeur der Belage=
rungs=Artillerie ernannten Offiziere: Oberst Schott und Major Wolff,
trafen von Metz aus noch im Laufe des Mont Dezember die erforder=
lichen Vorbereitungen zur Belagerung.

Der Oberst von Krenski übernahm am 7. Januar das Com=
mando des in Metz formirten Belagerungs=Detachements, das aus
nachfolgenden successive eintreffenden Truppen bestand:

$10\frac{1}{2}$ Landwehr=Bataillon,

  2 Landwehr=Escadrons,

2 Batterien,

7½ Festungs-Artillerie-Compagnien, sowie etwa

4½ Festungs-Pionier-Compagnien und zwar:

Detachement der 2. Compagnie I. Armee-Corps (Premier-Lieutenant Naumann),

Detachement der 3. Comp. II. Armee-Corps (Lieut. Rochs),

1. Comp. III. Armee-Corps (Landw.-Premierl. Perschman),

1. Comp. IX. Armee-Corps (Landwehr-Premierl. Wieck),

3. Compagnie IX. Armee-Corps (Hauptmann Graffunder).

An Belagerungs-Geschützen wurden zur Verfügung gestellt:

17 Preußische lange 15-Ctm.-Kanonen,

33 „ 12-Ctm.-Kanonen, die aus Diedenhofen resp. Montmédy herangezogen waren; außerdem

30 Französische Mörser und

6 Mitrailleusen.

Im Ganzen also 98 Festungs- und Feld-Geschütze resp. Mitrailleusen.

Der Ingenieur-Belagerungs-Park*) wurde in Metz zusammengestellt und auf 41 französischen Schanzzeugwagen verladen.

Am 10. Januar unternahm der Commandeur des Belagerungs-Corps mit den commandirenden Artillerie- und Ingenieur-Offizieren eine specielle Recognoscirung des Vorterrains der Festung.

Die Recognoscirung konnte auf der Südseite unter dem Schutze eines dichten Nebels bis in die Nähe der Festung ausgedehnt werden, während der Feind das östliche Vorterrain besetzt hielt. Es wurde beschlossen, den förmlichen Angriff gegen die Südwestfront der Festung, die Bastione 5 und 6 einzuleiten und durch einen artilleristischen Flanken-Angriff von dem linken Chiersufer her zu unterstützen.

Ueber die Wahl der Angriffsfront konnte kein Zweifel herrschen. Im Osten und Südosten fiel das Terrain steil nach der Chiers zu ab und konnte wegen der Terrain-Verhältnisse von dort kein förmlicher Angriff gegen die Festung geführt werden. Im Norden und Nordosten machte die große Nähe der Luxemburgischen und Belgischen Gebiete die Durchführung eines förmlichen Angriffs unmöglich.

Es blieb mithin nur das westliche Vorterrain der Festung übrig, und nur die Frage zu erwägen, welches der Bastione 5 und 6 als

*) Der Park bestand unter Anderem aus ca. 4000 Spaten, 3000 Hacken 10,000 Sandsäcken :c.

Angriffsobject gewählt werden sollte. Man entschied sich für das südwestliche Bastion 6, welches vom linken Thiersufer aus am wirksamsten unter Feuer genommen werden konnte, einmal weil es den Batteriestellungen am nächsten lag und sodann weil die Einsicht nicht wie bei dem Bastion 5 durch einen Cavalier gehindert war. — Hierzu kam noch, daß nach Wegnahme der vorliegenden, allerdings vollständig sturmfreien und mit Reduit versehenen Lünette 23 (la France) die Wirkung der gegen die linke Face des Bastion 6 zu erbauenden Breschbatterie von dem Plateau Mexy wesentlich unterstützt werden konnte.

Erwägt man ferner, daß außer den angeführten Vortheilen, welche die Front 5—6 und speciell das Bastion 6 bietet, sowohl die Süd= wie die Ostseite der Festung mit Diedenhofen und Metz in der directesten Verbindung standen, auf welche Plätze sich die Belagerung stützen mußte und daß die nördliche Front, welche französischer Seits zu der Zeit, als Luxemburg noch nicht neutralisirt war, als Haupt=Angriffsfront betrachtet worden, auch durch die Anlage eines starken Minensystems geschützt war, so erscheint es zweifellos, daß unter den vorliegenden Verhältnissen die gewählte Angriffsfront die meisten Chancen darbot.

Die Geschütz=Aufstellungen wurden in Entfernungen von 1600—2500 Schritt von der Festung gewählt, von einer Aufstellung der für das Ricoschettiren (resp. Enfiliren) bestimmten Geschütze genau in der Verlängerung der Linien war absichtlich Abstand genommen.

Rechter Flügel. Auf dem Plateau Mexy sollten 2 Batterien, 1 und 2 erbaut und zusammen mit 6 15=Ctm.= und 6 12=Ctm.=Kanonen armirt werden, welche die specielle Aufgabe erhielten, die Fronten 6—5—4 resp. 5—4—3 im Rücken zu fassen, gleichzeitig die gegenüberliegenden Linien der Festungswerke, insbesondere auch die Lünette 33, zu demontiren.

Linker Flügel. Die Batterien 3 und 4 (zusammen mit 4 15=Ctm.= und 4 12=Ctm.=Geschützen armirt) erhielten die Aufgabe, das Bastion 5, sowie das Ravelin 6—5 zu demontiren und ricochettiren. Eine gleiche Aufgabe erhielten die Batterien 5, 6, 7 und 8 bezüglich der Bastione 6 und 4, das Ravelin 5—6, sowie das Bastion 5. Diese Batterien wurden im Ganzen mit 16 12=Ctm.=Geschützen armirt.

Außerdem wurde der Bau von 2 Mitrailleusen=Emplacements vorwärts Maragolles (an der Chaussee) und auf dem linken Flügel des Angriffs (vorwärts Romain) beschlossen.

Die Cernirung der Festung wurde am 19. Januar, abgesehen von der Strecke Warnimont=Mont St. Martin in folgender Weise durch=geführt.

a) **Rechter Abschnitt** zwischen den Straßen Longwy=Thionville und Longwy=Luxemburg (2 Bataillone).

b) **Mittlerer Abschnitt** zwischen der Straße Longwy=Thionville und der Chiers. (4 Bataillone, 1 Escadron, 1 Batterie.)

c) **Linker Abschnitt** nördlich der Chiers und westlich der Straße Longwy=Luxemburg. (4½ Bataillone, 1 Escadron, 1 Batterie.)

Am 15. Januar war bereits ein Truppendetachement mit der Un=terbrechung der Eisenbahn Longwy=Arlon beauftragt worden, dem ein Theil der 1. Festungs=Pionier=Compagnie des III. Armee=Corps (Land=wehr Pr.=Lieut. Perschmann) zugetheilt war. — Nachdem die Eisenbahn durch Aufreißen der Schienen unfahrbar gemacht worden, wurde die Zerstörung eines Wasserdurchlasses in der Nähe von Long la Ville in das Auge gefaßt. Die Sprengung sollte mittelst einer unter dem Gewölbe angebrachten starken Ladung (4 Centner Pulver) vorgenommen werden und zwar ohne Verdämmung, da hierzu weder Zeit noch Material vorhanden war. Das Gewölbe, sowie ein Theil der Widerlager wurde zerstört, ohne daß jedoch der darüber liegende Bahndamm einstürzte*).

Vom 16. Januar ab wurde die Festung fortwährend mit Feld=Geschützen beunruhigt, welche auf verschiedenen gedeckten Punkten er=schienen, immer je 10—20 Granaten in die Festung warfen und dann verschwanden. Dieses durch das Vorgehen von starken Infanterie=Patrouillen unterstützte Feuer wurde bis zum 19. Januar, dem Tage der Eröffnung des Angriffs, fortgesetzt.

Zur Sicherung der Vorposten und des projectirten Batteriebaues erschien ein Vorschieben der Vorposten bis auf etwa 1000 Schritt an die Festung erforderlich und wurde demgemäß am 17. Januar der Hauptmann Graffunder beauftragt, mit sämmtlichen disponiblen Pio=nieren die Sicherung der Vorposten durch Befestigung der Gehöfte Pulventeux und Neuf Moulin, sowie Sperrung der Straßen ꝛc. vor=

---

*) Bei der Sprengung verunglückte leider der Feldwebel der Compagnie und ein Pionier, während ein anderer Mann schwer verwundet wurde. Die Leitung der Arbeit war im Wesentlichen dem Feldwebel überlassen worden, der auch die Zündung persönlich vorgenommen hatte. Soweit sich hat ermit=teln lassen, war die Zündschnur zu kurz abgeschnitten gewesen; möglicherweise hatte auch eine Verwechselung von langsam brennender Zündschnur mit rasch brennender stattgefunden.

zunehmen. — Die Arbeiten wurden in der Nacht vom 18./19. Januar unentdeckt vom Feinde beendet. Das Ausheben der ausgedehnten Schützengräben war in Folge des stark gefrorenen Bodens sehr erschwert. Die Vorbereitungen zur Belagerung waren inzwischen möglichst energisch gefördert werden.

Zur Unterstützung der mit der Wiederherstellung der Eisenbahn Longuion=Cous la Grandville beauftragten Eisenbahn=Abtheilung war die 3. Festungs=Pionier=Compagnie IX. Armee=Corps herangezogen worden, mit deren Hülfe die Eisenbahn vom 16. Januar ab für den Transport des Belagerungs=Materials benutzbar gemacht werden konnte.

Der Artillerie=Belagerungs=Park war bei Cous la Grandville formirt. Das daselbst angelegte kleine, nur für einen 3tägigen Bedarf ausreichende Munitions=Depot sollte stets von Longuion aus completirt werden.

Seitens der Ingenieure wurden zunächst 2 große Schanzzeug=Depots gebildet und zwar bei Villers la Montagne für die Arbeiten auf dem rechten Flügel, sowie hinter Villers la Chèvre für die des linken Flügels.

Der Batteriebau auf dem Plateau Mery begann am Abend des 16. resp. 17. Januar unter Mitwirkung von 2 Pionier=Compagnien. Man ging von der Ansicht aus, daß es zweckmäßig wäre, das Feuer der Batterie 1 und 2 vor der Armirung der Batterien des Haupt=Angriffs zu eröffnen.

Die außerordentlich schwierigen Bodenverhältnisse, die sowohl durch den felsigen Boden als den scharfen Frost veranlaßt waren, ermöglichten erst die Vollendung der Batterien 1 und 2 am 19. resp. 20 Januar.

Der Bau sowohl dieser Batterien wie der auf dem linken Flügel wurde vom Feinde nicht entdeckt. Vermuthlich trug hierzu der Umstand bei, daß die dem Feinde sichtbaren Brustwehren sanft geböscht resp. Morgens mit frischem Schnee bedeckt waren.

19. und 20. Januar. Da man aus den vorgefundenen Armirungs=Plänen von Longwy ermittelt hatte, daß die nach dem Plateau von Mery schlagenden Fronten nur schwach armirt waren, so ließ der Commandeur des Belagerungs=Corps, um den Belagerten möglichst bald den Ernst der Situation zu zeigen, das Feuer der Batterie 1 am 19. Januar eröffnen und am folgenden Tage fortsetzen, soweit der starke Nebel es erlaubte. Der Feind antwortete an diesen Tagen nur mit wenigen Geschützen und wurden der Batterie keine Verluste verursacht.

Wie vorhin schon bemerkt, hatten die Feldbatterien, welche zum Theil in einzelne Züge auseinander gezogen waren, versucht, die Be=

satzung zu beunruhigen und geschah dieses von Positionen bei Heumont ferme (oberhalb Rehon), vom Mont du Chat und vom Plateau Merxy aus, endlich von verschiedenen Stellungen in der Nähe des Dorfes Romain. — Die Schwierigkeiten, welche der Transport der Geschütze auf den Mont du Chat verursachte, waren sehr bedeutend. Es gelang jedoch den Artillerie-Mannschaften mit Hülfe der Pioniere unter äußerster Anstrengung, die Geschütze auf die Höhe zu bringen.

Am 19. Januar wurde das Feuer der Belagerungsbatterie Nr. 1 auf diese Art unterstützt und gelang es dem Feinde nicht, den Feldgeschützen Verluste beizubringen, weil dieselben kurze Zeit nach Eröffnung des Feuers ihre Stellungen wechselten.

Während die Festung vom Plateau von Merxy aus unter Feuer gehalten wurde, unternahm der Ingenieur en chef, durch Nebel begünstigt, eine specielle Recognoscirung der Festungswerke, namentlich auch um die Lage eines demnächst zur Parallele zu erweiternden Schützengrabens festzustellen, der mit seinem rechten Flügel bis zur Ville basse reichen und eine Gesammtlänge von etwa 900 Schritt erhalten sollte. — Trotz der äußerst schwierigen Bodenverhältnisse gelang es in der Nacht vom 20./21. Januar, diesen Schützengraben im Wesentlichen zu vollenden. Als Arbeiter-Personal standen etwa 150 Pioniere und 400 Mann Infanterie zur Verfügung.

Gleichzeitig erhielt der Premierlieutenant Naumann den Auftrag, mit 6 Pionieren die detachirten Werke auf dem rechten Flügel vor der Front 1—6 zu recognosciren, da man im Ungewissen war, ob die auf den Plänen angegebenen Festungswerke wirklich vorhanden und besetzt waren. Der genannte Offizier wurde jedoch in der Nähe der Lünette La France von der Französischen Besatzung entdeckt, die ein lebhaftes Feuer auf die Patrouille eröffnete.

21. Januar. Die Batterie Nr. 1 setzte das Feuer fort, während die Batterie Nr. 2 erst am Nachmittag das Feuer eröffnete, nachdem bereits Tags zuvor einige Schüsse abgegeben waren. Dagegen eröffneten die Batterien 3, 4, 5, 6 ihr Feuer Morgens 8 resp. 9 Uhr. Der Feind antwortete sehr lebhaft und demontirte im Laufe des Tages 5 Geschütze der Batterie 1. In Batterie 6 wurden mehrere Artilleristen getödtet und verwundet, auch 2 Geschütze demontirt resp. beschädigt. —

In der Nacht vom 21./22. Januar fand die Erweiterung der bereits ausgehobenen Schützengräben zu einer Art Parallele statt.

318

22. Januar. Das Feuer wurde Morgens von 7¾ Uhr an fortgesetzt und zwar verstärkt durch die während der Nacht vollendeten und armirten Batterien Nr. 7 und 8. Dem Haupt=Angriff gegenüber beantwortete der Feind das Feuer nur schwach; gegen den linken Flügel trat er wieder heftig auf, jedoch nicht mit der Nachhaltigkeit und dem Erfolg des vorigen Tages. Die jetzt zur Thätigkeit gekom= menen 36 schweren Geschütze schienen zur Niederhaltung des Festungs= geschützes ausreichend zu sein.

Die in den vorigen Nächten ausgehobene Parallele gewährte bereits soviel Deckung, daß der Bau der Mörser=Batterie Nr. 9 für 4 22=Ctm.=Mörser Seitens der Belagerungs=Artillerie bei Tage vor= genommen werden konnte. Die Batterie lag in der Parallele und zwar 900 Schritt von der linken Face des Bastions 5 entfernt.

Am Abend des 22. Januar sollte die Parallele nach dem rechten Flügel und zwar vorwärts les Mazogolles verlängert werden.

Die zur Verfügung stehenden Arbeiter (130 Pioniere und 300 Mann Infanterie) konnten erst nach 8 Uhr Abends die Arbeit beginnen, da man bei der großen Helle die einzelnen Posten auf den Festungswerken erkennen konnte, ein früherer Aufmarsch demnach nicht rathsam erschien.

Die auf dem linken Flügel vom Ingenieur en chef und auf dem rechten Flügel vom Hauptmann Graffunder geleiteten Arbeiten wurden Anfangs gut gefördert; bis gegen 10 Uhr Abends war bereits auf der größeren Hälfte der Tranchee ziemlich ausreichende Deckung erreicht. Um diese Zeit fielen einige Schüsse, die sich bald zu einem lebhaften Feuer steigerten, in welches auch die Geschütze der Festung einstimmten.

Die Arbeit wurde zeitweise eingestellt, jedoch nach einer Stunde wenigstens zum Theil wieder aufgenommen. — Als das feindliche Feuer um 12 Uhr wieder begann, wurden jedoch die Arbeiter vollständig zurückgezogen.

23. Januar. Das Feuer der Front=Batterien beantwortete der Feind wiederum nur mäßig, während gegen die Batterien 1 und 2 einige gezogene Geschütze und 7 schwere Mörser wirkten, welche salven= weise feuerten, ohne jedoch einen nennenswerthen Erfolg zu erzielen. Am Abend brach in der Festung ein heftiges Feuer aus, dasselbe erlosch jedoch wieder vor Tagesanbruch.

Im Laufe des Tages war der Bau der Mörser=Batterie Nr. 10 (für 4 22=Ctm.=Mörser) gegen Bastion 5 und Nr. 11 (für 4 27= Ctm.=Mörser) gegen Bastion 6 von der Artillerie begonnen worden.

Ferner sollte jetzt der rechte Flügel des Angriffs durch die Batterie Nr. 12 verstärkt worden. Der Bau dieser in felsigem und von Wurzeln durchzogenen Boden herzustellenden Batterie war aus dem Grunde erst so spät begonnen worden, weil der Feind die auf den Mont du Chat führenden Wege stark verhauen hatte.

In der Nacht vom 23./24. Januar wurde die begonnene Parallele erweitert und nach dem rechten Flügel zu um 2000 Schritt verlängert, auch verlegte man die beiden Mitrailleusen-Emplacements in die Parallele.

24. Januar. Die während der Nacht armirte Mörser-Batterie Nr. 9 nahm an der um 8 Uhr beginnenden Beschießung Theil.

Der Feind antwortete im Allgemeinen nur schwach, periodisch wurden jedoch Batterien 1 und 2 heftiger beschossen. In der Stadt entstand ein neuer Brand, der nicht wieder gelöscht werden konnte.

Im Laufe des Tages wurden die Mörser-Batterien Nr. 10 und 11, sowie die Batterie Nr. 12 auf dem Mont Chat vollendet. Die Armirung der letztgenannten Batterie verursachte große Schwierigkeiten, und mußten die 12-Ctm.-Geschütze mit Tauen den steilen Berg hinauf gezogen werden.

Für den Abend war eine Erweiterung resp. Verlängerung der Parallele in Aussicht genommen, da der hartnäckige Widerstand der Festung ein rascheres Vortreiben der Angriffs-Arbeiten wünschenswerth erscheinen ließ. Der Ingenieur en chef hatte bereits in der Abenddämmerung die für die Nacht beabsichtigten Arbeiten abgesteckt und sollte die Parallele bis auf 400 Schritt an die Lünette la France vorgetrieben werden.

Zwei Infanterie-Bataillone, sowie 3 Pionier-Compagnien waren mit der Ausführung der Arbeiten beschäftigt, als die inzwischen einge= leiteten Capitulations-Verhandlungen eine Sistirung der Arbeiten zuließen.

In der Nacht vom 24./25. Januar kam die Capitulation zum Abschluß und fielen damit etwa 3000 Gefangene und 131 Geschütze (worunter 45 gezogene) in unsere Hände.

Der Einzug in die Festung fand am 25. Januar statt. Der Premierlieutenant Menzel wurde mit der Uebernahme der Geschäfte des Platz-Ingenieurs beauftragt.

Schlußbemerkungen.

Der längere Widerstand der Festung Longwy dürfte wohl haupt= sächlich dadurch hervorgerufen worden sein, daß sich das Feuer der

Belagerungs=Artillerie (die im Ganzen während der 6tägigen Belagerung 6381 Schuß abgegeben hatte) erst successive zu voller Kraft entwickelte, so daß der Vertheidiger Zeit fand, seine Armirung auf den angegrif= fenen Fronten zu vervollständigen. Auch wurden, wie früher schon be= merkt, die Feldbatterien nicht zum eigentlichen Bombardement heran= gezogen, wie es bei anderen belagerten Festungen geschehen war.

Was das Resultat der Beschießung anbelangt, so waren alle nicht bombensicheren militairischen Gebäude, welche hinter dem Haupt= wall lagen, unbewohnbar geworden; dagegen hatte die Stadt weniger gelitten. — Zweifellos ist es wohl, daß wenn die Capitulation nicht am Abend des 24. Januar erfolgt wäre, das Feuer der Angriffs= Batterien in den folgenden Tagen die Stadt in einen Schutthaufen verwandelt haben würde. Auch waren Seitens der Ingenieure alle Vorbereitungen getroffen, den Sappen=Angriff möglichst zu beschleunigen. Die inzwischen eingetretene mildere Witterung würde die Belagerungs= Arbeiten sehr erleichtert haben.

Die 1. Parallele hatte nach und nach bereits eine Ausdehnung von 3000 Schritten erhalten und gewährte überall ziemlich gute Deckung für die Infanterie. Rückwärtige Communicationen waren nicht angelegt worden, weil die erforderlichen Arbeitskräfte nicht zur Verfügung standen, auch das Terrain bereits eine einigermaßen gedeckte Verbindung gestattete.

Diese Parallele konnte hauptsächlich nur den Zweck haben, dem Feinde die ernstliche Absicht zu zeigen, daß man erforderlichen Falls zum regelmäßigen Angriff übergehen würde.

Ueberſichtliche Zuſammenſtellung

der

in der Nähe von Paris

erbauten

Seine-, Marne- und Oiſe-Uebergänge.

———◆◆◆———

A. Seine-Uebergänge.

Uebergangs Nr.	Uebergangsstelle.	Datum des Baues.	Abbruchs 2c.	Bauführende Pionier-Compagnien.	Länge Meter	Construction. Unterstützungen 2c.	Bemerkungen.
		1 8 7 0.		**I. und II. Bayer. Corps.**	pp.		
1	Bei Corbeil oberhalb der gesprengten steinernen Brücke.	17. Sept. 7—9½ Uhr Morgens.	23. Sept.	4. und 6. Feld-Genie-Comp. (Major Kern).	136	Kriegs-Br.-Mater. 14 Pontons, 6 Böcke, Doppelbelag.	Zum Uebergang des II. Bayerischen Corps. Infanterie wurde außerdem auf Pontons übergesetzt.
2	Desgl.	18. bis 20. Sept. in 4000 Arbeitsstunden.	26. Dezbr. durch Eisgang.	4. Comp. und Civil-Arbeiter (Hauptmann Weidner I.)	128	Unverb. Mat. 13 Böcke, später 25 Böcke.	Brücke wurde Ende September durch die 3. Bayerische Genie-Compagnie und Etappen-Genie-Compagnie um 0,88 Mtr. gehoben, auch mit Zwischenböden versehen und im Dezember mit 240 Eisenbahnschienen belastet.
3	Bei Corbeil unterhalb der gesprengten Brücke.	19. bis 22. Septbr.	24. Dezbr. durch Eisgang.	6. Comp. und Civil-Arbeiter (Hptm. Macco).	101	Unverb. Mat. 14 Böcke.	Im November durch die 6. Compagnie verbessert und erhöht.
4	Bei Corbeil oberhalb Brücke Nr. 2.	4. Novbr. 7—10 Uhr Morgens.	1. Dezbr.	6. Comp. (Hauptmann Macco).	130	Br.-Mater. 21 Pontons, 2 Böcke.	Der Seine-Uebergang war wegen des Hochwassers in Frage gestellt; die gesprengte Brücke konnte erst am 28. November dem Betriebe wieder übergeben werden. Die bezüglichen, von der Stadt Corbeil ausgeführten Arbeiten waren von der 3. Festungs-Pionier-Compagnie VIII. Armee-Corps (Hauptmann Becker) vorbereitet und beaufsichtigt. — Die Pontonbrücke war bereits am 29. November abgebrochen, wurde jedoch auf die Nachricht von dem großen Ausfall der Pariser Armee sofort wieder eingebaut.
		1 8 7 1.					
5	Bei Corbeil an Stelle der zerstörten Brücke Nr. 3.	25. Jan. 9—11 Uhr Morgens.	31. Jan.	Desgl.	101	Br.-Mater. 15 Pontons.	

				pp.	Unvorb. Mat. / Br.-Mater.	Bemerkungen
6	Bei Corbeil an Stelle der zerstörten Brücke Nr. 2.	26. bis 30. Januar.	—	6. Comp. (Hauptmann Macco).	140	Unvorb. Mat. 19 Böcke.	Die Brücke wurde etwa 1 Mtr. höher gelegt, als die zerstörte Brücke.
7	Zwischen Draveil und Juvish	15. Jan. bis 1. Febr.	21. März.	3. Comp. (Hptm. Zimmermann).	169	Unvorb. Mat. Pfahljochbr. 20 Joche à 7,5 M. Spannung	Unter theilweiser Benutzung der zerstörten Pfahljochbrücke (Nro. 19.); Pfähle 2 Mtr. tief eingerammt.
8	Bei Ablon.	12. Jan. 20. Jan. 7 Uhr Ab.	19. Jan. wegen Eisganges 26. Jan.	Desgl.	162	Br.-Mater. 20 Pontons, 4 Böcke.	Zur Verbindung mit dem VI. Armee-Corps. Mußte wegen Eisganges abgebrochen werden.
9	Bei Villeneuve St. Georges.	26. Jan.	10. März.	Desgl.	147	Br.-Mater. 16 Pontons, 7 Böcke.	Am 10. März nach der Stelle der abgebrochenen Brücke Nro. 10 verlegt.
10	Bei Choisy.	10. Febr. in 8½ Stdn.	9. März.	6. Comp. (Hauptmann Macco).	112	Br.-Mater. 17 Pontons.	Bau in der Nacht bei vollständiger Finsterniß und im strömenden Regen.
			1870.			
11	Bei Villeneuve.	17. Sept. 2–3½ Uhr Nachmitt.	19. Sept.	V. und VI. Armee-Corps 1, 2 u. 3. Feld-Pion.-Comp. V Armee-C. (Hauptmann Pirscher).	135	Br.-Mater. 27 Pontons, 2 Böcke.	Bau zum Theil unter feindlichem Gewehrfeuer.
12	Desgl. 130 Mtr. unterhalb	18. Sept. 5–8 Uhr Abends.	30. Sept.	3. P.-C. VI. 2. P.-C. V. (Hptm. Glun).	136	Br.-Mater. 29 Pontons.	Die Brücke wurde am 30. September zum Uebergang für schwere Belagerungs-Geschütze eingerichtet. — Wegen häufig wechselnden Wasserstandes war wiederholt ein Umbau nothwendig.
	Desgl.	30. Sept. 5–8 Uhr Abends	24. Dezbr. durch Eisgang.	1. P.-C. VI. (Hauptmann Klesecker).	132 (später 165)	Br.-Mater. 50 Pontons (6bordig) Doppelbelag.	Die Pontons- und Ankertaue wurden gegen Treibeis geschützt. — Die Brücke vermittelte den Seine-Uebergang während der Schlacht bei Champigny.

A. Seine-Uebergänge.

Nr.	Uebergangsstelle.	Datum des Baues.	Datum des Abbruchs ꝛc.	Durchführende Pionier-Compagnien.	Construction. Länge Meter.	Construction. Unterflügungen ꝛc.	Bemerkungen.
13	Bei Choisy, 300 Mtr. oberhalb bei gesprengten Brücke.	19. Sept.	30. Sept.	II. VI. u. XI. Armee-Corps sowie Württ.-Division.	pp.		Bei einer Entfernung der Landbrücken von 75 Mtr. waren zum Uebersetzen von 60 Mann incl. Ein- u. Ausschiffen 4—5 Min. erforderlich.
14	Dicht unterhalb der Fährstelle (13).	2. und 3. Octbr.	Ende Oct. wegen Hochw.	1. P.-C. VI. (Hauptmann Klefeder).	Zug-fäh-ren.	Kriegs-Br.-Mater.	Zur Ausführung waren 1300 Arbeitsstunden (eines Mannes) erforderlich.
15	Bei Orth.	23. Sept. 10½ bis 1 Uhr Nm.	Desgl.	Württ. Ponton. (Oberstl. Löffler).	116	Unverb. Mat. Brückensteg. (Mauerböcke.)	Nach dem Abbruch wurde mittelst zwei 4theiliger Pontons ein Fähr-Dienst organisirt.
16	Desgl.	30. Octbr. 9 bis 2½ U. Nachm.	3. Novbr. wegen Hochw.	Württ. Pont.-Comp. und 1. Sp. VI. A.-C. (H. Ziegler).	148	Br.-Mater. (Württemb. u. Preuß.)	Die Brücke wurde wegen drohenden Hochwassers möglichst hoch gelegt; nach erforderlich gewordenem Abbruch wurde wieder ein Fähr-Dienst organisirt.
17	Bei Orth, (an Stelle von Nr. 15.)	Beginn 1. Novbr.	—	Desgl.		Br.-Mater. 21 Böcke 1,2 Mtr. über dem Wasser.	Brücke wurde nicht vollendet, da zuvor Brücke B 3. hergestellt werden sollte. Das II. Corps setzte den Bau später fort; derselbe wurde jedoch vom General-Commando inhibirt.
18	Bei Orth.	8. Novbr.	Anf. Dec.	1. P.-C. VI. (Hauptmann Klefeder).	Zug-fäh-ren.	Br.-Mater.	Wie Nro. 13.

Nr.		Erbauung	Zerstörung	Truppentheil	Länge	Material	Bemerkungen
19	Bei Villeneuve an Stelle der Brücke Nr. 11.	12. bis 29. Octbr.	24. Dezbr. durch Eisgang.	Württemberg. Pont.-Comp. u. 1. P.-C. VI. (Oberstl. Pösler).	155 5,1 breit.	Unvorh. Mat. 22 Joche à 5 Pfähle, 2,6 M. über dem Wasserstand.	Die Pfähle wurden mittelst einer auf zwei zweiseitigen Pontons ruhenden Maschine etwa 2,3 Mtr. tief eingerammt. (Pro Joch 150 Arbeitsstunden; für den Oberbau im Ganzen 10,000 Arbeitsstunden.) Größte Wassertiefe 2,7 Mtr.; Belastung mittelst Eisenbahnschienen, die auch zur Sicherung der Joche gegen Eisgang benutzt wurden (in Form von Streben).
20	Bei dem Wasserhebewerk daselbst.	1870. 27. Dezbr.	1871. 19. Jan.	1. P.-C. VI. A.-C.	—	Eisbahn.	Die Bahn wurde durch fortwährendes Begießen und Beschütten mit Stroh künstlich verstärkt. Als die Bahn nicht mehr sicher war, wurde am 19. u. 20. Januar die Verbindung mittelst Ueberseß-Maschinen bewerkstelligt.
21	Desgl.	21. Jan.	31. Jan.	1. P.-C. VI. u. Pont.-Col. des VI. u. XI. A.-C. (Hptm. Flekeder).	179 später 150	Br.-Mater. 35 Pontons.	Zum Durchlassen größerer Eisschollen, doppelter Durchlaß von 2 Gliedern à 6 Pontons.
22	Choisy le Roi	31. Jan.	9. Febr.	Desgl.	130	Br.-Mater. 33 Pontons, doppelter Belag.	Frühere Brücke Nro. 21.
23	Desgl.	11. bis 13. Febr.	27. Febr.	Desgl.	180	Br.-Mater. 60 Pontons, 7 Böcke, (6bordig).	Zum Uebergang der schweren Belagerungsgeschütze. Die Herstellung der Rampen verursachte große Schwierigkeiten.
24	Villeneuve (östlicher Ausgang).	1870. 1. Octbr. 5—7½ Uhr Abends.	17. Octbr.	1. P.-C. XI. A.-C. (Hptm. v. Holly).	90	Br.-Mater. 8 Pontons, 7 Böcke.	Brücke lag an einer besonders schmalen Stelle.
25	Desgl.	7. bis 16. Octbr.	24. Dezbr. durch Eisgang.	Desgl.	112	Unvorh. Mat. 32 Schwelljoche.	Die Brücke lag nur 1,2 Mtr. über dem Wasserspiegel und wurde daher Ende October überfluthet. Als Geleisbahnen dienten Eisenbahnschienen. Die zur Brücke führenden Wege lagen zu niedrig.

A. Seine-Uebergänge.

Etbe. Nr.	Uebergangsstelle	Datum des Baues	Abbruchs ꝛc.	Bauführende Pionier-Compagnien.	Länge Meter	Construction. Unterstützungen ꝛc.	Bemerkungen.
		1 8 7 0.			pp.		
26	Juvisy.	17. Novbr. (1¼ Stdn.)	24. Dezbr. durch Eisgang.	Garde-, II., IV. u. V. Corps.	156	Kriegs-Br.-Mater. 31 Pontons, 1 Bock.	An der Brückenstelle wurde, nachdem sich das Eis gelegt hatte, eine Eisbahn in ähnlicher Weise hergestellt wie sub Nro. 20. angegeben ist.
		1 8 7 1.					
27	Argenteuil.	30. Jan. 8—11¼ U. Vorm.	23. Febr.	1. Garde-P.-C. und 1. Feld-P.-C. IV. A.-C. (Hauptmann v. Bock).	212	Br.-Mater. 43 Pontons, 2 Böcke, später doppelter Belag.	Zur Deckung des Brückenschlages wurde zuvor eine Infanterie-Compagnie mittelst Maschinen übergesetzt.
28	Chatou (oberhalb der gesprengten Chaussee-Brücke.)	30. Januar 8 Uhr Mrg. bis 3 Uhr Nachmttg.	4. März.	1. Feld-P.-C. V. Armee-C. (Prem.-Lieut. Groß.)	Total 186	Br.-Mater. rechter Seine-Arm 15 Pontons, 7 Böcke; linker Seine-A. 16 Pontons.	Der Bau in Folge der hohen und steilen Ufer sehr erschwert.
29	Argenteuil.	31. Jan. bis 2. Febr.	—	1. Garde-Pion.-Comp.	—	Unvorb. Mat. 3 Joche à 23,5 Mtr. (Sprengwerk)	Wiederherstellung der 3 Joche der zerstörten Seine-Brücke; 1 Joch war bereits im Oktober 1870 wieder hergestellt, auch das Holz für die 3 noch fehlenden Joche abgebunden.
30	Suresnes.	28. Febr.	4. März.	1. Garde-Pion.-Comp. (Hauptmann v. Bock).	132	Br.-Mater. Garde- u. VI. Corps. 29 Pontons.	Zum Einmarsch in Paris von der III. Armee benutzt.

					Br.-Mater.	Bemerkungen
31	Mantes.	8. März.	19. März.	1. Garde-Pion.-Comp. (Hauptmann v. Bock).	162	Br.-Mater. 32 Pontons, 3 Böcke.	Von der 5. Cavallerie-Division und dem IV. Armee-Corps benutzt. Wegen der starken Belastung durch Haferwagen 2c. wurde die Brücke durch Zwischen-Pontons resp. Böcke verstärkt.
32	Triel (unterhalb Paris).	20. Sept. 1—2¼ Uhr Morgens.	21. Sept. 2 Uhr Nachm.	1. Feld-P.-C. IV. Armee-C. (Hauptmann Schulz I.)	126	Br.-Mater. 18 Pontons, 7 Böcke.	Schon am 19. September hatte Cavallerie den Strom auf Fähren überschritten.
33	Les Tanneries (bei St. Germain).	20. Sept. 2—3½ Uhr Nachm.	1871. 29. Jan.	1. Feld-P.-C. V. Armee-C. (Pr.-Lieut. v. Schneyen.)	177	Br.-Mater. 31 Pontons, 7 Böcke.	Die Brücke mußte wegen des steigenden Wassers nach und nach um etwa 3 Mtr. gehoben und wegen Eisganges vom 26. Dezbr. bis zum 18. Januar ausgefahren werden.

B. Marne-Uebergänge.

Lfde. Nr.	Uebergangsstelle.	Datum des Baues.	Abbruchs ıc.	Bauführende Pionier-Compagnien.	Länge Meter.	Unterstützungen ıc.	Bemerkungen.
		1870.					
1	Lagny.	18. Sept.	19. Sept.	Württemb. Pont.-Comp. (Hauptmann Ziegler).	—	Kr.-Br.-Mat. 9 Pontons.	Die Brücke wurde (später durch eine aus unvorbereitetem Material hergestellte Bockbrücke ersetzt; am 9. Novbr. mußte jedoch wieder der Württemb. Brücken-Train eingebaut werden.
2	Gournay.	19, Sept.	8. Novbr. (Hochw.) 9. Novbr. 26. Novbr.	Desgl.	72	Br.-Mater.	
3	Desgl. 120 Mtr. unterhalb Nr. 2.	12. bis 24. Novbr.	—	Desgl.	80	Unvorb. Mat. 12 Pfahljoche, Eisbrecher.	Breite 5,3 Mtr. Bahn 3 Mtr. über Wasserspiegel. Die Brücke wurde wiederholt wegen der exponirten Lage durch Abnahme der Decke unbrauchbar gemacht.
4	Trilport.	13. Sept.	—	1. P.-C. VI. (Hauptmann Klefeker).	114	Br.- und unvorb. Mat.	
5	Pompoune.	21. Sept. 9 Uhr Mg. bis 7 Uhr Abends.	—	Detach. der 3. Sächs. P.-C. (Hauptmann Portius).	68	Br.-Mater. Leicht. Feldbr. Tr. und 5 Marnefähre.	Später wurde das Brücken-Material allmälig durch unvorbereitetes Material ersetzt. Brücke wurde wegen Eisgangs vom 20. Januar Abends 10 Uhr bis 21. Januar 10 Uhr abgefahren.
6	Chelles.	8. Novbr.	9. Novbr.	3. Sächsische P.-C. (Hptm. Schubert).	Fähre	Mit Giertau.	Die Würtembergische Bockbrücke Nr. 2 war durch das Hochwasser zum Theil zerstört und daher eine Fährverbindung nothwendig.
7	Gournay.	19. Novbr. 25. „	6. Dezbr.	3. Sächsische Pion.-Comp. (Hauptmann Schubert).	98	Br.-Mater. mit Benutzung von unvorber. Material.	Da die Brücke 3 vom Avron aus beherrscht war, so wurde die Brücke Nr. 1 am 30. Novbr. stark benutzt, vom 4. Dezember ab jedoch vom Feinde so heftig beschossen, daß ein Abbruch nothwendig erschien.

	Ort	1870.	1871.	Truppentheil		Br.-Mater.	Bemerkungen
8	Rothet. resp. Brie 500 Mtr. oberhalb der gesprengten Brücke.	6. Dezbr. 29. Jan.	29. Jan. —	Würtemb. Pont.-Comp. (Hauptmann Ziegler).	87 .65	Br.-Mater. 10 Pontons. 2 Böcke.	Die Brücke mußte wegen des Eisganges wiederholt abgefahren werden. Das in Brie eingebaute Material wurde im Februar durch französisches Material ersetzt.
9	Lagny.	13. bis 22. Novbr.	—	3. Fest.-Pi.-C. VIII. A.-C. (Hauptmann Becker).	70	Unvorb. Mat. 5 Pfahljoche und 7 Böcke.	Wassertiefe 4—6,5 Mtr; Stromgeschw. 0,7 M. Zum Schutz der Brücken wurden starke eiserne Pfähle vor den Böcken eingerammt und die Pfahlköpfe mittelst Ketten verankert.
10	Desgl	6. bis 24. Dezbr.	—	Desgl.	85	4 Pfahljoche und 10 Böcke, 9 Mtr. Wassertiefe.	Der Bau war durch die geringen Arbeitskräfte, die wechselnden Wasserstände und die große Stromgeschwindigkeit sehr erschwert. Beide Brücken haben sich vorzüglich bewährt.
11	Zwischen Baires und Rothet.	19. Dezbr.	28. Jan.	1. Garde-Pion.-Comp. (Hauptmann v. Bock).	109 6vor-dig.	Preuß. und Sächsisches Br.-Mater. 39 Pontons.	Es mußten sehr lange zum Theil mit eisernen Bohlen bedeckte Colonnenwege angelegt werden. Ende Dezember wurde die Brücke zu Zeiten ausgefahren, um das Treib-Eis durchzulassen.
12	Chennevières unterhalb der zerstörten Drahtbrücke.	1. bis 3. Febr.	—	Würtemb. Oberlieut. Krell	100	Franz. Mat. 14 Pontons.	Zum Bau wurde das von den Franzosen Ende November benutzte Material verwendet.
13	Champigny.	3. bis 5. Febr.	—	Würtemb. Hptm. Ziegler.	98	Desgl. 14 Pontons.	Desgl.
14	Brie.	7. bis 11. Febr.	—	Desgl.	102	Desgl. Brückensteg.	Derselbe führte über eine Insel oberhalb des Viaducts.
15	Neuilly.	5. März, 12¼—2¼ U. Nachm.	7. März.	3. Sächsische Pion.-Comp.	71	Br.-Mater. 15 Pontons der Pont.-Col.	Die Ponton-Colonne des XII. Corps war bis dahin der I. Armee zugetheilt gewesen.

1 8 7 1.

C. Oise-Uebergänge.

Lfd. Nr.	Uebergangsstelle.	Datum des Baues.	Abbruchs ꝛc.	Bauführende Pionier-Compagnien.	Construction. Länge Meter.	Unterstützungen ꝛc.	Bemerkungen.
		1 8 7 0.					
1	Pontoise unterhalb der gesprengten Brücke.	18. Sept. 9½—11½ U. Morgens.	19. Sept. 1½ Uhr Nachm.	1. Feld-P.-C. IV. Armee-C (Hauptmann Schultz I.)	79	Br.-Mater. 13 Pontons, 3 Böcke.	Von der 5. und 6. Cavallerie-Division benutzt.
2	Beaumont.	29. Sept. 7½—8½ U. Abends.	4. Octbr. 8 Uhr M.	Desgl.	81	Br.-Mater. 16 Pontons, 1 Bock.	Expedition gegen Franctireurs. Vor dem Brückenschlag wurden Truppen über die Oise gesetzt.
3	Beaumont Wiederherstellung der zerstörten Brücke.	4. und 5. Octbr.	—	Desgl.	23	Unvorb. Mat. 3 Böcke a 7 Mtr. Höhe.	
4	Pontoise.	20. Octbr. 12—1 Uhr Mittags.	25. Octbr.	Desgl.	82	Br.-Mater. 14 Pontons, 3 Böcke mit Zwischenböden.	
5	Pontoise Wiederherstellung der zerstörten Brücke.	21. bis 23. Octbr.	—	Desgl.	21	Unvorb. Mat. 4 Böcke à 6,5 Mtr. hoch.	

Batterie-Tabellen.

I. Belagerung

Laufende Nummer	Namen	Lage der Batterie	lg. 15-St.	k. 15-St.	12-Ctm.	9-Ctm.	21-Ctm.	gez. 21-Ctm.	50pfd. 28-Ctm.
		Armirung — gezogene Kanonen						Mörser	
		A. Süd-Angriff.							
		1. Haupt-Angriff.							
		Linker Flügel.							
1	Batterie (St. Clond). Nr. 1	200 Schritt südöstlich der Laterne auf der 2. Terrasse	—	—	6	—	—	—	—
2	Terrassen-Batterie (Meudon) Nr. 2	später auf dem linken Flügel der vorderen Terrasse nahe der Brüstung	3	—	4	—	—	—	—
			—	—	8	—	—	—	—
3	Demontir-Batterie (Meudon) Nr. 16	später auf der vorderen Schloßterrasse neben Batterie Nr. 2	4	—	4	—	—	—	—
			—	—	4	—	—	—	—
4	Enfilir- und Demontir-Batterie (Meudon) Nr. 3	auf der vorderen Schloßterrasse vor dem linken Flügel des Schlosses neben Batterie Nr. 16	6	—	—	—	—	—	—
5	do. do. Nr. 4	später do. do.	4	—	2	—	—	—	—
			6	—	—	—	—	—	—
6	Demontir- und Bresch-Batterie (Fleury) Nr. 19	auf der vorspringenden Bergspitze zwischen Fleury und Clamart	4	4	—	—	—	—	—
7	Demontir-Batterie (Clamart) Nr. 20	im Dorf Clamart 500 Schritt hinter Notre Dame de Clamart	6	—	—	—	—	—	—
		Centrum.							
8	Enfilir- und Demontir-Batterie (Clamart) Nr. 5	südlich der Parkmauer von Clamart im Walde	6	—	—	—	—	—	—
9	Enfilir-Batterie (Clamart) Nr. 6	später auf dem Plateau südlich Clamart westlich der Route chevreuse	1	—	—	—	—	2	3
			6	—	—	—	—	—	—
10	Enfilir- und Demontir-Batterie Mn. de la Tour Nr. 7	östlich von Tour des Anglais	6	—	—	—	—	—	—
		später	1	—	5	—	—	—	—
11	Demontir-Batterie (Moulin de la Tour) Nr. 17	am Plateaurande nordöstlich von Batterie Nr. 7	—	—	6	—	—	—	—
12	Demontir- u. Bomb.-Batt. (Moulin de la Tour) Nr. 8	westlich des Weges rechts neben Batterie Nr. 17	6	—	—	—	—	—	—
13	Enfilir- u. Demontir-Batt. (Moulin de la Tour) Nr. 9	40 Schritt östlich der Batterie Nr. 8 zwischen derselben und Moulin de la Tour	—	—	8	—	—	—	—
14	Enfilir- und Bresch-Batterie (Moulin de la Tour) Nr. 10	am Abhang östlich des Moulin de la Tour	6	—	—	—	—	—	—

von Paris.

Hauptziele.	Entfernung. Schritt.	Anzahl der verfeuerten Schüsse.	Bemerkungen.
Billancourt, Boulogne, die untere Seine und Point du jour	1000—4000	3936	
die obere Seine mit ihren Inseln und Brücken bei Point du jour, Billancourt und Boulogne	4000—5300	3345	
Geschütz-Emplacements bei Fort d'Issy	2700	1835	
die Süd- und Westfront von Fort d'Issy	3200—3500	3256	
desgleichen	3200—3500	926	Am 9. Januar Abends eingegangen.
Südbastion resp. Südwestcourtine von Issy, die langen 15-Ctm.-Kanonen zugleich gegen die Stadt-Enceinte in der Nähe des Viaducts	2100—5150	3189	Hat 4 lange 15-Ctm.-Kanonen aus Batterie Nr. 4 erhalten, seit 10. Januar im Feuer.
Südfront und linke Flanke des Nordwestbastions von Vanvres	3000—5500	2048	Hat 6 Geschütze aus Batterie 6 empfangen, seit 11. Januar im Feuer.
Südwestcourtine und Südbastion von Fort d'Issy	3000	3137	3 15-Ctm.-Kanonen am 17. Januar an den Park abgegeben.
südöstliche Front von Fort Vanvres	3600—3800	1067	Am 9. Januar Abends eingegangen.
Westfront von Fort d'Issy und linke Face des Südwestbastions	2700	3082	5 15-Ctm.-Kanonen an Batterie Nr. 8 abgegeben.
Emplacements zwischen Fort d'Issy und Vanvres	2300	2441	
Südfront von Vanvres	2400	4013	
Westfront von Vanvres und südwestliches Bastion	2400	4092	
West- und Südfront von Vanvres	2300	1003	Am 10. Januar eingegangen.
		37370	

Laufende Nummer	Namen.	Lage der Batterie.	Armirung. gezogene Kanonen.					Mörser
			lg. 15-Ct.	kz. 15-Ct.	12-Ctm.	9-Ctm.	21-Ctm. gez.	50pfd. 28-Ctm.
15	Demontir = Batterie (Chatillon) Nr. 21	westlich von Chatillon ca. 150 Schritt nordöstlich der an der Hauptstraße gelegenen Platrière	—	6	—	—	—	—
	Rechter Flügel.							
16	Enfilir= und Demontir=Batterie (Fontenay) Nr. 11	200 Schritt nördlich des Bayerischen Geschütz=Emplacements in Fontenay	—	—	—	8	—	—
17	do. do. Nr. 12	im Park des Schlosses, westlich der Kirche von Fontenay	8	—	—	—	—	—
18	Demontir= und Bomb.=Batterie (Chatillon) Nr. 18	westlich von Bagneux neben Batterie Nr. 15	6	—	—	—	—	—
19	Enfilir= und Demontir=Batterie (Chatillon) Nr. 22	auf dem linken Flügel von Batterie Nr. 18 circa 100 Schritt östlich der letzten Parkmauer von Chatillon	—	—	—	6	—	—
	Wurf=Batterien.							
20	Wurf=Batterie Nr. 13	am Tour des Anglais	—	—	—	—	2	—
21	do. Nr. 14	hinter Hangars zwischen Batterie Nr. 8 und 9	—	—	—	—	2	—
22	do. Nr. 15	in Bagneux westlich des Ortes	—	—	—	—	2	—
23	do. Nr. 23	in der Schanze bei Notre Dame de Clamart	—	—	—	—	—	4
24	do. Nr. 24	am nordwestlichen Ausgange von Chatillon	—	—	—	—	—	4
25	Emplacement	nördl. der Bahnhofsstation Meudon	—	—	—	4	—	—
	2. Neben=Angriff.							
1	Enfilir= und Demontir=Batterie A.	in der Communication zwischen Chevilly und La Rue mit dem rechten Flügel 80 Schritt von Chevilly	—	—	—	6	—	—
		später	—	—	4	6	—	—
2	Enfilir= und Demontir=Batterie B.	in derselben Communication, nur mit dem linken Flügel 50 Schritt östlich la Rue	—	—	—	6	—	—
		später	—	—	4	6	—	—
3	Enfilir= und Demontir=Batterie C.	in dem nordwestlichen Theil des Parkes von l'Hay	—	—	4	4	—	—

Hauptziele.	Ent-fer-nung. Schritt.	Anzahl der ver-feuerten Schüsse.	Bemerkungen.
Transport		37370	
Südwestfront von Vanvres und benach-barte Geschütz-Emplacements	1770	1939	Seit 15. Januar das Feuer eröffnet.
Westfront von Montrouge	3700—4000	1839	Stellte ihr Feuer ein, sobald Batterie 22 fertig, blieb jedoch vorläufig noch ar-mirt, (siehe Batterie 22.)
do.	3700—4000	3874	Am 18. Januar Feuer er-öffnet.
Montrouge, die westlich davon liegenden Emplacements und die Stadt	2800—9000	3552	Am 8. Januar desgl.
Westfront von Montrouge und Empla-cements westlich des Forts.	2800	1720	Am 13. Januar desgl.
gegen Fort Issy	2700—3000	839	
„ „ Vanvres	2500—2700	810	
„ „ Montrouge	2650	1237	
„ „ Issy	1500—1800	347	Seit 20. Januar im Feuer.
„ „ Vanvres	1500	—	Hat nicht gefeuert.
Bestreichung der Straße nach Dorf Issy und des Abhanges nördlich der Park-Batterie.	1800—2300	—	Seit 21. Januar schußfertig, trat nur bei Ausfällen in Thätigkeit, am 25. Januar desarmirt.
Südfront, Haupt-Angriff, Sa.		53527	
Schanze Haute Bruyères und benach-barte Batterien, ferner Villejuif und Bicètre	2850—5000	2372	
Schanze Haute Bruyères mit Communi-cationen	2850—3000	2353	
Fort Montrouge und Schanze Cachan	5000—5300 resp. 3100	1599	Die Geschütze am 9. Januar den Batterien A und B entnommen.
Südfront, Neben-Angriff, Sa.		6324	

B. Nord-Angriff.

Laufende Nummer	Namen.	Lage der Batterie.	lg. 15-Ct.	lg. 15-Ct.	12-Ctm.	9-Ctm.	gez. 21-Ctm.	50pfd. 28-Ctm.
			gezogene Kanonen.				Mörser	
1	Cernirungs-Batterie Nr. 18		8					
2	do. Nr. 19	bei le Bourget *später*	6					
3	do. Nr. 20				6			
4	do. Nr. 21	bei le Bourget östlich der Liller-Straße			6			
5	Enfilir- und Demontir-Batterie Nr. 22	östlich der Goneßer Chaussee	6					
6	Enfilir- u. Demontir-Batterie Nr. 23	Höhe hinter Stains			6			
7	do. Nr. 24	do.				8		
8	do. Nr. 25	do.				8		
9	Wurf-Batterie Nr. 26	Ostseite von Pierrefitte					3	
10	Enfilir- und Demontir-Batterie Nr. 27	Westseite von Pierrefitte	6					
11	do. Nr. 28	West-Abfall der Höhe von Montmagny				8		
12	do. Nr. 29	Südseite von Montmorency	6					
13	do. Nr. 30	Ostseite von la Barre				8		
14	do. Nr. 31	an der Eisenbahn bei la Barre		4				
15	do. Nr. 32	hinter der Straße von la Barre nach Ormesson	6					
16	Bombardements-Batterie Nr. 33	bei le Bourget westlich der Straße nach Lille	8					
17	Enfilir- und Demontir-Batterie Nr. 36 (früher Nr. 24)					8		
18	do. Nr. 37 (früher Nr. 25)					8		
19	do. Nr. 38 (früher Nr. 29)		6					
20	do. Nr. 39 (früher Nr. 30)					8		

Hauptziele.	Entfernung. Schritt.	Anzahl der gefeuerten Schüsse.	Bemerkungen.
Zur Verstärkung d. Vertheidigungsstellung des Garde-Corps. Beherrschen des Vorterrains zur Verhinderung eines weiteren Vorgehens des Feindes auf le Bourget und darüber hinaus. Beschießen der Stützpunkte der feindl. gegen le Bourget gerichteten Angriffs-Arbeiten Groslay, Drancy und la Couronne.	2575 2337		Die Batterien Nr 18 und 19 eröffneten das Feuer am 5. Januar gegen Drancy, Nr. 20 am 6. Jan. gegen Couronne. Nr. 19 am 22. Januar desarmirt.
Fort Aubervilliers, außerdem Dörfer Bobigny und Drancy	4700	2046 900	Eröffnete das Feuer am 24. Januar.
Forts de l'Est und Aubervilliers; außerdem Bombardement der Stadt St. Denis, der Dörfer Aubervillers, Courneuve zc.	4800 7000	1554	
Fort de l'Est, außerdem Stadt und Werke von St. Denis	4700	682	
Fort double Couronne und de l'Est	3900—4800	1840	
Forts double Couronne, la Briche, Schloß Billetaneuse	4000 5100 4000	2010	Eröffneten das Feuer am 21. Jan Die Armirung entsprach nicht überall dem ursprünglichen Belagerungs-Entwurf.
Fort double Couronne	3100	239	
Forts la Briche und double Couronne	3500 3400	1710	
Forts la Briche und double Couronne, sowie Schloß Billetaneuse	3400 3600 1600	2476	
- la Briche und double Couronne	5100 5900	664	
ß Billetaneuse, sowie Forts la Briche ..b double Couronne	2700 3900 4900	1161	Eröffnete das Feuer am 21. Januar.
.rt la Briche. Inundationsdamm zwisch. la Briche u. double Cour., Fort double Cour.	3900—5200	952	Eröffneten ihr Feuer am 21. Januar.
desgleichen	4200—7000	1403	
ombardement von la Chapelle, la Villette ..nd Belleville, Fort Aubervilliers	8000—10,000 resp. 4800	494	Eröffnete ihr Feuer mit Nr. 21 zusammen am 24. Jan.
		132 22	Eröffneten ihr Feuer am 26. Januar. Wurde nicht rechtzeitig fertig u kam nicht mehr z. Schuß.
		—	
		623	Eröffnete ihr Feuer am 26. Januar.
Nord-Angriff, Sa.		23820	

Laufende Nummer.	Namen.	Lage der Batterie.	Armirung.						
			gezogene					Mörser	
			lg. 15-Ctr.	kz. 15-Ctr.	12-Ctm.	9-Ctm.	21-Ctm.	gez.	50pfd. 28-Ctm.
			Kanonen.						
		C. Oſt-Angriff.							
1	Enfilir- und Demontir-Batterie Nr. 1	Plateau von Raincy dicht am Rande	6	—	—	‖	—		
2	do. Nr. 2	do.	—	—	6	—	—	—	
3	do. Nr. 3	do.	—	6	—	‖	—	—	
4	do. Nr. 4	do.	—	4	—	‖	—	—	
5	Cernirungs-Batterie Nr. 5	Plateau von Montfermeil an dem nach Gagny vorſpring. Rande	—	—	6	—	—	—	
6	do. Nr. 6		6	—	—	‖	—		
		ſpäter	—	—	4	—	—	—	
7	do. Nr. 7		—	—	6	—	‖	—	
8	do. Nr. 8		—	—	6	—	‖	—	
		ſpäter	—	—	4	—	—	—	
9	do. Nr. 9	öſtlich Noiſy le Grand am ausſpringenden Winkel der Marne nördlich des Weges nach Gournay	—	—	6	—	—	—	
10	do. Nr. 10	desgleichen am Wege nach Gournay	—	—	6	—	—	—	
11	do. Nr. 11	ſüdweſtlich von Noiſy le Grand am Plateaurande u. zwar ſüdweſtl. v.	6	—	—	‖	—		
12	do. Nr. 12	der Ecke der Schloß-Parkmauer	6	—	—	‖	—		
		ſpäter	4	—	—	‖	—		
13	do. Nr. 13		6	—	—	‖	—		
		ſpäter	4	—	—	‖	—		
14	do. Nr. 14 (combinirt mit Nr. 1)	Plateau von Raincy	6	—	—	‖	—		
15	do. Nr. 15 (früher Nr. 2)		—	—	6	‖	—		
16	do. Nr. 16	auf dem linken Marneufer ſüd- öſtlich von Champigny	—	—	6	‖	—		
17	do. Nr. 17		—	4	—	‖	—		
18	Enfilir- und Demontir-Batterie Nr. 34	nordweſtlich Villiers	—	—	—	‖	—		
19	do. Nr. 35	nördlich Champigny	—	—	—	‖	—		

Hauptziele.	Ent-fer-nung. Schritt.	Anzahl der ver-feuerten Schüsse.	Bemerkungen.
Fort Rosny	6000	5383	Munitions-Verbrauch mit Batterie Nr. 14 zusammen. Geschütze wrrden je nach dem Zweck in der einen Batterie oder in beiden Batterie gebraucht.
Ostecke des Mont Avron, Dorf Avron	3250	791	
desgleichen	3250	4406	
desgleichen	3450	639	
desgleichen	{3800 4200	650	
desgleichen	3800– 4200	2380	Die Batterien sollten den eventuellen Brückenschlag über die Marne zwischen Schloß Perreux u. Neuilly soweit als möglich stören.
desgleichen	3800	395	
desgleichen	3800	1876	
Etwaige Truppen-Ansammlungen im Marne-Thal	5400	196	
Südostrand des Mont Avron	6500	258	
Südostrand des Mont Avron, Fort Rosny	{5300 7800	2624	Sollte der Feind den Versuch machen zwischen le Perreux und Neuilly auf das linke Marneufer überzugehen, so sollte dieses durch lebhaftes Granat- resp. Shrapnel-feuer verhindert werden.
desgleichen	{5200 5400	2638	
Südostrand des Mont Avron		1968	
Mont Avron, St. Maur ꝛc.		4042	Eröffneten ihr Feuer am 31. Dezember. Geschütze aus Batterien 1—15.
		2343	
		1362	
Vincennes und Redoute Faisanderie		696	
		292	
Ost-Angriff, Sa.		32939	

22*

II. Belagerung von Toul.

Nr. b. Batt.	Zahl	Geschütze. Kaliber.	Entfernung vom Ziel. Schritt.	Ziel und Zweck der Batterien.
1	6	9=Ctm.= Feldgeschütze	2000— 2250	Courtine 3—4 mit Thor. Linke Face Bastion 3., rechte Flanke Bastion IV.
2	6	desgl.	2000— 2270	Enfiliren der linken Face Bastion 3. Courtine 3—4 mit Thor. Rechte Flanke Bastion 4. — Während der Cernirung vom 14. bis 21. Septbr. auch gegen Truppen=Ansammlungen, Beobachter auf den Thürmen und zum Bombardement.
3	4	12=Ctm.= Kanonen	2000— 2260	Linke Face Bastion 3. Courtine 3—4 mit Thor. Rechte Flanke Bastion 4. Die Batterien 1—3 lagen auf dem Mont Michel.
4	6	9=Ctm.= Feldgeschütze	1600	Demontiren der rechten Face Bastion 4.
5	2 3	22=Ct.= 15=Ct.= } Mörser	700 820	Bewerfen des Bastion 3, des Ravelin 3 und 4, sowie des Bastion 4. (Die Batterie lag dicht am Bahnhof Toul.)
6	6	lange 15=Ctm. Kanonen	960	Demontiren der rechten Face Bastion 4. (Sollte später als Breschbatterie wirken.)
7	6	12=Ctm.= Kanonen	1050	Demontiren der linken Face Bastion 3. (Die Batterien 5 und 7 lagen auf der Höhe La Justice.)
8	6	gezogene französische 12=Ct.= Kanonen	1200	Demontiren der Courtine 4 und 5, sowie der linken Flanke Bastion 3.
9	6	12=Ctm.= Kanonen	1200— 1300	Demontiren resp. Ricochettiren der rechten Face und Flanke Bastion 5. Rückenfeuer gegen rechte Flanke von Bastion 4.
10	2 3	lange 15=Ct.= Kanonen französische 22=Ctm.= Haubitzen.	1600— 2100	Enfiliren der Courtine 3—4. Demontiren der Courtine 4—5.
11	6	8=Ctm.= Feldgeschütze	2200— 2600	Enfiliren der rechten Face von Bastion 5 und 4 mit zwischenliegender Courtine.

Sa. 62 Geschütze und zwar:

8 lange 15=Ctm.=Kanonen,
16 12=Ctm.=Kanonen,
6 französische 12=Ctm.=Kanonen,
8 französische Mörser und Haubitzen,
24 Feldgeschütze,

Sa. 62 Geschütze.

Bemerkung. Die zum Breschiren des Batardeaus bestimmte Batterie (2 15=Ctm.=Kanonen), welche südlich des Mont Michel bei Notre Dame etwa 1300 Schritt vom Ziele erbaut war, kam nicht mehr zum Schuß. — Die im Plan mit a, b und c bezeichneten Batterien waren früher Bombardements-Batterien.

III. Belagerung von Soissons.

Nr. d. Batt.	Zahl	Geschütze. Kaliber.	Entfernung vom Ziel. Schritt.	Ziel und Zweck der Batterien.
1	6	9-Ctm.- Feldgeschütze	3000	Linke Flanke Bastion 2. Vertreibung der Beobachter auf Thürmen ꝛc. Beherrschen des Vorterrains.
2	4	lange 15-Ctm.- Kanonen	2800— 3300	Enfiliren der Angriffsfront. Demontiren der Geschütze auf Flanke Bastion 2 und Cavalier 1.
3	2 4	50pfd.} Mör- 25pfd.} ser	1400	Bewerfen von Bastion 1—2. Bombardement der Stadt, namentlich der Militair-Gebäude.
4	6	lange 15-Ctm.- Kanonen	1900	Breschiren der Courtine 1—2 auf eine Breite von 18 bis 19 Mtr.
5	6	12-Ctm.- Kanonen	1800	Demontiren der linken Face von Bastion 2, der Courtine 1—2, eventuell auch des Hornwerks.
6	6	12-Ctm.- Kanonen	2300	Demontiren der rechten Face des Bastion 1 mit Cavalier. Flanken-Kasematte des Bastion 1.
7	4	12-Ctm.- Kanonen	2000	Enfiliren des Hornwerks und der linken Face Bastion 2. Kasematte der rechten Flanke Bastion 1.
8	6	8-Ctm.- Feldgeschütze	1900	Linkes Bastion des Hornwerks. Bastion 2. Vertreibung der Beobachter von den Thürmen. Beherrschen des Vorterrains.

Sa. 44 Geschütze und zwar:
10 lange 15-Ctm.-Kanonen,
16 12-Ctm.-Kanonen,
6 Mörser,
12 Feldgeschütze,
Sa. 44 Geschütze.

IV. Belagerung von Longwy.

Nr. d. Batt.	Geschütze.		Entfernung vom Ziel. Schritt.	Ziel und Zweck der Batterien.
	Zahl	Kaliber.		
1	3	lange15-Ctm.-Kanonen	2200— 2800	Demontiren von Bastion 1—2 mit anliegenden Linen. Demoliren der bombensicheren Kaserne hinter Courtine 1—2, sowie der porte de France. Rückenfeuer gegen Bastion 2, 4, 5 und 6. — Die Batterie lag am Abhang eines Rückens, so daß die Krone mit dessen höchster Linie verlief und war später mit 2 15-Ctm.- und 4 12-Ctm.-Kanonen armirt.
	3	12-Ctm.-Kanonen		
2	3	lange15-Ctm.-Kanonen	2200 2800	Dieselben Ziele. Beide Batterien Nr. 1 und 2 lagen auf dem Plateau von Mexy.
	3	12-Ctm.-Kan.		
3	4	lange15-Ctm.-Kanonen	2100— 2600	Demontiren des Bastion 5 mit Cavalier. Kirchthurm. — Die Batterie lag hinter einer Höhe auf dem der Festung abgekehrten Abhang. — Auch bei Tage war eine gedeckte Annäherung möglich.
4	4	12-Ctm.-Kanonen	2100— 2600	Demontiren des Ravelins 4—5, des Bastions 5 mit Cavalier.
5	4	12-Ctm.-Kanonen	2500	Demontiren resp. Ricoschettiren des Bastion 6. Bombardement der Stadt.
6	4	12-Ctm.-Kanonen	2100	Demontiren der linken Face und des Cavalier von Bastion 4.
7	4	12-Ctm.-Kanonen	2000	Demontiren der rechten Face des Ravelin 5—6, demnächst der rechten Face des Bastion 5. Unterstützung der Batterie 6.
8	4	lange15-Ctm.-Kanonen	2100	Demontiren resp. Ricoschettiren von Bastion 5. Die Batterie sollte nach Vollendung der Batterie Nr. 12 besarmirt werden.
9	4	glatte22-Ctm.-Mörser	800	Bewerfen des Bastion 5 mit Cavalier, sowie der Stadt. Die Batterie lag in der Parallele.
10	4	22-Ctm.-Mörser	900 resp. 1300	Bewerfen der Lünette 33, sowie der Südfront der Stadtbefestigung.
11	4	27-Ctm.-Mörser	900 resp. 1200	Bewerfen der Lünette 33, sowie der Bastione 1 und 6.
12	4	12-Ctm.-Kanonen	1550 resp. 1850	Enfiliren der Front 1—6. Rückenfeuer der Bastione 5 und 6. Bombardement der Stadt. — Die Batterie kam nicht mehr zum Schuß.

Sa. 52 Geschütze und zwar:
14 lange 15-Ctm.-Kanonen,
26 12-Ctm.-Kanonen,
12 Mörser

Sa. 52 Geschütze excl. 4 Mitrailleusen, die hinter resp. in der Parallele aufgestellt waren.

Nachtrag zum I. Theil.

(Zusätze, Berichtigungen und sinnentstellende Druckfehler.)

Seite 7. Zeile 8 von unten. Lies statt »Galgenberges« rothen Berges.

„ 10. Schlacht bei Colombey (nicht Courcelles). Die Meldung, daß die Avantgarde des I. Corps angegriffen sei, hat sich später als irrthümlich herausgestellt.

„ 14. Von der französischen Rhein-Armee blieben keine größeren Streitkräfte auf dem rechten Moseluser zurück, dagegen vermuthlich die starke General-Reserve der Festungs-Besatzung.

„ 17. Zeile 6 v. o. Lies „während der rechte Flügel der Armee die Mosel unterhalb Pont à Mousson überschreiten sollte."

„ 22. Zeile 11 v. o. Theile des Corps Canrobert waren von St. Marcel aus gegen den linken Flügel der 6. Infanterie-Division vorgegangen.

„26-28. Schlacht von Gravelotte. Zeile 2 v. o. „als das II. Armee-Corps zum Angriff vorging" ist zu streichen.

Die 3. Feld-Pionier-Compagnie VIII. Armee-Corps hatte schon 2 Uhr Nachmittags mit der Befestigung der Lisière des Dorfes Gravelotte begonnen. —

Die 2. Sächsische Pionier-Compagnie befestigte die Ostseite des Dorfes Jarny und später das Dorf Hatrize an der Orne. Namentlich wurde die Brücke zur Zerstörung vorbereitet. —

Die Garde-Pionier-Compagnien nahmen an dem Sturm auf St. Privat Theil und waren mehrfach mit den Schützenschwärmen des Garde- und IX. Corps vermischt. — Die 1. Compagnie wurde zeitweilig vom Premier-Lieutenant v. Wittenburg geführt.

„38-40. Schlacht von Wörth. Die 1. Feld-Pionier-Compagnie V. Armee-Corps (Hauptmann Scheibert) betheiligte sich auf höheren Befehl an dem Sturm auf den Weinberg und hatte bei dieser Gelegenheit erhebliche Verluste zu erleiden. Nach der Verwundung des Commandeurs führte der Premier-Lieutenant von Schneyen die Compagnie (welche sich einem Bataillone des Reg. 46 angeschlossen hatte) bei dem Sturm auf Froschweiler.

Die Pioniere des V. Armee-Corps hatten im Ganzen 10 Uebergänge über den Sauerbach resp. den an der Westseite von Wörth fließenden Bach hergestellt; der leichte Feldbrücken-Train war im Bivouac bei Preuschdorf zurückgelassen und traf erst am Abend auf dem Schlachtfelde ein.

Der Brückentrain des XI. Armee-Corps marschirte hinter der Corps-Artillerie und konnte daher die 1. Feld-Pionier-Compagnie dieses Corps erst gegen 1 Uhr Mittags 3 Brücken herstellen, die etwa 1200 Schritt südöstlich von Gunstett lagen. Da die Situation sich inzwischen geändert hatte, so wurden dieselben später wieder abgebrochen und mit dem Material gegen Abend 4 andere Uebergänge bei Spachbach hergestellt. Außerdem schlug die Compagnie gegen 2½ Uhr Nachmittags eine Brücke oberhalb der Gunstetter Chaussee-Brücke. — Endlich ließ noch die an die Queue der 44. Infanterie-Brigade beorderte 2. Feld-Pionier-Compagnie (Hauptmann Eckert) während der Schlacht südlich von Gunstett einen Uebergang über den Sauerbach aus unvorbereitetem Material herstellen; die Compagnie folgte sodann der Brigade nach Elsaßhausen. — Im Ganzen waren also Seitens des XI. Corps 9 Brücken geschlagen worden.

Seite 38–40. Die bayerischen Genie-Divisionen und Brücken-Equipagen waren
bei ihren Armee-Corps noch nicht eingetroffen; nur die 4. Genie-
Compagnie nahm an der Schlacht Theil und ließ dieselbe eine
Brücke bei Lembach über die Sauer herstellen.

„ 68. Zeile 2. v. o. Lies „Porte Serpenoise".

„ 71. Anmerkung. Die Ansicht, daß ein Sturm auf die unvollendeten
Forts Queuleu und les Bottes bald nach der Schlacht vom 14.
August große Chancen gehabt hätte, wurde von vielen vor Metz
stehenden Officieren, denen der Zustand dieser Werke bekannt war,
bereits zu jener Zeit getheilt. — Noch gegen Ende September
faßte man an hoher Stelle einen Sturm auf das Fort Queuleu
in das Auge und veranlaßte den Verfasser zu einer gutachtlichen
Aeußerung, ob ein derartiges Unternehmen Aussicht auf Erfolg
verspräche.

„ 90. Lies statt 2. Infanterie-Division „1. Infanterie-Division" und statt
1. Infanterie-Division „2. Infanterie-Division".

„ 105. Zeile 10. v. u. Lies „mit 2. Bataillonen".

„ 113, 120 und 121. Auch die 3. Feld-Pionier-Compagnie II. Armee-Corps
(Hauptmann Balcke) betheiligte sich an den ausgedehnten, vom II.
Corps westlich von Metz ausgeführten Befestigungsanlagen. —

„ 122. Zeile 16. v. u. Lies „seine 3. Feld-Pionier-Compagnie".

„ 149. Zeile 16. v. o. Lies statt 1. u. 2. Feld-Pionier-Compagnie „2. u. 3.
Feld-Pionier-Compagnie."

„   „   Zeile 8. v. o. Lies 2. Pionier-Compagnie.

„ 154. Zeile 3. v. u. Lies Schanze 3.

„ 195. Die erwähnte gleichfalls angegriffene Proviant-Colonne wurde von
der 1. Feld-Pionier-Compagnie IX. Armee-Corps verlassen gefunden und durch Mannschaften der Compagnie gesichert. —

„ 209. Zeile 2. v. o. Lies statt 2½ Meilen „7½ Meilen."

„ 211. Zeile 5. v. u. Die Festung besaß bombensicheren Wohnraum für etwa
1000 Mann; außerdem ausgedehnte Unterstandsräume. —

„ 212 (auch 31). Das XII. Corps ließ keine Brigade vor Verdun zurück;
dagegen ließ die 1. Cavallerie-Division die Festung durch ein Detachement beobachten.

„ 213. Auf dem rechten Maasufer waren 6 Batterien (30 Geschütze), auf
dem linken Ufer 5 Batterien (28 Geschütze) erbaut; die Beschießung
fand am 13. October statt. In der Cernirungslinie standen nur 5½
Bataillone und 7 Escadrons.

„ 214. Die Mörser- und Haubitz-Batterien lagen von der Stadt über
2000 Schritt entfernt und hatten bei den mangelhaften Bomben-
Zündern auf diese Entfernung eine ungenügende Wirkung.

„ 232. Zeile 19. v. u. Lies statt „Depte Brücke" Chaussee-Brücke.

„ 251. Zeile 2. v. o. Lies statt „seine" sowie.

Bemerkung. Ein Nachweis über die gefallenen, sowie verwundeten
Ingenieur-Offiziere und Mannschaften wird dem letzten Theile
dieses Werkes beigegeben werden. —

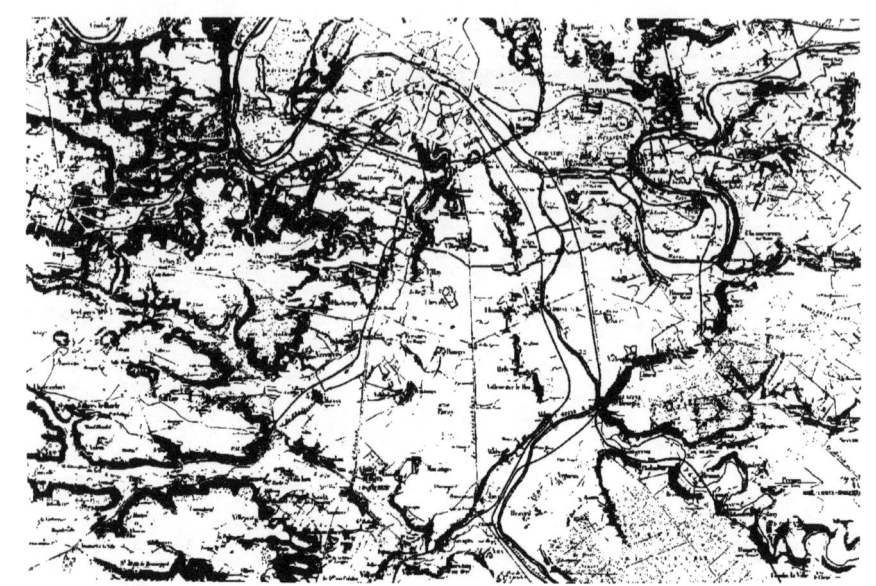

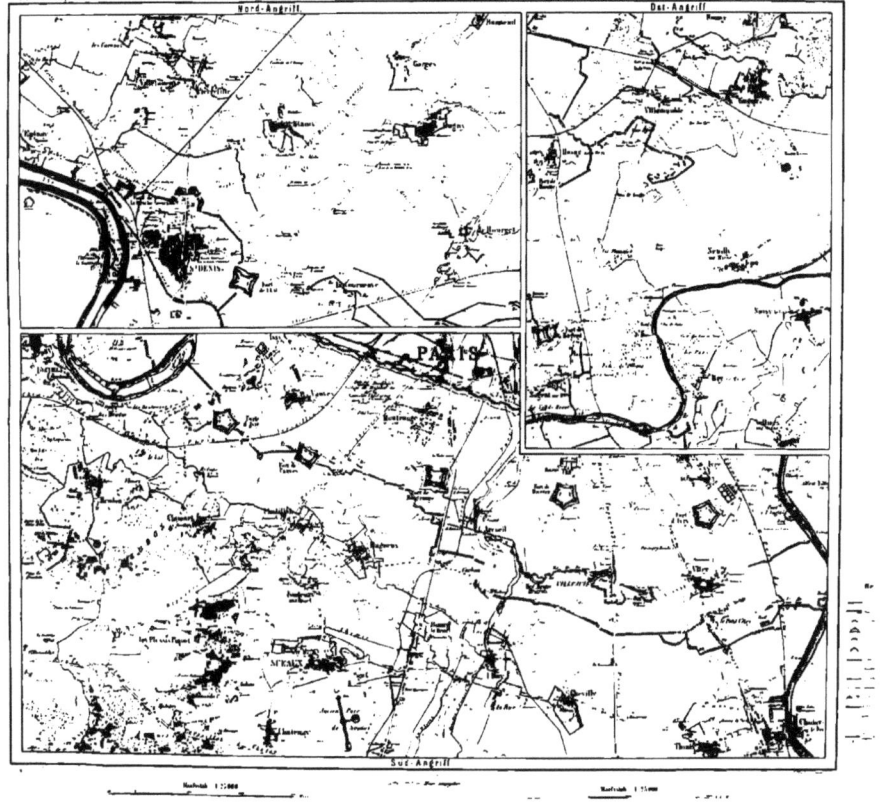

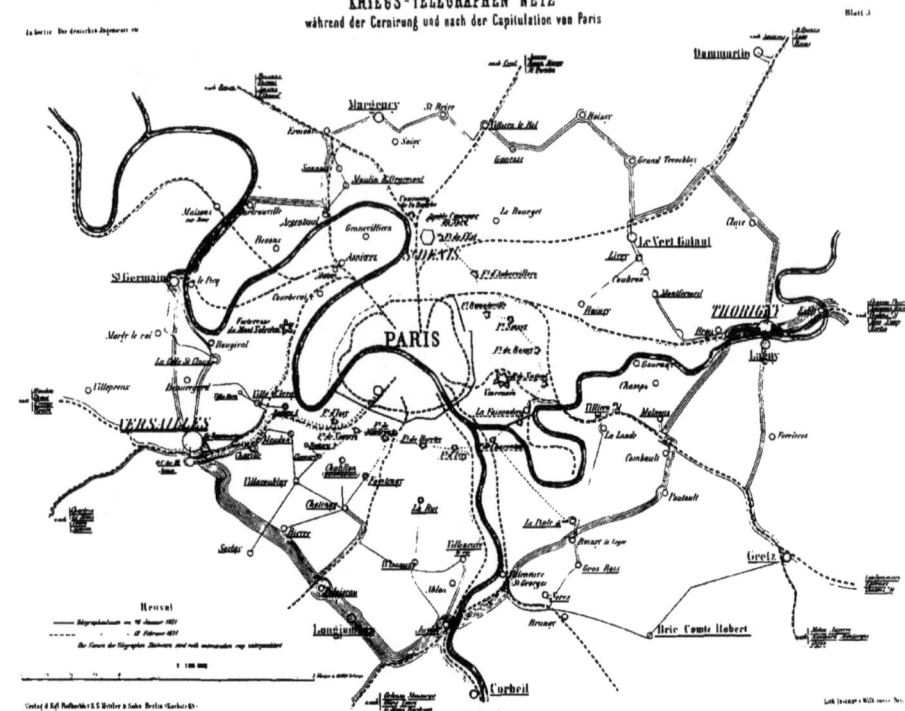

KRIEGS-TELEGRAPHEN NETZ
während der Cernirung und nach der Capitulation von Paris

ORLÉANS.

Maassstab 10,000

Schritte

Meter

— Preussische Befestigungsarbeiten

⌒ dergleichen Batterien resp Schanzen

TOUL.

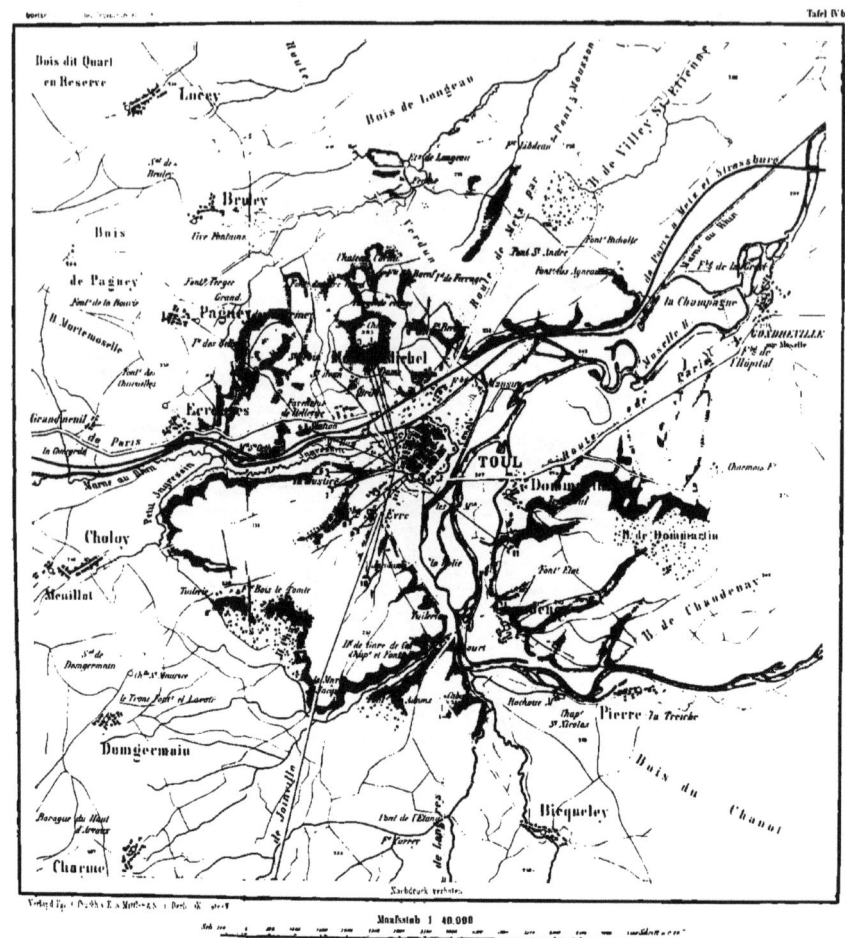

Maaßstab 1 : 40.000

Bemerkung Die Höhenzahlen sind in Meter angegeben.

SOISSONS.

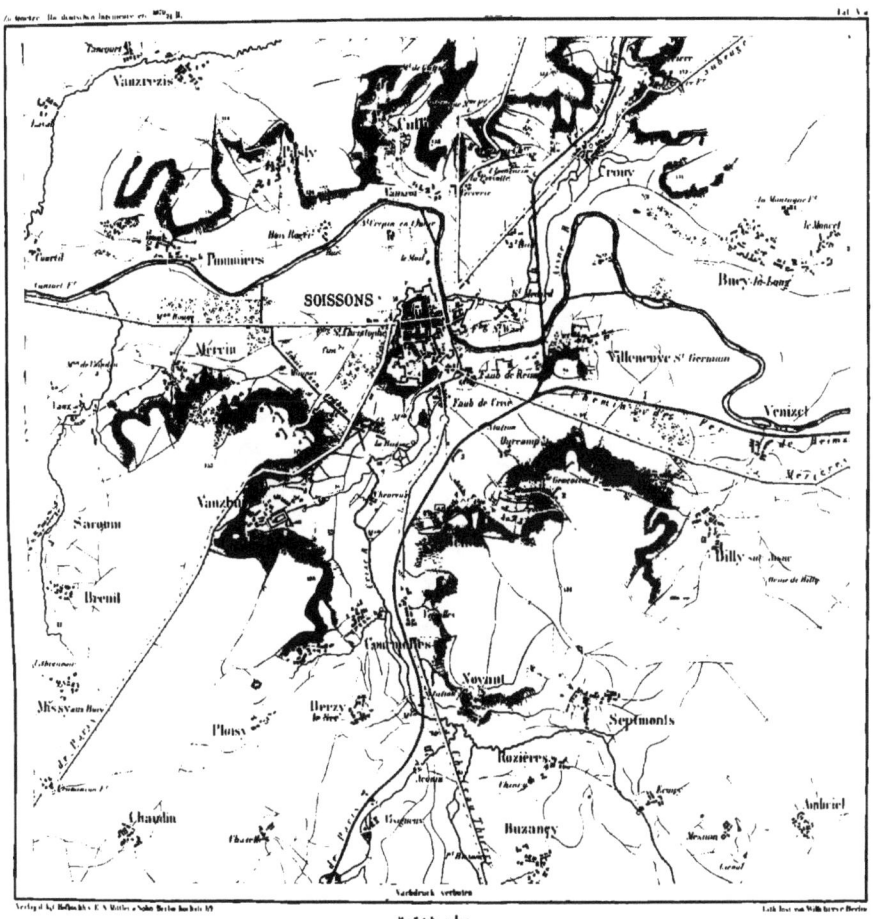

LONGWY.